U0113808

重庆师范大学学术专著出版基金资助

重庆时期的
国立中央大学

罗 玲 著

中国社会科学出版社

图书在版编目（CIP）数据

重庆时期的国立中央大学/罗玲著. —北京：中国社会科学出版社，
2023. 3

ISBN 978 - 7 - 5227 - 1488 - 2

Ⅰ.①重…　Ⅱ.①罗…　Ⅲ.①国立中央大学—校史　Ⅳ.①G649.28

中国国家版本馆 CIP 数据核字（2023）第 032787 号

出 版 人	赵剑英
责任编辑	张　湉
责任校对	姜志菊
责任印制	李寡寡

出　　版	中国社会科学出版社
社　　址	北京鼓楼西大街甲 158 号
邮　　编	100720
网　　址	http://www.csspw.cn
发 行 部	010 - 84083685
门 市 部	010 - 84029450
经　　销	新华书店及其他书店

印　　刷	北京明恒达印务有限公司
装　　订	廊坊市广阳区广增装订厂
版　　次	2023 年 3 月第 1 版
印　　次	2023 年 3 月第 1 次印刷

开　　本	710 × 1000　1/16
印　　张	23.75
插　　页	2
字　　数	354 千字
定　　价	128.00 元

序

　　1937 年 7 月 7 日的"卢沟桥"事变，宣布中国抗日战争全面爆发。随着抗战形势的发展，国民政府政治中心西迁，中国东部、中部等地区的高校亦纷纷向西迁移，并形成抗战中国大后方高等院校的主体。这些在大后方办学的高等院校，广大师生们抗日热情高涨，在极其艰难困苦的条件下，积极开展教学、科研及战时服务工作，为抗战胜利做出了突出贡献。抗战大后方高等院校的发展，不仅保存了我国高等教育事业的命脉，支持了抗日救亡运动和民族持久抗战；同时也极大推动了我国近代高等教育的发展。

　　在抗战时期大后方高等教育发展中，许多高校都做出了可歌可泣的贡献。这之中，既有当时国立的中央大学、西南联合大学、西北联合大学、浙江大学、武汉大学等，也有私立复旦大学、中法大学、大夏大学、光华大学等院校。这些在战时恶劣环境下办学的高校，不仅没有因战争环境削减其发展趋势，反而赢得了重要的发展契机。其在培养了一大批民族精英的同时，也加快了高等教育的改革步伐，开启了中国近代高等教育史上的新辉煌。

　　过去学界在研究抗战大后方高等教育史中，对于以西南联合大学等为首的高校办学历程研究颇多，并取得了丰硕的学术成果。这些研究使我们对抗战大后方高等教育的整体状况有着较为深入的认识，也对我们认知近代中国教育史发展有着重要意义。尤其是抗战中位居云南昆明的西南联合大学，从 1937 年 8 月中华民国教育部决定国立长沙临时大学组建开始，到 1946 年 7 月 31 日国立西南联合大学停止办学，西南联大荟集了一批国内外颇享盛名的专家、学者，亦在战火硝烟中培养了一大批卓有成就的优秀人才，产生了一大批富有影响的学术成果，为近代中国高等教育史绘上浓墨重彩的一笔。与之同时，诸如西北联合大学、浙江大学、复旦大学、武汉大学等诸多抗战时期在大后方办学的高校，都取得了显著的成果，为抗战大后方高等教育发展做出了杰出贡献。

但是，在抗战大后方高教史研究中，学界对地处重庆的内迁国立中央大学的研究却相对薄弱。这一方面是抗战时期中国许多著名高校云集大后方，群星璀璨，使学者们在抗战大后方高教史研究的方向、视角各有则重；另一方面也与中央大学的特殊地位有关。事实上，当时的中央大学不仅曾是南京国民政府时期的最高学府，也是抗战时期国内规模最大、系科最全的大学。作为国民政府的最高学府，在抗战时期"救国""救亡"的大环境中，中央大学的教育和学术活动既具有浓厚的爱国抗日的时代性特征，同时作为国民党"党化"教育的重点，在一定程度上亦受到国民党意识形态制约。但是，客观地看，作为抗战时期全国高校中规模最大、系科最全的高等学府，中央大学在内迁期间的人才培育与学术影响亦为一时之翘楚，其学术地位亦是十分突出的。特别是在中国全民抗日的伟大斗争中，中央大学广大师生在炽热的爱国热忱和高度历史责任感驱使下，在十分艰难的战时条件中献身教育与学术，积极从事教学、科研及战时社会服务，忘我地投入学术研究与教育工作。尤其是随着抗战形势进入相持阶段，国家民族危机的进一步加深，中央大学师生在全国民众抗日热情高涨形势和左趋思潮影响下，坚持以抗战为中心，以救国为己任，并根据自身的学术特长和专业优势，不断加强实用学科的教学和研究，为抗战胜利做出了显著贡献，从而也为内迁时期中央大学的办学历程增添了辉煌的一页。

因此，对于内迁时期中央大学的研究，既对抗战大后方高等教育史研究不可或缺的内容，也对中国近代高教发展历程研究有着重要影响和价值。《抗战时期内迁重庆的国立中央大学研究》一书正是对抗战内迁重庆的中央大学教学、科研及战时服务等工作的较为全面而深入研究的著作。该书作者罗玲曾是四川大学历史文化学院专门史2006级博士生，她在博士学位就读期间就表现出对抗战大后方教育史的关注与兴趣。其后，作者通过对大量抗战档案文献的收集、梳理及分析，认为"国难"时期西迁大后方办学的许多高校，在"国难"时期教育与学术如何与国家命运相联系，积极开展抗战时期的教学、科研及战时服务工作等方面，都有着不同的办学特色与重要贡献。而其时学界对于抗战期间内迁高校中的西南联大、以及集中在成都华西坝的教会五大学研究较多，而于同期内迁重庆的国立中央大学的研究还相对薄弱，这实为中国抗战高教史上的一大遗憾。正如作者所说："近年来，随着人们思想束缚的解脱，研究和评价教会大学史的问题引起学术界的重视，对教会大学的研究成了教育史研究的热点。另一方面则是深藏于档案馆的大量档案史料尚未被更多学者们所重视和发掘整理，使战时中央大学的历史缺乏具体深入的研究。"我作为罗玲的博士生导师，亦深有同感。故在我们一起讨论她的博士论文选题时，我赞成她研究抗战内迁国立中央大学的想法，认为实事求是的研究抗战时期中央大学的办学历史及"国难"期间该校师生的教学、学术及抗日救亡爱国活动，不仅可以弥补中国近代学术史上这一薄弱环节，同时也可以全面展现抗战大后方我国高校师生以坚忍不拔精神为国家和民族培养造就人才，以科研、创新为抗战做出实际贡献的全面情况。但是鉴于中央大学在重庆八年办学期间的事绪诸多，资料繁复，故我们讨论先从中央大学人文类学科的探讨起始，然后再在其基础上对抗战时期中大办学情况进行全面、系统分析研究。而当时中央大学人文学科的主要专业如文学、历史、哲学、外语学科正好都设置在中大文学院内，所以罗玲就决定先从中大文学院的教学、科研与战时服务活动展开研究，并在通过对中大文学院的深入研究中，再不断扩大其研究范围。

该书正是作者在抗战时期中央大学文学院研究基础上，通过不断采集、梳理档案材料与文献资料，又经近十年努力而撰写的一部全面反映抗战时期内迁国立中央大学办学历程的著作。由于作者有着对该问题长时间并较坚实的研究基础，因此该书对抗战时期中大的教学、科研及战时服务活动的研究比较全面、深入。同时，该书虽然是对抗战时期中大学术与教育活动的研究，而且作者也通过这些活动，深入分析、探讨这些现象背后的深层次原因，由此对国难中政治与大学的互动关系以及抗战内迁大学的教育、学术的阐释，却甚有新意。

战时内迁重庆的中央大学确实人才荟萃，聚集了一大批国内外著名学者。例如从中央大学人文学科来看，有孙本文、楼光来、胡小石、柳诒徵、常导直、戴修瓒、徐悲鸿、罗根泽、朱东润、乔大壮、汪辟疆、朱希祖、金毓黻、缪凤林、沈刚伯、贺昌群、蒋孟引、陈康、宗白华、方东美、范存忠、俞大缜、徐仲年、商承祖、萧孝嵘、潘菽、艾伟、程绍德、巫宝三等学界翘楚；而理工农类著名教授则有孙光远、周鸿经、施士元、吴有训、胡焕庸、张其昀、李学清、朱森、黄汲清、张庚、徐克勤、翁文波、梁希等在近半个世纪辉耀科坛的学人。这些著名学者、教授大都留学国外、学贯中西，盛名远播。我们仅从这一长串学者名单中，就可看出抗战时期中央大学的师资队伍，可谓群贤云集，大师毕至。可是这些光耀学坛的著名学者为了抗战胜利，在战时十分恶劣的环境下，克服了工作、生活上的重重困难，努力推动着中大的教学、科研及其战时服务工作。他们同当时大后方其他高校如西南联大、浙江大学、复旦大学等的学者、教授一起，为抗战胜利与国家发展做出了巨大贡献，培育、造就一大批学有所成的青年才俊，为抗日战争的最后胜利奠定了人才的基础。

抗战时期中央大学人才培育、学术研究的繁荣，是在抗战的时局背景下师生们形成的一种自觉意识，也是与学者们澎湃于胸中的民族大义与爱国情怀密切相关。其时，在国民党"党化"教育的严格环境下，中大校长罗家伦大力呼吁学校办学，要建立新人生观，养成道德的勇气，同时还要能负起知识分子的社会责任，在民族生死存亡的紧急关头，知识分子要在学术方面有创作、有贡献，在事业方面有改革、有建树。著名学者徐仲年提出了"学术战争"一词，主张"现代战争是学术战争"，为了战争，知识分子更应当用功、努力的研究学术，"参加学术的战争，学校师生不必亲赴战场与敌人血肉相搏，最重要的是能在课堂、实验室和图书馆里安心从事研究和学习"①。这种民族大义与爱国情怀，即使在今天来看，也使我们感慨莫名。

因此，该书对抗战大后方办学的中央大学教学、科研及战时社会服务的探讨，正是全面展现了中大师生们在抗战中通过"学术战争"而为国家服务、为民族倡义的这种精神。该书探讨、分析了从抗战开始中央大学西迁的艰苦历程，以及在抗日战争艰辛岁月里中大师生的教学活动、学术研究，特别是展示了中大的广大师生克服物质设备简陋、图书资料匮乏、生活条件艰辛等多方面困难，共济时艰，弦歌不缀，在人才培养、学术研究、社会贡献上取得的突出办学成就。该书的一个重要特点，是对中央大学的学者、师生如何在"国难"中既坚持文化传承、人才培育，又根据抗战需要开启新的研究方向，自觉地将自己的命运与国家、民族的兴衰紧密联系，将象牙塔尖的学术与社会政治、经济的需求相互结合，由此对坚持长期抗战及为大后方建设而起到积极作用。这个特点在中央大学各学科、专业的教学、学术中都有鲜明体现。如为适应抗战和大后方开发的实际需要，中大在育人体系与课程设置上，主动加强工、农、医、畜牧等类实用性学科的教学与科研，力求使课程的组织成为培养国家需要人才的摇篮，强调大学教育与民族生存的紧密联系。故在当时的中央大学，课程设置有着鲜明的战时特征。如史学系增开《东北民族文化史》《德国史》，理学院之数学系增开《弹道学》，法学院经济系增开《战时经济》；而在工学院则增开了《堡垒工程》《军用结构》《兵器学》等国防课程；理学院的课程中则有《电磁学》《应用物理学》《物理光学（注重军用光学研究）》。显然这些课程都是与抗战战时需求以及国家建设的理论和应用有关的。这种学术、教育与国家、社会密切的结合，不仅培养了广大师生的服务、奉献精神，增进了师生对社会的了解；而且促进了教学科研的发展，为抗战培养了大批科

---

① 蒋宝麟：《民国时期中央大学的学术与政治（1927—1949）》，南京大学出版社 2016 年版，第 186 页。

技、文化人才。这种学术、创新与社会需要紧密结合的教育模式，既是中大学者、教授潜藏胸中的中国传统"经世致用"精神的张显，也值得我们现在的高等院校借鉴、学习。

该书的另一重要特点是对于当时"国难"中学者们的治学态度及学术研究以及人格特征进行了有益探寻。内迁中央大学的著名学者比比皆是。但是他们并未孤立自傲，独行于世，而是以"救国""救亡"为己任，满腔热情的投身到抗战行列中，根据抗战需要，纷纷在自己的学术专长外另辟新的研究领域，将学术研究与战时需要相结合。在这方面，我们首先从书中可以看到这些长期活跃在学术金字塔里的著名学者独特、风趣、雅致的人格特征。在兹我们摘录两段书中对于名誉于世的大师们的学者风范与性格特征的介绍。"宗白华上课时，口若悬河，滔滔不绝，声调铿锵，无论吐字遣词，都优美如诗。他讲《美学》时，形容一幅书，好像在一个宁静的秋天下午，全身披满了金色的光灿；形容一阙音乐，仿佛一会儿风声竹韵泉水涓涓，一会儿金铁交鸣，雄浑悲壮。讲者和听者，都不禁悠然神往，被美的气氛所感染了。他所讲授的，不仅限于知识的灌输，而且展示出宇宙人生的华美庄严。听他书，如沐春风，简直就是一种享受。如今半个世纪都过去了，回忆当时课堂上的情景，仿佛就在目前一样。"[①] 唐圭璋教授教读宋词，有一个与众不同的地方，那就是常携长笛一支，在堂上吟词唱曲，以加深学生对词曲意境的理解。词本来是一种既可合乐歌唱而又有独特体制和审美价值的新声，结合音乐讲授词作，更能体会词中物象之生动，景色之细切和词人之心态。唐圭璋教授讲授词作品往往先按谱吹笛，或用昆腔唱词。悠扬清脆悦耳的笛声，缠绵细腻动人的感情，把学生带进了一个如醉似梦的艺术世界。仅仅从这两段描述，我们就能够看出，即使在战时的艰难困苦的情形下，这些著名学者们课堂上也不忘幽默风趣，而形神备俱，给学生留下深刻的印象。

------

① 王聿均：《宗白华先生的思想和诗》，张宏生、丁帆主编：《走近南大》，四川人民出版社2000年版，第247页。

在"国难"中开展学术活动，大师们也往往谦恭毕至，与青年学生一起从事学术服务社会的各项活动。例如当时中大的学会活动就十分活跃，名满山城。这些学者与青年学子一起，组织学会，不论在书斋还是山野、田间，做着他们认为应该做的事。以历史学为例，于1939年5月11日中大在沙坪坝校本部成立历史学会，由朱希祖、金毓黻、缪凤林、郭廷以等教师及30余名同学与会，以学术、文化及抗战问题为研究目标，对于当时史学之研究与论著的刊行；图书史料的收集保存；古物的发掘、考证等方面都起到重要作用。他们的活动重在中国文化的传承、倡扬，并希望通过史学研究而形成民族凝聚之精神。当时由中大学者、学生们成立的边疆研究会，也在学界影响颇大。该学会于1944年成立。其目标亦是为适应国家处理边疆危机的需要，提高同学对边疆文化的研究兴趣，以及增进对边疆文化的认识。该学会利用暑假期间，组织川康考察团，邀请胡焕庸，戈定邦等著名专家对川省西南部雷马屏峨一带进行学术考察等。这些活动对于学术之研究，边疆问题之探讨，在学界颇有影响。中央大学师生们坚持学术与抗战的结合，还表现在学术刊物的兴办方面。抗战期间中大的教授们曾主编过数十种全国著名学术刊物和丛书，除公开发行《文史哲》《科学》《社会科学》三种大型季刊外，许多著名学者还亲自主编有数十种全国性学术刊物。如李寅恭主编的《林学》，陈耀真、邱焕杨主编英文版的《中华医学杂志》，盛彤笙主编的《畜牧兽医月刊》，艾伟主编的《心理研究季刊》，徐仲年主编的《文艺月刊》以及《中、法、比、瑞文化丛书》、《法国文学》等，在国内外都有着广泛的学术影响。如由汪辟疆教授主编的《中国学报》，于1943年1月在重庆出版，"就中国学术精深博大处，为之块探根原，纠正歧异；先陈十难，继示二义五法，有宗本义，有实际义，有究竟义，已属闳硕。认定复兴中国学术，即复兴中国民族始基；尤与抗建国策正相骖靳也"①，成为大后方传统文化传承、发扬之阵地；再如由著名学者徐仲年任主编的《法国文学》，其办刊目的在于"整理旧

---

① 《中国学术与中国学报》，《中国学报》1943年第1卷第1期。

绪，介绍新知"，主要刊载法国文学名著的翻译，研究法国文学的相关论著、以及作家介绍、文学史料等。该刊物对于法国文学在我国的翻译、传播都有着重要影响。

抗战时期中央大学的教学、科研与社会服务活动，打破了传统高校与社会脱离的陈旧状态，增进了大学与社会的联系。它与当时声名卓著的西南联大等高校一起，对大后方经济、文化建设起到了引领和示范作用。但也应承认，战时高等教育在取得成绩的同时，也存在着很大的不足。战时物质的匮乏，敌机的骚扰、轰炸，对大学教学质量的提高和教育规模的发展有所限制。同时，国民党在抗战相持阶段所采取的积极反共、消极抗日的方针，也不能不对战时的高等教育，特别是对中央大学这样的国民政府最高学府产生消极的影响。但是，我们也应该看到，当时大后方民众抗日救国的爱国情感与左趋进步思潮的高涨，使中央大学的教师、学生都受到极大影响。广大师生以艰苦卓绝之精神，自觉地以教育、学术去适应战时社会的需要，在扩展教育规模，保证教学质量，开展学术研究，促进文化交流及服务抗战前线诸方面，都取得了显著的成绩。在抗战结束后，中大留下的文化资产为内地高等教育的发展奠定了良好基础。特别是在新中国成立后，抗战时期内迁中央大学培养的大批人才积极投身到国家建设中去，在新中国的建设中发挥了积极作用。

该书问世，使我们更加清楚的了解抗战内迁中央大学的办学历程，同时也相应对抗战大后方内迁高校师生们在"国难"中通过教育与学术"救国""救亡"的活动有了更加深入的认知。但是，由于中央大学在内迁八年的办学历程中经历复杂、事绪繁多，要对其作出颇具深度、广度的研究，仅仅依靠一部书是不够的，还必须通过长期、深入的探讨与研究。故我认为目前该书的研究还是一种全景式的探讨，在诸多方面还需要更加深入、细致的研究。特别是中央大学大师云集，要对这些大师们的学术思想及研究工作作出恰如其分的评价还是远远不够的。但是该书的出版，可以使我们进一步了解抗战时期内迁中央大学的基本情形，了解中大及其他在大后方办学的内迁高校的学者、教授及师生们是怎样克服困难、共济时艰，从而为中国人民的伟大抗日战争做出的卓越贡献。我想，这也是该书作者希望达到的目的吧。

李禹阶

2022 年 3 月撰于重庆市沙坪坝大学城师大苑

目　录

绪　论

　　1937 年 7 月，日本发动全面侵华战争。为坚持长期抗战，保存文化设施，国民政府教育行政当局和战区高校师生致力于各级学校内迁。这举世罕见的全国性院校内迁运动不仅保存了我国教育事业的命脉，支持了抗日救亡运动和民族持久抗战，同时也为我国抗日战争的胜利和维系我国高等教育的平衡发展做出了极其重要的贡献。在此次西迁行动中，国立中央大学成了率先西迁的院校①。"在所有迁往后方的大学之中，中大是最幸运的一所。一则是中大迁得最早，其次是搬得最彻底，以致图书教材，损失不致惨重，而师生流离搬迁，苦不堪言"②。在抗战时期的艰苦条件下，中央大学不仅没有因战争环境削减其发展趋势，反而赢得了重要的发展契机，向充实、扩展与提高的道路上迈进了一步。

　　中央大学不仅是南京国民政府时期的最高学府，也是抗战时期国内规模最大、系科最全的大学。1937 年 11 月 1 日，西迁后的中央大学在重庆沙坪坝简陋的新址正式开课，其成功迁渝办学，开始了它在中国文化教育史上的另一段辉煌，这对中央大学自身的发展和中国教育文化发展产生了重要影响。中央大学在重庆的八年期间是其发展史上最为辉煌和最值得纪念的一个重要时期，其办学特色和人才培养模式给我国现代

---

①　国立中央大学，为行文方便，以下简称中央大学。

②　丁维栋：《旧事依稀忆沙坪》，《台北中外杂志》1976 年第 20 卷第 1 期。

高等教育留下宝贵启示，应该成为我国在抗战国难中教育研究方面的瑰丽宝藏。

在西迁陪都重庆期间，中央大学在十分困难的条件下，迅速发展为全国招生人数最多、系科设置最齐全的中国一流的高等学府。据统计，中央大学在重庆的 8 年期间，一共毕业 8 届约四千名学生，其中硕士研究生 60 人。[①] 包括吴传钧、唐德刚、高鸿、冯端、聂华苓、曾卓、霍松林等著名学者和作家，也包括许多著名的科学家。1989 年中国科学院出版的《自然辩证法通讯》第 4 期刊载署名为李佩珊的文章，列举了中国 877 名在自然科学领域做出了重要贡献的科学家，其中就读于中央大学的达 115 人，而第二名为清华大学（108 人），第三名为北京大学（62 人）。[②] 战时中央大学培养的人才，在其中占了很大比重。他们除了在抗战期间发挥了重要作用外，在此后海内外的建设中亦作出了杰出的贡献。因此战时国立中央大学的办学特色和人才培养给我国现代高等教育留下宝贵启示，成为国内外一些教育家进行研究的重要课题。

战时的中央大学汇聚了一大批具有真才实学的学者。到 1945 年时，教学科研人员总数超过 600 人，其中教授、副教授 290 人，讲师 76 人，助教 224 人，研究员助理 38 人，和战前相比，数量翻了一番。抗战时期的中央大学也是"部聘教授"[③] 最多的大学之一。1941 年教育部公布了第一批部聘教授 30 名，中央大学有胡焕庸（地理）、艾伟（教育心理）、孙本文（社会）、梁希（林学）、蔡翘（生理）5 位教授当选。1943 年，评审出第二批部聘教授 15 名，中央大学有楼光来（外文）、胡小石（中文）、柳诒徵（历史）3 名教授当选，此外还有常导直（教育）、高济宇（化学）、戴修瓒（法律）、徐悲鸿（艺术）等另 4 位教

---

① 王德兹主编：《南京大学百年史》，南京大学出版社 2002 年版，第 215 页。

② 张宏生、丁帆主编：《走进南大》，四川人民出版社 2000 年版，第 5 页。

③ 所谓"部聘教授"，即 1941 年初在全国范围内，按学科评选出一批资深、有名望的教授，改由教育部直接聘任（原则上每学科 1 名），作为全国同学科的"首席教授"。部聘教授每月薪金 600 元（相当校长待遇），另加发研究补助费 400 元。部聘教授还负有"辅导全国各院校对于学科之教学与研究事项"的重任，由教育部分派赴各地讲学。

授荣任，差不多是总数的一半①。受聘到校的著名教授还有：中国文学史专家罗根泽、传记家朱东润、词作家乔大壮、文字学教授张实禄、训诂学教授汪辟疆；历史系有朱希祖、金毓黻、缪凤林、沈刚伯、贺昌群、蒋孟引，还有张贵永、郭廷以、朱延平等；哲学系教授有陈康、宗白华、方东美等，还有熊伟、何兆清、胡世华、李证刚、唐君毅等；外国语系教授有范存忠、初大告、郭斌和、俞大缜、徐仲年、商承祖、李茂祥等。数学系教授有孙光远、周鸿经，物理系教授有施士元、吴有训等；地理系教授有胡焕庸、张其昀、李旭旦、任美锷；地质系教授有李学清、朱森、黄汲清、张庚、徐克勤、翁文波等；心理学系教授有萧孝嵘、潘菽、艾伟等；生物系教授有胡先骕、欧阳翥、罗宗洛等；化学系教授有张江树、高济宇、袁翰青等；政治系教授有卢锡荣、张汇文、吴恩裕等；法律系教授有茵沐、童冠贤、史尚宽、王铁崖、戴修瓒等；经济系教授有吴干、程绍德、巫宝三、朱契等；农学院教授有梁希、冯泽芳、邹树文、邹钟琳、金善宝、章守玉、刘伊农、刘庆云等；森林系教授有梁希、干铎等；畜牧兽医系教授有罗清生、盛彤笙、李长之等；土木系教授有卢恩绪、方俊、徐芝纶、刘树勋等；电机系教授有陈章、吴大榕、顾毓琇等；航空系教授有罗荣安、黄玉珊、谢安枯等；化工系教授有杜长明、时钧、张洪沅等。② 阵容强大的师资队伍使中大在抗战时期谱写出无比精彩动人的篇章。这些教授大都曾留学国外，知识渊博，学贯中西。他们活跃在教学第一线，思维敏捷，视野开阔，克服了战时工作生活上的重重困难，极大地推动了学校的教学、科研工作的发展。这样强大的师资队伍，同西南联大一样，在当时国内高校是首屈一指的。为抗战胜利，为国家发展，许多教师凭借高超的学术水平，潜心研究，创作出很有影响的研究成果；精心育人，造就一大批学有所成的青年才俊，为国难时期的中国教育与学术做出了重要贡献。

---

① 《第二次中国教育年鉴第五编高等教育》，《近代中国史料丛刊三编》，台北：文海出版社1998年版，第552页。

② 王德滋主编：《南京大学百年史》，南京大学出版社2002年版，第213页。

正是因为中央大学在中国现代教育史上占有如此重要的独特地位，故对抗战时期的中央大学的研究是十分必要，在国难中，中大知识精英站在时代前列，参与时局建言与文化创造活动，形成了国难中"救国""救亡"的政治活动与大学学术的结合与互动。它使中央大学在当时具有很高的学术和文化的象征意义。由于其"救国""救亡"的政治活动与大学学术中心地位的结合，使中央大学的教育和学术活动具有浓厚的时代性与政治化色彩。因此以中央大学在大后方办学的历史贡献和影响来探讨 20 世纪 30 年代至 40 年代政治变迁与现代大学发展的辩证关系，并非只是对于曾经生活在这所大学的校友才有意义，而是对于把握近代中国大学发展的基本规律和了解政治与大学提供了一个广阔的窗口和良好的视角。

抗战期间，六十余所大专院校①迁渝，奠定了抗战期间中国高等教育的基本格局和战时首都重庆作为中国高等教育中心的地位。而中央大学又是迁渝六十余所大专院校中最具代表性和典型性的一所。通过研究抗战期间内迁重庆的中央大学的办学历史，不仅能较全面客观地表现中国抗战期间高校的学术与教育活动，还能分析研究这些现象背后的深层次原因，以及国难中政治与大学的互动关系。这些研究不仅有较高的学术价值，而且它的经验教训，对于现当代的学术与教育，也有重要的借鉴意义。

此外，研究中央大学对于现代中国高等教育改革与发展，以及国际化进程有许多重要启示。中央大学在坚持民族文化主体地位的前提下，以维系民族文化血脉为己任，致力于民族文化的传承与创造，保持民族文化创造活力的实践，无疑为面对西方文化扩张中的中国大学如何坚持突出民族文化的主体地位，体现中国文化特色，提供了一个弥足珍贵的范本，这对于我国高等教育发展，实施通识教育，维护大学独立与学术自由等方面，均提供了丰富深厚的思想资源和历史经验。

回顾我国高等教育的历史，中央大学是值得认真总结研究的极具代

---

① 张成明、张国铺：《抗战时期迁渝高等院校的考证》，《抗日战争研究》2005 年第 1 期。

表性的大学之一。对抗战时期中央大学的研究，不仅是教育史、学术史、思想史、地方史的重要课题，也是认识抗战时期政治与学术、政治与教育的关系的特殊载体。

总之，研究抗战时期内迁重庆的中央大学，探讨其在领导陪都和全国各地的抗战文化教育运动及其在聚集培养建国人才，为中华民族国家现代化建设所作出的贡献，分析其创造和积累的发展民族新文化的经验，对于揭示抗战时期高校发展规律及其对新中国高教事业的借鉴均有重要意义。

目前学术界对于抗战期间内迁高校中的西南联大以及集中在成都华西坝的教会五大学研究较多，而于同期内迁重庆的国立中央大学的研究还相对薄弱，这实为中国学术史上的一大遗憾。近年来，随着人们思想束缚的解脱，研究和评价教会大学史的问题引起学术界的重视，对教会大学的研究成了教育史研究的热点。另一方面则是深藏于档案馆的大量档案史料尚未被更多学者们所重视和发掘整理，使对战时中央大学的历史缺乏具体深入的研究。中央大学在中国现代教育史上的地位，也因此未得到公允全面的评价。本书的研究试图弥补学术史上这一遗憾。

目前学界对中央大学的研究有代表性的著述主要有：许小青撰写《政局与学府从东南大学到中央大学》（1919—1937）（中国社会科学出版社 2009 年版）。该著述在其博士论文的基础上完成，以国家、政党与社会为视角，考察 20 世纪二三十年代东南大学和中央大学的早期历史，即主要着眼于南京时期的中央大学，探讨这所大学从地方性大学到首都最高学府的变化历程，作者有较高的学术功力，也给后来的研究者很多启示。蒋宝麟撰写《民国时期中央大学的学术与政治（1927—1949）》（南京大学出版社 2016 年版），该书主要着眼于 1927至 1949 年间，包括中央大学与其前身东南大学，以及中大由重庆迁回南京后的南京大学期间的办学史，作者关注了这一期间的学术与政治上的独特性。前者几乎没有涉及抗战时期的中大办学情况，后者虽对抗战时期的中大办学史有所涉及，但更多从学校办学与当局的关系，即政治的背景来考察的。

最近几年，蒋宝麟有系列中央大学的文章发表，如《战后中国的大学校长与大学困境：吴有训在中央大学之进退（1945—1948）》（《民国档案》2015 年第 2 期），《大学、城市与集体记忆：20 世纪 30 年代南京中央大学"大学城"计划始末》（《近代史学刊》2015 年 10 辑刊），《财政格局与大学"再国立化"——以抗战前中央大学经费问题为例》（《历史研究》2012 年第 2 期），《文学·国学·旧学：民国时期的南方学术与学派建构——以东南大学、中央大学中文系为中心》（《社会科学》2012 年第 3 期），《抗战时期中央大学的内迁与重建》（《抗日战争研究》2012 年第 3 期），《中央大学建校与"后革命"氛围中的校园政治》[《中山大学学报》（社会科学版）2012 第 1 期]。这些较有深度的论文从不同侧面给予了中央大学在不同时期史实重新认识和评价。

此外，陈平原在《首都的迁徙与大学的命运——民国年间的北京大学与中央大学》[1] 一文中，对于首都的迁移对这两所大学的影响作了一番比较。还有以下一些有代表性的期刊论文如：袁曦临、顾建新《中央大学建筑系与民国时期的建筑师群体》[《南京林业大学学报》（人文社会科学版）2012 年第 4 期]，朱庆葆《国家意志与近代中国的大学治理——以罗家伦时期中央大学的发展为例》（《学海》2012 年第 9 期），罗玲《抗战时期国立中央大学与国立西南联大之比较刍议》[《重庆师范大学学报》（哲学社会科学版）2013 年第 2 期]，杨涛《抗战时期的中央大学》（《文史天地》2013 年第 1 期），李方来、李霞《中日战争与中央大学知识分子群体的国史研究——以学衡派、南高史地学派缪凤林为例》[《江西师范大学学报》（哲学社会科学版）2013 年第 3 期]，尚莲霞《徐悲鸿与近代中国美术人才培养》（《求索》2014 年第 9 期），张守涛、孟克《九一八事变后中央大学学潮》（《档案与建设》2014 年第 10 期），崔光辉、郭本禹《国立中央大学心理学学科发展史略》[《苏州大学学报》（教育科学版）2015 年第 3 期]，张守涛《民国中央大学党化教育研究》（《档案与建设》2015 年第 3 期），赵丽

华《从学人刊物看学人谱系——以民国中央大学为中心》(《现代出版》2015 年第 3 期),齐春风、仲祈岳《1932 年中央大学教授索薪事件研究》(《社会科学研究》2016 年第 5 期),曲铁华、王丽娟《民国国立中央大学学科变革的历史考察(1928—1937)》(《现代大学教育》2016 年第 5 期),倪蛟《抗战时期大后方大学生的日常生活——以重庆时期国立中央大学为例》(《江苏社会科学》2016 年第 1 期),许小青《中国现代文化史上的北大派与南高派》(《近代史学刊》2016 年 10 月 31 日辑刊),肖菊梅、李如密《民国时期大学教学论学科发展透视——以国立中央大学为个案》(《江苏高教》2018 年第 2 期)。

而以上论文虽大多文风活泼、形式多样,作者将一件件大小往事作为素材,并以其个人对中大的独特感受或在中大的独有经历,向读者展示一个惟有大学所独有的生活场景和精神空间,但主要是对于事实的回忆及情感的抒发,包括历史沿革和主要大事的清晰记载,尤其是对中央大学的历届校长的更换、院系设置和学校风潮、轶闻趣事、学校的迁校过程等。这些论文从学术的角度上看研究色彩不浓,重在"光荣校史"阐释。

目前国内外有关这一研究方向的硕博论文,近几年也有一些研究出现,如:扬州大学徐春霞的硕士学位论文《民国时期国立中央大学的农业教育》;扬州大学甘迎春的硕士学位论文《解放前中央大学的学生运动(1919—1937)》;台湾师范大学萧胜文的硕士学位论文《罗家伦与中央大学发展之研究》。西南大学王燕的硕士学位论文《抗战时期国立中央大学在渝办学研究》,中国艺术研究院崔晓蕾硕士学位论文《国立中央大学教育学院艺术专修科的西画教学研究(1928—1937)》,南京农业大学李妍硕士学位论文《国立中央大学畜牧兽医系史研究(1928—1949)》,南京艺术学院李燕燕硕士学位论文《国立中央大学音乐教育研究(1928—1949)》,西南大学张珂博士学位论文《民国公立大学与政府关系研究(1912—1937)》,南京大学高慧敏硕士学位论文《中央大学内部治理结构研究》,东北师范大学王丽娟博士学位论文《民国国立大学学科价值取向流变研究(1912—1937)》,南京大学刘静硕士学位论文《抗战期间国立中央大学师范学院研究》，浙江大学朱鲜峰博士学位论文《中国近代高等教育史上的"学衡派"——以其人文教育思想和实践为研究中心》等。

这些硕博论文大都对中央大学特定方面进行了关注与解读，如，有关专业教育的农业教育、音乐教育、地理教育、西画教育；有关院系研究的，如师范学院、心理学系、畜牧兽医系。西南大学王燕的硕士论文《抗战时期国立中央大学在渝办学研究》对抗战时期的中央大学在重庆办学有较多关注外，其他论文对抗战期间中央大学的发展无过多关注，对其学术与人才培养涉及较少。台湾师范大学萧胜文的硕士学位论文《罗家伦与中央大学发展之研究》一文，从罗家伦接管前的中央大学介绍说明中大建置沿革、校园文化；罗家伦与中央大学的发展及中央大学的重组问题；中央大学支援抗战救国、内迁重庆相关问题；并以西南联大和第二次世界大战中英国的大学教育为比较对象，探讨战争对大学教育的影响等。其中部分内容涉及抗战期间的中央大学，但该文更关注的是罗家伦如何经营中大以及罗家伦个人对中央大学的贡献。故该文没有将中央大学置身于特定的历史场景之中，故未能揭示特定时代的大学的学术、教育与社会的关系，以及政治变迁与学术文化及政治与教育的关系。其他论文虽然有对中央大学的研究，但各有侧重，对于抗战时期的中央大学的研究，还不够全面深入，缺乏系统性分析，故都还有拓展余地。

本书通过查阅相关文献资料，包括档案、校史、史料集等，使本书建立在坚实的材料基础上，以避免无根之谈。在本书稿的写作过程中，尽可能地使用一手材料，其中最重要的是档案史料，包括南京中国第二历史档案馆藏"国立中央大学档案"、国民政府教育部档案中关于中大的部分，重庆档案馆所藏"中央大学档案"和"国立重庆大学档案"中有关中大的部分。其次是当时出版的报刊，尤其是《国立中央大学校刊》和中大在重庆期间出版的刊物，如《中国学生导报》《沙磁文化》，以及中央大学各院系各学会所刊发的刊物，如《史学述林》《文史哲》季刊、《国立中央大学社会科学季刊》《边疆问题》《中国文学》

《世界文学》《法国文学》《理想与文化》《化学通讯》《中大化工》《新民族》等。因此，本书尽可能地利用这些档案与文献史料，通过对其思想源流的历史考察，理清脉络、搞清事实。在此基础上，进行逻辑分析、抽象、概括，得出经得起验证的结论。从历史学、教育学、文化学、社会学角度，对抗战内迁重庆的中央大学进行系统研究，探讨中央大学在战时大后方及全国教育界所作的贡献，揭示其对抗战救国的重要意义。

本书通过开阔的历史视域，将中央大学置身于抗战这个特定的历史场景之中，将战时内迁大学纳入整体抗战教育史的研究之中，由此揭示特定时代的大学与社会、大学与政治的关系。即以中央大学内迁重庆的历史为研究个案来探讨政治变迁与教育文化的关系。本书试图打破以往研究的视域局限，从学术史、教育史、文化史、政治史、地方史互动的视角切入，将中央大学师生学术与教育互相作用、学术对政治的影响的复杂面相进行尽可能深入、全面的揭示与阐发。

第一章　国立中央大学的西迁

抗战爆发后，中央大学在罗家伦校长的努力下，在与各级政府、社会各界的争取与斡旋下，力排众议，准确及时做出西迁重庆的决策。在迁校的过程中，师生们知难而上，努力克服遇到的各种困难，成功解决了校址的选择、设备搬迁、人员迁移、校舍新建等一系列问题。在国民政府与四川、重庆当局及社会各界人士的热心帮助下，中大师生团结一致、排除万难，西迁重庆沙坪坝，并以最快的速度复校开课。由于事先制定了严谨而周全的迁校计划，有全面而高效的搬迁准备，迁校过程较为顺利，中央大学的成功迁渝成为战时内迁高校的典范。中大在重庆办学之初，在恶劣的环境下推进各项改革，进行院系调整与学科组合，以致短期内发展成为规模最大、学生人数最多的"最高学府"。中大的搬迁没有因战争环境削减其发展趋势，反而赢得了重要的发展契机。

第一节　"七七事变"前的中央大学

一　从"三江师范学堂"到"国立中央大学"

"地连三楚，势控两江"的南京，历来是我国的历史文化名城。从公元前472年春秋时期吴王夫差在此地铸剑，到南京国民政府成立，建城已有2400多年的历史。"江南佳丽地，金陵帝王乡"，历史上，东吴、东晋、宋、齐、梁、陈、南唐、明、太平天国都曾建都于此，使南京成为中国的六大古都之一。南京还是"人文荟萃、士林渊薮"的教育名城，这里不仅保存着清代的科举考场江南贡院，还有明代的最高学府国子监。国立中央大学肇始于 1902 年创办的三江师范学堂，1903 年开学，设理化、农学、博物、历史、舆地、手工、图画诸科，学制四年。① 当时主要招生对象为江苏、安徽、江西三省士人子弟，重点培养中小学教师。② 1905 年学校更名为两江师范学堂。1911 年辛亥革命后，因时局不稳，学堂教学用具大多为各地方军队所占用，校舍也遭到破坏，甚至军队直接驻进学堂，当局不得不宣布封校停办。③ 1915 年教育部在原两江师范学堂的基础上，筹备成立南京高等师范学校（简称南高）。江苏巡按使韩国钧委任江谦为校长，根据《南京高等师范学校简章》的规定，南高以培养师范学校、普通中学教职员为宗旨。学校除设预科、本科、研究科外，还增设专修科，并附设中学和小学。当年 9 月，学校正式招生，设有国文、理化两部，内分国文、体育、工艺、农业、英文、教育、商业 7 科。④ 学校注重教学质量，在当时的学生中，就出现了其后著名学者严济慈和吴有训等人。⑤ 1920 年 12 月，南高将教育、农业、工艺、商业 4 科划出，筹建东南大学。1921 年，江南名流张謇、蔡元培、蒋梦麟、黄炎培等人上书教育部，要求在南京建立东南大学。经教育部批准，1921 年 10 月，东南大学在南京高等师范学校基础上成立，郭秉文任校长⑥。1924 年，该校有文科、理科、教育、工科、农科、商科等共 31 个系科，在校学生 1400 余人，教职员近

① 南京大学高教研究所编：《南京大学大事记（1902—1988）》，南京大学出版社 1989 年版，第 26 页。

② 张建中：《重庆沙磁文化区创建史》，四川人民出版社 2005 年版，第 125 页。

③ 《周馥奏陈两江师范学堂情形折》，《南大百年实录——中央大学史料选》（上），南京大学出版社 2002 年版，第 18 页。

④ 南京大学高教研究所编：《南京大学大事记（1902—1988）》，南京大学出版社 1989 年版，第 29 页。

⑤ 陈明珠：《五四健将罗家伦传》，浙江人民出版社 2006 年版，第 142 页。

⑥ 南京大学高教研究所编：《南京大学大事记（1902—1988）》，南京大学出版社 1989 年版，第 35 页。

300 人。① 东南大学是近代中国新式学堂与欧美高等教育双重影响下的产物，崇尚科学精神与民族精神结合，校长郭秉文主张："不发扬民族精神，无以救亡图存；非振兴科学，不足以安邦立国"。② 1924 年以前，中国高等教育仍以专门学校为主，其时只有北京大学和东南大学两所综合性大学。"我国近代的地学（含地理、地质、气象三学科）、生物学、教育学以及艺术教育和体育教育，都是以南高师和东南大学为摇篮发展起来的；我国近代的农学也是经由东南大学才有进一步的发展。"③ 其时的东南大学培养出张其均、胡焕庸、赵忠尧、向达、吕叔湘等著名学者。"东南大学是第一所现代国立高等学府，在当时也自然是最好的大学"。④ 1925 年以后，由于国内政局更迭和校内矛盾，东南大学发生了多次要求更换校长的风潮，学校损失颇重，许多知名教授如陆志韦、秉志、熊庆来、叶元龙、任鸿隽、竺可桢等，均离校另就他职。

1927 年南京国民政府成立后，国民政府教育行政委员会聘请胡刚复、蔡无忌等为东南大学接收员。同年 6 月，教育行政委员会采纳蔡元培关于"改官僚化为学术化"的提议，颁布"大学区制"，先在江浙两省试行。取消教育行政委员会，成立大学院作为管理全国学术及教育的最高机构，由蔡元培任大学院院长，主持推行向法国学习的大学区制，先在江苏、浙江两省试行。所谓大学区制，即除中央设大学院外，将全国划分为若干大学区，每区设一所国立大学，与省教育厅两者合一，由大学行使教育行政和教育两种职能，并统管区内一切学术教育事宜，这项重大改革首先在首都南京推行。1927 年夏，先后将东南大学、河海工程大学、江苏法政大学、江苏医科大学、上海商科大学、南京工业专门学校、苏州工业专门学校、上海商业专门学校、南京农业专门学校等 9 所学校合并，改称为"国立第四中山大学"，校址即南京四牌楼原东南大学。

---

① 中央大学秘书处：《国立中央大学沿革史》，秘书处编纂组编印 1930 年版，第 15 页。

② 龚放、冒荣：《南京大学》，湖南教育出版社 1995 年版，第 29 页。

③ 刘敬坤：《八年抗战中的中央大学》，《炎黄春秋》2002 年第 5 期。

④ ［美］司徒雷登：《在华五十年》，李晶译，译林出版社 2015 年版，第 82 页。

首任校长张乃燕①于当年 7 月 9 日正式就职，9 月 26 日开学，10 月 7 日补行开学典礼，国立第四中山大学正式成立。全校分自然科学、社会科学、文学、哲学、教育、医学、农学、工学、商学院共 9 个学院，加预科，共有 37 个系科，之所以这样设置，校方解释说："则首在打破从前门户观念，造成学术独立教科综合之学府，现在各系各科构成各院之情形，即本部组织大纲所云：'凡同性质之课目，在学术上能构成系统者为系；合适当之课目，在应用上能构成课程者为科，综合性质相近应行联合设立之各系各科为学院'"。而"此次分别科系，凡基本学理，由各系教授，应用技术归各科主持。条理分明，整齐划一。是亦学校制度之一进步也"。② 是时全校共有副教授 99 人、讲师 61 人，助教、助理、职员共 199 人；在校学生 1518 人。③ 1928 年 3 月，学校改称江苏大学，5 月，改名为国立中央大学，自此有了相对稳定的校名。1929 年，中央大学设有文、理、法、教育、农、工、商、医 8 个学院，约 40 个系科，有副教授、讲师、助教和军事教官 442 人，职员 228 人，学生 1838 人，旁听生 83 人。④ 属当时中国规模最大的高等学校，也是全国系科最齐全、管理最严格的高校。对此，可从教师聘任、科学教席设置，以及理学院教学设施等方面简要述之。

其一，教师聘任的特殊规定

张乃燕受任校长之初，为矫正以往办学弊端，"主张审查教员资格，举行严格考试"。⑤ 认为"有学力宏富资深望重之教师，方能切实指导学子，督促其专心求学，而息罢课罢考之风潮"。⑥ 1927 年夏成立

---

① 张乃燕，浙江吴兴人，1894 年生，1913 年赴欧洲留学，先后入英国伯明翰大学、皇家理工大学就读，后获瑞士日内瓦大学博士学位。回国后曾任北京大学、浙江大学、上海光华大学、广东大学教授。1924 年任孙中山大元帅大本营参议。1927 年任江苏省府委员、省教育厅长。

② 《本校消息》，《国立第四中山大学教育行政周刊》1927 年第 22 期。

③ 《本校消息》，《国立第四中山大学教育行政周刊》1927 年第 22 期。

④ 中央大学秘书处：《国立中央大学沿革史》，秘书处编纂组编印 1930 年版，第 42 页。

⑤ 《法规》，《国立第四中山大学教育行政周刊》1927 年第 22 期。

⑥ 《法规》，《国立第四中山大学教育行政周刊》1927 年第 22 期。

的第四中山大学和 1931 年以前的中央大学，对教师资历要求甚严，只有副教授、讲师、助教职务设置，并没有教授职务设置。正教授聘任则要等到在世界学术界取得声望后才予以考虑。这在当时国内高校中，仅有第四中山大学作此规定。但此项规定，使教师在与其他高校交往中存在颇多不利，1932 年后再未实行。

其二，理学院的教学设施

1927 年夏，中央大学理学院由东南大学理科农科动物系、植物系，教育科心理系合并而成，初称自然科学院。1928 年夏改称理学院，设算学系、物理学系、化学系、地学系、生物学系、心理学系 6 个系。1929 年秋，生物学系的动植物两门分别独立成动物学系、植物学系，生物学系名称取消，此时全院共 7 个系。1928 年夏，理学院长胡刚复辞职，孙洪芬继任。孙到职前，由生物学系主任蔡堡任代理院长，[1] 蔡堡之后由化工专家刘树杞任院长。理学院的教学设施较为完备，由于有原东南大学十余年的办学基础，规模初具，又先后得到洛氏基金会、中华教育文化基金董事会的几次支持，在校本部先后建成科学馆、生物馆，添置了大批理化生物仪器。水电煤气设施在 1927 年秋开始规划，至 1929 年安装完成。[2] 其中，化学系的教学设施建设是重点，当时全系已分别在旧平房化学室、科学馆、新建研究室三处设有实验室。其中，旧平房化学室有实验室两间，专供无机化学实验使用，可容纳学生 260 人。科学馆设有机化学实验室一间。两处还有天平室、预备室、用品室、储藏室等十余间。新建研究室则有实验室、阅览室、天平室、特别仪器室、暗室等多间，由中华文化基金董事会资助建成，专供教师及高年级学生研究使用。全系教学设施，化学仪器有玻璃、陶瓷、铜铁器具三四百种，分析天平 10 余架，白金坩埚、蒸发皿、电极 30 余件，有机分析及生理化学分析仪器 30 余件，有机分析用电气燃烧炉 3 架等。化

---

① 中央大学秘书处：《国立中央大学沿革史》，秘书处编纂组编印 1930 年版，第 38 页。

② 国立中央大学理学院：《国立中央大学一览·理学院概况》，国立中央大学教务处出版组 1930 年版，第 3 页。

学药品当中，有机药品有 300 余种，"更有比较稀贵之有机化合物也微量购置，作为样品约千余种，其他自制之试药及样品也有数十种。"① 对此，时任化学系副教授的曾昭抡记述："仪器药品，前东南大学时代，以限于经费未能设置充实，继从兵燹，所余无几，年来力加整顿、购置，及在实验室或工厂中制备构造，渐觉稍有可观。"② 曾昭抡统计，1929 年 1 月，该系实验室拥有的分析及研究用的仪器，不包括备用的总价已达 20000 元，化学药品 1200 余种，总计约 500 公斤，价值 30000 余元，尚不包括已订货未到校者。其中，有机化学实验室为 165 平方米的宽大实验室，布置了大小 5 排实验台，其中，3 排大实验台可容 48 人同时实验，2 排小实验台可容 45 人同时实验。台上装有煤气和自来水龙头。供给学生使用的普通仪器有 80 组之多。③

其三，科学教席设置成效

1926 年 2 月，管理美国退还庚款的中华教育文化基金董事会"为谋科学教育之改进"在北平开会议决，将在北京师范大学、东南大学、武昌大学（武汉大学）、广东大学（中山大学）、东北大学、北京女子大学、北京女子师范大学、成都大学、成都高等师范等 9 所高校设置科学讲座，分物理、化学、动物、植物、教育心理学 5 种共 35 座，每校至多分得 5 讲座。④ 补助此项事业的款项，在 1926 年 7 月至 1927 年 6 月一年内共拨出 149000 元，酌定每校 10000 至 30000 元。1926 年 7 月，因预算偏紧，文化基金董事会暂定先开设 23 座，其中，东南大学和北京师范大学都得 4 座，其余各校各得 3 座，植物学讲座暂缓设置。同年 8 月，东南大学先后开设教育心理、物理、化学、动物讲座，各讲座每年可得补助费 2000 元，艾伟、查谦、张准、陈桢分别担任主讲。1927

---

① 国立中央大学理学院：《国立中央大学一览·理学院概况》，国立中央大学教务处出版组 1930 年版，第 89 页。

② 曾昭抡、王葆仁：《一年余之有机化学教学》，《科学》1929 年第 13 卷第 12 期。

③ 曾昭抡、王葆仁：《一年余之有机化学教学》，《科学》1929 年第 13 卷第 12 期。

④ 《中华教育文化基金董事会设立科学讲座之经过》，国立中央大学秘书处：《国立中央大学沿革史》，秘书处编纂组编纂印 1930 年版，第 45 页。

年 11 月，刚成立不久的中央大学将东南大学的科学讲座延续下来，并且增设了植物学讲座，各讲座的主讲人分别为：物理学吴有训、化学曾昭抡、植物学陈焕镛、动物学蔡堡、教育心理学艾伟，均由文化基金董事会正式函聘。[①] 该讲座当时称"科学教授席"，简称科学教席。那么，为何只在这些高校设置科学教席讲座呢？中基会董事任鸿隽解释说："科学教学其事业若甚简单，但以其科目之繁复，关系学校之众多，颇感着手之不易，中基会对此问题，则从两方面入手，即培养师资及改良设备是也，培养师资之办法，在全国旧定六高师区域内设立科学讲座，期于造就良好之科学教师，并改进中学教学方法。"[②] 也就是说，设置科学讲座的学校，最初是按照原来全国高等师范学区的划分选定的，每学区选一所大学设置，即后来的中央大学、北平师范大学、东北大学、武汉大学、中山大学、四川大学，每校设置 5 种讲座，"每讲座除由中基会担任薪金外，并各予一万元之设备补助费，分年拨付，以充实教学上必须之设备。"[③] 按中华教育文化基金董事会设置科学讲座的规定，担任科学教席的主讲人，必须是"对于本学科有精深研究者"和"对于中等学校本学科师资之训练有特殊兴趣者"，而且"不得兼任其他有给职务""宜彼此合作，以谋科学教法之改进。"[④] 而教席主讲者的待遇，由基金会参照指定学校标准按月支付，接受讲座的学校除获得文化基金董事会的补助费外，还必须拿出所省出的薪金，"充所任学科增购仪器及设备之用。"并且要负起校内各学系与教育学系的协作及附属实习学校教学改良，以及本学区中学科学教学改进之责任。[⑤] 可见，该讲

---

① 《中华教育文化基金董事会设立科学讲座之经过》，国立中央大学秘书处：《国立中央大学沿革史》，秘书处编纂组编纂印 1930 年版，第 46 页。

② 任鸿隽：《中基会与中国科学》，《科学》1933 年第 17 卷第 9 期。

③ 任鸿隽：《中基会与中国科学》，《科学》1933 年第 17 卷第 9 期。

④ 《庚款兴办教育经过》，教育部教育年鉴编辑委员会：《第二次中国教育年鉴》，商务印书馆 1948 年版，第 1570 页。

⑤ 《庚款兴办教育经过》，教育部教育年鉴编辑委员会：《第二次中国教育年鉴》，商务印书馆 1948 年版，第 1570 页。

座有着改善大学理科教学设施和培养中学师资以促进中学教学等多重目的，一定程度上解决了大学办学经费困难，因此得到各讲座大学的积极支持。因为该讲座是在大学区制实行期间开办的，所以听讲者除本校教师外，还有本大学区所辖中学的教师。此事实施之中，中央大学部分主讲人有所变动，但曾昭抡的化学讲座从 1927 年到 1930 年连续坚持下来，① 艾伟、蔡堡的讲座也分别坚持了 5 年、4 年。1930 年 1 月，中央大学理学院总结说，"文化基金所助之讲座薪金则建筑科学研究所一所亦已落成，近文化基金又特助物理化学之设备费二万五千元，其他重要设备如水电煤气于十六年秋即着手计划，今均装置完备颇足供我校同人研究与试验之用矣。"② 中基会也认为"各教授俱能专心任课，造就宏多。"③ 可见，科学教席讲座仅从经济上讲是很有成效的。1930 年 10 月，中央大学校长张乃燕由于经费等原因辞职。随着时局的变迁，中央大学也迭经调整，继首任校长张乃燕 1930 年 11 月辞职后，朱家骅、刘光华、任鸿隽、段锡朋等先后奉令为该校校长或代校长。1932 年 8 月 26 日，行政院院会议决，任命罗家伦为国立中央大学校长。④

表 1—1　　　　　　　　　　国立中央大学沿革表

时间	校名
1902 年	三江师范学堂
1905 年	两江师范学院
1915 年	南京高等师范学院
1921 年	国立东南大学
1927 年 6 月	国立第四中山大学
1928 年 3 月	江苏大学

① 《庚款兴办教育经过》，教育部教育年鉴编辑委员会：《第二次中国教育年鉴》，商务印书馆 1948 年版，第 1571 页。

② 国立中央大学理学院编：《国立中央大学一览·理学院概况》，国立中央大学教务处出版组 1930 年版，第 3 页。

③ 中华教育文化基金董事会：《中华教育文化基金董事会第五次报告》，1930 年，第 30 页。

④ 陈明珠：《五四健将罗家伦传》，浙江人民出版社 2006 年版，第 112 页。

续表

时间	校名
1928 年 3 月	国立南京大学
1928 年 5 月	国立中央大学

图 1 - 1　南京大学历史沿革表（1902—1957）

注：原件现存南京大学文书档案室

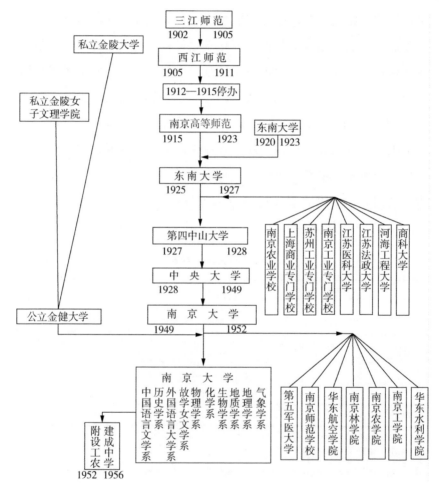

资料来源：南京大学高教研究所编：《南京大学大事记（1902—1988）》，南京大出版社 1989 年版，第 19 页。

二　战前罗家伦校长主政时期学校的基本概况

从 1932 年 8 月起，曾任清华大学校长的罗家伦出任中央大学校长，迄于 1941 年 8 月。"罗校长在长校的十年期间，前五年在南京，后五年在重庆，而在连天的烽火之中，把中央大学完整的由南京迁校重庆。"① 罗家伦任中大校长后即着手进行大改革：确定以"安定""充实""发展"三个时期作为中大的发展路径。1943 年，他回顾当初的情形说：

> 回想我到中大之时，正值一个大紊乱以后。……我心里打算，每个时期约略三年，我是学历史的人，知道时期是不可以严格划分的。在安定时期，应当有所充实；充实时期应当亟谋发展，我现在还要补充一句，就是到了发展时期，也还应当安定。在最初二年，安定的目的达到了；以后二年更加注意充实。不但充实图书仪器各项设备，而且充实课程内容和教学人材。……所以现在中大应用的图书仪器的基础，大都是那时候打下来的。②

罗家伦上任后，围绕安定、充实、发展，提出树立"诚、朴、雄、伟"的四字学风，在师资队伍建设、学科建设、学校硬件设施建设以及科研工作上狠下功夫，到抗战前学校的这些方面已见显著成效。

（一）师资队伍建设

良好的师资是保障高质量教学和进行高水平科学研究的关键。哈佛大学前校长科南特曾说："大学的荣誉不在于它的校舍和人数，而在它

---

① 刘敬坤：《八年抗战中的中央大学》，《炎黄春秋》2002 年第 5 期。

② 罗家伦：《国立中央大学回顾与前瞻》，《文化教育与青年》，商务印书馆 1943 年版，第 198 页。

代代教师的质量。一个学校要站得住，教师定要出色。"① 师资的质量直接影响到大学的质量。为此，中央大学十分重视师资队伍建设。罗家伦执校后，一方面竭力挽留中大原有的教师，另一方面则以优厚待遇，聘请专家学者到中大任教。为提高教学效果，严格把好教师质量，在教师的聘用上，罗家伦要求相当严格，无论何人推荐，只要不符合条件，一概不用。他曾经有过这样一段自白："聘人是我最留心最慎重的一件事，我抚躬自问，不曾把教学地位做过一个人情。纵然因此得罪人也是不管的。我对于老年的教授十分尊重，对于青年学者十分热望。在中国各方面人才缺少的时候，我们应该不断有新血统来补充。"② 当时公教人员断薪是司空见惯的事，罗家伦为解除教职员的后顾之忧，在经费吃紧、时有短缺的情况下，极力维持定期发薪，即使挪用其他款项也毫不含糊。对于当时在大学中颇为流行的教师兼职的情形，罗家伦认为教师应以专职为主，"凡可请其专任者，莫不请其专任"，"以求其心无二用"。正是在罗家伦这种既聘任专职教师又严格聘任兼职教师的思想指导下，中央大学一时俊彦云集，如经济学家马寅初、农学家金善宝、天文学家张钰哲、化学家袁翰青、孙宗彭、医学家蔡翘、物理学家施士元、数学系教授孙光远、曾远荣，还聘胡焕庸、王益崖为地理系教授，聘徐悲鸿、张大千、张书旂、黄君璧、傅抱石、陈之佛、谢稚柳等为艺术系教授。其师资力量的强大和稳定，遂于此时初步奠定。据 1937 年的统计，中央大学的师资阵容如下：文学院 41 人、理学院 70 人、法学院 33 人、教育学院 60 人、农学院 57 人、工学院 64 人、医学院 10 人、牙医专科 9 人，共计 344 人。当时中大的师资实力处全国前列，其中理学院和工学院的教授较多，占全校教授的 40%。此外，还有实验学校教员 76 人，助教 4 人。③

---

① 胡弼成：《整体素质观：一流大学教师队伍建设的观念》，《江苏高教》2003 年第 1 期。

② 罗家伦：《国立中央大学回顾与前瞻》，《文化教育与青年》，商务印书馆 1943 年版，第204 页。

③ 闵卓：《中大办学琐记》，《梅庵史话》，东南大学出版社 2000 年版，第 115 页。

表1-2　　　　　　　　　　1937年中央大学师资概况①

院别	教授		讲师		助教	讲师
	专任	兼任	专任	兼任		
文学院	19	8	6		8	
理学院	27	6	5		32	
法学院	13	16	1		3	
教育学院	21	7	9	3	20	4
农学院	20	5	2	1	29	
工学院	26	8	5		25	
医学院	4		1		5	
牙医学院	3		5		1	
实验学校						76
总计	133	50	34	4	123	80

（二）学科建设

在学科建设方面，中央大学在1932年解散之前，共有文、理、法、教育、工、农、医、商等8个学院。自1932年7月整理委员会决定将地处上海的商、医两学院划出独立后，本部就只有6个学院了。罗家伦就任校长后，根据社会的需要及各学科的发展趋势，结合中大自身的实际情况，适时地、不断地对中大的系科进行调整和扩充。在其就任校长不久，就将农学院改为农艺、森林、畜牧兽医、农业化学4系，恢复工学院化学工程组。罗家伦考虑到当时中国急需医务人才，于1935年5月再度创办医学院，6月又主办国立牙科学校，并附设我国第一所牙科医院。1935年，中大增设工学院的水利工程系、理学院的心理学系及法学院的社会学系。中大研究所经过两年筹备，于1936年8月开始招生，两年期满考试合格后授予硕士学位。到1937年全面抗战爆发前，中央大学已发展成为在横向方面拥有7个学院、38个系，共有学生2000余人。在纵向方面拥有自研究院至幼儿园、各级教育均属齐全的当时国内学级最全、学科范围最广、办学规模最大、学生人数最多的综

---

① 金易：《抗战中的中央大学》，《民意周刊》1940年第139期。

合性大学。自此以后，中央大学一直有文、理、法、农、工、医、教育7个学院。

（三）科研与学术活动

中大在南京时就十分重视学校的科研与学术的发展，特别注重学校的学术研究与社会实践活动的结合，这主要体现在发行学术刊物、建立研究机构等方面。

1932年12月，学校决定发行相关学术刊物，包括两个方面的内容：一是国立中央大学丛刊，以登载专门的研究著述为主，分为文艺丛刊、社会科学丛刊、教育丛刊、农学丛刊4种；二是设立国立中央大学专篇，把一些具有特殊价值和贡献的著作，编印成专册，以供有关各方研究和参考。此外，各学院内相继建立一些实验和研究机构，如农学院所属各农事试验场，就包括有农林、畜牧、园林、蚕桑等试验场所20余处，总面积近2万余亩；法学院内设有经济统计研究室和行政研究室，前者主要从事有关中国经济史资料的搜集，为编纂民国以来的中国经济年鉴作准备，后者主要研究中国的一般政治制度及现实中的各项实际行政问题，以达到能对中国行政的改良有所贡献的目的，同时于各大学的行政学教材也有所补充；教育学院内设有教育实验所，其主要目的是利用教育、心理两系的人才、设备优势，用心理实验和统计的方法，解决教育问题，建立"中国化的科学教育"。

罗家伦还特别重视校内科研力量和校外社会各界力量的结合，以共同解决社会的实际问题。自罗家伦1932年就任中大校长起至1937年5月抗战爆发前夕止的近5年时间里，中央大学先后与湖南省立农事试验场、安徽省立稻麦改良场、江苏省立教育学院、实业部中央农业试验所、中央棉产改进所、四川中心农事试验场、国立武汉大学农学院、江西省农业院、全国稻麦改进所、云南第一农事试验场、湖北棉产改进处、浙江省家产保育所、全国经济委员会公路处、资源委员会、卫生署、南京市政府、扬子江水利委员会、中华教育文化基金董事会、全国儿童年实施委员会等43个社会单位进行合作，从事有关水稻、小麦、棉花、园艺、蚕桑、大豆、玉米、生猪等农业项目的品种改良及推广以及卫生教育水利等事业的实验、改进诸事宜。① 中央大学这些与社会各单位的合作，是符合学校科研发展方向的，是值得今天的高等院校借鉴和学习的。

（四）学校硬件设备的建设

学校还加强了学校的校舍、各项设施与实验设备建设。1932 年 9 月至 1936 年 9 月用于校舍建设方面的费用达 87 万元，重修生物馆、东南院、南高院、体育馆、新建游泳池、文昌桥学生宿舍二幢，改建女生宿舍、梅庵音乐教室，新修学校大门和农学院种子室，扩建学校图书馆，使阅览室在原有基础上扩大了 4 倍，能同时供 900 余人一起使用，书库存量较先前增加了 1.5 倍，可容纳图书 80 余万册。1934 年新建实验学校高中科学教室、工学院所属工厂及肥皂厂、学生宿舍、农学院畜牧系公牛房、农学院生物系植物研究室、扩建实验学校大礼堂；1935 年新建农学院温室、农学院畜牧系母牛房、电信实验室、机械特别研究班工厂及风洞室、医学院校舍；1936 年新建农学院畜牧系冷气间、水力实验室、医学院生物化学研究室、实验学校小学教室、医学院解剖室、工学院自动工程系结构室②。

上述系列建设促使中大的教学科研设施大为改善。以馆藏图书为例，图书杂志是学校重要发展标志，也是高等学校进行教学和研究所必备的基本资料，中大节省其他费用，大力增加图书期刊的订购量。中大在接受东南大学图书馆时，中西文藏书共有 4.8 万册。截至 1937 年 5 月，中央大学共藏有各类图书杂志 407203 册，其中中文图书杂志 204514 册，外文图书杂志 202689 册；书籍 186617 册，杂志 6713 种 220586 册。③ 在这些图书中，罗家伦就任校长之后增加中文图书 63381 册，外文图书 34828 册，共计 98209 册，占整个学校图书总数的 52%

① 南京大学校庆办公室校史资料组、南京大学学报编辑部：《南京大学校史资料选集》，南京大学出版社 1982 年版，第 271—272 页。

② 张建中：《重庆沙磁文化区创建史》，四川人民出版社 2005 年版，第 131—132 页。

③ 闵卓：《中大办学琐记》，《梅庵史话》，东南大学出版社 2000 年版，第 116 页。

强；杂志增加了中文杂志 286 种，外文杂志 233 种，共计 519 种，占整个学校杂志 6713 种的 7% 强。① 中文书籍中善本甚多，外文书籍亦多珍贵，特别值得一提的是，从 1932 年以来，五年间购齐补足西方杂志 30 余种（大多为理工科期刊），少则补齐了三五十年的，多至补齐百余年的，如 Ceographical Journal，连续刊行 134 年。最贵的杂志达 7000 元一套，但为了研究的需要，罗家伦均不惜巨资，全部购齐。② 在 30 年代，一个学生规模不过千余人的大学，拥有这么多馆藏书刊，在全国来说也是少有的。"计约略四年多时间共费在图书仪器及教学设备等项，为 223 万元。为数过于全部预算四分之一。西文专门杂志定到 700 余种，重要的全套杂志自出版以致当时的计五六十种。"③

实验是高等教育中一个重要的教学环节，一个大学实验室的多少，仪器设备的优劣，实验质量的高低，是衡量大学教学质量的重要标志。由于院系学科众多，教学研究所需的仪器、设备、标本、模型等较多，中央大学亦大量购进。教学设备及仪器，在其间也有相当发展，各种各样的实验室、标本室，在 1937 年 5 月时已多达 110 余个，尤其是理工医农等学院，实验室所需的仪器设备，种类繁多，当时仅土木系的水力实验室就有 11 间房，材料实验室 8 间房，可同时供 84 位学生实验；电机系的电信实验室 7 间房；农业化学系的农产制造室 10 间房，可供实验人数 16 人。④ 农学院有试验场 5404 个，分别进行农艺、畜牧、蚕等各项试验。

南京时期的中央大学虽几经更名，但学校建校起点高，经过历年建设，20 世纪 20 年代初已成为我国一所规模较大的综合性大学。1932 年罗家伦任中大校长后，进行了大刀阔斧的改革，在师资队伍建设、学科建设、图书仪器、实验室及设备等硬件设施建设方面加大了投入。到抗

---

① 张建中：《重庆沙磁文化区创建史》，四川人民出版社 2005 年版，第 132 页。

② 陈明珠：《五四健将罗家伦传》，浙江人民出版社 2006 年版，第 169 页。

③ 罗家伦：《抗战时期的中央大学的迁校》，《罗家伦文存》第八册，台北"国史馆"，（台湾）中国国民党中央委员会党史委员会 1989 年版，第 441—459 页。

④ 闵卓：《中大办学琐记》，《梅庵史话》，东南大学出版社 2000 年版，第 116 页。

战前学校的这些方面已见显著成效，成为当时中国招生规模最大，系科设置最齐全，专业众多，师资力量强大、图书种类繁多，教学实验设备精良的综合性大学。我国近代地理、地质、气象、生物学、农学、教育学以及艺术教育和体育教育等学科，都是在此期间积累和发展起来的。

第二节　中央大学的西迁

一　未雨绸缪——中大西迁的酝酿

因为担任中国国民党中央候补执行委员，罗家伦对于中国抗日的政策有较为深入的了解[①]，他曾明确表示："我是略略知道国防政策的一个人，知道中枢是如何积极的准备抗日[②]。"故罗家伦深知中日战争必然会发生，对中大迁校早有心理和行动上的准备："自从九·一八之后，跟着的就是一·二八，上海淞沪之战，我就认为中日战争是一件绝对不可避免的事。"[③] 为保全国家民族文化与维持教育事业，罗家伦做出了学校迁校的打算。他认为：

（1）不必将3000以上教职员、学生置于易受及常受轰炸之地。

（2）不必将价值四五百万元之图书仪器置于同样之境地。

（3）为教育效率计，应置文化训练机关于较安全地点，方能督促其加紧工作。[④]

---

① 罗家伦：《抗战时期中央大学的迁校》，《罗家伦文存》第八册，台北"国史馆"，（台湾）中国国民党中央委员会党史委员会1989年版，第442页。

② 罗家伦：《炸弹下长大的中央大学——从迁校到发展》，《升学指导号》1945年第28卷第8期。

③ 罗家伦：《抗战时期中央大学的迁校》，《罗家伦文存》第八册，台北"国史馆"，（台湾）中国国民党中央委员会党史委员会1989年版，第443页。

④ 罗家伦：《罗家伦力陈中大西迁的必要》，《南大百年实录——中央大学史料选》（上），南京大学出版社2002年版，第384页。

基于上述考虑，罗家伦很早就开始进行中大西迁的准备工作。在择校地点方面，罗家伦提出了应遵循的几点原则：

（1）地点比较安全，可任其展开及安置图书仪器，至少可作半年至一年之工作打算。

（2）当地须略有高等教育基础，可供彼此合作且可互相利用师资设备，互相充实其训练。

（3）交通比较便利，最重要者系水路可以直达，苟无此项便利，迁至近处之困难且过远处。

（4）比较可以集中，俾便对学生学问、思想、行动作切实训练与指导，树一战争期间刻苦耐劳之新学风。[①]

早在 1935 年，罗家伦为了商量冀察事变的问题以及就时局与对日问题向蒋介石建言。后因天气不好，飞机不能起飞而路过重庆时，罗家伦还专对重庆的地形作了详细的考察。[②]

重庆山势起伏，层岩叠峰，易于防空，觉得这是一个战时设校的理想地点，像沙坪坝、老鹰岩也是我游踪所到地方，可以说我这两天半在重庆的游览，赋给我对于重庆的形势一种亲切的认识。不久我就回到南京，我招呼总务处开始定做九百个[③]大木箱，里面钉最好的洋铁皮，存在学校工厂的后边，因为数量太多，不能不搭几

---

① 罗家伦：《罗家伦力陈中大西迁的必要》，《南大百年实录——中央大学史料选》（上），南京大学出版社 2002 年版，第 384 页。

② 罗家伦：《抗战时期的中央大学的迁校》，《罗家伦文存》第八册，台北"国史馆"，（台湾）中国国民党中央委员会党史委员会 1989 年版，第 441 页。

③ 又有五百个木箱之说，在罗家伦不同的文章中出现。"预备长途旅行用的，计五百五十一齐取出来，先将重要的图书仪器装箱。"见罗家伦《炸弹下长大的中央大学——从迁校到发展》，《升学指导号》1945 年第 28 卷第 8 期，笔者认为《炸弹下长大的中央大学——从迁校到发展》一文，写得较早，故本书采用这一数据。

间临时的蓬屋贮藏，学校里的人对于我这个举动都觉得莫名其妙，最初还有人谈论，以后过久了，也就把这件事忘了。①

七七事变以后，罗家伦立即吩咐学校，将"预备好的大木箱里面钉了铅皮，预备长途旅行用的，计551只齐取出来，先将重要的图书仪器装箱。当时我叫人打这大批的箱子，大家不知道有何用途，其实当时我即看定中日之间，是迟早不免一战的，我并不想做陶德曼（逃得慢）先生的兄弟"陶德快"（逃得快），但为保全国家文化事业元气计，平时也不能不作有备无患的打算。若是没有这批箱子，当时军事倥偬是无法可以临时做就的，同时派几位教授分两路出发，一路是法学院长马洗繁和经济系主任吴干向重庆出发，一路是心理系教授王书林向两湖出发，寻觅适当校址。后来又另请医学院教授蔡翘为一路，向成都出发，专为向华西大学接洽容纳中大医学院事谊。"②

自上海八·一三战事发动以来，中央大学曾受敌机三次袭击。③ 在这三次突袭中，均有人员伤亡，罗家伦亲自前往蒋介石住处陈述迁校的必要，得到蒋首肯之后，便着手进行迁校事宜。④ 对于中央大学迁校，其时议论纷绘，主张不一：卫戍司令部怕动摇人心，不希望中央大学搬迁；教育部当时仍希望中央大学在南京郊外选择比较安全的地点开学；胡适主张中央大学搬到安徽的九华山去；张岳军主张中央大学搬到牯岭新造的图书馆和训练团里去。学校里许多教职员受了"蜀道难"的影响，都不主张远迁，有的主张迁到武汉，暂借武汉大学上课，说得最远

---

① 罗家伦：《抗战时期的中央大学的迁校》，《罗家伦文存》第八册，台北"国史馆"，（台湾）中国国民党中央委员会党史委员会1989年版，第441—459页。

② 罗家伦：《炸弹下长大的中央大学——从迁校到发展》，《升学指导号》1945年第28卷第8期。

③ 罗家伦：《罗家伦力陈中大西迁的必要》，《南大百年实录——中央大学史料选》（上），南京大学出版社2002年版，第384页。第一次为8月15日下午，敌机以机关枪扫射图书馆及实验学校各一次；第二次为19日下午，在大学本部投250公斤炸弹七枚；第三次为26日深夜，在实验学校投同样炸弹一枚，附近教授住宅被毁者四所，校工死者五人。

④ 罗家伦：《罗家伦力陈中大西迁的必要》，《南大百年实录——中央大学史料选》（上），南京大学出版社2002年版，第384页。

的，也只是到宜昌为止，到重庆几乎是一件不可想象的事情。

罗家伦之所以将中大迁校的地点定在重庆，根据其本人的回忆，其理由有三：

> 第一，我断定这次抗战是长期的，文化机关与军事机关不同，不便一搬再搬。
>
> 第二，所迁地点以水道能直达者为宜，搬过小家的应当知道搬这样一个大家的困难。
>
> 第三，重庆不但军事上险要，而且山陵起伏宜于防空。①

经仔细考察，确定以重庆大学所在地沙坪坝松林坡作为迁校的理想场所，因其地理位置具有以下优势：②

> （一）地在嘉陵江岸，离重庆城市 20 余里较为安全。
>
> （二）与重庆大学合作，可凭藉其原基础充实教学之师资与设备。
>
> （三）因在嘉陵江岸，故民生公司轮船可直达该校门口。③

在中央大学未遭轰炸以前，西迁重庆可谓在任何方面都难于得到赞同，自受到日军严重的轰炸后，罗家伦的主张便具有了说服力。综合以上原因，罗家伦力排众议，把中大迁校的地点定在重庆。

二　鸡犬不留——中大的成功西迁

在法学院院长马洗繁、经济系主任吴干实地考察后，二人确定重庆

---

① 罗家伦：《炸弹下长大的中央大学——从迁校到发展》，《升学指导号》1945 年第 28 卷第 8 期。

② 罗玲：《国立中央大学抗战救亡运动刍议》，《重庆师范大学学报》（哲学社会科学版）2011 年第 4 期。

③ 罗家伦：《抗战时期的中央大学的迁校》，《罗家伦文存》第八册，台北"国史馆"，（台湾）中国国民党中央委员会党史委员会 1989 年版，第 449 页。

大学校址为中央大学最佳之内迁之地。罗家伦多次专函重庆行营、四川省政府、重庆市政府等，请求解决中大迁移重庆的有关房产地皮及建筑校舍诸问题：

> 本校迭被敌机轰炸，校舍损毁，短时期内势难于原地开学。兹奉部命派员赴渝查勘结果，拟向贵省重庆大学暂借地皮一段，备供建筑临时校舍之用。值此国难严重时期，青年学业关系至巨，素仰钧座提倡教育不遗余力，定荷惠允赞助，特派本校经济系吴主任诣前商洽，敬祈赐予指导，至为感荷。①

> 本校因时局关系，经呈准暂时迁地开学。荷承慨予赞助，惠假重庆大学校舍并拨地供临时建筑之用，又承特拨专款补助农学院牲畜运费，供给场地，俾与贵省建设厅合作举办试验推广事业。先生扶植教育，奖掖学术之盛意感荷无既。现在本校医学院及附属国立牙医专科学校，因师资设备合作便利起见，拟另假成都华西大学开学，业经商得该校同意，允以合作，以后承受护之处益多。用特函达，敬希亮詧是幸。②

> 本校医学院及附属国立牙医专科学校，拟暂假贵校校舍开学，经派请蔡翘、郑集两教授前来面洽。顷得蔡、郑两先生来电，欣悉业荷慨允合作，至深感纫。除详细办法容再商定外，特先函达致谢，敬希台詧中荷。③

对于中央大学的求助，四川地方当局及重庆、成都两地教育界均给予了积极的支持和帮助。四川省政府主席刘湘还特别致电教育部表示

---

① 《校本部为商借重庆大学地皮致刘湘公函》（渝字第三号 1937 年 9 月 30 日），《南大百年实录——中央大学史料选》（上），南京大学出版社 2002 年版，第 387 页。

② 《罗家伦关于医学院暂假华西大学开学致刘湘函公函》（第 1402 号 1937 年 10 月 7 日），《南大百年实录——中央大学史料选》（上），南京大学出版社 2002 年版，第 390 页。

③ 《罗家伦致华西大学公函》（特字第 555 号 1937 年 10 月 7 日），《南大百年实录——中央大学史料选》，南京大学出版社 2002 年版，第 391 页。

"中央大学暂移重庆开课，极表欢迎"①，并复函中央大学："贵校为首都最高学府，兹因避地来渝建筑临时校舍，于川省文化裨益实多，无任欢迎。重庆大学既有相当地皮可借，应迅速开工，以备应用。除转重大知照外，相应函复贵校请烦查照。"② 并电饬"重庆市政府尽量协助"③。四川教育学院院长高显鉴也于 1937 年 10 月 28 日致函中央大学，对中央大学所请求的商借该院"农场备供学生实习试验之用，籍谋技术合作，并拨空房数间暂作农场人员办公栖止"一事，也明确表示：

> 值此国难严重、全民抗战之际，保存我国文化，充实抗战力量，实为今日要图。贵校来渝开学，本院自应尽力帮助。兹划出房屋四间用供贵校农场人员寄宿办公之所，农场范围及现有设备亦均可备供贵校学生实习试验之有。至技术方面事项，并希贵校农学专家随时指导，以利进行。④

成都华西大学也慨然同意与中央大学医学院及附属国立牙医专科学校合作办学。

1937 年 8 月 4 日，校务会议后，中央大学开始着手迁校事宜。⑤ 罗家伦认为图书仪器是大学研究不可或缺的重要工具，主张迁校的同时亦当尽力保存全部图书和仪器。⑥ 罗家伦首先要求将学校重要文件、记录、

---

① 《刘湘致教育部电报》，《南大百年实录——中央大学史料选》（上），南京大学出版社 2002 年版，第 389 页。

② 《刘湘复中央大学函》（1937 年 10 月 2 日），《南大百年实录——中央大学史料选》（上），南京大学出版社 2002 年版，第 388 页。

③ 《刘湘致教育部电报》，《南大百年实录——中央大学史料选》（上），南京大学出版社 2002 年版，第 389 页。

④ 《四川省立教育学院公函》（事字第 101 号），《南大百年实录——中央大学史料选》（上），南京大学出版社 2002 年版，第 391 页。

⑤ 《二十六年八月四日校务会议》，档案号：648－000915，中国第二历史档案馆藏。

⑥ 罗家伦：《一段惨痛的校史和本大学现在的方针》，《罗家伦文存》第五册，台北"国史馆"，（台湾）中国国民党中央委员会党史委员会 1989 年版，第 631 页。

图书、仪器择其最重要者装成 500 箱，送到上海妥善收藏。各箱均装有清单，每箱外并标明甲乙两类，甲类是开学时急需者，乙种则较缓。① 8 月 23 日中央大学接到教育部准迁重庆的命令，于是重庆方面迅速动工，一方面，学校请事务主任李声轩和水利系主任原素欣、工程师徐敬直前往重庆办理校舍建筑事宜②。另一方面，派王书林教授在汉口设立办事处，专门负责由南京西迁重庆的图书仪器和师生员工的转运工作；与此同时，学校又与各交通机关联络，最大限度地争取各种交通工具和运输设备；并通知全体教职员学生于 10 月 10 日集中汉口，转船西上。罗家伦本人于 10 月 5 日离开南京，经芜湖到屯溪，主持 10 月 10 日实验学校的开学典礼后，即赴汉口，于 25 日，乘机抵重庆。那时候教职员学生已经有一部分提前赶到了。③

1937 年 10 月 6 日，中央大学重庆办事处在重庆市都邮街柴家巷成立，并于当日起开始办公。④ 与此同时，中大在渝新校舍也在重庆大学松林坡破土动工⑤。在重庆大学的慷慨支持与帮助以及四川、重庆地方当局的大力协助下，负责筹建在渝新校址的中央大学同仁夜以继日地工作，组织了 1700 多名民工，分成 18 个工作组，因陋就简，就地取材，不分昼夜，于短短的 42 天里就盖成了可容纳 1000 余人上课和食宿的校舍。⑥ 据重庆《国民公报》1938 年 2 月 27 日报道，"30 多座简简单单

---

① 《二十六年八月四日校务会议》，档案号：648 - 000915，中国第二历史档案馆藏。

② 罗家伦：《炸弹下长大的中央大学——从迁校到发展》，《升学指导号》1945 年第 28 卷第 8 期。

③ 罗家伦：《炸弹下长大的中央大学——从迁校到发展》，《升学指导号》1945 年第 28 卷第 8 期。

④ 《关于成立中央大学重庆办事处的公函》（第 10 号 1937 年 10 月 6 日），《南大百年实录——中央大学史料选》（上），南京大学出版社 2002 年版，第 390 页。

⑤ 《中央大学关于即日动工督建筑临时校舍公函公函》（第 11 号），《南京大学校史资料选辑》，南京大学校庆办公室校史资料编辑组、南京大学学报编辑部，南京大学出版社 1982 年版，第 339 页。

⑥ 罗玲：《国立中央大学抗战救亡运动刍议》，《重庆师范大学学报》（哲学社会科学版）2011 年第 4 期。

的中国式房子，分布于松林坡的周围，环校马路可以直达每座教室、寝室、实验室，松林里更以纵横交错的石板大路相连系。饭厅是他们的礼堂，开会、做纪念周，乃至有大课，都在那儿。"新的校舍虽然简陋，但毕竟有了一个可供暂时避风挡雨之地，从而为中央大学的顺利搬迁和按时复课提供了可靠的物质保证。"马吴二先生在重庆承各方面，尤其是重庆大学和其校长胡庶华先生的帮助，得到较为适宜，'自成小小格局的地址'"。①

学校组织人力物力积极抢运搬迁图书仪器和教学设备，把凡是可以带走的东西全部搬走，重庆筹建新校址也同时进行。"在这个时期，无论是总务方面的人员也好，各系的教授、助教也好，都是一有工夫就到学校来为图书仪器装箱，在九月底以前，凡是可以装运的，都已经运出。"②

在交通运输方面，中大内迁得到了交通部次长、四川民生公司总经理卢作孚及其民生实业股份有限公司的大力帮助和支持。时值战初，大批川军奉命调赴前线，他们由民生公司轮船运至抗日前线。③ 由于当时国民政府尚未正式迁都重庆，因而东下之轮船回川时还不是特别紧张。罗家伦商请卢作孚，请民生公司军运返川轮船装运中央大学西迁重庆师生员工及图书仪器和教学设备。卢作孚不仅慨然同意，还为中大西迁提供诸多便利，如降低师生员工乘坐轮船的费用，甚至免费运输中央大学西迁重庆的图书仪器和教学设备，为方便一些大型设备及牲畜的装轮和运输，还不惜打通轮船舱位。

特别值得一提的是农学院农场牲畜的搬迁。中大奉命西迁后，罗家伦与农学院院长邹树文请民生公司改造一艘轮船的一层，专门装运牲畜。卢作孚在成都创办四川家畜保育所，热心改良畜种，他欣然接受罗家伦的要求。由四川省政府出资，民生公司派专船赴南京，改造了轮船

---

① 罗家伦：《抗战时期的中央大学的迁校》，《罗家伦文存》第八册，台北"国史馆"，（台湾）中国国民党中央委员会党史委员会 1989 年版，第 449 页。

② 罗家伦：《炸弹下长大的中央大学——从迁校到发展》，《升学指导号》1945 年第 28 卷第 8 期。

③ 丁宏：《中大学生乘民来轮来川杂记》，《新世界》1937 年第 11 卷第 6 期。

的一层。农学院把每一种畜种选一对上船起运，装运了种牛 20 头，种猪 20 余头及各类种鸡、种鸭数十只，由牧场职工及家属同船护送。所谓"鸡犬图书共一船"。关于牲畜的迁移，还有一个极动人的故事，因为除了选每样一对畜种之外，还有许多留下的牛羊等动物需要处置。① 余下的牲畜在王西亭指导下，用木船载运过江，由浦口，浦镇过安徽经河南边境，转入湖北到宜昌再用水运，由民生公司轮船接运到重庆。罗家伦离开南京前，亲自对王西亭说："这留下的东西，交给你，在敌人未到南京以前，你设法保管，万一敌人攻陷南京，那时你若是认为无法维持的话，不得已而放弃，我也绝不怪你。"② 在南京被攻陷前三天，王西亭看见情形危急，居然把全部牲畜移到大胜关农场，再由大胜关用木船运过长江，迂回地循着陆路游牧起来。当然沿途的费用，中央大学都随时接济他，或是请当地县政府先行垫付。这一路程极其漫长与危险，有时候背后就是敌人。"这一段游牧的生活，经过了大约一年的时间，这些美国牛、荷兰牛、澳洲羊、英国猪、美国猪和用笼子骑在它们背上的美国鸡、北京鸭可怜也受日寇的压迫与沙漠中的骆驼队一样，踏上了几千里长征的路线，每天只能走十几里，而且走一两天要歇三五天，居然于第二年的十一月中到了重庆。"③ 那些纯种乳牛，全部从南京由人赶着走，一天走十多里，途中需要不断喂食与挤乳，挤出牛乳就地廉价出卖，有时还有孕牛生产，护理刚生小牛，慢慢地让小牛跟着母牛走，这样全部无损地将牲口护送到重庆。从南京出发到重庆，这些大的牲畜没有死亡一个，还添了一条小牛。在第二年的深秋，罗家伦由沙坪坝进城，已经黄昏了，司机告诉他说，前面来了一群牛，很像是中央大学的，因为他认识赶牛的人，一看果然是的，这些牲口长途跋涉，已经

① 陈之长：《中央大学畜牧兽医系的简史》，张仲葛、朱先煌主编：《中国畜牧史料集》，科学出版社 1986 年版，第 127 页。

② 罗家伦：《抗战时期的中央大学的迁校》，《罗家伦文存》第八册，台北"国史馆"，（台湾）中国国民党中央委员会党史委员会 1989 年版，第 449 页。

③ 罗家伦：《炸弹下长大的中央大学——从迁校到发展》，《升学指导号》1945 年第 28 卷第 8 期。

是风尘仆仆了，赶牛的王酉亭和三个校工，更是须发蓬松，好像苏武塞外归来一般。^① 因为大家有这种精神，所以中央大学能做到完整的撤退。中央大学内迁时的"鸡犬不留"^② 成为抗战时期大学内迁的一段佳话。

中大的这次西迁系有计划有组织的几千人，几千大箱东西浩浩荡荡的西上，"竟作了国府为主持长期抗战而奠定陪都的前驱"。这次搬来的东西，有极笨重的、有很多精微的，还有拆卸的飞机三架（航空工程教学之用），甚至还有医学院泡制好的用于人体解剖学的死尸24具——戚寿南院长认为这些尸体是一到四川开学就要用的，舍不得丢掉，把它全数带到成都。此外，还有件很笨重的仪器，是航空工程系的一个风筒，这是试验飞机模型所必需的设备，价值二十几万美金，其中最大的一件机器无法分拆的有七吨多重。航空系主任罗荣安负责把这个风筒运到重庆，他下了决心，风筒不运走，他绝不走，居然以愚公移山的办法，把这个庞然大物搬上了轮船，载往重庆。^③

由于准备充分，措施得力，中大迁渝时各系仪器设备损失较少。机械系教师在敌机不停轰炸下，率领技工，装订机械仪器，甚至在空袭时往往无法进餐，所以机械系的设备"除借出兵工署以直接襄助抗战外，经过七千里以上的转运，一点损坏都没有"。^④ 西迁的机件共有53件，最重的4000多公斤，最长的有20多米，因为负责指挥的教师及技工等的当心，装护得非常周到，所以连玻璃管这样脆弱的东西都没弄坏。电机系的电力实验室，大部分电机和全部仪器设备运渝，不仅供本校各系学生实验，而且还借与重庆的各大高校师生使用，诸如交通大学、重庆大学、兵工学校以及中央工专等校。其他各实验室亦多类似情况。工学

---

① 罗家伦：《炸弹下长大的中央大学——从迁校到发展》，《升学指导号》1945 年第 28 卷第 8 期。

② 参见张伯苓语，抗战时期的南开大学在天津被日机炸得"鸡犬不留"，中央大学则是搬得"鸡犬不留"。

③ 罗家伦：《炸弹下长大的中央大学——从迁校到发展》，《升学指导号》1945 年第 28 卷第 8 期。

④ 谢国栋、潘新陆：《介绍中大机械工程系》，《机工》1938 年第 3 卷第 1 期。

院的许多实验室的装备，在当时堪称精良完备，如航空工程系发动机实
验室的试验汽油和柴油性质的设备，当时国内仅有一套，曾为空军总部
做试验，结果甚为满意；引擎实验室有飞机发动机 9 部，美制、苏制、
日制的都有，线型、V 型、星型俱伞，在当时亦称完备。电机工程系的
电力实验室测定并签署的电机鉴定书为当时社会信赖的有效文件；电信
试验室的仪器设备也相当完备。土木工程系的道路实验室的设备也比较
完备精良，如当时的伞套公路压实试验机，对于公路及机场的建筑至为
有用，其他如道路材料试验设备等，不仅为本校学生实验之用，而且为
南京市工务局作器种测定试验，甚受欢迎。①

　　由于搬迁准备全面、行动早，各类教学仪器设备几乎没有重大损
失，故内迁后，学校不仅照常开课，而且一切的实验都仍旧照进行。从
这方面而言，中大可以说是抗战期间保全实力最多，维持教育水准最高
的一所大学。经过全校上下的一致努力，"虽然正当猛烈的战事，经过
长途的跋涉，我们的功课开得还是很整齐的。我们的图书仪器都已搬
出，而且展开使用，不但重庆本部开学，并且医学院和牙医专科学校已
先本校在成都开学了，我们教学的标准，从那时候到现在为止，还没有
比在南京时降低。"② "在所有迁往后方的大学之中，中大是最幸运的
一所。一则是中大迁得最早，全面抗战爆发后就动手迁移，有充分的
交通工具可以运用，所以搬得最从容，人员、器材和图书损失最少；
其次是搬得最彻底，一搬就搬到大后方的重庆，不像其他的大学，随
着战局的变化，一搬再搬，以致图书教材，损失惨重，而师生流漓搬
迁，苦不堪言。"③

　　为了应对战时教学设备不足的问题，中央大学还与重庆本地高校进
行充分合作。未迁渝之前，中大便拟定了与重庆大学合作办学的具体方

---

① 朱斐主编：《东南大学史》（1902—1949）第 1 卷第 2 版，东南大学出版社 2012 年版，第
228 页。

② 罗家伦：《抗战时期的中央大学的迁校》，《罗家伦文存》第八册，台北"国史馆"，（台
湾）中国国民党中央委员会党史委员会 1989 年版，第 449 页。

③ 丁维栋：《旧事依稀忆沙坪》，《台北中外杂志》1976 年第 20 卷第 1 期。

法与措施。① 迁渝后，中大借用重庆大学、四川省立教育学院、中央工业职业学校、儿童保育院的教舍和农场等，一直使用到回迁南京之时。重庆大学借出的松林坡等地作为中大校址；四川省立教育学院借用农场及人员寄宿办公场所供中大农学院师生使用。这种合作与支援也是相互的，如重庆大学把地皮借给了中央大学，中大又以高水平的教授和丰富的办学经验支援重大。重庆大学如"有事实需要，借聘中央大学教员兼课，"② 中大也将实验室及重要仪器设备借与重大。重大自 1929 年创建至 1937 年间仍为省立大学，水平不高，发展不快，只有理工学院，主要是缺乏高水平的教师。中大入驻后，两校师资互借，部分设施共享，这也促使重庆大学的办学水平、办学条件显著提高；到 1946 年，中大迁回南京走后，留下部分教授在重大授课，使它迅速发展成为具有文、法、商、理、工、医 6 个学院的综合性大学，为以后的进一步发展

---

① 罗家伦：《罗家伦力陈中大西迁的必要》，《南大百年实录——中央大学史料选》（上），南京大学出版社 2002 年版，第 385 页。

《中央大学与重庆大学合作办学办法》

（一）重庆大学学生宿舍现尚可容学生六百人，略挤，尚可稍增。

（二）教室可共用或合班。

（三）工学院有较大建筑一所，理工仪器可即装置。

（四）该校校址 1500 亩，不敷校舍可建简单房屋，如建 100 间 10 月底可完成，200 间 11 月中亦可陆续完成约费 5 万元至 8 万元。

（五）医学院已与重庆最大之宽仁医院商妥，即可在内上课。

（六）农学院重庆大学本曾设置，后经胡校长停办，将来或可利用原址。万一不能，尚可与成都大学农学院商量合作。

（七）牙医专科学校可与成都华西大学之牙医学院合作。万一医学院在重庆有困难时，亦尚可与华西大学医学院合作，俟实地筹画后再定（为教学设备计，如将医、牙、农三部分设在成都尚不致太分散）。

（八）与工、医各学院院长商酌，本校除训练原有学生外，尚可努力开设短期训练班，以协助战事。

（九）与民生公司卢作孚先生商定：货运可照资源委员会运价，客运可照南开大学学生票价，计自南京至重庆统舱约需 24 元（伙食在内）。学生前往，如能本校津贴半价，则 12 元即可到达，不致十分困难。

② 《国立中央大学校长与省立重庆大学合作办法》（1942 年 9 月），档案号：0120 - 1 - 596，重庆档案馆藏。

奠定了基础。① 迁至成都的中大医学院除了借用华西大学的教室上课外，还与华西、齐鲁大学联合组织教学医院，原定为"中央华西齐鲁三大学联合医院"，但教育部坚持改名为"国立中央大学联合医院"。由中央大学教授戚寿南兼任院长，华西大学教授毕德生兼任副院长。② 四川省立教育学院也表示，"贵校来渝开学，本院自应尽力帮助。兹划出房屋四间用供贵校农场人员寄宿办公之所，农场范围及现有设备亦均可备供贵校学生实习试验之用。至技术方面事项，并希贵校农学专家随时指导，以利进行。"③

中央大学师生在搬迁途中饱受战乱流离之苦。农学院主任邹钟琳，公而忘私，随船运送器材到重庆，待他安排好公务后，日寇已占领南京，无法返回，多年积累的图书资料、昆虫标本，连同家中财物，丧失殆尽。爱人只身从无锡老家携带孩子，几经转辗才到重庆，刚满月的幼儿因肺炎途中夭折。哲学系教授方东美的幼女天煦在迁往重庆的途中病故，方东美在《蜀中梦亡女天煦》中沉痛写道：

> 笔架山前春寂寞，娇痴稚女独眠情。
> 花间应有鹃声乱，为报愁亲惨淡新。

唐圭璋将三女孩寄养岳母家，只身到四川任教。国难家仇，生离死别，在他写的一些小词中多有体现，辑为《南云小稿》，收入杨公庶《雍园词钞》中。摘录几首如下：

> 乱离骨肉散天涯，谁家插得茱萸遍。（《踏莎行》）
> 今宵独卧中庭冷，万里澄晖照泪悬。（《鹧鸪天》）

---

① 丁润生：《抗战日时期内迁院校与西部开发》，《淮南师范学院学报》2002 年第 4 期。

② 萧胜文：《罗家伦与中央大学发展之研究》，硕士学位论文，台湾师范大学，2000 年，第220 页。

③ 《高显鉴致中央大学函》（1937 年 10 月 7 日），《南大百实录—中央大学史料选》（上），南京大学出版社 2002 年版，第 391 页。

明月茫茫，一度登楼一断肠。(《采桑子》)①

从这些诗句中，可以约略反映出唐圭璋当时的悲痛心情。

总之，全面抗战爆发后中央大学之所以得以迅速、完整地远迁至数千里之外的重庆，除了罗家伦的早期准备和运筹帷幄、中央大学广大师生员工的响应和努力工作外，社会各界特别是四川、重庆地方当局以及文化教育界的大力支持和帮助也是分不开的。

三　西迁后的中央大学——成渝两地的办学概况

(一)"沙坪学灯"里的中央大学

1937 年 11 月，中大借用重庆两路口川东师范校舍开学上课，此时全校学生人数仅有七八百人。同年年底，沙坪坝松林坡新校舍初步建成，1938 年元月，师生全部搬入沙坪坝新校舍。② 为招揽新生，扩大办学规模，学校在报上刊登招生广告，决定除招收一年级新生外，还招收沦陷区各大学的转学生，包括各院系二三年级的转学插班生。③ 于是，学校的学生很快增至 1000 余人。

随着前线战事日益激烈与恶化，各大学均受到不同程度的冲击，有的暂时停办、有的尚处于迁徙过程中，而中大位于国民政府战时陪都的有利地位，使得大批战区流亡学生转入。由此，在中大就读的学生人数逐年增加。④ 内迁重庆后，继续订购所有战前订购欧美各国的书报期

---

① 唐圭璋：《我学词的经历》，《文史知识》1985 年第二期（总第 44 期）。

② 《罗家伦办中央大学》，《江苏高教》1988 年第 6 期。

③ 惠世如：《抗战时期内迁西南的高等院校》，贵州民族出版社 1988 年版，第 180 页。

④ 由 1937 年南京时期的 1072 人，增加到 1938 年度的 2254 人。到了 1939 年，中央大学的学生，除留有学籍的旧生 1705 人外，还有部分由各院系自招的新生 952 名，连同上届所录取之新生未入学而保留入学资格者 79 名，共计 2647 名。到 1941 年，中央大学各学院及研究院共有学生 3153 人，较南京时最后一年的 1072 人约 3 倍，这是在校学生数量的增加。若加实验学校 651 人，技工训练班 50 人，共计 3854 人。参见罗家伦《炸弹下长大的中央大学——从迁校到发展》，《升学指导号》1945 年第 28 卷第 8 期。

刊，还委托相关人士在上海书肆收购书籍，由香港转运至重庆。① 学校每周敦请社会名流、政坛要员和知名学者到校作学术或时政讲演，以启迪学生的思维，增长学生的见闻。

1938 年夏，因学生人数增加，沙坪坝原址已不敷用，且沙坪坝校址地处重庆近郊，易遭日本飞机空袭。于是 1938 年下半年在沙坪坝上游濒临嘉陵江畔的柏溪镇（属江北县）营建中大分校，专供一年级新生上课和居住。柏溪离校 20 余里，沙坪坝与柏溪，均沿嘉陵江岸，群山环抱，景极清幽。由沙坪坝至柏溪沿江而上，有轮船可达，除冬季水枯不通轮舟外，平时有民生公司专轮开行。学校还备一艘木船，每日往返一次。也有公路直达，行驶公共汽车，交通方便。教职员往来授课及办公者，并由校置备公用滑竿，以节约时间。② 后又把医学院和农学院的畜牧兽医系迁至成都。设立于成都华西坝的中大医学院与华西大学合作，学生人数在 300 人以上。农学院畜牧兽医系与四川省立家畜保育所合作，其二、三年级在成都上课。

到 1939 年 11 月，学校学生人数已超过 3000 人，"近两年来，增设院系、添办研究院、扩充学额、添开课程，较之在京时期进展尤速。学校兹据最近统计，本年度保留学籍之旧生，计有 1705 名，由教育部分发及由校自招之新生，共 952 名，连同上届录取新生保留入学资格者 79 名，总共 2647 名，故学校学生总数已愈三千，较之在京时期最高学额，约增一倍有奇。"③ 到 1941 年全校学生共计 3153 人，约为南京时 3 倍。加实验学校 651 人，技工训练班 50 人，共计 3854 人。"本科毕业约四百人，所招新生，当然视合格成绩而定人数，但无论如何，必较毕业生人数为多。若是多一倍，则总人数一定是四千多人了。"④ 此外，

---

① 《罗家伦办中央大学》，《江苏高教》1988 年第 6 期。

② 《国立中央大学要览》（1939 年），《南大百实录—中央大学史料选》（上），南京大学出版社 2002 年版，第 218 页。

③ 《国立中央大学学额倍增》，《中央日报》1939 年 11 月 15 日。

④ 罗家伦：《炸弹下长大的中央大学——从迁校到发展》，《升学指导号》1945 年第 28 卷第 8 期。

中大还招收留学生，至 1944 年初外籍学生 12 人，其中韩国籍最多有 8 人，印度有 3 人，缅甸学生 1 人。[①] 至 1945 年中大已发展成为 8 院 37 系，共开设 822 门课程，有 4000 余名学生和近千名教师的庞大规模，是国际上所公认学术水平较高的中国五大名牌大学之一。[②]

在重庆期间，中大还设有 1 所附属中学，1941 年教育部令青木关国立第十四中学为中大师范学院附属中学，后在沙坪坝中大成立附中分校，内设高、初中和师范部，两校人数合在 800 人左右。附中分校与重庆大学及中央工业职业学校毗邻，各处教职员人数合起来也达千人，可谓"济济多士"。[③] 抗战时就读于中国文学系的金启华曾经作词描绘了沙坪坝的中大：

> 校傍嘉陵风水好，喜图书仪器有藏处。各院系，妥分布。沙坪坝上松坡路，看往来莘莘学子、盈盈笑语。讲舍滔滔宏论出，立命立心知数，究天人各争驰骛。[④]

随着抗战形势的变化，社会需求的增加，西迁后的中央大学除对原有系科进行调整归并外，还加大了应用科学方面系科的设置。1938 年秋，中央大学奉令改教育学院为师范学院，[⑤] 除原教育学院的教育、艺术、体育系外，新增设国文、英语、公民训育、数学、史地、理化、博物系和童子军专修科。还扩充医学院、农学院添了畜牧兽医班[⑥]。中央大学研究院于 1939 年秋正式招生，初创时设 5 所 7 个学部，后又相继成立文科、医科研究所。至复员前，研究院已拥有 7 所

① 《外籍学生 12 人》，《国立中央大学校刊》1944 年第 3 期。

② 邓朝伦：《沙坪"学灯"里的中央大学》，《重庆与世界》2000 年第 4 期。

③ 楚松秋：《素描抗中的中央大学》，《中国青年》1943 年第 8 卷第 1 期。

④ 金启华：《金缕曲·为抗战时期中大作》，《古典文学知识》2005 年第 3 期。

⑤ 《教育部训令关于中大系科（院）设置调整办法》，《南大百年实录—中央大学史料选》（上），南京大学出版社 2002 年版，第 398 页。

⑥ 医学院添了四个年级（从三年级到六年级）。

23 学部。① 1941 年秋，恢复社会学系，隶属法学院，孙本文任系主任②。1944 年秋，教育部令中央大学和西北大学创设边政系，隶属法学院，并于当年招生。③ 同年，理学院增设气象系。1945 春，学校奉令创设俄文专修科，隶属文学院。俄文专修科一成立，颇受学校重视，聘请原为国立同济大学校长的丁文渊出任科主任。④

　　由于学生人数和相关专业的增加，中大在重庆期间所开课程也随之不断增加，在南京最后一学年为 524 种，1941 年上学期为 737 种，下学期为 829 种。⑤ 1941 学年每周讲授时间上学期为 1002 小时，下学期为 1980 小时；实验课时，上学期为 1481 小时，下学期为 1552 小时。因为学生人数的增加，院系的增加，课程的增加，故教员人数比在南京时大有增加。到 1941 年计有教授、副教授 183 人，讲师 39 人，助教 179 人。⑥

　　抗战时期国民政府推行"教育贷金"制，即对战区学生经济困难的和一般学生伙食困难的，由政府给予各种贷金。中大在 1938 年 2 月颁布了《救济战区学生代金办法》⑦ "凡本校之正式学生家庭及其经济基础在战区，品学优良生活困难无法维持学业者，得经院长及系科主任之介绍向教务处申请救济。"贷金种类分为三种：学费贷金，每学期 10 元；膳费贷金，每月 6 元；零用贷金，每月 2 元。在此制度之下，学生可向政府贷款，以支付学费及生活费用，学业完成再归还，不计利息。⑧ 自

---

① 计有：文科研究所设：哲学部、历史学部、外国文学部、中文学部；理科研究所设：数学部、物理学部、化学部、地理学部、生物学部；法科研究所设：政治经济学部、法律学部；师范研究所设：教育心理学部、教育学部；农科研究所设：农艺学部、森林学部、畜牧兽医学部、农经学部；工科研究所设：土木工程学部、机械工程学部、电机工程学部；医科研究所设：生理学部、公共卫生学部、生化学部。

② 社会学系始创于 1928 年，1936 年奉令暂行停办。

③ 杜筌敏：《中央大学的边政学系》，《西北通讯》（半月刊）1948 年第 3 卷第 3 期。

④ 罗玲：《国立中央大学抗战救亡运动刍议》，《重庆师范大学学报》（哲学社会科学版）2011 年第 4 期。

⑤ 罗家伦：《炸弹下长大的中央大学——从迁校到发展》，《升学指导号》1945 年第 28 卷第 8 期。

⑥ 罗家伦：《炸弹下长大的中央大学——从迁校到发展》，《升学指导号》1945 年第 28 卷第 8 期。

⑦ 《国立中央大学布告发第十七号救济战区学生贷金办法》，《中大校刊》1938 年第 3 期。

⑧ 丁维栋：《回首沙坪四十年》，《台北中外杂志》1986 年第 39 卷第 2 期。

1943 年 8 月起，制订公费生办法。师范学院学生全部公费待遇，医学院学生从 1944 学年起，指定为公医生，也全部公费待遇的。① 此外中央大学还有各类奖学金，如中正奖学金、资源委员会奖学金、航空委员会奖学金、航空工程学会荣安奖学金、水利部奖学金、水利工程学会百先奖学金。学校还设荣誉生和荣誉毕业生制度。② 这些制度以及各类奖学金的设置有效保障了贫寒学生学业。

中央大学按《中央大学组织大纲》规定，设校长一人，负责综理校务，由政府任命。在重庆的八年时间，先后有 5 位校长接任，校长更替较为频繁。1941 年 8 月，罗家伦辞职后，继任校长依次为顾孟余、蒋介石、顾毓琇，任期都只有一年左右。抗战胜利后，清华大学理工学院院长吴有训接掌中央大学。③

表 1-3　　　　　　　　中大在重庆期间历任校长一览表

校长	任职时间	备注
罗家伦	1932 年—1941 年 8 月	
顾孟余	1941 年 9 月—1943 年春	
蒋介石	1943 年春—1944 年 8 月	校长兼永久名誉校长
顾毓琇	1944 年 8 月—1945 年 9 月	
吴有训	1945 年—1947 年	

（二）医学院、牧医系在成都的办学概况

中大师生员工历尽艰辛先后到达重庆，逐渐安定下来。由于重庆缺乏医学教学基地，将医学院（包括牙科）和农学院的畜牧兽医系迁至成都。

---

① 津人：《中大指南》，重庆北斗书店 1944 年版，第 58 页。

② 朱斐主编：《东南大学史 1902—1949 第 1 卷》（第 2 版），东南大学出版社 2012 年版，第 232—233 页。

资源委员会奖学金，机、电、化三系学生总成绩平均 80 分以上者始得申请；航空委员会奖学金，每学期 4—8 名，受奖人毕业后，必须往该会服务；航空工程学会荣安奖学金，名额 4 个，飞机、引擎两组 4 年级各 2 名；水利部奖学金，名额限水利系 5 名；水利工程学会百先奖学金，名额 1 个，授水利系每年成绩最优者。

③ 《中央大学易长侧闻》，《中国新闻》1948 年第 2 卷第 10 期。

牧医系在沙坪坝借用巴县中学的学田五亩新建了牛奶场，安置了由南京带来的乳牛。[①] 为解决三、四年级学生的实习场地，应四川省建设厅的邀请，1938 年 10 月底，陈之长、罗清生、许振英、夏定友等率领三、四年级学生 20 余人前往成都，利用省家畜保育所提供的教室、实验室、兽医院、牧场、宿舍、食堂作为三、四年级学生实习生活场所。一、二年级学生仍留重庆学习公共必修课及部分专业基础课，由汪启愚、吴文安、熊德邻、濮成德等负责。牧医系在成都办学得天独厚的条件便是可利用齐聚华西坝的五大学的各类资源，如师生可使用各大学图书资料，学生们互相参加文体及各类科研活动。牧医系的学生还可旁听其他学校的课程，同时牧医系聘请了华西坝其他大学及科研单位的教授来该系兼课，如中大医学院郑洁教授讲《生物化学》，徐丰彦教授讲《生理学》，金陵大学农学系主任汤湘雨讲授《遗传学》。

1940 年以后，牧医系本科及专修科学生各年级分别有 20 余人，与建系初期相比，学生人数有较大增长。原家畜保育所的技师熊大仕也来牧医系任专职教授，主讲《家畜寄生虫学》。到 1945 年该系已有兽医教授 5 人，畜牧教授 3 人，讲师 2 人，助教 6 人。[②] 除四年制的本科教学外，仍继续办二年制的专修科。[③] 在成都期间，农学院的研究所获得较快发展。1940 年增设了经济昆虫学组、植物病理学组，1941 年增设森林学部和农业经济学组，1944 年设畜牧兽医学部。后改名为农艺研究所、畜牧兽医研究所、农业经济研究所和森林研究所。[④] 除完成本科和专修科教学任务外，还代办了中央政治学校附属边疆学校畜牧科，与

---

①　陈之长：《中央大学畜牧兽医系的简史》，张仲葛、朱先煌主编：《中国畜牧史料集》，科学出版社 1986 年版，第 2 页。

②　陈之长：《中央大学畜牧兽医系的简史》，张仲葛、朱先煌主编：《中国畜牧史料集》，科学出版社 1986 年版，第 3 页。

③　陈之长：《抗战时期中大畜牧兽医系在四川办学情况》，《四川畜牧兽医史料》，1985 年，第 1 页。

④　陈之长：《中央大学畜牧兽医系的简史》，张仲葛、朱先煌主编：《中国畜牧史料集》，科学出版社 1986 年版，第 3 页。

农林部中央畜牧实验所合办了羊毛改进人员训练班。中大畜牧兽医系是全国一致公认的最好的畜牧兽医系之一，师资当时是全国各高校兽医系中最强的，图书资料和教学器材也比较完备。

中大医学院于 1937 年 10 月迁至成都华西坝。医学院设有医科和牙科，其中六年制本科和牙科（原为四年制牙医专科，后改六年制牙医本科）与华西协合大学合作。当时医学院只有 3 个年级的学生，第一学年新生留在重庆校本部学生物学、无机化学等基础课程，第二、三学年的学生则借用华大教室和实验室，攻读基础医学课程，其中大部分由中大医学院单独开设，小部分与华大、齐鲁大学（简称齐大）医学院合起来上课。到 1938 年秋，中大与华大、齐大医学院签订 3 年协议，成立三大学联合医院。① 中大医学院在成都虽然只有八年半的时间，但对医学界的影响却很深远，连北京协和医院的学生都来借读和实习。

总之，中央大学在重庆期间，通过扩充院系、创立研究院、扩大招生规模等措施，使其在短时期内发展成为一个门类齐全、院系众多、规模最大、多学科、多层次的综合性大学。学生人数大为增加，由迁校前的 1072 人，到 1946 年复员前近 5000 人；课程数目上下两学期合算计 827 门，较迁渝前的南京时期多一倍；新增的科系较南京多 20 余个，到复员前达 47 系；年级数也有所增加，仅医学院就添 4 个年级，师范学院中 8 个新系科就添 3 个年级；教职员人数也大有增加。②

中央大学在重庆期间之所以取得如此重大的发展，③ 其一，中大成功迁校和罗家伦校长的治校政策是有着极大的关系的。抗战以后，沿海大部分大专院校随着国民政府军事失利，不断搬迁。"许多学校因为一些特殊的缘故，多半只作'避难'之许，大局变化一次，学校也随着再迁一次，结果使人力物力两方面都遭受了许多不同程度的损失，因此

① 罗健仲、何光侃：《抗战时期迁蓉的中央大学医学院》，成都市政协文史学习委员会编：《成都文史资料选编·抗日战争卷（下卷）·天府抗战》，四川人民出版社 2007 年版，第 357 页。

② 罗家伦：《国立中央大学回顾与前瞻》，《文化教育与青年》，商务印书馆 1943 年版，第 207 页。

③ 马骥程：《国立中央大学回顾谈》，《中央日报》1945 年 6 月 9 日。

若干堂堂学府都弄得零落不堪，只有中央大学一校，从南京就一直搬向重庆，师生质量没有减低图书仪器依然完整，甚至连农学院所蓄养的几十头荷兰牛也一概没有受损，所以我们可以晓得：中央大学除了校址建筑比南京差些以外，其他方面是与以前一般无二的。"[①] 其二，中央大学教师始终以饱满的热情，锲而不舍的精神，坚持教学和科研。由于战时特定需要，不少领域的科研都有了新的发展。

抗战时期重庆中央大学的组织结构[②]

一　教务处（包括注册组、图书馆）

二　总务处（包括文书组、事务组、出纳室，此外还有一个独立的会计室）

三　训导处（包括生活指导组、体育卫生组、军事训练组和卫生室）

四　分校主任室（包括教务室、总务室和训导分处）而外，直接教学的部门分列如下：

（一）文学院　分中国文学系、外国语文系、历史系、哲学系。

（二）理学院　分数学系、物理系、化学系、生物系、地质系、地理学系、心理学系、气象系。

（三）法学院　分法律学系、政治学系、经济学系、社会学系、边政系。

（四）工学院　分土木工程系、电机工程系、机械工程系、航空工程系、水利工程系、化学工程系、建筑工程系、航空工程系专修班、附属技工训练班及各工厂。

（五）农学院　分农艺系、园艺系、农业化学系、森林学系、农业经济系、畜牧兽医系、畜牧兽医专修科附属农场三、牧场一。

---

① 楚松秋：《素描抗中的中央大学》，《中国青年》1943 年第 8 卷第 1 期。

② 《中央大学组织大纲》，《南大百年实录——中央大学史料选》（上），南京大学出版社 2002 年版，第 409—410 页。

（六）师范学院　分设教育、公民训育、国文、英语、史地、数学、理化、博物、艺术、体育等十系，又艺术系附设之音乐组，又体育专修科、史地专修科、童子军专修科等。

（七）医学院　分医前期与医后期两大段落。医前期分生理学科、人体解剖科、护病理学科、组织学科、细菌学科、神经学科、生物化学科。后期分内科、外科、牙科、耳鼻喉科、妇产科、骨科、放射科、公共卫生科附属医院（本年医院全部完成后，医后期各科尚须增设）。

（八）牙医专科学校　此系独立单位，由中央大学主办，即由医学院院长主持，三年毕业，其更进一步深造者六年毕业，为医学院牙科。一切课程均与医学院密切合作，实属"合之两利"。国家办理之牙医教育机关，仅此一所，很值得社会注意，附属牙医门诊部。

（九）实验学校　分高中初中两部。

（十）研究所

文科研究所设：哲学部、历史学部、外国文学部、中文学部

理科研究所设：数学部、物理学部、化学部、地理学部、生物学部

法科研究所设：政治经济学部、法律学部

师范研究所设：教育心理学部、教育学部

农科研究所设：农艺学部、森林学部、畜牧兽医学部、农经学部

工科研究所设：土木工程学部、机械工程学部、电机工程学部

医科研究所设：生理学部、公共卫生学部、生化学部

就上表看来，综计14个大单位，其中关于直接教学的有1个学院，1个研究院，1个专科学校，2个中等学校。再进一步分析，仅教学方面就有56个系科7个研究部，共计63个单位。至教育行政部门和附属医院、农场、牧场、工厂和技工训练班尚未计入。所以在大学之中，中大办学规模是较为庞大的。八年抗战中，教学从未间断，损失最小，秩

序最为稳定，这在当时全国高校中，确是绝无仅有的奇迹。

四 艰难困苦的战时生活

在重庆时期，由于日机轰炸等原因，中大师生的物质生活条件异常艰苦。校舍多为平房，以竹筒敷泥为墙，架木为梁，梁上敷橡，上铺瓦片，窗户没有玻璃，而是遇风即破，遇雨即湿的纸，简陋之极。教授们的办公条件异常简陋，哲学系只有一间小办公室和一间地板经常晃的教室，另外还有一个长廊用来摆放各种藏书，算是资料室。除了教学办公条件简陋，教师们的住宿条件也十分糟糕。教职员亦仅每家分配集体宿舍两间，其时任职于教育部史地委员会的黎东方教授在历史学系任兼职教授，他周末来沙坪坝上课后，还需借宿于沈刚伯与方东美合用的寝室。农学院农艺系任教授的金善宝和梁希教授一起住在临时建筑的一间10多平方米的平房里，室内两张单人床，共用一张两屉木桌，每人用一个抽屉。毛宗良、奚铭已携眷各住邻接园艺场民房一间，曾勉之寄居场办公室竹舍一间，以便于联系田间实际和现场指导。日机滥炸，经常断电，教师油灯一盏，学生白烛一只，深夜勤学，弦歌不辍。

柏溪分校校舍建筑都是简易的竹糌木柱结构，瓦顶。这种房舍造价低，施工快，而且原料丰富，可以充分利用当地盛产的竹木资源，就地取材，十分方便经济。就建造大学校舍来说，这恐怕也是抗战时期因陋就简充分利用物质资源的一项发明创造吧。包括教室、宿舍、实验室、展览室等共数十所均是这样的建筑，坐落在连绵的山坡上，四周都是四川著名的梯田。[①]

---

① 史超礼：《重庆中央大学航空工程系读书生活的回忆史》，西北工业大学编《航空史研究11》（三周年纪念），1986年，第29页。1938年入学同系同班同学目前概况 1938年秋季，我进入了重庆中央大学航空工程系读书。中大从南京迁移到重庆沙坪坝，刚刚安定。当时的柏溪分校校舍建筑，都是简易的竹糌木柱结构，以瓦顶。这种房舍造价低，施工快，而且原料丰富，可以充分利用当地盛产的竹木资源，就地取材，十分方便经济。就建造大学校舍来说，这恐怕也是抗战时期因陋就简充分利用物质资源的一项发明创造吧。这样的建筑很多，分成教室、宿舍、实验室室、览室等共数十所，坐落在连绵的山坡上，四周都是四川著名的梯田。

抗战后期，纸价高涨，蜡纸缺货，连各教员交印的讲义都不能保障。为了节约开支，学校规定了限制讲义印刷的办法①。由于缺乏教科书，除一年级有英文教材《大学英文选》外，其余课程全是油印的讲义，专业科目则由学生记笔记。参考书绝大部分是英文书，在图书馆开架，只供阅读，不能外借，课余时大家都抢阅图书馆的参考书；少数龙门书局翻印的英文参考书如《普通化学》，则由学生买旧书，用后又以旧书售出。晚自习则是汽灯，由于近灯则亮，所以晚自习的座位排号，今天是 1 号，明晚则是 2 号，以解决"灯光不足"。②牧医系迁成都后与齐鲁大学医学院和华西大学医学院构成后方医学教育的中心，但这几所著名的医学院，竟没有一只实验用的小白鼠。③

随着物价上涨，法币不断贬值，教授收入难以维持全家人的生活。盛彤笙来到牧医系后，连自己结婚的费用都无从筹措，只得一再推迟婚期。他的一件黑呢大衣是用当年省下留学的公费购置的，从出国穿到回国，从武功穿到成都，袖子上磨破一个大洞，真的是"捉襟见肘"。为了维持家用，盛彤笙不得不出卖由德国带回的珍稀原版书籍。④

1940 年夏，"中央大学自 3 次被炸后，校舍颇有损毁，但当年入学的新生人数（800 左右），约为毕业生的 4 倍，人数骤增，宿舍饭厅教室都感觉不敷用，处处拥挤，大有'人口过剩'之概。"⑤中大学生有

①　《教务会议议案》（1942 年 5 月 9 日），南京大学校庆办公室校史资料编辑组，南京大学学报编辑部：《南京大学校史资料选辑》，南京大学出版社 1982 年版，第 355—356 页。（一）所印讲义以纲要、图表、习题、考题及实验讲义为限。（二）能翻印旧讲义者，尽量翻印。（三）共同必修科目（如基本国文、基本英文）在百份以上者，设法改用铅印。（四）除实验讲义，习题、考题外，每门功课每学期所印讲义，以三十页为限。（五）选习人数在十人以下者，以不印讲义为原则。

②　高彭：《永恒的魅力》，南京大学出版社 2002 年版，第 206 页。

③　谭加庆：《中国现代兽医学奠基人——记中国科学院学部委员盛彤笙》，《名人永新》，中央文献出版社 2008 年版，第 560 页。

④　谭加庆：《中国现代兽医学奠基人——记中国科学院学部委员盛彤笙》，《名人永新》，中央文献出版社 2008 年版，第 567 页。

⑤　《沙磁点滴》，《沙磁文化》1940 年创刊号。

抢图书馆座位、抢教室座位、抢饭桶和抢洗澡房的"四抢"。战时中大师生日常生活用品匮乏，具体表现在衣食住等方面。

就衣着方面讲，大部分学生衣着简朴，经常穿着校服，"男的是褪色的草绿制服，女的是蓝色旗袍。这在沙磁文化区内形成一种风度，西服革履的相当少"[1]。一些男同学"由于布料的不好和穿的时间过久，几乎没有一个人所穿的制服不是破旧不堪的。最容易擦破的地方要算是裤子的膝盖和屁股上。有的因为补不胜补，索性把膝盖以下的剪了去"[2]。那时鞋子都是"脚踏实地（无底）"，袜子都是"空前绝后（前后洞穿）"，而衣服都是百衲本。"男学生中，不穿袜子者，约占 2/3，赤足草履者，约 50 人，衣履补缝者，已不足半数。"[3]

从饮食方面看，初到重庆的时候，相关部门配给中大每天 30 担平价米。这些米质量极差，里面掺杂有沙子、稗子、霉变米，甚至还有老鼠屎。1940 年以后，因为重庆大米紧缺，即便是这样劣质的配给平价米也得不到保障，黑市米又因为太贵而买不起，购米便成了学校每天的头等大事。1941 年 5 月《中央大学周刊》报道："近日重庆米源不畅，本校学生饭厅因购米不着，由每日一粥二饭改为一饭二粥。"[4]

抢饭桶为"四抢"中最为激烈的场面，早晨抢稀饭，"早上七时左右吃稀饭，一碗浑浆，几颗黄芽米，几支白米虫，在里面游来游去。四蝶小菜，就有二碟是猪吃的空心菜——菜梗一碟，菜叶一碟。同学们一喝七、八碗，但早上十时就已空腹雷鸣"[5]。中晚抢"八宝"干饭（"八宝"指沙、石、谷子、稗子、糠、老鼠屎等等）。"抢饭桶"不亚于一场战斗，用餐时间一到，同学们拿起桌上饭碗奔赴饭厅，"不到十一时，饭厅即已挤满了人等候开饭，而饭是要靠抢的，抢迟了便得挨

① 继扬：《中大近况：松林坡上》，《新华日报》1942 年 4 月 8 日第 4 版。

② 金易：《抗战中的中央大学》，《战时全国各大学鸟瞰》，独立出版社 1941 年版，第 47 页。

③ 《学府穷相》，《中大周刊》1941 年第 5 期。

④ 方明：《国殇》（第 6 部），《抗战时期国民政府大撤退秘录》，团结出版社 2013 年版，第 236 页。

⑤ 王作荣：《沙坪之恋》，《台北中外杂志》1976 年第 19 卷第 2 期。

饿。抢饭必须先抢饭瓢"，①饭桶一来，许多男同学蜂拥去抢大蒸木桶中大木勺，狠劲先盛到一大满碗饭，返身而回。那时营养不佳，青壮同学每餐常可吃三四碗。女同学们只能等首轮抢饭者满载而去后，再比较文明地盛一碗。特别是米饭供给比较紧张的时候，"能把大饭桶从饭厅中央挤向墙边再挤回中央，真是盛况空前"②。当然，女同学们也有办法，为吃饱饭，她们"常是推选一位母老虎型的人物冲到饭桶前，手到擒来饭瓢一只，然后'脚步合着脚步，背膀连着背膀'，以'广大强壮队伍'，一个接一个地将饭瓢传下去，直到她们认为不需要再抢了为止，可是桶底已经朝天了"③。实际上，学生们不顾斯文也是没有办法，"因为那时没有别的东西果腹，唯有灌稀饭；稀饭不饱人，只有多吃；吃饱了才会有精神上课念书"。对于青年学生来讲，最高兴的事情之一莫过于每月"打牙祭"（改善生活），学生们"一听打牙祭，就面有喜色，认为杀猪之声，为世间最美的音乐"。④

在住的方面，中央大学学生宿舍条件也相对较差。学生宿舍一幢平房的统舱要住宿二至三百人，床铺是木板制的上下床，四架围成一室，共住八位同学，按系别及年级组合，许多同学常有数年上下铺之谊。1942 年前，两千多名学生所住的宿舍不过 8 个平房，平均每个宿舍要容纳 300 人，上下床紧紧地挨着，除了走道外，几乎没有安置椅桌的地方。后新建了 5 个学生宿舍，"在每个宿舍中，增建间隔，隔成许多小房，8 人一小房，两人可合用一张两斗宽的方桌，喧嚣的程度，稍比以前好些"⑤。夏天炎热天气，木板床易生臭虫，繁殖很快，成群结队，吸血咬人，不但扰人清梦，捉臭虫也疲惫不堪，而且下铺及邻铺要共同

---

① 王作荣：《沙坪之恋》，《台北中外杂志》1976 年第 19 卷第 2 期。

② 韩荣鑫：《沙坪坝中大校园往事》，高彭主编：《永恒的魅力——校友回忆文集》，南京大学出版社 2000 年版，第 232 页。

③ 王作荣：《沙坪之恋》，《台北中外杂志》1976 年第 19 卷第 2 期。

④ 郑体恩、陆云荪：《抗战时期迁川的国立中央大学》，《四川文史资料集粹》第 4 卷，四川人民出版社 1996 年版，第 507 页。

⑤ 继扬：《中大近况：松林坡上》，《新华日报》1942 年 4 月 8 日第 4 版。

合作捕捉，不然臭虫来去自如。沙坪坝地处潮湿，小丘树木草地多，故夏天蚊子也多，晚上飞舞咬人，不能入睡，同学多用四方小蚊帐，在四角钉住挂起保护安眠。由于居住条件不好，中大师生恐怕每个人都患过"打摆子"① 的经验，甚至有患过数次者，时有恐惧之心。② 虽有蚊子臭虫叮咬，影响睡眠，但仍要坚持按时起床，不然就得饿着肚子听课。木板房有窗而无玻璃，四面透风、冬冷而夏热；室内灯光微弱，又经常停电。校区内男生洗澡房只有统舱大间两处，且热水常不足，男同学有两千余人，尤其夏天抢着去洗澡或冲凉是每天必做的一件苦事。

教授们日常生活条件也难以得到保障。抗战初期，重庆米价较低，能勉强维持一家生活。到抗战后期，随着重庆物价暴涨，货币贬值，教职员的温饱都难以为继。虽然政府设法提高薪金，实行米贴，按月供应一定数量的平价米、增设教授研究补助费等，也是杯水车薪，并未改变每况愈下的处境。有些子女较多的家庭，初以积蓄贴补，继以典当接济，而物价却不断上涨，终于跌入贫困的深渊，生活甚为凄惨。

在这样的情况下，以致学校"某院长近购买玉米一石，磨粉充饥，制成糕饼，色黄大类鸡蛋"，"某教授因支出日增，停止子女上学读书，并典卖太太首饰"。还有的教授鉴于生活日高，难以维持，乃使大腹便便的太太吞食金罗纳霜数十片，已免增丁之"危"。"某先生亦因生活困难，使太太打胎，所打下之婴孩竟活一日，其象甚惨。"还有教授已将太太之皮货，自己的相机托交拍卖行拍卖。某职员因面价廉于米价，每日只以面包充饥，据称自己三月不知饭味。"校内伙食团膳费，已经超过 70 元，一月某助教全家五口，每月薪金收入共可得 260 元，以之缴纳膳费，余月尚不足 90 元。"农学院冯泽芳教授，在沙坪坝时，5 口之家仅靠他一个人的薪水维持清寒生活。由于长期营养不良，他得了夜盲症。他家住在重庆郊区数年，而家人从未到过市区，直到学校要迁回

---

① 四川土语"打摆子"，即是疟疾病，蚊子带有疟疾菌，咬人后即会传染，一会高烧，一会发冷，轮流发作，疲惫不堪，严重时常有致死者。

② 谢森中：《我歌我恋沙坪坝》，《台北中外杂志》1985 年第 38 卷第 1 期。

南京前，才由吴有训校长用专车载全家去城里观光一圈，而后告别山城。在重庆沙坪坝境遇十分困难的情况下，由于贫病交加，不足 50 岁的金善宝已经鬓发皆白，有一次带病授课竟昏倒在讲台上。为了生存，不少教授们不得不外出兼课，"师范学院某教授在北碚复旦大学、磁器口教育学院、柏溪分校以及校本部四处上课，实感疲于奔命"[1]。可见，师生们生活日渐艰难。

本章小结

全面抗日战争爆发后，正是由于罗家伦为首的中大领导层的"未雨绸缪"与精心筹划，中央大学才得"鸡犬不留"地将学校从南京迁到了重庆，维持了学校的正常运作，确保了中央大学能继续培养抗战救国的人才。中央大学的成功迁渝一方面是由于罗家伦"接近中枢，知道政府的抗战计划"[2]而早作准备外；另一方面也是全校师生共同努力的结果。中央大学的西迁与在重庆的艰难办学，得到四川当局和重庆地方高校诸如重庆大学、四川省立教育学院的大力支持与帮助。重庆期间，通过扩充院系、创立研究院、扩大招生规模等措施，使其在短期内发展成为一个门类齐全、院系众多、规模最大、多学科、多层次的综合性大学与全国规模最大的最高学府。由于相对稳定的教学环境和师资队伍，中大教学质量不断提高，生源不断增多，成就了中央大学史上的最为辉煌的"沙坪坝"时代，这对中央大学自身的发展和中国教育文化发展产生了重要影响。

---

① 中大周刊社编：《中大周刊·大学杂景》1941 年 6 月 2 日。
② 萧胜文：《罗家伦与中央大学发展之研究》，硕士学位论文，台湾师范大学，2000 年，第 191 页。

第二章　国难中的教学活动

国立中央大学在陪都重庆办学期间，虽经历了较多的挫折和困难，但却取得了巨大的办学成效，尤其是在师资队伍建设、办学理念、学科建设、课程设置、教材建设等方面凸显其独有的办学特色。学校汇聚了一大批学贯中西的学者，他们不仅传统文化造诣深厚，而且大多有出国留学、访学的经历，深厚的学科贮备使得他们中的大多数成为相关领域中的"通人"。由于科研和教学的有机结合，他们的学术水平为他们专心研究并诞生出有影响的研究成果，潜心育人并造就一大批学有所成的青年才俊奠定了坚实的基础。为适应抗战救国对人才需求的变化，中央大学在课程设置以及学科专业上作出的相应变动，一定程度上揭示了国难时局对高等教育的影响。在这一非常时期，中大学人以坚忍不拔的精神为国家和民族培养造就一大批优质人才，为抗战胜利做出了重要贡献。

第一节　院系及师资概貌

大学的主要功能是文化的传承、传播与培养社会人才。大学教师是这一职能的具体实践者，故衡量大学的标准取决于学校的"大师"，而非学校的"大楼"。抗战以前，中大各学院及系科的设置、调整变动频繁，多有反复，至抗战时期，初步定局。学校当局一贯重视教师队伍的质量，经过几年的建设，二三十年代集中了一大批学有专长的学者和学术领域的带头人，其人才之盛在国内高校中所见不多。在炮火连天的岁月里，中大聚集了众多著名学者，他们中有学富五车的国学大师，有学贯中西的一流学者。据抗战时期就读于重庆中央大学的学生陶怀仲回忆，可见中大师资力量之雄厚：

　　文学院院长楼光来，研究莎士比亚最有心得，与梁实秋并称一时瑜亮。历史系主任沈刚伯教授，乃西洋史尤其是法国史权威，每逢上课，一支粉笔，滔滔不绝，教室满座。……哲学系教授方东美，是桐城方苞后裔，家学渊源，留美回国后，早年即任教授，著有《科学哲学与人生》。师范学院艺术系主任徐悲鸿，为艺术界之泰山北斗，世人但知徐氏擅长画马，殊不知他画的《会师东京》，大气磅礴，才真不可一世呢。该系张书旂教授，曾画百鸽图送罗斯福总统，闻名国际。法学院政治系教授吴恩裕，获得伦敦大学法学博士学位，乃拉斯基氏（Harold Joseph Loski 1893—1950）入室弟子，对马克斯（Karl Marx 1818—1883）学说颇有研究。社会系主任孙本文是文化学派的社会学家，个子不高，精神十足，上课即来，下课就走，从不迟到早退，也无一句废话，其所著社会学与社会心理学，至今仍为大学课本中的权威教本。中大的杰出教授太多了，还有中文系的卢冀野，历史系的缪凤林和政治系的黄正铭，……①

抗战时期，教育部曾实行"部聘教授"制，即在全国范围内每一学科遴选出一位最杰出的教授由教育部委聘，在全国45个学科选出的45位学者中，中大有12名教授当选，占总数的27%，居全国榜首，人

---

① 陶怀仲：《沙坪三载见沧桑》，《台北中外杂志》1974年第16卷第4期。

才之盛可见一斑。到 1944 年，中大共有正、副教授 290 人[①]，位于当时全国高校教师队伍之冠，且大多数都是学养深厚、极负盛名的专家学者。现将各学院系科沿革及师资简况作如下系统而概略的记述。

一 各学院简况及师资概貌

（一）文学院

文学院最初仅设中国文学、外国文学两系。至 1928 年秋，哲学系并入文学院，社会科学院撤销后，其史学系、社会学系也划归文学院，又将普通英、德、法、日文，独立为外国文补习科。1932 年夏，将社会学系并入哲学系为社会学组，裁撤外国文补习科，仍归入外国文学系。1934 年哲学系的社会学组又独立成系，1936 年以经费关系又暂时停办，但保留其基本课目，附属哲学系，直到 1941 年改法学院承办社会学系并稳定下来。1938 年将史学系改称历史学系，外国文学系改称外国语文系。1945 年 2 月又增设俄文专修科。至此，文学院共设中国文学、外国语文、历史学、哲学及俄文专修科等 4 系 1 科。[②]

抗战前后，汪东、谢寿康、楼光来、胡小石等先后担任院长。重庆期间执教于中文系的教授有胡小石、沈兼士、汪辟疆、汪东、卢前、罗根泽、乔大壮、朱东润、张世禄、杨晦、唐圭璋等。他们绝大多数于中国文学领域中的诗词歌赋都有较深的造诣，堪称国学大师。历史学系是当时中央大学实力最雄厚的系科之一；先后在历史系执教的有缪凤林、柳诒徵、沈刚伯、朱希祖、张贵永、金毓黻、顾颉刚、郭廷以、贺昌群、白寿彝、朱汉新、郭景宇、徐子明、刘继宣、郑鹤声、顾毂宜、陈训慈、蒋孟引等。其中，郭廷以、金毓黻、沈刚伯、蒋孟引、张贵永、贺昌群等先后担任历史系主任。[③] 罗尔纲、黎东方等教授也先后在历史

---

① 津人：《中大指南》，重庆北斗书店 1944 年版，第 42 页。

② 朱斐主编：《东南大学史（1902—1949）第 1 卷》（第 2 版），东南大学出版社 2012 年版，第 199 页。

③ 罗玲、李禹阶：《民国时期国立中央大学的历史教学与历史研究刍议》，《历史教学》2010 年第 7 期。

学系任兼职教授。这些史学教授大都有留学的经历，中西文化融会贯通，无论从他们的知识结构、学术水平、学术理念，还是人才培育方面，都为史学研究与发展奠定了扎实的基础。他们凭借求实创新的学术精神，极大地拓展了学术研究领域，留下大批着卓有见地的学术著作，有力推动了中国近代史学研究的发展。① 在重庆期间，在沙坪坝校本部任教的外语系老师有范存忠、楼光来、徐仲年、柳无忌、商承祖、初大告、李茂祥、陈嘉、俞大缜、俞大纲、杨宪益、戴乃选、沈同洽、丁乃通、孙晋三、郭彬龢、吕叔湘等教授，还有讲师赵瑞蕻。有的是原在南京时期的中大任职的，如楼光来、商承祖、徐仲年；有的是在重庆新聘请的，如柳无忌、初大告、俞大纲、孙晋三等。系主任范存忠利用人才汇聚陪都的有利条件，从各方面罗致专家、学者，使得当时外文系群贤聚集。范存忠非常爱惜人才，主张选贤任教，十分重视选拔有学问的年轻人充实师资队伍。②

中大哲学系原为一独立学院，在成立之初就汇集了大量的名师。重庆期间哲学系是教授最多、学生人数最少的一系。谢寿康、方东美、陈康、李证刚、宗白华、唐君毅、牟宗三、熊伟、景幼南、何兆清、胡渊等教授及讲师苗力田等在此任教，这些都是名重一时的大师。汤用彤为院长，讲授《洛克、柏克莱、休谟著作选读》《印度佛教初期理论》《西洋哲学史》。熊十力、胡渊如讲授《中国哲学史》《庄子哲学》《宋元明儒家哲学》；方东美教《西洋哲学》《人生哲学》；李证刚教《中国哲学》《印度佛学》；何兆清教《伦理学》《数理逻辑》；陈康教《柏拉图》，宗白华课程较多，如《美学》《艺术论》《历史哲学》《尼采》《康德》《歌德》《叔本华》《倭伊铿》等，近十余种，以研究德国哲学和艺术见长。在哲学系任教最年轻的教授是现代新儒家代表人

---

① 罗玲、李禹阶：《民国时期国立中央大学的历史教学与历史研究刍议》，《历史教学》2010年第7期。

② 赵瑞蕻：《梦回柏溪——怀念范存忠先生，并忆中央大学柏溪分校》，《新文学史料》1998年第3期。

物之一的唐君毅[1]，于 1944 年被评为教授，在中大任教期间完成其早期著作《道德之自我建立》《人生之体验》[2] 的撰写和发行。

（二）理学院

理学院是在第四中山大学的自然科学院和农学院的动植物两系及教育学院的心理系合并改组而成的。1928 年秋，理学院分设数学、物理学、化学、地学、生物学、心理学 6 系。1929 年秋，生物学系的动物门、植物门均独设成系。1930 年，将地学系分为地质系和地理系。1932年，动物学、植物学二系合并为生物学系。至 1940 年理学院共设数学系、物理学系、化学系、生物学系、地质学系、地理学系、心理学系等7 系。1944 年添设气象系，至此期理学院共分 8 系。抗战前理学院院长先后为蔡堡、李学清和庄长恭，1941 年 11 月改聘孙光远为院长，直到抗战胜利。

数学系教授有孙光远、周鸿经等。孙光远（1900—1979 年），中国近代数学奠基人之一，中国微分几何与数理逻辑研究的先行者、国内近代数学奠基人之一。美国芝加哥大学博士学位。1933 年到中大数学系任教，曾任数学系主任、理学院院长；1949 年任南京大学数学系主任、理学院院长。周鸿经（1902—1957 年）数学家，教育家。1922 年入国立东南大学算学系（即数学系），1934 年夏入伦敦大学，1937 年秋受聘为中大数学系教授，曾兼任数学系系主任，1941 年任学校训导长。1945 年任国民政府教育部高等教育司司长。1948 年 8 月任校长。1949

---

① 唐君毅（1909 年 1 月 17 日—1978 年 2 月 2 日），四川宜宾人。中国现代著名思想家、哲学家、教育家，当代新儒家的主要代表。先后就读北京大学哲学系、中央大学哲学系。毕业后历任四川、华西、中央等大学教授，并任无锡新设江南大学教务长。1949 年 4 月，唐君毅远赴香港，与钱穆、张丕介等创办新亚书院，并兼任教务长、哲学系主任等职。1963 年受聘为香港中文大学首任文学院院长和哲学讲座教授，1967 年任新亚研究所所长。唐君毅先生一生致力人文精神的重建与发展，其学问体大思精，长于辨析又善于综摄，驰骋于东西方哲学之中，而归于中国圣贤义理之学。唐先生的《人生之体验》《人生之体验续编》及《道德自我之建立》对人生有精纯深微的体验；《中国哲学原论》系列著作六大卷，对中国传统哲学作出系统疏解并不时提出新诠释，已见各家异说无不可相通无碍。

② 《道德之自我建立》，重庆商务印书馆 1944 年版；《人生之体验》，中华书局 1944 年版。

年 6 月任中央研究院总干事，后赴台，任台湾中央研究院数学研究所所长。

物理系教授有施士元、吴有训等。施士元（1908—2007 年），1929年毕业于清华大学物理系。1929—1933 年在法国巴黎大学镭研究所从事研究工作。1933 年获巴黎大学科学博士学位。1933—1949 年任中央大学物理系教授，兼系主任（1933—1934）、代系主任（1946—1952）。1949—1984 年任江苏省物理学会理事长。1952—1987 年任南京大学物理系教授。先后编写了《普通物理学》《原子物理学》《理论力学》《光学》等讲义。吴有训（1897—1977 年），中国近代物理学奠基人，科学家、教育家，1920 年毕业于南京高等师范学校。1921 年赴美入芝加哥大学，随康普顿从事物理学研究，1926 年获博士学位后回国，先后在江西大学和国立中央大学任教，1928 年秋起任清华大学教授，物理系主任、理学院院长。1945 年 10 月任中央大学校长。1948 年底任交通大学教授。1950 年任中科院近代物理研究所所长及中科院副院长，曾任中国物理学会理事长，交通大学校长。

地理系教授有胡焕庸、张其昀、李旭旦、任美锷等及讲师吴传钧。胡焕庸（1901—1998 年），地理学家、地理教育家，我国近代人文地理学、自然地理学的重要奠基人。1919 年考入南京高等师范学校文史地部，1923 年赴巴黎大学和法兰西学院进修。1928 年 9 月担任中央大学地学系教授、气象研究所研究员，1930 年任地理系主任。1940 年被遴选为全国地理学领域的两位部聘教授之一。1941 年中央大学研究院成立地理研究部，胡焕庸任主任，胡焕庸从人地关系的角度研究我国人口问题和农业问题，首次提出中国农业区划方案，提出中国人口的地域分布以瑷珲—腾冲一线为界而划分为东南与西北两大基本差异区。张其昀（1900—1985 年），中国地理学家、历史学家。1927 年起在中大地理学系任教，曾主讲《中国地理》，为中国人文地理学的开山鼻祖。1936 年受聘为浙江大学史地系教授兼主任、史地研究所所长，后又兼任文学院长。1941 年当选为首批教育部部聘教授。曾任中国地理学会总干事，1943 年受美国国务院之邀聘在哈佛大学研究讲学。张其昀创办中国文化大学、中华学术院等，著有《本国地理》《政治地理学》《中华五千年史》等。1949 年赴台，曾任国民党中央委员会秘书长，教育部部长等职。

地质系教授有李学清、朱森、黄汲清、张庚、徐克勤、翁文波等。李学清（1892—1977 年），地质学家、矿物学家、地质教育家，中国宝玉石矿物学研究的先驱之一，开拓了中国沉积岩研究的先驱，是地质系的"开国功臣"，培养了一批卓有成就的地质学家。1922 年入美密歇根大学学习岩石学与矿物学。1929 年任中大地质系教授，讲授《岩石学》《矿物学》等课程。1930—1941 年任地质系系主任，兼任理学院院长一年。1937 年，学校西迁，李学清率领全系员工将所有的仪器标本都装进特制的大木箱，完好无损地运抵重庆，使地质系在战乱之中也未曾中断教学工作，为中国地质教育事业的发展作出了重大贡献。

心理学系教授有萧孝嵘、潘菽、艾伟等知名教授。艾伟（1890—1955 年），著名心理学家。主要代表作有《高级统计学》《初级统计学》《初级教育心理学》《师范科教育心理学》《教育心理学》等。1919 年毕业于圣约翰大学，1921 年赴美留学，先后获哥伦比亚大学心理学硕士学位和华盛顿大学哲学博士学位。1927 年任中大教育系主任，1933—1934 年和 1937—1938 年任中大教育学院和师范学院院长；1938 年创办教育心理研究所，任所长，在国内首次招收教育心理硕士研究生，还在所内设教育心理实验班。1941 年被教育部聘为部聘教授。毕生效力于学科心理研究，尤为重视对语文与英语学科的学习心理研究。编制了中小学各年级学科测验、小学儿童能力测验与智力测验，开启了中国此类测验编制先河。

萧孝嵘（1897—1963 年），1919 年毕业于上海圣约翰大学，1927 年获美国哥伦比亚大学硕士学位。次年赴德国柏林大学研究格式塔心理学，成为第一个介绍德国格式塔心理学到中国的心理学家。1928 年 8 月赴美国，1930 年获加州大学伯克利分校心理学、哲学博士学位。1931 年任中大心理学教授，后任心理学系主任、心理学研究所所长。曾任中国心理学会、中国测验学会、中国心理卫生协会、中国教育学会等社团理事，中华人民共和国成立后任上海市心理学会副理事，先后任职复旦大学、华东师范大学。萧孝嵘对心理学的研究范围很广，其中对儿童心理学、教育心理学中的学习心理的研究更富有成果。主要著作有《格式塔心理学原理》《实验儿童心理》《儿童心理学》《儿童心理学及其应用》《变态心理》《教育心理学》《军事心理学》《人事心理学问题》《普通心理学》《心理建设之科学基础》。

潘菽（1897—1988 年），心理学家、教育家。中国现代心理学的奠基人之一，执教中央大学 30 年，培养了许多心理学人才。1920 年毕业于北京大学哲学系，1921 年后在美国学习 6 年，先后在加利福尼亚大学、印第安纳大学、芝加哥大学深造，获得博士学位。1927 年回国任职于中大。中华人民共和国成立后，任南京大学第一任校长。1956 年任中国科学院心理研究所所长，学部委员。1955 年以后一直担任中国心理学会理事长。

化学系教授有张江树、高济宇、袁翰青等。高济宇（1902—2000年），中国科学院院士，有机化学家和教育家。美国伊利诺大学有机化学博士，1931 年 8 月回国在中大任教，于 1934—1945 年任化学系主任。长期从事有机合成研究和化学教学，编写了全国统编教材《有机化学》。自 1933 年加入中国化学会，曾任该会的副总干事、总干事、常务理事、副理事长等，并先后任《化学通讯》编辑与总编辑。在中大任系主任期间，千方百计补充重要的图书杂志、仪器设备和化学试剂，建立新的实验室，使化学系在 30 年代较早地开展了科学研究工作。即使在抗战最艰苦的岁月中，日本侵略军在重庆实施大轰炸时，实验工作仍继续进行。由于试剂十分缺乏，他就自己制备酸碱试剂，坚持科学研究，这种艰苦奋斗精神难能可贵。中华人民共和国成立后，先后担任南京大学理学院长、教务长和副校长、博士研究生导师。1980 年当选为中国科学院化学学部委员。

（三）法学院

中大组建成立之初，改社会科学院为法学院，设政治、经济、法律3 系。1932 年法学院将每系分为若干组。政治学系分为公法组、外交组、政治理论组。经济学系分为金融组、财政组、经济理论组。法律系分为司法组、行政法组、法学组。各系学生自第三学年起，即选定一组专修，以培养各科专门人才。1941 年 8 月，奉教育部令，承办社会学系。1944 年 6 月又创设边政系。至此，法学院共设政治学系、经济学系、法律系、社会学系、边政系等 5 系。抗战前戴修瓒、刘光华、马洗繁先后为法学院院长。1944 年 9 月卢锡荣为院长。[①]

政治系教授有卢锡荣、张汇文、吴恩裕等。卢锡荣（1895—1958年），1919 年获美国哥伦比亚大学政哲学博士学位。1922 年回国后，先后任云南省教育司参事，东陆大学（今云南大学）副校长，1928 年任云南省教育厅长。后调任中大法学院院长，1937 年卢锡荣在南京中央大学创办设立新闻系；是我国第一个政治学者的组织—中国政治学会发起人之一。吴恩裕（1909—1979 年），著名的政治学家、法学家。1933年毕业于清华大学哲学系。1936 年公费留学，就读于伦敦政治经济学院，获政治经济学博士，1939 年至 1946 年任中央大学政治学系教授。其后在北京大学、北京政法学院、中国社科院等单位工作。

法律系教授有茵沐、童冠贤、史尚宽、王铁崖、戴修瓒等。王铁崖（1913—2003 年）著名国际法学家，先后就读于复旦大学、清华大学，1937 年赴英国伦敦政治经济学院留学，攻修国际法学。1939 年回国，后历任武汉大学、中央大学、北京大学教授。1981 年当选为国际法研究院副院士，并于 1987 年当选为正式院士，成为该学院第一个中国籍院士。作为中国国际法学的学术带头人和杰出代表，王铁崖在国外赢得了崇高荣誉。

童冠贤（1894—1981 年），1915 年天津南开大学毕业，先后赴日本早稻田大学、美国哥伦比亚大学、德国柏林大学、英国伦敦经济学院留学。1926 年回国，1935 年后，任中央大学教授，经济系主任。1948 年任立法院立法委员，后任立法院院长。

---

① 朱斐主编：《东南大学史 1902—1949 第 1 卷》（第 2 版），东南大学出版社 2012 年版，第200—201 页。

史尚宽（1898—1970年），著名法学家，中国历史上第一部民法典的起草人，迄今为止独立完成《民法全书》的第一人。先后留学日本、德国、法国。1927年返国，历任中山大学、中央大学及政治大学教授。曾参与民法、宪法及其他重要法典的起草及制定。

经济系教授有吴干、程绍德、巫宝三、朱契等。吴干（1903—1990年），中华民国第一届立法委员，清华大学毕业，日本陆军士官学校肄业，美国威斯康星大学经济系学士，哥伦比亚大学经济系博士，历任中央大学经济系教授、系主任，国立暨南大学商学院院长，中央银行顾问兼理经济研究处处长，东吴大学商学院院长。

社会系教授有孙本文等。孙本文（1892—1979年），著名社会学家、社会心理学家。1918年毕业于北京大学哲学系，1925年获纽约大学社会学博士学位。1929—1949年任中央大学教授，并长期兼任社会学系主任。毕生从事社会学教学与研究，既是中国社会学奠基人之一，也是系统介绍西方社会学到中国的主要学者。抗战时期的主要著述有：《现代中国社会问题》（4卷，1942—1943）、《社会思想》（1945）、《社会心理学》（1946）、《近代社会学发展史》（1947）、《当代中国社会学》（1948）。

（四）师范学院

1928年教育学院设教育学、教育心理学、教育社会学及教育行政4系及体育、艺术两专修科。1938年改组为师范学院，除原有教育学院各系科外，增设了国文、英语、史地、数学、理化、博物、公民训育等系。1940年，心理学系划理学院。1941年体育、艺术两科改科为系。1939年10月增设三年制童子军专修科。战时，师范学院共设国文系、英语系、教育系、公民训育系、数学系、理化系、博物系、史地系、艺术系、体育系10系，艺术系还附设音乐组，师范学院还设体育专修科、史地专修科、童子军专修科等。抗战前，韦愨、程其保、艾伟相继任院长，1941年11月聘孙本文为院长，1944年9月聘教务长张士一兼任院长。教育系教授有徐养秋、常导直、张士一、朱经农等；艺术系教授有黄君碧、张书旂、徐悲鸿、傅抱石、陈之佛及讲师吴作人；体育系教授有吴蕴瑞、江良规等；师范学院其他各系教授均由文、理两学院相关科系教授调任。

（五）农学院

早在第四中山大学时农学院设植物农艺科、动物农艺科、农产制造科三科。1929 年，调整为农艺垦殖科、农业化学科、畜牧兽医科、蚕桑科、园艺科、森林科、病虫害科、农政科等 8 个科。随后又调整为农艺系、森林系、园艺系、畜牧兽医系、农业化学系等 5 系。1939 年 1 月增设畜牧兽医专修科。1939 年 10 月农艺系增设农业经济组，1942 年改组为系。1944 年 8 月，增设农业机械组。至此，农学院共设农艺系、农业经济系、园艺系、森林系、农业化学系、畜牧兽医系、畜牧兽医专修科等 6 系 1 科，1945 年 7 月专修科并入畜牧兽医系。抗战前共有农林实验场 2 万余亩，迁渝后附设农场 3 处，牧场 1 处。1938 年 9 月武汉大学农学院并入中大农学院，转入学生 45 人。抗战前，农学院院长先后为梁希、邹树文，1941 年 11 月聘韩培光为院长，1944 年 9 月冯泽芳为院长。[①] 农艺系教授有邹树文、邹钟琳、金善宝、冯泽芳等；园艺系教授有章守玉等；农业化学系教授有刘伊农等；农业经济系教授有刘庆云等；森林系教授有梁希、干铎等；畜牧兽医系教授有罗清生、盛彤笙、李长之等。知名教授简介如下：

邹树文（1884—1980 年），昆虫学家，中国近代昆虫学奠基人与开拓者之一。美国康奈尔大学农学学士；美国伊利诺大学科学硕士；1932—1942 年期间任中央大学农学院院长；曾任国民政府教育部农业教育委员会常务委员、国民政府农林部专门委员、国民政府贸易委员会蚕丝研究所所长、国立西北农学院院长等职。

邹钟琳（1897—1983 年），美国明尼苏达大学昆虫学和昆虫生态学硕士，康奈尔大学博士。回国后，任教于中央大学农学院，从事水稻害虫防治的研究。编写出《农业病虫害防治法》《普通昆虫学》《经济昆

---

① 朱斐主编：《东南大学史（1902—1949）第 1 卷》（第 2 版），东南大学出版社 2012 年版，第 201—202 页。

虫学》《昆虫生态学》《中国果树害虫学》等教材，这些教材广为其他高等农业院校采用。抗战后，在川东农村，他发现螟害和水稻品种、栽种时间关系密切，在国内首先提出改良水稻品种，合理安排栽培时间、避开螟害高峰的理论。

金善宝（1895—1997 年），农业教育家、农学家、小麦专家，中国现代小麦科学主要奠基人。1930 年赴美留学，先后在康奈尔大学农学院和明尼苏达大学农学院进修。1932 年回国，先后在浙江大学、中央大学、江南大学任教。中华人民共和国成立后，历任南京大学农学院院长、南京市副市长、南京农学院院长、中国农业科学院院长、国务院学位委员会委员。长期从事小麦科学研究工作，在小麦的分类和育种研究方面作出了卓越贡献。主要著作有《中国小麦分类的初步》《中国小麦区域》《中国小麦栽培学》《中国小麦品种志》《中国小麦生态学》等。早在 1943 年，金善宝和吴董成一起就对中国小麦区域进行了研究和划分。抗战时期，他在重庆与梁希、潘菽、涂长望等进步教授，先后组织过"自然科学座谈会"和"民主与科学座谈会"等进步活动。

冯泽芳（1899—1959 年），杰出的农学家，中国现代棉作科学主要奠基人。1933 年获美国康奈尔大学博士学位。回国后担任中央棉产改进所副所长，1938 年任中央农业实验所棉作系主任。1942—1947 年任中大农学院院长、教授。新中国成立后任教于南京大学、南京农学院、1955 年当选为中国科学院学部委员。任中国农业科学院棉花研究所研究员、所长。对亚洲棉的形态、分类和遗传研究，将中国棉区划分为黄河流域、长江流域、特早熟、西北内陆及华南五个，至今仍为科技界所沿用。在培养棉花科技人才等方面，作出了重要贡献。冯泽芳一生致力于棉花研究和农业教学工作，是我国植棉科学的奠基人。

（六）工学院

抗战时期中大工学院分土木工程系、电机工程系、机械工程系、航空工程系、水利工程系、化学工程系、建筑工程系 7 系及航空工程系专修班、附设技工训练班及各工厂。院长先后由卢恩绪、杨家瑜、陈章、刘敦桢担任。到 1944—1945 学年，工学院学生人数达 1060 人，为全校规模最大的学院。

土木系教授有卢恩绪、方俊、徐芝纶、刘树勋等。电机系有陈章、吴大榕、顾毓琇等教授。陈章（1900—1992年），现代无线电电子学家。1921年毕业于上海交通大学，后留校任教。1924年留学美国，获普渡大学电机系硕士学位，1926年任中央大学电机系教授，后任系主任。在他的主持下，电机系至抗日战争时期已名列全国之冠。40年代，他曾两度兼任中央大学工学院院长。1949年后，任教于南京工学院（今东南大学）。陈章自20年代初开始，从教达70年之久，为我国电机电子学界培育出大批优秀人才，对全国电子高等教育事业的发展贡献巨大，为我国无线电电子学领域的先驱，被称为"电坛宗师"。著有《无线电工程》等，为全国大学广泛采用。吴大榕（1912—1979年），著名电机学家、教育家。1933年毕业于上海交通大学电机系，先后赴美国康奈尔大学、麻省理工学院攻读。1936年回国在中央大学电机系任教授，1952年，任南京工学院电力系主任，后任动力系主任，副院长。

机械系教授有胡乾善、杨家瑜、陈大燮、范从振等。航空系教授有罗荣安、黄玉珊、谢安祜等。罗荣安（1900—1965年），中国航空教育开拓者，1918年由清华保送赴美，入麻省理工学院机械工程科进修。毕业后留该校研究院研究航空工程，1923年获硕士学位后服务于美国多家航空公司，凡由他签名的应力分析计算书，美国商务部审核单位无条件通过，可见其在美国航空界的地位。1935年应中大校长罗家伦邀请，回国创办了中大的自动工程研究班（后改为机械特别研究班）及我国的第一个航空工程学系。他任中大航空系主任时，尤其重视实验，历年培植航空技术人才，对抗战军事贡献巨大。

黄玉珊（1917—1987年），中国航空教育家和结构分析专家，1935年毕业于中央大学土木工程系，1939年获英国伦敦大学航空硕士学位，1940年获美国斯坦福大学博士学位。同年回国，任教于中大航空系。中华人民共和国成立后历任南京大学、南京工学院、浙江大学、华东航空学院、西安航空学院、西北工业大学教授、系主任，黄玉珊多年从事航空教育和科研工作，他的主要著作有《飞机结构力学》《断裂与疲劳》等。黄玉珊是中国航空学会和中国力学学会理事，任《航空学报》《力学学报》《固体力学学报》等刊物的编委。

水利系教授有原素欣、黄文熙、严恺、张书农、须恺等。原素欣（1900—1979年），中央大学水利系创建人，1923年毕业于北京大学物理系，1926年公费留学美国威斯康星大学，改学土木水利工程，1928年获工学硕士学位，后去德国继续深造。1935年，到中央大学土木系任教，主讲《应用水力学》《明渠水力学》等课程。1937年，中大设立水利工程系，原素欣为系主任。他推荐聘请了黄文熙、严恺、谢家泽、李士豪、顾兆勋等著名教授。中华人民共和国成立后，曾任华东军政委员会农林水利部工务处处长、中央水利部技术委员会委员、中央水利部设计局副局长、水利电力部水力发电建设总局副总工程师。

黄文熙（1909—2001年），水工结构和岩土工程专家，我国土力学学科的奠基人之一。1929年毕业于中大土木工程系，1934年秋入美国艾奥瓦大学，1937年获得密歇根大学博士学位。抗战前夕，回中大在水利系任教授、系主任。1949后，先后在南京大学工学院水利工程系、南京工学院、华东水利学院任教。1955年选聘为中国科学院院士。在水利水电工程、结构工程、岩土工程等领域中取得了杰出的成就，培养了大批工程技术人才。

化工系教授有杜长明、时钧、王昶等。杜长明（1902—1947年），麻省理工学院化学工程博士。1932年秋，任化工系教授兼系主任。中大内迁重庆时，杜长明亲自将化工系工业分析实验室和化工原理实验室的仪器药品和教学设备装箱运到重庆，这些器材与设备不但为本校学生试验所用，还为邻近的重庆大学、兵工学校、中央工专等校解决了学生试验的问题。在重庆时期，他为学生讲授《化工原理》《化工概论》。期间，杜长明还被选为中华自然科学社社长，任职达8年之久。1932—1946年，杜长明担任系主任，培养出众多优秀化工人才。

王昶（1906—1957年），著名化学工业专家。1930年毕业于中大化工系留校任教，历任国立中央大学、南京大学教授，南京大学农学院食品工业系主任，南京工学院食品工业系主任等职，还曾兼任国立重庆大学、北方交通大学、国立边疆学校等校教授。1955 年任中华人民共和国轻工业部技术委员会委员，1957 年任国务院科学规划委员会轻工业组委员，中央交通部公路总局材料试验所主任等职。王昶在油脂化学工业的研究方面造诣很深，从事过以油脂为原料的润滑油制造、油脂热裂制造液体燃料替代品、干性油试制黏合剂的研究以及自贡市盐水与天然气等方面的研究和考察，发表了一系列论文。

时钧（1912—2005 年），化学工程学家，教育家。在化工热力学、分离技术等领域取得了重要的研究成果。1934 年毕业于清华大学化学系。1936 年获美国缅因大学化学工程硕士学位。1936 年至 1938 年在美国马萨诸塞理工学院研究院学习。回国后，曾任重庆大学、中央大学教授、化工系主任。新中国成立后，历任南京大学、南京工学院、南京化工学院教授、化工系主任，中国科学院化学部委员，国务院学位委员会第一届学科评议组成员，《中国大百科全书化工卷》副主编，中国化工学会第四届常务理事，1980 年当选为中国科学院学部委员（院士）。

抗战时期，中大建筑系的教师阵容相当强大，教授有刘敦桢、杨廷宝、李剑晨、童寯、谭垣、徐中、李汝华等。在全体教师和学生的一致努力下，建筑系的科研和教学质量得到极大提高，达到了建系以来的巅峰状态，因此这个时期被称为"沙坪坝黄金时代"。

刘敦桢（1897—1968 年），著名建筑学家、教育家，中国科学院院士。曾创办我国第一所由中国人经营的建筑师事务所，我国建筑教育的创始人之一，中国建筑历史研究的开拓者。日本东京高等工业学校（现东京工业大学）建筑工程科学学士，1943—1949 年任中大工学院建筑系教授、系主任、工学院院长。1951—1968 年任南京工学院（今东南大学）建筑系教授、系主任。1955 年被任命为一级教授和中国科学院技术科学部委员。编著有《中国住宅概说》《中国古代建筑史》；在中央大学建筑系任教期间，主要教授中外建筑史课程，教学上使用的《中国建筑史》《中国营造法》《西方建筑史》的讲稿都是在这期间完成的。① 抗战期间，刘敦桢对云南、四川、西康等地古建筑广泛调查，填补了我国建筑史上一大空白。

杨廷宝（1901—1982年），中国科学院院士，中国近现代建筑设计开拓者之一，著名建筑学家，对推动建筑方面的国际学术交流做出了重要贡献，在国际建筑学界享有很高的声誉，被誉为"近现代中国建筑第一人"。1915年，入清华学校，1921年，赴美国宾夕法尼亚大学学建筑。1940年起，他兼任中央大学建筑系教授。1949年后，历任南京大学建筑系教授，南京工学院建筑系教授，中国科学院技术科学部委员，中国建筑学会第五届理事长等职。

（七）医学院

1935年中大添设医学院，先后设立解剖学科和生物化学学科、生理学科。抗战后医学院迁至四川成都。药理学科、病理学科、寄生虫学科也相继成立。1938年秋，内科、外科、眼科、耳鼻喉科、神经病科、小儿科、泌尿科及放射科等亦先后添设。1939年秋增设六年制牙科专业。1934年始，戚寿南任医学院院长，基础医学课程和临床医学课程的教学阵容都较整齐强大，任基础课程的教授有：解剖学张查理、潘铭紫、陆振山；组织胚胎学童第周；生理学蔡翘、吴襄；生物化学郑集；细菌学飞卿、白施恩、林志靖；药理学于光元、周金黄；病理学康锡荣、李佩琳等。临床课程的教授有：内科戚寿南、黄克维、吴洁、杨宜、郭绍周；外科董秉奇、陈恒义、吴公良；儿科陈翠贞、樊培禄、项全申；神经精神科程玉唐、王慰曾；妇产科阴毓章；皮肤科翁之龙、于光元、李鸿迥；耳鼻喉科胡懋廉，姜泗长；牙科黄天启、陈华；公共卫生学陈志潜、李延安；放射科荣独山、邱焕扬等。他们理论基础扎实，教学和临床经验丰富，虽在极端艰苦的抗战期间，物价飞涨，生活艰难，仍然培养出一大批国内一流、高水平的毕业生。

---

① 杨苗苗：《刘敦先生在中央大学建筑系教育实践历程及教育思想研究》，东南大学建筑学院编：《刘敦桢先生诞辰110周年纪念暨中国建筑史学史研讨会论文集》，东南大学出版社2009年版，第73页。

戚寿南（1893—1974 年），中国现代内科医学的奠基人。1920 年获美国医学博士学位，1934 年任中大医学院院长。1937 年创立中华内科学会，任首任会长。中大西迁重庆后，医学院迁往成都，并与齐鲁大学、华西协和大学联合建立"三大学联合医院"，戚寿南任院长。先后主讲《内科学》等多门课程，内容精辟，讲解生动，理论联系实际，效果极佳，他先后著有《内科学》《输血原理与技术》《体格检查学》《实习生作业规范》等教材专著。其中《内科学》《体格检查学》长期被列为大学医学教材，倍受读者欢迎。

蔡翘（1897—1990 年），生理学家，医学教育家，中国生理科学奠基人之一。1924 年获哲学博士学位，因学业成绩优秀获芝加哥大学金钥匙奖，并被推荐为美国解剖学会会员。1937 年 1 月始任中大医学院生理学教授兼科主任，1952 年任第五军医大学校长。编著中国第一本大学生理学教科书。在神经解剖、神经传导生理、糖代谢和血液生理等领域有许多重大发现，并为中国的航天航空航海生理科学研究奠定了基础。

郑集（1900—2010 年），生物化学家、营养学家。中国营养学的奠基人，中国生物化学的开拓者之一。1928 年毕业于中大生物系。先后就读于俄亥俄州立大学、耶鲁大学、印第安纳大学，1936 年获博士学位。回国后，任中央大学医学院教授。

（八）研究院、所

1934 年，中大设立理科研究所算学部和农科研究所农艺部，并于 1936 年 8 月开始招生，学制二年。由于全面抗战爆发、学校迁渝等情况，研究院于 1938 年恢复成立，次年 9 月正式招生，1941 年 7 月首届研究生 7 人，均获硕士学位。研究院院长由校长兼任，下设研究所，所内按学科设立学部。文科研究所设哲学、历史学部、外国语文学部；理科研究所设数学部、物理学部、化学部；法科研究所设政治经济学部、国际政治学部、法律学部；师范研究所设教育心理学部、教育学部；工科研究所设土木工程学部（包括水利）、机械工程学部（包括航空）、电机工程学部；农科研究所设：农艺学部、农业经济学部；医科研究所设生理学部、公共卫生学部。

（九）牙医专科学校

中央大学原承办国立牙医专科学校 1 所，但 1937 学年度起，教育部决定停发牙医专科学校经费，罗家伦校长考量牙校已投入大量经费，且中国牙医人才极为缺乏，因此决定继续开办，由医学院兼管，牙医校所授课目医学院同时开有设的，尽量容纳并班。① 在国家财政如此困难的情况下，罗家伦除了请教育部积极设法，同时亦努力寻求政府各部门和校外各种基金在师资、设备、教学实习和经费上的援助。② 但牙医专科学校二、三年级的学生，在西迁成都后即因为教学设备、上课时数、实习时数等不合理想，③ 一再鼓动风潮、罢课，加上行政院停拨该校经费，最后中大于 1938 年 1 月 11 日校务会议决定停办。时值学校正于医学院内添设 6 年制的牙医本科，牙校 2—3 年级学生成绩及格者则并入中大，不及格者退学。一年级未参与罢课的学生，1938 学年度下学期起进入中大就学。④

二　师资群体特征

战时中大教授群体阵容强大，一大批具有真才实学的学者云集于此。这批学者大都融汇古今，学贯中西，他们不仅传统文化造诣深厚，而且大多有出国留学、访问的经历。不少教授毕业于世界著名大学，在国外受过扎实的基本功训练，同时熟悉该学科最前沿的研究领域。这些学者不仅有着融通自然科学、社会科学和人文科学的学识素养，而且自身也进行着跨越学科边界的研究，其学术水平为专心研究

① 《二十六年九月十八日校务会议》，《中大的校务会议》，档案号：648 - 000915，中国第二历史档案馆藏。

② 罗家伦：《致中华教育文化基金董事会函——请资助中大医学院师资及设备经费》，《罗家伦文存》第七册，台北"国史馆"，（台湾）中国国民党中央委员会党史委员会 1988 年版，第 155—157 页。

③ 《牙医专科学校要求转学致罗家伦函》，南京大学校庆办公室校史资料编辑组，南京大学学报编辑部：《南京大学校史资料选辑》，南京大学出版社 1982 年版，第 342—343 页。

④ 《国立中央大学牙医专科学校》，档案号：648 - 000920，中国第二历史档案馆藏。

并诞生出有影响的研究成果，潜心育人并造就一大批学有所成的青年才俊奠定了坚实的基础。总体而言，中大的师资群体呈现出以下突出特征：

（一）学贯中西，学历层次较高

20世纪二三十年代受过完整西方教育的知识分子，绝大多数回到国内任大学教授。早在1927年，中大9个学院的首任院长均由留学欧美的知名学者担任，如自然科学院院长胡刚复，哈佛大学博士；社会科学院院长戴修瓒，巴黎大学政治经济法律科博士；文学院长楼光来，哈佛大学文学硕士；哲学系系主任汤用彤，哈佛大学硕士；教育学院院长郑宗海，哥伦比亚大学教育学硕士；农学院院长蔡无忌，法国格里农国立农业学校、法国阿尔福国立医学校毕业；工学院院长周仁，美国康奈尔大学机械工程科硕士；医学院院长颜福庆，美国雅礼大学医学博士、哈佛大学公共卫生学博士。1932年9月罗家伦任中大校长后，大量引进高水平师资，理学院在短期内就引入了10余位留学人员，如，1933年受聘中大数学系教授孙光远、胡坤陞、曾远荣三人都取得美国芝加哥大学博士学位。化学系教授袁翰青，1932年获伊利诺伊大学博士学位，1933年底回国后为中大所聘。此外，留日的物理博士罗宗洛、物理博士施士元、留法博士王益崖，化学博士庄长恭、生物博士孙宗彭等，也同期进入中大理学院。[1]

文学院诸教授亦如此，如朱希祖1906年留学于日本早稻田大学；沈刚伯1927年毕业于英国伦敦大学；张贵永1933年获柏林大学博士学位，后再赴英国研究西洋历史；韩儒林北京大学哲学系毕业后，先后留学于比利时鲁文大学、巴黎大学、柏林大学；蒋孟引获得英国伦敦大学历史学博士学位。中国文学系汪东1904年赴早稻田大学学习。外国文学系楼光来1922年毕业于哈佛大学；范存忠1931年毕业于哈佛大学；柳无忌获劳伦斯大学学士学位和耶鲁大学英国文学博士学位；徐仲年

---

[1] 姚群民：《试论二三十年代南京高校教授的选聘及其特点——以中央大学、金陵大学为中心的考察》，《南京社会科学》2008年第12期。

1930 年获得里昂大学文学博士学位；商承祖 1934 年获德国汉堡大学博士学位。张士一毕业于美国哥伦比亚大学。哲学系宗白华 1920 年赴德国留学，在法兰克福大学、柏林大学学习哲学、美学等课程；方东美 1921 年赴美留学，1924 年获博士学位回国；熊伟在德国弗莱堡大学学习，并 1936 年获哲学博士学位；陈康先后赴英国伦敦大学、德国柏林大学习哲学，1940 年获得哲学博士学位，回中大任教。

农学院的畜牧兽医系也在抗战期间引进大量海外留学人才。1938 年盛彤笙从德国归来，1941 年受聘到该系讲《家畜微生物学》及《家畜病理学》。1942 年汤逸人、胡祥璧两教授自英国回国至该系任教。1942 年昊仲贤从英国归国后即到该系主讲《家畜遗传育种学》。其他各系师资均如此，心理学系 1920 年至 1939 年间，任职的 21 位教师中，有留学经历的达 17 人，占总人数的 80% 之多，其中，获博士学位的 11 人，其他人也分别获得了硕士学位，留美 15 人，留德 2 人，留英 1 人，绝大部分曾就读于世界知名大学，毕业于哥伦比亚大学的就有 7 人。[①]

这些高学历教师具有广博学识和深厚学术素养，如萧孝嵘，不但深谙美国诸家心理学派，而且精通于德国格式塔学派，无论在美国还是在我国他都是第一个通过著述对该学派做系统介绍的人。[②] 美国心理学主要以杜威的实用主义哲学为指导，芝加哥大学和哥伦比亚大学即是美国实用主义心理学学派——机能主义心理学的两个大本营。他们在留美期间大都师从美国机能主义心理学派大师，系统地接受了此派心理学的理论和观点，这对他们回国后创办或主持的中央大学心理学系的指导思想产生了决定性的影响。艾伟在留美期间就开始了心理学与汉字之间的研究，并以此作为终身研究方向；潘菽也早在留学之前选择专业时就认定心理学为一门工具性学科，用以指导和解决教育等各方面的实际问题；萧孝嵘则更是把心理学的应用范围拓展到除教育之外的其他领域，深化

---

① 胡延峰：《留学生与中国心理学》，南开大学出版社 2009 年版，第 98 页。

② 胡延峰：《留学生与中国心理学》，南开大学出版社 2009 年版，第 98 页。

了心理学的应用。① 因此他更加注重心理学在教育、工业、商业、医学、军事和政治等方面的实际应用。② 1939 年李旭旦从英国学成回国后，来到中大所在地重庆沙坪坝。由于其出色的成绩与科研能力，直接被任聘为教授，时年 28 岁，成为中央大学最年轻的教授。在学生们的印象中，李旭旦不但学识渊博、风度翩翩，他的课也引经据典、生动有趣，涉及中外实例，论证精辟详尽。

综上知，抗战前后中央大学集中了一大批一流的留学于英、法、美、日诸国的学者，他们在传播近代西方科学技术的过程中发挥着重大的作用。留学生作为近代中西方知识传播的主要媒介，对近代西方科学技术及实用知识的传播、传承与嬗变等各方面都产生了重要的影响。20 世纪二三十年代留学学者陆续回国，投身教育事业创办或主持科研工作，且后续力量不断扩大，留学生很快就成为引进和传播西学的主力军。况且大多数留学学者在异邦求学之时早已深谙、把握了西方学术理论的发展脉络，他们回国后势必将所在国家学术的主流流派、理论和方法完全引介过来，并将之应用于中国现实社会问题的解释中，这深深影响着国内学术的发展。③ 这些学者在传播西学过程中多表现出理论与实践并重，注重实证研究的特点，并以此种方式关注中国本土话语体系的研究④。如中大心理学自创办伊始就形成了自己的独特优势，众多留学归来的心理学学者纷纷到此执教，由此心理学系形成了庞大、豪华、高素质的学者阵容，而居当时各大高校心理学系之首，从而为心理学学科化的发展奠定了坚实的物质与人力资源基础。

（二）年龄结构合理

抗战期间任教于中央大学的教授，除年龄较大的汪辟疆（1878 生）、朱希祖（1879 生）、柳诒徵（1880 生）、李证刚（1881 生）、金

---

① 萧孝嵘：《心理学的意义及其应用》，《教育心理研究》1940 年创刊号。
② 胡延峰：《留学生与中国心理学》，南开大学出版社 2009 年版，第 99—100 页。
③ 胡延峰：《留学生与中国心理学》，南开大学出版社 2009 年版，第 94 页。
④ "中央大学学派"在当时并无此说法，但笔者认为中央大学心理学系的教学以其独特性和突出的成绩确实可以独成一派。

毓黻（1887 生）外，大多出生于 19 世纪 90 年代至 20 世纪初。19 世纪 90 年代出生的一批，有汪东、胡小石、朱东润、缪凤林、沈刚伯、顾颉刚、王玉章、楼光来、商承祖、张士一、宗白华、方东美、初大告等；年龄较轻是 20 世纪初出生的一批教授，如张贵永、韩儒林、蒋孟引、郭廷以、李长之、罗根泽、唐圭璋、卢冀野、范存忠、柳无忌、徐仲年、陈康、唐君毅、熊伟、俞大纲等。前一部分教授接受过完整的传统教育，他们多研究中国的哲学、文学、史学。后一部分在中国接受了完整的传统教育，但同时又有留学欧美的经历，因此他们当中许多人成为中国新人文社科的创始人。从范存忠、楼光来、柳无忌、徐仲年、方东美、宗白华、熊伟以后，世界文学、西方哲学、美学等学科的研究才逐渐建立和成熟起来。这些教授在抗战前，基本上完成了学术知识的储备，在抗战期间迎来学术的大丰收。其时教授们大多处于 30—50 岁之间，这个年龄结构是学术繁荣的最佳时期，形成了学术视野及学龄结构和知识结构的互补。这两代知识分子构成中央大学的教授群体，其总体特征是具有完整的中西文化教育背景，知识面广博，尤其是欧美化程度较高。由此，抗战时期也是汇集于中央大学的这一批教授自身快速成长时期，相当一部分教授在重庆期间实现了由讲师—副教授—教授的转变。如唐圭璋，1939 年到 1946 年期间，由讲师升为教授，哲学系的唐君毅亦如此。

由于这批学者大都跨越传统旧文化与新文化交替的历史时期，他们不仅进行着传统文化的研究，而且进行着跨越学科边界的研究，有着融通自然科学、社会科学和人文科学的素养，且中西古今兼通。

（三）师资聘用渠道宽广

不论在战前南京和战时陪都重庆，中大利用自身优势与各学术机构广泛建立合作与交流，以实现人才互补与资源共享，使大学与研究机构相得益彰，既促进大学教育良性发展，亦推动了学术研究的展开，也使得聘任师资拥有更多的便利条件。战后不少研究机构先后迁至重庆，这些机构与陪都重庆各大专院校形成良好的互动关系。一批科学工作者一方面参与研究工作，同时在高校担任教学等方面的工作，共同开展科学研究，另一方面，不少教授参与其他研究机构的日常工作和科研工作，他们共同推动了近代中国科学事业的发展。如中大兼职教授黎东方就职于教育部史地教育委员会，迁往成都的农学院聘请四川省农业改进所技师熊大仕、朱先煌、卢润孚、杨兴业等授课，同时农学院教授陈之长、罗清生、许振英等受聘为四川省农业改进所名誉技师，并在川大农学院兼任教授。由于抗战关系，这些名教授云集四川，因此中大还能聘到平时不易请得来的学有专长的教授。"大学之所以大，在有大学的气象，中大先在首都，后在陪都，始终在中央政府维护之下，可谓得天独厚。其次，中大拥有文、法、理、工、医、农和师范等七院，规模之大，国内无出其右。再次，人文荟萃，各学系教授，亦多一时之选。"① 总体来说，中央大学重视教授聘任工作，建设了一支高水平的师资队伍，推进了学校事业的发展。

（四）聘请高水平外籍教员

在二十世纪二三十年代中国高校中，聘请外籍教师较为普遍，也是各大专院校提高学术研究和学校整体实力的有效途径。外籍教员在某些学科，如外语、文学、历史及自然科学中一些新学科，比本国教师拥有更为明显的优势和本国教师无法替代的作用。如学术视野开阔和学术信息广泛，他们的到来，对国内高校师生而言，起到了拓展视野、活跃思想的积极作用。早在 30 年代初，中大已向国际联盟申请到外籍教师来校授课的名额，瑞士地质学家巴勒加、奥地利科学家费师孟、德国科学家劳美尔等先后来到中大任教，巴勒加在地质系开设的《沉积学》《大地构造学》等课程；师孟在地理系讲授《地貌学》；劳美尔开设《地图学》均为当时国内高校首次开设的课程。另外，在体育、音乐、外语等学科方面，也有一定数量外籍教授任课，如德国人葛梁汉于 1931 年受聘担任中大体育科副教授，奥地利人阿洛业斯特拉士博士于 1932 年1 月受聘为中大音乐学教授，聘期三年。在成都时，还有多名美国教授、专家来畜牧兽医系讲学。如 1943 年，美国农业部专员俄勒冈大学

---

① 陶怀仲：《沙坪三载见沧桑》，《台北中外杂志》1974 年第 16 卷第 4 期。

草原学教授 Ray G. Johnson 来校讲授《草原管理》《草原家畜管理》两门课程；还有美国农业部顾问费里普博士（Dr. Ralph W. Philip）讲《家畜生殖生理及家畜育种新趋向》，美国兽医博士童立克夫（Dr. E. A. Tunnicliff）还对学生们开《家畜疾病预防》的学术讲座。这些都有利于农学院师生了解最新学术信息，为其占领学术前沿阵地提供了便利条件。①

（五）师资队伍相对稳定

一般而言，抗战前后，由于战争及个人的原因，各大学的师资流动性较大。而中大由于其自身的整体优势与地理位置的便利，教师队伍相对稳定，如心理系艾伟、潘菽、萧孝嵘三人长期供职于此，潜心教研。艾伟于 1927 年起任职于中大到 1949 年前，潘菽 1927 年回国后任职于中大，执教中大 30 余年，培养了诸多心理学人才。肖孝嵘 1931 年起任教于中大心理学系，任心理学系主任、心理学研究所所长，先后历 10 余年。王书林连续在中大执教达 10 年之久。蔡翘于 1937 年任职于中大医学院。医学院戚寿南，1934 年任中央大学医学院。杜长明 1932 年秋任中大化工系教授兼系主任。从 1932 年至 1946 年主系 15 年，带领全系师生员工，不仅出色完成了教学任务，而且培养出众多优秀人才。农业昆虫学家、农业教育家邹钟琳，1932 年从美国学成归国后，一直任教于中大至 1949 年前。昆虫学家邹树文，1932—1942 年间被聘为中大农学院院长。著名社会学家、社会心理学家孙本文，1929—1949 年任中大教授，并长期兼任社会学系主任。有机化学家、教育家、中国科学院院士高济宇于 1931 年 8 月回国后一直在中大任教，于 1934—1945 年任化学系主任。李学清于 1929 年任地质系教授，地理学家胡焕庸 1928 年 9 月任地学系教授至 1949 年前。物理学家施士元 1933—1949 年任中央大学物理系教授。从传播学的角度来看，流动可以促进知识传播的速度和广度，但从学科化进程方面而言，师资的流动又可能造成进程的连续性遭受割裂的危险。而当时中大拥有一支较为稳定的师资队伍，相对

---

① 四川畜牧兽医学会：《四川畜牧兽医发展简史》，四川科技出版社 1989 年版，第 35 页。

来讲易于避免这种局面的出现，从而加速了各学科建设发展的进程，使得中央大学各方面的在学界总是首屈一指。

第二节 教学与研究的有机结合

西迁后，虽有因战争带来的种种磨难，中大教师始终以饱满的热情，锲而不舍的精神，努力教学、潜心科研。他们遵照不同的学术流派与治学兴趣，沿着既有的研究方向与学术路径前行，长期致力于特定领域的研究。这成就了战时中央大学学术文化的繁荣，由于战时特定需要，不少领域的研究都有了新的发展。南北学者齐聚于此，大家一起交流切磋，在各学科研究上取得了重大突破，出版了大量至今仍有影响的专业教材及学术著作。

一 编著高水平的教材

抗战时期，因购买教材困难，各科都需自编教材，经过反复的教学实践与研究，有的已锤炼成科学的、系统的教科书，其中不少教材被审定为大学图书或"部订"教材而公开出版。中央大学各系的老师，除日常教学外，还积极编印教材，发表或出版教学论著。教师们的教材、讲义大多是用其科研成果编著而成。据不完全统计，在重庆期间，中央大学教授编写的教材被教育部专家评审委员会定为部定教材的有 20 余部。这些著述既是优秀教材，又是不朽的名著。诸如缪凤林的《中国通史要略》，李长之的《西洋哲学史》，罗根泽的《周秦西汉文学批评史》，林振镛的《刑法学》，朱伯康的《经济学纲要》，朱契的《中国财政问题》，许恪士的《中国教育思想史》，肖孝嵘的《教育心理学》，艾伟的《高级统计学》，潘菽的《普通心理学》，胡焕庸的《世界经济地理》《气候学》《国防地理》，朱炳海的《普通气象学》《气象学》《军事气象学大纲》，孙光远的《微积分学》，邹钟琳的《普通昆虫学》，罗清生的《家畜传染病学》，孙鼐的《岩石学》《工程地质》等。教授们的其他著述也在这一时期纷纷问世，如俞大缜的《英国文学史》，常任侠的《汉唐之间西域乐舞百戏东渐史》，许哲士的《工商管理》，金善宝的《中国小麦区域》，孟心如的《毒气与防御》《化学战》，赵廷炳的《阳离子分析法》，张德粹的《农业合作》等。史学方面的重要著作有朱希祖的《中国史学通论》，金毓黻的《中国史学史》《大元大一统志续考》，顾颉刚的《当代中国史学》，沈刚伯的《西洋近世史》《中国民族之文化》，郭廷以的《近代中国史》，郑鹤声的《郑和》《中国近世史》《中华民国建国史》。卢前的《中国文学史》，朱东润的《中国文学批评述论》《中国文学批评史大纲》，柳无忌的《西洋文学的研究》。哲学著述有唐君毅的《中西哲学思想之比较研究集》《道德自我之建立》《人生之体验》，何兆清的《西洋科学思想概况》，李证刚的《易学讨论集》等，不少著述至今在学术界仍有重要影响。

1937 年朱希祖在重庆期间讲授《中国史学概论》一课，其讲义于1943 年由独立出版社出版，取名《中国史学通论》，其在中国史学史方面的成就集中体现在这本著作里。该著作是有关中国史学史方面最早的讲义，比梁启超的《中国历史研究法》中的"过去之中国史学界"还早二三年。在此之前，还未有人在大学讲堂里系统讲授这类内容。这部著作在内容上有许多精到的见解，从外在形式上勾勒出了中国史学产生和发展的概貌。就内容看，属于史学史的范畴，主要从史官、史书体裁的变化两个方面阐述了史学的成立和发展的基本线索。[1] 1944 年金毓黻的《中国史学史》出版，即被教育部史学部定为大学教材。[2] "金著《中国史学史》出版后，在史学界产生了很大的影响，教育部史学部把该书定为大学用书，其学术价值得到学界的公认，中国史学史进入课堂，并有固定的教材，至此，中国史学史学科初步形成，该书对史学史

---

[1]　罗玲、李禹阶：《民国时期国立中央大学的历史教学与历史研究刍议》，《历史教学》2010年第 7 期。

[2]　周文玖：《中国史学史学科初步形成的重要标志——重读金毓黻先生〈中国史学史〉》，《烟台师范学院学报》（哲学社会科学版）2003 年第 3 期。

学科的发展起了重要的推动作用。① 故金著《中国史学史》在中国史学史学科的发展史上具有划时代意义。2000 年，河北史学出版社总结 20 世纪中国史学成就的高度，出版了大型系列丛书《二十世纪中国史学名著》，该著亦被选入其中，在社会上与学术界均受到欢迎和好评。②

外文系诸教授在教学之外，积极编印各类教材及辅助资料，推动学校的外语教学工作。张士一教授，从事英语教育工作 60 多年，擅长实用英语语音学和英语教学法的教学与研究。他从抗战之始至 1949 年底，共出版《英华会话合璧》《英文尺牍教科书》《英语教学法》《英文学生会话》等英语教学专著 8 部，编写《初中直接法英语教科书》等教科书 5 册。1943 年 8 月教育部向"在教学上著有劳绩"的优秀教师颁发一、二、三等奖，张士一教授获一等奖。③ 这些英语教科书的出版发行，改进了英语教学的理论和技术，对各级学校的英语教学有指导意义。

外文系范存忠教授也多次参加教科书的编写。1943 年他应商务印书馆学生杂志社邀请，编著《英语学习讲话 12 种》，由中国文化服务社列为青年文库出版。该书有 12 讲，其内容包括语音、用字、行文、翻译、会话等多方面。④ "范 1943 年在重庆出版的《英语学习讲座》一书写得深入浅出，文章如行云流水，生动活泼，而又朴素精练，富于韵味"。⑤ "在沙坪坝时期，范先生还亲自指导外国文学系教师编印英文教材，先后编了三本，每篇课文有详细注释，称为'Freshman English Prose'，入选的都是现代英美散文名家的随笔、小品或者短篇小说"。⑥

①　周文玖：《论中国史学史学科的产生》，《史学月刊》2002 年第 8 期。

②　罗玲、李禹阶：《民国时期国立中央大学的历史教学与历史研究刍议》，《历史教学》2010 年第 7 期。

③　邵令宣、胡宏道：《著名英语教育家张士一老师》，《南雍骊珠——中央大学名师传略》，南京大学出版社 2004 年版，第 210—216 页。

④　《范存忠教授著英语学习讲话》，《国立中央大学校刊》1944 年第 5 期。

⑤　赵瑞蕻：《梦回柏溪——怀念范存忠先生，并忆中央大学柏溪分校》，《新文学史料》1998 年第 3 期。

⑥　赵瑞蕻：《梦回柏溪——怀念范存忠先生，并忆中央大学柏溪分校》，《新文学史料》1998 年第 3 期。

这套教材编成后范先生很满意，不但中大每年用，其他几个大学也采用了，很受学生欢迎。1943 年夏，徐仲年教授出版《初级法文文法》，为其数十年来研究与教学经验的结晶，列为大学丛书，全书分 12 章，27 万字。①

1935 年中大医学院成立，并组建了生物化学系，当时国内尚无自编的生化教材。医学院西迁成都后，为了教学需要，郑集自编了一本英文版《生化实习指导》，该书在全面抗战八年中先后再版三次，大后方其他大学也用这本教材作生化实验教本。理学院心理学系主任萧孝嵘教授，根据教学经验与实验研究，著《教育心理学》一书。"内容选材以理论与实用两者兼顾，书中分章先后之排列，每章问题之位置及组织，均以学习心理为原则，诚乃国内研究心理学不可不读之书本。该书业经国立编译馆大学用书编辑委员会定为部定大学丛书。"②

机械系教授李酉编著《机械设计习题》一书作为学生教材，该教材题材丰富，除设计制造问题外，附有设计应用表及华英术语对照表，以供实际运用参考。③ 地理系陈正祥所著《日本地理研究》《西部亚洲地理》二书，由正中书局出版，《日本地理研究》计 20 章，《西部亚洲地理》全书分八章，附图表，内容充实。④ 师范学院院长兼社会系主任孙本文教授编著《中国社会问题》，积历年授业与研究中国社会问题所得之结果，由商务印书馆印行，列为大学丛书。全书计四册，为"研究中国社会问题者必具之也"。⑤ 理学院院长孙光远与浙江大学算学系孙叔平教授积历年教学经验，合撰《微积分学》一书，由商务印书馆 1940 年 9 月初版，为该馆大学丛书。"综观全书，深符德育循序渐进之旨，推陈出新前后映贯，为大学理工科一年级学生微积分学之良好教本。"⑥

① 《徐仲年教授近著——初级法文文法》，《国立中央大学校刊》1944 年第 2 期。

② 《萧孝荣教授著〈教育心理学〉》，《国立中央大学校刊》1944 年第 12 期。

③ 《机械设计习题》，《国立中央大学校刊》1944 年第 2 期。

④ 《陈正详先生著书二种》，《国立中央大学校刊》1944 年第 2 期。

⑤ 《孙本文教授编著　中国社会问题》，《国立中央大学校刊》1944 年第 3 期。

⑥ 《〈微积分学〉孙光远、孙叔本二教授合著》，《国立中央大学校刊》1944 年第 7 期。

地理教授胡焕庸十分重视搜集和阅读国外文献，注意地理科学上的新学说、新理论和新资料，从而积累了丰富的科学知识。他根据客观需要，从一个教学科研领域转入另一个教学科研领域，并撰写出多部大学教材和专著。在抗战期间，胡焕庸集中于经济地理的研究，他在授课讲义的基础上，先后完成一系列的经济地理著作，如《中国经济地理》《美国经济地理》《苏联经济地理》《世界经济地理》。这些著述都以商品为经，以地区为纬，强调各地各类自然资源的分布状况，重视供需关系，通过进出口贸易的分析，说明其有余和不足的状况。同这些著述相配合的是《世界经济统计》一书。此外，在国防地理著作方面，胡焕庸著《国防地理》。战初，国人对于国内地理知识与国防情势求知若渴，该书的出版满足了民众的广大需要。该书分疆域、人民、资源、交通、边防、海防六章，有关战时人力、物力、天时、地利、交通路线与水陆要塞等均有详尽阐述。胡氏"据地理立场对各战区之攻守战略亦加论列，实为国防地理之唯一读物。"[1]

地理系主任李旭旦教授与研究生邓静中合著《印度地理》一书，分绪言、地形与土壤、气候与植物、土地利用、农作物、矿产与工业、人口与民族、语言与宗教、交通、贸易、地理区域及结语共 12 章，十余万字，内附图 10 数幅。书末附有华英地名对照表及参考文献，取材新颖，内容充实。气象学教授朱炳海，著有《气象学》《军事气象学大纲》等开创性著作。1936 年夏，朱炳海自中央研究院气象研究所回母校中央大学任教，任气象学一课的讲授，是时国内缺乏气象学教材，使用德文教材除语言障碍外，所引例证多采自欧美，与中国气象毫无关系。在此情景下，朱炳海"于每次讲授之时，仍多自辑教材，以资应用，对于国内可有之材料，尽量利用，国外最近之进步，兼收并蓄。"[2]至中大迁往重庆之时，该气象学课程已形成讲稿。是时，胡焕庸受国立编译馆委托主编地学丛书，特嘱咐朱炳海将气象学讲稿整理完善，收入

---

① 《李旭旦、邓静中合著印度地理》，《国立中央大学校刊》1944 年第 7 期。

② 朱炳海：《自序》，《气象学》，国立编译馆 1946 年 1 月重庆、上海初版，第 1 页。

该丛书。1939 年 6 月，朱炳海的《气象学》完稿交付国立编译馆，但因各种因素拖延，直至 1946 年 1 月始得出版。朱炳海所著《气象学》共 7 篇（编）28 章 33.4 万字，包括绪论及大气及其活动能力、温度、气压、风、自由大气、空中水分、天气等 7 章，全面阐述了气象学的沿革、基本概念及理论、观测研究方法等，该书汲取当时国内外较新的研究成果写成，重视理论阐述与计算分析，包括大量公式、图表、数据等。胡焕庸称该书"内容详备新颖，实汉文中空前之巨著也"。关于《军事气象学大纲》一书，由商务印书馆出版。《国立中央大学校刊》对其评述为"朱教授应其时军事需要，积多年研究天气学之经验，著成《军事气象学大纲》一书，对于天气在军事上之应用多所阐述"[①]。数学系马遵廷积过去教学经验，著《新中国立体几何学》一书，由正中书局出版，风行全国，该书内容充实，实为一优良高级中学教本及参考书。[②] 高济宇长期讲授有机化学课程，他从多年的教学实践中摸索出系统性更强，并更能反映有机物内在联系的"官能团编排体系"，该体系使有机化学内容紧凑，便于教学，易与实验配合，因此愈来愈为人们接受。在此基础上高济宇编写了全国统编教材《有机化学》，此教材经多次修订，一直在高校中使用。

除了自行编印教材外，中央大学多位教授当选为教育部大学用书编辑委员会委员，参加了各科大学教材编印工作，并多次为教育部审定教材。[③]

抗战初期，教育部加强了各院校课程开设的管理工作，对于农、工、商、医专门学院"施行高深专门技术教育，培养高级技术人才，以国家物资建设之需要为施教对象"。文、理、法、师范专门学院，应"注重各项基本学问之广博研究，再由博返约，养成能治学治事治人之

　　① 《著作介绍》，《国立中央大学校刊》1944 年第 10 期。

　　② 《著作介绍：马遵廷先生著——新中国立体几何学》，《国立中央大学校刊》1944 年第 10 期。

　　③ 柳无忌：《最高学府与最高理想》，《国立中央大学校刊》（三十周年校庆特刊）1945 年第 3 期。

技能。以国家文化建设、经济建设、社会建设之需要为施教对象"。[1]据此，颁布大学课程标准，向中大多位教授征求意见。

1938 年 9 月，教育部为整顿统一大学课程、便利大学各院系教学，大学用书编辑委员会先后颁行大学科目表，并通过公开征稿、采选成书、特约专家编著等程序拟定大学课程纲要。自大学科目表颁行以后，教育部为确定并充实各科内容起见，向各大学聘请专家，分别拟定大学课程，中大多名教授作为第一批科目编撰专家，名单如下：[2]

表 2－1　　　　　　　　　　中大教授编撰大学材料

课程名称	教授
微积分	孙光远
化学（讲演实习并重）	张江树
教育心理	萧孝嵘
工业化学	孟心如
社会会	孙本文
定性分析	赵廷炳
动物学	李学清
成本会计	朱国璋
西洋近世史	沈刚伯
铁道工学	董钟林
植物生理学	朱健人
园林学	梁希
中国文学史	卢前
工程材料	陆志鸿
作物学	金善宝
养蚕学	孙本忠
渊树学	李寅恭

作为资深史学家，朱希祖提出将中国史学史定为大学史学系必修课

---

[1]　中国第二历史档案馆编：《中华民国史档案资料汇编》（第 5 辑第 2 编教育 1），档案出版社 1997 年版，第 24 页。

[2]　《教育部编辑大学用书简讯》，《高等教育季刊》（大学课程问题特辑）1941 年第 1 卷第 3 期。

之一。朱希祖认为历史学系课程当以学习理论为主，其目的有二："一为发现历史真相，除普通史和社会、政治、经济为必修课外，须以考古、地史、人类、人种、言语等学为必修课，而以各种国别史为选修课，更辅以社会史、经济史、专门史等科目；二为发现历史真理，除普通史，如社会史、经济史、哲学史、美术史、宗教史等为选修课外，还要以人文地理学、人类学等辅之。"[1]

1940 年 4 月，教育部成立史地教育委员会，中央大学金毓黻、胡焕庸、缪凤林、顾颉刚、沙学浚、张其昀等教授为聘任委员。[2] 该会于 1940 年 5 月 14 日举行了第一次全体委员会议，通过了"编纂中国史学丛书，编纂中国通史大学教本，改进大学、中学史地教材及教学，推动社会史地教育，编制抗战史料"[3] 等议案。1941 年 7 月，史地委员会第二次全会召开，成立史地教育方针组、学校团体及研究机关组、教材及设备组、文献考古及考察四小组分别负责各项事务。还推定分组审查人与召集人，顾颉刚担任第二组学校团体及研究机关组召集人；缪凤林为第三组教材及设备组召集人；金毓黻为第四组文献考古及考察组重要成员。[4] 中大白寿彝所著《中国宗教史回教篇》、缪凤林所著《中国通史要略》、金毓黻所著《中国史学史》都列为教育部公开出版发行的史学图书。[5]

1938 年 12 月，教育部颁发了《大学共同必修科目表》，1939 年 8 月又颁布了《各院系共同必修科目表》，责成各大学从 1941 年起按教育部统一科目开课，实行全国统考。[6] 自大学科目表颁行以后，教育部

---

① 晋阳学刊编辑部编：《中国现代社会科学家传略》（第五辑），山西人民出版社 1985 年版，第 59 页。

② 江应澄：《教育部史地教育委员会工作近况》，《教育学月刊》1941 年第 5 卷第 11—12 期。

③ 《教育部史地教育委员会之举行》，《图书季刊》1940 年第 2 卷第 3 期。

④ 《教育部史地委员会第二届全体大会记录》，《教育部史教育委员会概况》（第二号），1941 年，第 8 页。

⑤ 《教育部史地委员会第二届全体大会记录》，《教育部史教育委员会概况》（第二号），1941 年，第 67—68 页。

⑥ 边理庭：《各机关学校对于部颁科目表意见的选辑》，《高等教育季刊》（大学课程问题特辑）1941 年第 1 卷第 3 期。

为确定并充实各科内容起见，聘请专家分别着手草拟大学课程，经过公开征稿，采选成书，特约专家编著办法选取教材。历史系沈刚伯教授的《西洋近世史》、文学系卢前教授的《中国文学史》入选。① 至 1941 年，该科目表已施行 4 年，教育部召开预备课程会议，将部颁科目提出修正意见，并召集各校相关教授论证。中大文学系汪辟疆、胡小石等教授多次对课程设置作了调整的建议。汪辟疆教授在 1940 年 6 月提出增设《群经大义》一课的建议。他认为：

> 《群经大义》一课，在今日学生思想歧义之时，似为端正趋向之必要。间赏箓绎，总裁言论，颇感于今日旧道德之沦丧，而士大夫不讲气节，为民族精神消沉之大原。如此时决定增设《群经大义》一课，为专科以上学校必修课程，严其考绩，则风声所树。②

胡小石教授在 1940 年 4 月 26 日提出文学系新增《易经》一课的 5 项理由。③ 针对汪胡两教授建议，教育部认为在中央大学和师范学院中的国文系已列《群经诸子》为中国文学专业选读书目，其他各院系的课程已经繁重，不能再增设《群经大义》或《易经》等科目。不过为了以经学的精神思想培厚优良的校风起见，令各学校的训育人员以群经为自修书并指导学生自选阅读。

1944 年 5 月，各学院又奉教育部命令，征集修订意见，计划重新修订科目表，以期进一步完善，最后固定下来。教育部函聘相关专家，于 8 月 1 日始在重庆川东师范本部大礼堂分别举行各院系课程讨论会，着手修订。经此次修改，各学院科目表较 1939 年 8 月所颁行的更为完

---

① 《教育部编辑大学用书简讯》，《高等教育季刊》（大学课程问题特辑）1941 年第 1 卷第 3 期。
② 边理庭：《各机关学校对于部颁科目表意见的选辑》，《高等教育季刊》（大学课程问题特辑）1941 年第 1 卷第 3 期。
③ 边理庭：《各机关学校对于部颁科目表意见的选辑》，《高等教育季刊》（大学课程问题特辑）1941 年第 1 卷第 3 期。

善，这是我国近代教育史上的一件大事。① 中央大学及师范学院组织各系讨论审查各系共同必修科目及中文、外文、历史、哲学各系必修科目。中国文学系及师范学院国文系由汪辟疆、汪东二教授负责召集，罗根泽、魏建功、卢前、陈石珍、相菊潭、戴应观、温子瑞、段天炯为专家组成员；外语系及师范学院英语学系由楼光来、范存忠二教授负责召集，张士一、伍兹甫，全增嘏、梁实秋、陈石孚、陈节坚为专家组成员；历史学系及师范学院史地系历史学部由柳诒徵、沈刚伯二教授负责召集，缪凤林、郑鹤声、黎东方、马继拨等教授为讨论组成员；哲学系及师范学院公民训育系哲学科由宗白华、何兆清二教授负责召集人，方东美、熊伟等教授参加。

可见，中央大学教授积极从事大学教材的编写及修订工作，对各学科相关课程的拟定标准作了建设性的指导及建议，对全国高等教育起了重要的指导和引领作用。

二　潜心科学研究

教授们的其他新著也在这一时期纷纷问世，如俞大缜的《英国文学史》，常任侠的《汉唐之间西域乐舞百戏东渐史》，许哲士的《工商管理》，金善宝的《中国小麦区域》，孟心如的《毒气与防御》《化学战》，赵廷炳的《阳离子分析法》，张德粹的《农业合作》等。据 1944年《国立中央大学校刊》统计，当年中央大学教师公开出版的教材和专著就达四十余种。这些学术著述可以分为以下几类：

第一，传统的基础科学类

基础理论类的著述主要体现在文史哲等人文社科领域。罗根泽教授到中大任教后，其研究重心转到中国文学批评史方面。1943 年，商务印书馆分四册出版其《中国文学批评史》，即《周秦两汉文学批评史》《魏晋六朝文学批评史》《隋唐文学批评史》《晚唐五代文学批评史》②。

---

① 社员：《修订中国文学系科目表旁纪》，《中国文学》1944 年第 4 期。

② 《罗根泽教授著　周秦两汉文学批评史》，《国立中央大学校刊》1944 年第 8 期。

这部书为罗根泽倾注毕生精力的一部巨著，出版后得到了学术界的一致认可和高度好评。朱自清指出："这是一部值得细心研读的《中国文学批评史》。"① 刘溶池在《评罗著〈中国文学批评史〉》中也给予很高评价。郭绍虞在第三分册的序言中称："他材料搜罗之勤，真是出人意外，诗词中的片言只语，笔记中的零楮碎札，无不仔细搜罗，甚至佛道二氏之书也加浏览。"② 由于罗根泽掌握大量资料，并对其进行整理分析，所得结论才能持之有效，言之成理。在编写体例上，他创立一种"综合体"，按古代文学理论在各阶段所表现的特点，分为几大阶段。③ 罗根泽还对文学批评史与文学理论作了细致明确的界说，他将对作家作品的"解释""提叙""研考""辨证"归纳为"文学的裁判"即"狭义的文学批评"；将"批评的标准""批评的方法""批评的批评"即"价值的判断"等归纳为"批评理论（批评论）"。④ 罗根泽还指出：文学理论是文学批评的基础，即运用传统的或新兴的文学观念、文学方法审视批评的对象，而在新的批评实践中又引申或发明新的文学理论。⑤ 此外，罗根泽在中国文学史方面也发表过许多精辟的著述，专著有《乐府文学史》《中国古典文学论集》《先秦散文选注》《罗根泽古典文学论文集》《中国文学起源的新探索》等。

朱东润 1943 年执教于中央大学，致力于传记文学研究与写作，其《张居正大传》由开明书店出版。随后，《中国文学批评史大纲》《中国文学批评述论》《史记考索》等著作，也陆续由开明书店出版。朱东润的《中国文学批评史大纲》是最早的文学批评史专著之一，是该学科

---

① 朱自清：《诗文评的发展》，朱乔森编著《朱自清全集第 3 卷·散文编》，江苏教育出版社 1996 年版，第 25 页。

② 罗根泽：《中国文学批评史（第 3 分册）隋唐文学批评史》，商务印书馆 1943 年版，第 5 页。

③ 罗根泽：《中国文学批评史（第 1 分册）周秦两汉文学批评史》，商务印书馆 1943 年版，第 7 页。

④ 陈良运：《文学理论的职责是指导未来文学——从罗根泽的文学批评史观谈起》，《东南学术》2001 年第 5 期。

⑤ 陈良运：《"文学理论的职责是指导未来文学"——从罗根泽的文学批评史观谈起》，《东南学术》2001 年第 5 期。

开创时期颇有影响的奠基之作。此外，朱东润先后创作近 10 部传记，推动了我国传记文学的发展，是我国现代传记文学的开创者之一。

唐君毅 1940 年到中大后，先后撰写和出版了其早期哲学著作，如《中西哲学思想之比较研究集》《道德自我之建立》《人生之体验》等著作。1944 年分别由商务印书馆和中华书局出版发行。《道德自我之建立》共三部分。第一部分道德之实践，说明道德生活的本质；第二部分世界之肯定，追溯道德自我在宇宙中的地位，说明道德自我之根源为心之本体及其形上性，进而说明心之本体即现实世界之本体；第三部分精神之表现，说明此心之本体是超越现实生活而又表现于现实生活者。最后论述精神实在的最高表现为使社会成为真善美的社会。此书比较全面地论述了道德的本质、根源及其地位等问题，是一部论述道德哲学的重要著作。此书还获教育部 1943 年学术作品奖励二等奖，[1] 该书的出版标志着唐君毅思想的成熟，开始摆脱自然生命观和新实在论之多元思想的影响，而求"超越现实自我，于当下一念中自觉的自己支配自己，以建立道德自我之中心观念"[2]。唐君毅认为：中国孔孟儒学、宋明理学、印度佛学和西方上古古希腊的道路是正确而健全的大道。此后，唐君毅乃以孔孟儒家、宋明理学、印度佛学和希腊古典哲学为基础将上以各家学说熔为一炉，合而为一，建成一套新的道德形而上学的哲学思想体系。由于诸多的科研成果，唐君毅在 34 岁时由副教授晋升为教授。[3]

童子军专修科吴耀麟所著《青年训练之理论与实际》一书，在重庆商务印书出版，该书详细探讨了世界各国青年训练的理论与实际。吴耀麟还著有《中国青年训练问题》《童子军教学指导》二书，分别由商务印书馆及青年书店印行[4]。

---

① 《唐君毅教授等获奖》，《国立中央大学校刊》1944 年第 10 期。

② 唐君毅：《道德自我之建立·自序》，重庆商务印书馆 1946 年版，第 4 页。

③ 刘雨涛：《著名哲学家、中国哲学史家唐君毅先生》，《南雍骊珠——中央大学名师传略续篇》，南京大学出版社 2006 年版，第 143—154 页。

④ 《吴耀麟先生著——青年训练之理论与实际》，《国立中央大学校刊》1944 年第 8 期。

第二类，新兴的实践应用类

气象学教授朱炳海积十年研究心得，编著了我国唯一一部解释天气俚谚的专著《天气测验丛谈》，该书由桂林科学书店出版。"收集我国天气俚谚之确有科学意义，共四百例，分风、云雾、天空景象、寒暖、雨霜、露霜、雷电、节气日月干支及物象等八类，每类自十数则至百余则不等。均根据气象学原理逐条注释，其有西文俚语者，则附注西文。这些俚谚，流行民间占 3/4，见于典籍着占 1/4，其分布区域，北自察绥，南迄闽粤，西起新疆，东至沿海。全国各区无不有科学俚谚收集在内。"①

史地系教授沙学浚将其在《大公报》《思想与时代》等处先后发表的 19 篇论文，集成《国防地理》一书，于 1943 年 9 月由商务印书馆出版。内容、理论与事实并重，对世界主要国家的历史背景、地理环境、经济基础、国防形势均有详细分析，称为"国防地理之佳作"。②

农学院农业经济系主任张德粹教授，积数年来教学经验及研究所得，著成《农业合作》一书，由商务印书馆于 1944 年 6 月出版。计 21 万字，共四编，第一编论述合作思想的发展及一般合作社的分类；包括组织与经济原则。第二编专论各国的农业信用与保险合作；第三编论述农产运销合作，农业购置合作及合作农业。未编论合作金融及合作行政，"全书理论与事实并列，并就各国先例详加比较分析，以供国内人士参考。凡大学专科之有志于全作研究者，诚为必读之佳著。"③ 经济系教授许本怡（哲士），将多年讲授会计学经验，扩充讲稿而成《基本会计》一书，由时兴湖社印行。全书分 14 章，包括：基本理论、复式簿记之基本记账步骤、记账方法的变化三部分。④

在普通社会学方面，1944 年孙本文在重庆再版了《社会学原理》

---

① 《朱炳海教授著——天气测验丛谈》，《国立中央大学校刊》1944 年第 5 期。

② 《沙学浚教授著——国防地理》，《国立中央大学校刊》1944 年第 3 期。

③ 《张德粹教授著——农业合作》，《国立中央大学校刊》1944 年第 12 期。

④ 《许本怡教授〈基本会计〉问世》，《国立中央大学校刊》1945 年第 3 期。

一书，该书初版于 1935 年。再版时，孙本文从结构到内容对该书都作
了较大修改，这是当时普通社会学中最有影响的一部，被教育部定为大
学用书。这期间，孙本文还出版了有关社会事业行政研究方面的著作，
如《社会行政概论》《中国社会问题》等。《中国社会问题》一套共 4
册，分 5 编 24 章，分别论述了家庭问题、人口问题、农村问题和劳资
问题。① 在每一大社会问题中又分别讨论了数种问题，使该书所论及的
问题达 40 种以上。该书注重以事实为基础，运用社会学原理分析其产
生的背景、性质、特点及范围，并提出了解决的途径和办法。该书材料
丰富、内容充实，是当时研究中国社会问题的一部最具影响的著作。在
社会和社会思想史研究方面，还有孙本文的《社会思想》、陈定阁的
《世界著名社会学家之生平及其学说》等著作。②

第三，翻译出版类

中大学人在陪都重庆期间还积极从事翻译工作，将不少优秀外国作
品介绍与翻译到国内。如，阮补经教授译《爱伦比传》，爱伦比为英国
著名军事学家，南非战场功绩卓绝，深为英人所敬佩，该书原为驻印度
总督菲尔将军著，对爱氏一生经历，战绩叙述较详细，阮补经翻译成中
文，译笔流畅，由英国大使馆新闻处出版。③ 吴传颐教授著《比较破产
法》，该书对 20 余国立法案例加以比较论述，对于学理亦阐述较详尽，
为研习法律学的良好教本，由商务印书馆印行。④ 此外，还有俞大缜的
《英国文学史》等翻译著作。

教育部学术审查议会于 1944 年 5 月 4 日召开大会，决定对 1943 年
度学术著作择优评奖，中大 7 名教授获奖。哲学系教授唐君毅、胡世
华，物理系教授赵广增，农艺系讲师徐冠仁，医学院教员吴襄诸氏及校
友吴定良、王焕镛、卢浩然等获奖，⑤ 目录于后：

---

① 《孙本文教授编著——中国社会问题》，《国立中央大学校刊》1944 年第 3 期。
② 赵喜顺：《抗日战争时期内迁学校与四川社会学的发展》，《新时代论坛》1995 年第 2 期。
③ 《阮补经教授译——爱伦比传》，《国立中央大学校刊》1944 年第 10 期。
④ 《吴传颐教授著比较破产法》，《国立中央大学校刊》1944 年第 8 期。
⑤ 《唐君毅教授等获奖》，《国立中央大学校刊》1944 年第 10 期。

表 2 – 2   中大教授 1943 年度获教育学术奖励作品

序号	姓名	作品	名次
1	吴定良	人类学论文七篇	1
2	唐君毅	道德自我之建立	2
3	胡世华	方阵概念之分析	2
4	王焕镳	曾南丰年谱	3
5	赵广增	高能电子穿越物质	3
6	徐冠仁　卢浩然	栽培稻植物性状之遗传研究	3
7	吴襄	中国民族之生理水平	3

中央大学教授还积极参与创立出版社，编辑出版各类教材与刊物。顾颉刚到中大任教后兼任出版部主任，他认为"这是创办期刊和出版学术图书的重要阵地"。除了出版《文史哲季刊》为中大教授印发讲义外，还为广大师生印发许多宝贵的文献资料，以解决研究资料不足的困难。[①] 1942 年，由徐悲鸿、陈汝言创议发起的正风出版社在沙坪坝正街69 号创立，推选范存忠、商承祚、柳无忌、徐仲年、吕天石、胡小石、吴景云、张景桂、陈汝言等组成编委会，范存忠、徐仲年为副主任委员，系统翻译出版世界文学名著。[②] 正风出版社以出版文化艺术和社会科学著作为主，以文学著作为重点，先后出版有《世界文学杰作》丛书、《正风英汉对照》丛书、《全唐诗精华》、剧本《文天祥》《曼殊大师纪念集》等近百种图书。

需要指出的是，以上所罗列书目为笔者根据所能掌握的资料所作的统计，定还有未能穷尽的资料，故中央大学诸教授实际的著作量应该多于以上所列。从这些书目的类别来看，遍布各个领域。可以肯定地说，抗战时期是中央大学学人成果最为丰富的时期，也是学术最为繁盛的时期。对个人而言，也是多数教授成果集中呈现时期，不少教授在此期间，成果不仅有量的提高，还有质的突破。

---

① 左玉河：《学术期刊与中国史学研究的发展》，《河北学刊》2008 年第 5 期。

② 李波、张建中：《重庆市沙坪坝区文化志》，重庆大学出版社 2012 年版，第 24 页。

第三节　人才培养概况

国难期间，内迁重庆的中央大学为社会培养了大批优质人才。学校注重对学生综合素质的训练，加强了对学生基础知识及实践能力的培育。此外，还结合抗战时局增设了一些战时相关的课程。此时，中央大学人才培养的一个显著特点，即是注重"平时教育"与"战时教育"的结合，用严谨、审慎的态度来制定学生的培养计划。

一　注重基础知识的教育

早在东南大学时期，中大就注重社会科学与自然科学并重。学校管理者认为社会科学的发展有赖于自然科学，自然科学的发展亦有赖于社会科学，两大类学科"相互交叉渗透，有密切的内在联系"。

抗战爆发后，教育界展开了"战时教育"与"平时教育"关系的大讨论。一些社会人士认为大学教育不能直接为抗战起作用，应该停办大学；另一些人提出改大学为短期训练班、速成班，传授速成知识、简易技术即可等等。罗家伦校长坚持要把教育"平时做战时看、战时做平时看"，并结合自己的办学实践，提出了独到的见解。罗家伦嘲笑战时教育速成论者的短期速成办法是"万应灵丹"，以为"一吞下去就可以抗日"这是不切实际的。他主张抗战时期要积极维持完整而正规的教育，并结合抗战需要增设系科，加强抗战国力，大学教育，尤其是近代科学教育里面，决无"王者之路"（捷径）。① 为此，罗家伦还专文论述了大学课程与国家文化及抗战国力之间的关系，认为大学课程需要认清国家整个文化发展的前途，"目前实际问题要顾到，但是国家文化发

---

① 罗家伦：《炸弹下长大的中央大学——从迁校到发展》，《升学指导号》1945 年第 28 卷第8 期。

展的将来更要顾到"①。"所以教育的眼光是要远的，是要长的"。"拿整个文化是有机体的眼光来考察中央大学现有的课程，我实在看不出那一种课程与国家全部文化没有关系""教育的绝对功利主义是行不通的，也是不对的"。② 并提出大学课程的设置：一是根据世界各国大学的经验，二是根据本国实际的要求。工农医理学科的课程与世界各国大学里的规定差不多是一样的。文、法、教育各院的课程，虽因国家国情不同，差别较大，但也有许多是世界共同应当研究的内容和共同必须应用的技术。如中国文学系的课程，自然是完全根据本国文学发展的背景，参考外国大学里文学系的课程。其他学科，如历史学系、哲学系、政治学系、经济学系、法律学系、教育学系课程的手续，是经过许多教授学者长期研究商量定的。③ 罗家伦认为大学的课程设置应当分别认清学术的本体和环境的需要，使课程的组织成为精密系统的有机体，务必使大学教育与民族生存发生紧密联系。④ 正是在这些教育理念的指导下，学校当局尤为注重对学生基础知识的教育。

首先，注重基础知识的教育、影响与熏陶。中大不少教授认为各大学所开课程过于专门化而使大学生的文化修养太浅，学术基础过窄，"造成胸襟狭窄、见解偏急的大学人才，虽具备了专家的技能，却也具备了专家的危险，不适于担当国家社会的重大责任"。⑤ 认为在科目表中应当再增加文学、哲学及史学等类课程，注意学校生活的改进，以期增进大学生的文化陶冶与广博的学术基础。为此，学校极为重视英文、国文这两门基础课程的教学，不论在招生入学考试上，还是日常的教学中都得到校方的高度重视。这也使学生在基础知识与技能的掌握中，尤

---

① 胡旭华、冯夏根：《国难中的中国教育检省及其现实关照——以罗家伦为中心的考察》，《现代大学教育》2010 年第 4 期。

② 罗家伦：《抗战的国力与文化的整个性（二）》，《新民族》1938 年第 1 卷第 9 期。

③ 罗家伦：《抗战的国力与文化的整个性（二）》，《新民族》1938 年第 1 卷第 9 期。

④ 罗家伦：《抗战的国力与文化的整个性（二）》，《新民族》1938 年第 1 卷第 9 期。

⑤ 马洗繁：《改进部颁大学科目表之原则并试拟中大法学院各科课目表》，《高等教育季刊》1941 年第 1 卷第 3 期。

其是在国文与外语的学习上，长期都维持着一个相当高的标准。新生入学后，首先要对英语、国语进行水平考试，成绩不合格者须花时间补习，待成绩及格以后才能开始选读基本国文、基本英文的课程。在中大，常常可以见到二三年级的学生仍在读基本英文或基本国文的。这就使中央大学在学生的基础知识的培养上，一直处于全国的领先地位。

其次，中央大学在教学环节中，注重社会科学和自然科学并重。法学院马洗繁等教授反对学生一年级分系，主张把自然科学和科学概论等定为共同必修科。其观点如下：

第一，大学教育虽然重视专门学术，却也不能不注意一般文化陶冶的价值；第二，为研究高深专门学术，不能不先奠定广博的知识基础；第三，自然科学的研究与实习工作，可以锻炼学习社会科学的学生研究精神与分析能力。在学校设置的必修课和选修课中，除了社会科学类课程外，还开出了一定数量的自然科学课程，重视数学、化学、生物学、心理学、物理学等基础课程的教学，以扩大学生的基础知识。每个系科分专业均设有全校性的公共课程、全院性的基础课程。全校性课程由各课所属系科数名教师分别开设同一课程，学生有选择教师的机会，教师之间互帮互助，这些措施进一步提高了教学质量。当时中大规定每位学生必须在 4 年内至少修满 128 学分。具体分配为：（1）全校公共必修课 12 个学分，课程为国文、外国文。（2）在社会科学的经济学、政治学、社会学 3 门课程中，选修 2 门，学分 12 分。（3）在自然科学及数学组的地理学、生物学、化学、物理学、数学 5 门课中任选 1 门，学分为 6—8 分；科学和哲学必任选 1 门，占 6 学分；此外还要必修伦理学，占 4 学分。但总学分不得少于 128 学分①。从上面的学分分配中我们注意到，不仅中央大学重视基础课程，而且注重文理交叉，实施通才教育。②

---

① 《中大各学院分院共同必修科目表》《中大文学院共同必修科目表》，《南大百年实录——中央大学史料选》（上卷），南京大学出版社 2002 年版，第 399—401 页。

② 罗玲、李禹阶：《民国时期国立中央大学的历史教学与历史研究刍议》，《历史教学》2010年第 7 期。

最后，中央大学在教学上实施主系和辅系相配合的学制，规定了主系和辅系的学分，努力拓宽学生的知识面。课程组合广泛、综合性强，学生置身于宽广的知识领域，有利于形成全面系统的知识结构。课程的设置由浅入深，由一般到特殊，这对发挥综合优势，提高教学水平，有重要意义。学科内涵交融，这种文理渗透的课程设置有利于综合型学术人才的培养。

中大课程设置体系使得学生能根据兴趣自由选课，很多同学在主修专业课的同时大量接触其他专业课程，使各专业的学生能互通有无，这也造就了中大学生开阔的视野和胸怀。

表 2－3　　　中央大学共同必修科目表（1938 年 9 月 20 日颁行）

科目	国文	外国文	中国通史	西洋通史	伦理学	哲学概论/科学概论（任选一种）	数学及自然科学（数学 物理 化学 生物学 生理学 地质学）任选一种	社会学科（社会学 政治学 经济学 民法概要）任选两种	统计	附注
规定学分	6	6—8	6	6	4	6	6—8	12	52—56	一、除表中所列必修科目外，党议、体育及军训均为当然必修科目，不计学分 二、表中所列六至八学分之科目，各校得在此规定内斟酌情形，决定学分数
第一学年 第一期				2			3—4	3	17—19	
第一学年 第二期				2			3—4	3	17—19	
第二学年 第一期			2			3		3	9	
第二学年 第二期			2			3		3	9	

续表

科目	国文	外国文	中国通史	西洋通史	伦理学	哲学概论	科学概论	数学及自然科学						社会学科				统计	附注
								数学	物理	化学	生物学	生理学	地质学	社会学	政治学	经济学	民法概要		
						任选一种		任选一种						任选两种					
备考		每两周一次作文	每两周一次作文																

　　在以上原则指导下，各专业的课程设置都各有特色，如中国文学系注重国学及传统知识的传授。在国难期间，如何继承与发扬中国传统文化，培养有较为深厚国学底子、有服务社会能力的人才，是学校在制定教学大纲和拟定教学计划时的核心关注点。为此，中文系在教学大纲和教学思路中设定一年级学生必须补习国文，在正式上课后，必修课程最重要的是基本国文。这门课的特色是："不但古文很注重，即对于国学—国粹也竭尽研究和保存的能事。"国学、国粹一类的课程，几乎占了全部课程的一半以上。这就使学生能够得到对于国文以及中国文化类知识较为充分的学习和训练，使学生具备较为扎实的基本功底。

　　而土木工程系在1941年前，从三年级下学期起，学生可按自己的志愿，分选结构工程组、道路工程组、水利工程组、卫生工程组。1941年后，水利工程组撤销。一、二年级授基础课和基础技术课，如《微积分》《物理》《化学》《国文》《英文》《制图》《测量》《应用力学》《材料力学》《工程材料》《工程地质及机动学》《热机学》等。三年级"学本系之专门学术"，如结构学（结构力学）、钢筋混凝土结构、道路工程学、铁道建筑、河工学、大地测量等，四年级"依学生志趣，分门专攻，以养终身事业。"1941 年在成立水利系前，由于与水利界关系密切的缘故，开出了不少水利方面的课程，如《水文学》、《河工学》、《渠工学》、《海港工程》等课。当时的教学偏重于应用及学生能力的训练和培养，如测量课不仅有《平面测量》、《路线测量》、《大地测量》等课及平时的实习，三年级下学期还要集中四周进行野外实习；建筑工程材料课外另设材料试验，单列学分；《土力学》及《土工实验》为必修；高年级的各种"计划"课（即现在的课程设计）很多，每天下午几乎都排满了。多数课程都规定有先修课，先修课不及格者，不得选修后续课程，故学生不能如期毕业以及中途退学者甚为普遍，淘汰率较高。

在农学院，各系的学生都有一年的《农场实习》及概述农学院各专业的《农学概论》的课程，还有《普通化学》《分析化学》《有机化学》《生物化学》等课程，为学生打下了坚实专业的基础。[①] 这些课程不仅注重理论教学，使得学生毕业后不仅有扎实的专业知识而且能独立胜任自己的工作。

二　重视实作及实验课程

中央大学极为重视实验课程的开设，从课程设置方面来分析，以1938 年下学期所开课为例，计开 533 课目，就具体课时分布来看，实验时间与讲授时间大致相等。实际上，实验时间尚不只此数。因为许多实验，如化学实验、工厂实习等项。课程表上所定为每下午二时的，事实上三小时或四小时尚不能做完。如机械与机械设计等项，还需要学生教室外的时间。实验实习时间多超过了实际授课的时间。如工学院 119种课目，授课时间为 192 小时，实验和实习竟至 326 小时。理学院 101种课目，授课时间 208 小时，实验实习为 97 小时。[②] 罗家伦特别强调实习课程的重要性，他对学生能有机会参加政府专门问题的研究感到欣

---

① 高彭主编：《永恒的魅力》，南京大学出版社 2002 年版，第 206 页。
② 罗家伦：《炸弹下的中央大学》，《升学指导号》1945 年第 28 卷第 8 期。

幸。除了鼓励学生参加政府计划，培养实做能力外，中大亦订定各种实习计划，使学生能将课堂知识与实做经验相结合。例如 1940 年 8 月 1 日中大拟定了《与中央医院合作办法草案》，希望能和中央医院签订实习计划①，以方便医学院学生实习。而电机工程系也和中央无线电器材厂合作进行多种试验②。1940 年 4 月 27 日，电机系应企业界的要求成立了"中大电机服务社"，接受业界委托从事电机修护工作"略收工料费，既为社会服务，又可将所得费用作为实验室补充零星耗材之用"。③

中央大学畜牧兽医系是全国一致公认的最好的畜牧兽医系，因其师资、设备，实习实验等都较好，加上学校重视基础课的教学与淳朴的学风。名师上基础课是当时中央大学的传统，即学问好、教学效果好的名教授上基础课，新助教不能担任基础课的实习实验课程。例如由生物系为农学院开设的一年《植物学》便是由罗宗洛④教授讲授。

农学院牧医系一向注重基础教育，遵循理论联系实际。陈义教授主讲《动物学》《比较解剖》两门课程，为畜牧兽医系及医学院学生同时开设，指导实验课的是讲师龚建章；盛彤笙讲课时有授课卡片，往往在课前给每个学生发一张小纸片，问一个简明扼要的问题，学生写上姓名和答案，5 分钟内交卷，然后按预定教学进度开展教学。虽无课本，学生对他讲的课不仅认真笔记，还及时复习。他所授的两门课程均有丰富的实习内容，尽可能让每个学生都动手操作，一人一个显微镜，一人一份实习材料，实习完毕要交实习报告。不按操作规程者，立即批评，毫

---

① 《校医室、卫生室及医学院各项章则办法》（1928—1948），档案号：648 - 000848，中国第二历史档案馆藏。

② 《中央无线电器材厂与中大电机工程系合作报告》（1940—1941），档案号：648 - 001007，中国第二历史档案馆藏。

③ 《工学院添办纺织染系和增设机械电机各一班的文书》，档案号：648 - 000815，中国第二历史档案馆藏。

④ 罗宗洛：亚洲植物生理学泰斗，中华人民共和国成立后任学部委员、中科院植物生理研究所所长。

不宽恕。学生不仅掌握了扎实的基础知识，而且动手能力也较强。①

总之，在课程的设置上，由浅入深，由一般到特殊。采用中西并重的原则，注重知识的广博性，课程组合广泛、综合性强，学生置身于宽广的知识领域，有利于形成整体思想体系和拓宽业务思维，各学科都极为重视基础课程的开设，现了"文理渗透""融汇古今中西"的特色。由于众多名师的严格执教和科学的课程体系，中大学生不仅有广博的知识和较强的动手能力，还便于就业和在多种学科中发挥作用。学生毕业后进入社会，对工作的适应性强，可塑性大，能独立胜任相关工作。故中大培养出来的学生极受社会欢迎。

三　应对抗战开设的新课程

为适应抗战和大后方开发的实际需要，学校在课程设置上，还结合抗战和大后方发展的实际需要，加强了工、农等实类学科教学与科研，培养应用型人才。中大内迁重庆之初，罗家伦在扩充院系的同时致力于教学质量的提高。在课程开设方面，罗家伦提出，大学课程设置应当参考世界各国大学教学的经验，必须有长远的眼光，认清国家整个文化发展的需要，根据本国实际要求方能确定。大学的课程设置应当分别认清学术的本体和环境的需要，使课程的组织成为精密系统的有机体，务必使大学教育与民族生存发生紧密联系。由此，他制订了8条"整理学课大纲"，要求各院系据此拟订课程，以求课时数的集中，为此删除不必要的课目，明确划分必修课和选修课，使学生集中时间和精力从事专业课程的学习，建设若干核心课程，不因人因事而变更；修业年限至少须满四年，以免除争求速效所可能带来的弊端。②

抗战爆发后，中大除了保证基础课程的正常开设外，还对部分课程和教学内容作了调整，以培养抗战人才，适应战时需要。1937 年 10 月 5 日起，中央大学对医学院及各医专学校三、四年级学生实施了为期 3

---

① 罗天祥主编：《名人永新——盛彤笙》，中央文献出版社 2008 年版，第 561 页。

② 陈明珠：《五四健将罗家伦传》，浙江人民出版社 2006 年版，第 86 页。

个月的轻伤救治、防毒技能训练,以便日后征调。① 1938 年春季开学时又对课程作了一些调整:"至于本学期课程,亦被多改弦更张之处,如史学系增开《东北民族文化史》《德国史》,理学院之数学系增开《弹道学》,法学院经济系增开《战时经济》;政治系增开《欧洲独裁政府》《新闻学》;心理系增开《军事心理学》;教育系增开《战时教育》;农学院农艺系增开《粮食问题》;工学院化工系增开《炸药化学》《毒气化学》等与抗战救亡密切相关的课程。"②

1939 年 10 月 30 日校务会议决定对各系课程稍做调整,如文学院的课程中有《民族诗歌》《科学原理与方法》《中国人生哲学》《历史观之派别》《社会学》《中国民族文化史》《中国近代史》《西洋近代史》《东北民族史》《西洋现代史》等课目。外国文学系新开战时文学讲座,这些讲座主题均与发扬民族精神有关。法学院法律系开设《国际私法》;政治系开设《国际公法》《中国外交史》《国际组织》《欧洲独裁政府》《新闻学》;经济学系开设《本国经济地理》《战时经济》;农学院农艺开设《粮食问题》《棉作学》;教育学院开设《战时教育》《战事心理》;理学院开设《弹道学》《无线电学及实验》《应用物理学》《飞机机翼理论》《普通矿物学》《普通地质学》《普通岩石学》《地形测绘》《经济地质学》。此外,地理系在战时也先后增开《气象学》《本国经济地理》《航空气候》《苏联讲座》《康藏地理》《四川地理》《国际政治地理》等课程,讲授西南地区的自然条件、人文地理等相关内容,从政治地理的角度解读抗战形势。③ 工学院增开《堡垒工程》《军用结构》《兵器学》等国防课程。④ 理学院的课程中则有《电磁学》

---

① 《医学院赴中央医院实习办法及与华大、齐大合作办法》(1937 年),档案号:648 - 002325,中国历史第二档案馆藏。

② 《空袭后之重庆三》,《申报》1938 年 4 月 2 日。

③ 《各院系必选修课程审查事宜》(1938—1939),档案号:648 - 002278,中国第二历史档案馆藏。

④ 余子侠:《抗战时期高校内迁及其历史意义》,《近代史研究》1995 年第 6 期。

《应用物理学》《物理光学（注重军用光学研究）》①。所举的"各项功课都是与现在这个时代的理论和应用有关"与"国家文化与抗战救国有关"。

除结合学科开设相关课程外，中大还开设一些辅助课程。这些辅助课程大致分二类：战时常识讲演，如消极防空常识、战时国际公法常识及医药常识；战时技术训练，如急救、维护交通及侦察敌情；编印有关战争常识宣传刊物。② 这些辅助课程使学生在战争期间有一套普通应用知识技能、并学会如何将这种普通的知识和技能普及到一般民众里面去。③ 除了沿着既有的研究逻辑往前推进外，不少教师也为适应抗战需要，调整了自己的研究方向与领域，创造了不少新的研究成果，并在这些研究成果的基础上开出了一些新课程。

西迁以后，随着抗战形势的变化，社会需求的增加，除对原有系科调整归并外，还增设了专修科和相关专业的短期培训班。如，增设俄文专修科④，师范学院史地系开设史地专修科等。"中大自抗战军兴西迁以来，为适应抗战需要，储备建国人才计，开设史地专修科，学制为三年，主任为李海晨"⑤。

此外，为适应抗战和服务于抗战，应教育部要求，学校也加紧军事训练与体育训练。罗家伦认为，学校实行军事训练，并不是为了限制学生，而是要借此锻炼学生的体格，增长学生的军事技能，以便这些学生将来能随时补充成为各级军官，以备战场上军官的不足。中大对学生的军事训练也极为重视，军事训练有助于改掉懒散拖沓的生活习气，培养学生具有守纪、勇敢、整洁的军人风尚，改变青年学生懦弱的形象。在重庆期间，学校对全体男生与特别研究班学员一律实施军事训练和军事管理，对女生进行战地护理训练，以增强体质和掌握军事常识，适应战

---

① 罗家伦：《抗战的国力与文化的整个性（二）》，《新民族》1938 年第 1 卷第 9 期。

② 王德滋：《南京大学百年史》，南京大学出版社 2002 年版，第 227 页。

③ 王德滋：《南京大学百年史》，南京大学出版社 2002 年版，第 230 页。

④ 王德滋：《南京大学百年史》，南京大学出版社 2002 年版，第 208 页。

⑤ 津人：《中大指南》，重庆北斗书店 1944 年版，第 27 页。

时需要。①

校长罗家伦认为，学校体育训练不仅可以使学生增强体质、锻炼身体，还能培养学生公开竞争、团结合作的精神。它与军事训练同样重要，因此所有学生都应加强体育训练。罗家伦指出："体魄是完人第一个最重要的条件，没有健全的体格作基础，学问和事业是无论如何做不好的。"②"学校从第一年到毕业，每学期都必须修满二小时的体育课，其他的课可缺，而唯有体育课不能缺，在中大读四年书，你如果能够好好地锻炼，一定可以练出一个好身体，因为给你训练的机会太多了，平常各种健康上的竞赛是很多的，每一季节都有一种流行的竞赛，不过选手们在中大是得不到优待的，因为讲求每一分子健康的原故。"③ 在罗家伦校长的倡导下，中大特别重视体育训练和军事训练。战时虽然活动场地狭窄，学校却能因地制宜，组织学生在松林坡的通道上进行拔河、立定跳远、接力赛等，体育活动开展得红红火火。院际、校际间的篮球、排球等比赛也非常频繁，中大的球队常常胜出。④"体育军训在本校也不比其他学科，若不及格时，就算你其他学科都毕业了。为了文凭，仍不免要挟着皮包回来校修这种科目。"⑤

由此可见，战时中央大学在课程开设上不仅注重完备的知识结构，也适应了抗战的特殊需求。

四　推行多样化的教学风格

在中央大学，不论是学富五车的名教授，还是出自国内外名校、通晓中外的中青年教师，他们不仅学识渊博，而且其课堂教学新颖独特，十分精彩。教师们教学严谨，风格各异，有的严肃谨慎、有的风趣幽

①　刘鹏、顾渊彦：《国立中央大学体育教育之研究》，《中国体育科技》2008 年第 3 期。

②　罗家伦：《教育的理想与实际》，《罗家伦文存》第六册，台北"国史馆"，（台湾）中国国民党中央委员会党史委员会 1989 年版，第 169 页。

③　楚松秋：《素描抗中的中央大学》，《中国青年》1943 年第 8 卷第 1 期。

④　楚松秋：《素描抗中的中央大学》，《中国青年》1943 年第 8 卷第 1 期。

⑤　津人：《中大指南》，重庆北斗书店 1944 年版，第 40 页。

默，使教学内容具有延伸性与开拓性，这些都给学生们留下非常深刻的印象。教授们的教学风格可分为以下几类：

（一）严肃谨慎型

唐君毅每次讲授《中国哲学史》必先将论据论点一一列出，加以阐述和分析，然后得出这一段哲学史的结论。他每上一堂哲学史课，既以口述，又辅之以手势，往往是一节课讲完，已是满身汗水，声音也变得嘶哑。由于唐君毅讲授的《中国哲学史》有很丰富的学术性，因此除哲学系一二年级的学生必修外，其他学科的本科生和研究生也来选修旁听。[①] 1929 年，方东美以哲学教授的身份兼任中央大学哲学系主任，为学生开设了《科学哲学与人生》《西洋哲学史》等课程。据学生回忆，方东美上课时从不带讲稿提纲，不苟言笑，不讲半句题外话，因而课上也无什么幽默笑话可以放松，但每次讲完都是一篇逻辑严密的文章，每堂课上下来都让人感到受益匪浅。中华人民共和国成立后整理原中大藏书的时候，还发现哲学系资料室所藏的英文版《柏拉图全集》《亚理士多德全集》的空白处都有方东美留下的铅笔眉批，可见其治学严谨。

心理学艾伟教授是当时中大最受学生欢迎的教授之一。他讲课内容丰富、新颖，极富逻辑性，且理论与实际并重。学生们都十分喜爱上他的课。艾伟对学生课下的学业要求也极为严格，要求学生按时按质按量完成课程作业与练习，不得拖沓敷衍，学生们都知道必须认真对待他所教授的课程。他对学生撰稿要求也十分严格，必须字迹工整，不准潦草，写错了不得涂改，不允许挖补和贴补。他对学生说，这是做学问的态度和修养，也是对别人的尊重。[②]

高济宇教授在他多年的教学实践中摸索出"官能团编排体系"，该体系使有机化学内容紧凑，便于教学，易与实验配合，因此愈来愈为人

---

① 刘雨涛：《著名哲学家、中国哲学史家唐君毅先生》，《南雍骊珠——中央大学名师传略续篇》，南京大学出版社 2006 年版，第 143—154 页。

② 郭本禹：《中国心理学经典人物及其研究》，安徽人民出版社 2009 年版，第 135—136 页。

们接受。高济宇教授讲课语言精练，启发性和感染力强，关心同学的接受能力。另一方面对同学严格要求，在教学过程中经常举行不定期小测验以检查教学效果，学生只有自始至终努力不懈，才能通过大考。此外，他还十分重视实验教学，不断完善实验条件，经常到实验室辅导同学做实验，对实验结果认真检查。

（二）风趣幽默型

据 1938 年入校的王聿均①回忆"我在民国二十七年秋天，初进中央大学读中国文学系，二年级从柏溪到沙坪坝，转入历史学系，而浓厚的兴趣仍在文学和哲学。宗白华上课时，口若悬河，滔滔不绝，声调铿锵，无论吐字遣词都优美如诗。他讲《美学》时，形容一幅书，好像在一个宁静的秋天下午，全身披满了金色的光灿；形容一阙音乐，仿佛一会儿风声竹韵泉水涓涓，一会儿金铁交鸣，雄浑悲壮。讲者和听者，都不禁悠然神往，被美的气氛所感染了。他所讲授的不仅限于知识的灌输，而且展示出宇宙人生的华美庄严。听他书，如沐春风，简直就是一种享受。如今半个世纪都过去了，回忆当时课堂上的情景，仿佛就在目前一样。"②

历史系主任沈刚伯教授讲课也颇具特点。沈刚伯教授乃西洋史尤其是法国史专家，"每逢上课，一枝粉笔，滔滔不绝，教室满座。"③"沈刚伯老师，是一位'红牌'历史学教授，他最吸引学生课程是《西洋通史》。……因为来上课的学生人数，事实上早已超过应到的人数，很多是旁听的学生。……因此对于悟性高的学生，自然而然可以培养出一种"历史意义"（Sense of History）。""我对于历史的高度兴趣，主要是因为上了沈老师课而养成，我们很多的同学亦是如此。每念及此，往往

---

①　1938 年，入中大中文系，后转入历史系，1949 年赴台湾，先后在中央研究院近史所及淡江大学历史系任教。

②　王聿均：《宗白华先生的思想和诗》，张宏生、丁帆主编：《走近南大》，四川人民出版社 2000 年版，第 247 页。

③　陶怀仲：《沙坪三载见沧桑》，《台北中外杂志》1974 年第 16 卷第 4 期。

要从内心表示出对这位著名历史学家的敬意。"① 其他老师亦是如此。例如郭廷以老师，"我对他（郭）课程内容之充实，取材之精当，以及指导之严格，万分敬佩，所以郭老师的功课，包括民国史在内，我完全选修"，以至于"因为这些课程，对于我的工作有极大的帮助"。② 世界史教授蒋孟引对学生亲切慈祥、有长者风范。"蒋先生上课时虽有讲稿，而且对历史事件的时间记忆十分精确，常常将这些枯燥的数据娓娓道来，使之成为有血有肉的历史画卷，学生听课时如沐春风。他在分析历史事件时，能够条分缕析，抓住本质，使前因后果，自然分明。品评历史人物，既有翔实的史料依据，又有中肯的剖析，更有激情的评论，学生完全被他带到历史的时空中。他讲述罗马恺撒大帝，真切感人，半个多世纪过去，当年听课的学生依然还能回忆起他讲恺撒的雄才大略、神奇勇武的英勇气概的情景。"③ 汪东先生的课也别有风采。据汪东的早年的学生尉素秋回忆：汪师（汪东）讲词，能深入腠里，把作品的精微奥妙之处，完满地表达出来。听的人不但不感枯燥，简直飘飘然如入其境。下课后，精神还在词的境界中，久久走不出来。著名曲作家卢前上课口若悬河，旁征博引，言语幽默，娓娓动听，深受学生喜爱。

（三）新颖独特型

胡小石是一名渊博的学者，具有丰富的教学经验。其授课程内容新颖丰富，教学形式生动活泼，给学生留下了深刻的印象。胡小石的教学艺术也因形神具备、收放自如而堪称一绝。他博闻强记，不仅精通文史，还长于绘画。④

罗根泽上课逻辑严谨，资料丰实，条理清晰。他经常鼓励学生大胆

① 丁维栋：《旧事依稀忆沙坪》，《台北中外杂志》1976 年第 20 卷第 1 期。

② 丁维栋：《旧事依稀忆沙坪》，《台北中外杂志》1976 年第 20 卷第 1 期。

③ 刘玉珊、陈晓律：《著名史学家蒋孟引先生》，中央大学南京校友会编：《南雍骊珠——中央大学名师传略续篇》，南京大学出版社 2006 年版，第 128 页。

④ 王少荣：《文坛泰斗胡小石先生》，中央大学南京校友会编：《南雍骊珠——中央大学名师传略续篇》，南京大学出版社 2006 年版，第 45 页。

提出创见，并勇于发表。张世禄对学生真诚谦和，诲人不倦，他讲课条理清晰，深入浅出，生动平易，善于把艰涩枯燥的语言学内容化解得明快易懂，是最受学生欢迎的教师之一。即使在晚年视力已经很差，看文稿几乎要把稿子贴在脸上，读写都异常困难的情况下依然对学生有求必应。①

著名英语教育家俞大綱教授，1937 年随中大迁渝。她主讲的《英语会话演说》和《辩论课程》是专门为师范学院英语系学生开设的，但也有研究生选修此课，全英语授课。徐仲年主讲《基础法语》《法国文学史》等多门法语课程，取材精当，讲解细致，引人入胜。受业者获益良多。② 著名中西文化使者柳无忌教授，1940—1946 年，在外文系任教，主讲《英国文学史》《现代英国散文》《英国戏剧》和《希腊戏剧》等课程，内容精辟，讲解深透，效果良好。商承祖主讲《德国文学史》《德文翻译》《德语语法》等课，所开课程无不观点明确、内容充实、取精用闳、条理清晰、讲解深透、尤有独到见地，寓研究成果于教学之中，效果甚佳。他德语口语流利、发音纯正、板书秀美，讲课娓娓动听，听者如沐春风。他教德语语法，"一抓名词变格，二抓动词变位"，辅以图示讲解主、谓、宾关系，使学生易于理解。他亲自批改作业，加评语，选出样板作业在课上讲解，利于学生相互切磋，见贤思齐，奋发向上。③

（四）启发与开拓型

中央大学教授在课堂上还通过适当延伸和开拓课程内容，启发引导学生对新知识点的领悟与掌握。楼光来教授常常以循循善诱的方式教学，他在教学生作文时，先把学生在课堂上写的作文看一遍，把有问题

---

① 鲍明炜：《著名文学家罗根泽先生》，中央大学南京校友会编：《南雍骊珠——中央大学名师传略续篇》，南京大学出版社 2006 年版，第 33 页。

② 章学清：《三不朽的光辉典范——英国语言文学家范存忠先生》，中央大学南京校友会编：《南雍骊珠——中央大学名师传略》，南京大学出版社 2004 年版，第 84—90 页。

③ 章学清、张佑中：《著名德国语言文学家商承祖先生》，中央大学南京校友会编：《南雍骊珠——中央大学名师传略续》，南京大学出版社 2004 年版，第 90—94 页。

的地方画出来，发回让学生自己修改，然后他再作改定，最后在课堂上讲一些重要的问题，这样就使学生从感性到理性逐步提高。楼师不断纠正学生的写作方法，要学生注意句型结构，习惯用法，搭配关系和同义词语的正确选择问题；要多阅读原著来逐步扩大词汇和熟悉英语的各种表达；要特别注意英语不同于汉语的表达方式，力求避免汉语式英语。在教二年级学生作文时，指定学生要读 Lytton strachey 的 *Queen Victorica*，并规定每读一章就要写一篇作文。学生把每一章压缩精简，尽可能用自己的话表达原意，在改写的过程中，就得细心阅读原文和推敲改写的方法，从而在阅读和写作方面都得到提高。①

德语教授商承祖，所开课程无不观点明确、内容充实、取精用闳、条理清晰、讲解深透、尤有独到见地，寓研究成果于教学之中，质量上乘，效果甚佳。他德语口语流利，发音纯正、板书秀美，讲课娓娓动听。他教德语语法，"一抓名词变格，二抓动词变位"，辅以图示讲解主、谓、宾关系，使学生易于理解。所编文学选读教材内容精练，且富有代表性，如歌德的《浮士德》、席勒的《强盗》、海涅的《哈尔茨山游记》等，讲解时区分主次，论析精辟。他特爱语言简洁、结构严谨的启蒙文学家莱辛的散文和戏剧，曾选出《爱业丽亚·迦洛蒂》片段让学生在晚会上演出，使学生既掌握德语，又提高阅读兴趣。② 由于商承祖对德国文学的介绍及一系列德语课程的开设，为复员后的中央大学德语系的成立奠定了基础。

战时的中大，教师们除组织教学，还要负责对学生作业的批改。尽管老师们的日常工作都非常繁忙，但是他们对于学生作业的批改却十分认真，一丝不苟。例如唐圭璋不仅是一位知识渊博的学者，而且对教学也极为认真负责，批改学生作业更是细致入微。据 40 年代的学生王玉

① 章学清：《默默之功，赫赫之名——"无字碑"楼光来先生》，中央大学南京校友会编：《南雍骊珠——中央大学名师传略》，南京大学出版社 2004 年版，第 67—68 页。

② 章学清、张佑中：《著名德国语言文学家商承祖先生》，中央大学南京校友会编：《南雍骊珠——中央大学名师传略续篇》，南京大学出版社 2006 年版，第 91 页。

清回忆说：

> 圭璋老师在重庆中大任教授，教读宋词，老师得知我是孤身流亡的学生，对我关怀备至，恩同慈父，不但在学业上耐心指导，严格要求，而且我经常到老师宿舍去问难求教，老师从无倦容，仔细为我讲解宋词的精微奥秘，并辛苦地为我修改词章习作，从章句、字、词、到句读一丝不苟。①

他在教学上的主要特色，不仅是认真编写词选教材，细心批改作业，而且还有一个与众不同的地方，那就是常携长笛一支，讲授词作品时，往往先按谱吹笛，或用昆腔唱词。悠扬清脆悦耳的笛声，缠绵细腻动人的感情，把学生带进了一个如醉似梦的艺术世界。在堂上吟词唱曲，以加深学生对词曲意境的理解。商承祖在教学时也亲自批改作业，并加评语，选出样板作业在课上讲解，利于学生相互切磋，见贤思齐，奋发向上。②

五　施行探究性人才培养模式

学校给学生提供了良好的发展平台，鼓励学生从事学术研究。战时中大校园内的壁报随处可见，比较的有影响的壁报如《野火》《政声》，历史系学生庞曾廉等人创办的《秀野》的墙报都集中在第一教室门外的过道上。这块地方就自发地构成了中大师生在抗战时期的"文化园地"。③重庆期间罗家伦校长主编了《新民族》周刊，他本人在上面发表了很多文章，这些文章都是在每周一的纪念周大会上向全校师生作讲演然后整理成为文字陆续发表的。政治系学生宓超群约了几个爱好文学

---

① 曹辛华：《唐圭璋先生传略》，南京师范大学出版社 2016 年版，第 38 页。
② 章学清、张佑中：《著名德国语言文学家商承祖先生》，中央大学南京校友会编：《南雍骊珠——中央大学名师传略续篇》，南京大学出版社 2006 年版，第 91 页。
③ 宓超群：《怀念罗家伦校长》，参见东南大学校史馆（网络版 http：//history．seu．edu．cn/s/49/t/30/a/1327/info，htm）。

的同学共同办了一个墙报《野火》，不定期刊出。一个偶然的机会，宓超群把发表《野火》墙报上的新诗如《湖堤旧梦》《忆杭州》《采茶女的悲哀》等投往学校办的《新民族》周刊，结果都按时发表了。"因为《新民族》周刊是由校长罗家伦主编，由当时在中大执教的第一流专家学者执笔，因此在当时的学术水平来说是国内第一流的"[①]，而学生作的诗能在《新民族》上发表，这就极大地鼓励了学生文学创作的热情。

中大历史学会会刊——《史学述林》在创刊时就规定把大部分篇幅分配给学生，使学生有发表论文的机会，故其内容以同学的作品较多，这可以说是该刊的一个特色。因为历史学会会长金毓黻对学生研究工作非常热忱，教诲指导不遗余力，[②] 中大历史学会举行学生论文竞赛，甲乙等论文还曾发表于该刊之上。

中国文学系 1938 年入校学生金启华，爱写新诗，曾和同学周仁济把《诗经》中的有关战争的诗篇翻译为白话诗，希望能鼓励士气。他们请教汪辟疆教授审定书稿，汪欣然命笔，把他们的诗题定名为《诗经战歌今唱》，并写了序言[③]。又把这些诗篇推荐给《时事新报·学灯》主编宗白华教授，宗白华把诗篇刊登在《学灯》的渝版 112 期上，并

---

① 宓超群：《怀念罗家伦校长》，参见东南大学校史馆（网络版 http://history. seu. edu. cn/s/49/t/30/a/1327/info，htm）。

② 《编后》，《史学述林》1940 年第 1 期。

③ 汪辟疆在序言里写道：这几篇古代战歌，是充满了民族自卫和奋斗到底的精神，也就是我民族坚强抵抗暴力，获得一种光荣战绩的绝好史料。我从前讲"民族诗歌"时，也曾提出这些题材。可惜的，古今言语的不同，不能把它作为大众的读物，而现代流行的军歌，又没有这样的沉着深刻。这也是抗战文艺上一大缺憾。近人编译各国军歌时，几次叫我将中国古时军歌，搜集在一起，也照样的编一本专集，使中西互参。后来我因为别的工作来不及，至今搁起。实在也是因为古代军歌的词句，多半是过于古稚，不是现代一般人所能了解；纵然照原来词句编在一起，读的人不免减少兴趣。这也是我迟迟不能交的一种原因。仁济、启华两君把《诗经》里几篇战歌，译为现代语言。这是一种尝试的工作，技巧上也很成功。诗歌本来要和语言和音乐作密切的结合，才能大众化。最近朗诵诗运动，其基本原则也就在此。我希望两君能扩大这种工作，尽取古代的战歌，继续努力下去；而且在每一个时代，每一篇章的后面，加上事实和技巧的说明。我想，在抗战救国上，必有更大的贡献。（汪辟疆 12 月 7 日于重庆）。金启华：《追忆汪辟疆先师的言传身教》，《古典文学知识》2005 年第 3 期。

写了编后语。① 由于汪辟疆、宗白华两教授的教导与勉励，这对金启华后来努力于《诗经》全译工作起了极大影响。金先生 1942 年毕业后，留校任助教，次年，考取上西南联合大学研究院文学史专业学习，主要从事杜甫研究。汪辟疆特写信鼓励其从事杜甫的研究："杜诗专书，吾乡刘凤浩（存悔斋集）集中，有专论杜诗二卷。历代诗话已集全部皆有之。此必先参考也。余诗话中多有之，但不及此二书中丰富也。"②这对金启华的指导教育及后期学术引领是非常具体而有益的。由此金启华毕生从事中国古典文学的教学和科研工作。在中央大学任教的教授们致力于教书育人的同时，对学生们学习和学术热情多有鼓励。据金启华回忆：

> 第一次见到辟疆先生，是在 1939 年夏秋之交，听他的演讲。他勉励大家在国难期间，更宜努力学习。辟疆先生自己是以身作则，焚膏继晷，博览群书。旁征博引，教学认真。坚持天天都写日记。先生所授的课，有目录学、历代诗选、李义山诗等。我们选读先生的历代诗选课程，作业与考试都是以作诗或答问为试题的③。

中大校友尉素秋回忆，在他与同学师从汪东等人学习词曲的过程中，创作兴趣不断提高，"不但不以填词为苦，反倒乐而忘倦了"。学词也能变被动为主动，愉快地投入填词的领域。在课外还组织了词社，定期聚会，练习填词，互相观摩切磋，老师亲临指导。可见，教授们的

---

① 金先生写道：荷马史诗《伊丽亚特》与《奥德赛》对于希腊民族整个文化上的影响，很像《诗经》在中国古代教育上的地位。然《诗经》之教，号称"温柔敦厚"，而荷马史诗，则渲染古英雄的罗曼司，鼓舞尚武精神。金、周两君特选《诗经》里面战歌多篇，译成现代口语，却能保存一种异样的古艳的风趣，令人仿佛如读荷马史诗里面的片段。至少我们或能在这里容易比较它们的异同之点。（宗白华《编辑后语》）金启华：《追忆汪辟疆先师的言传身教》，《古典文学知识》2005 年第 3 期。

② 金启华：《追忆汪辟疆先师的言传身教》，《古典文学知识》2005 年第 3 期。

③ 金启华：《追忆汪辟疆先师的言传身教》，《古典文学知识》2005 年第 3 期。

精心教学与耐心辅导，极大调动了学生们的学习积极性，为其后从事研究打下坚实的基础。汪东深受学生爱戴的同时，也真心关爱学生。抗战期间，汪东在重庆经常参加学生组织的词社活动，勉励大家说："你们有了词社，使上下几班的女同学不但团结不散，和老师之间也保持着密切的联系。"词社的女同学模拟《红楼梦》大观园中人物分担不同角色，并给一些老师也派了角色。汪东为此题写七绝两首：

> 悼红轩里铸新词，刻骨悲秋我最知。
> 梦堕楼中忽惊笑，老夫曾有少年时。

> 若个元春与探春，宝钗横鬓黛痕新。
> 化工日试春风手，桃李花开却笑人。①

汪东身为著名教授和中文系系主任，能和学生打成一片，确实难能可贵。著名历史学家蒋孟引还要求学生写读书笔记，并送给他审阅，以便培养学生的独立科研能力，此外，他还十分鼓励学生用英语记笔记、写论文，认为这样学生的学术水平和研究能力会提高得更快。认真接受其建议并用以治学的学生在后来的学术研究上都大有成就。

农艺系金善宝教授循循善诱的教诲给学生们留下了终生难忘的美好记忆。他启发学生在勤奋治学中要广开思路，钻研问题，打好理论基础，同时要重视实验技术与田间操作，贯彻手脑并用，学做结合的原则，讲求实效。1942 年夏，农艺系毕业生即将离校，卧病多日的金善宝，拖着虚弱的身体，在两位学生搀扶下，冒着酷暑来到同学中间，即席做了充满激情的赠言。他希望同学们大学毕业后，更珍惜青春，热爱专业，不管生活道路如何崎岖坎坷，都不要放弃和荒疏自己所学的专业知识，一定要为振兴祖国的农业效劳、出力。

---

① 王少荣：《词学家汪东先生》，见中央大学南京校友会编《南雍骊珠——中央大学名师传略续篇》，南京大学出版社 2006 年版，第 22—24 页。

建筑系杨廷宝教授在授《建筑设计》课时，总是顺着学生的思路，一面修改设计作业，一面耐心讲解，受到同学们的敬爱。更可贵的是，他不仅教学生具体技术知识和建筑设计的本领，而且还教授学习方法。他的教学风格深受学生爱戴，使学生在向他学习过程中领悟到勤奋的重要性。杨廷宝、童寯、刘敦桢等教授在这期间集中于沙坪坝从事建筑教育活动，从而大大提高了学生的学习质量。新中国成立后，受中大培养的一批优秀的建筑师在祖国各地从事建筑设计、城市规划和管理工作，成为国家的建设骨干人才，他们有的成为科学院的学部委员，如吴良镛、戴念慈等；有的成为国家的建筑设计专家和著名教授，这也正是杨廷宝等一代宗师对祖国作出的极大贡献。

高济宇长期讲授《有机化学》课程，数十年如一日，精益求精，及时更新和充实教学内容。在日益增多的学科内容中精选最重要最基本的知识，有步骤地教给学生。使学生学习有充分的主动性，并能发挥深入思考和钻研的能力。他在多年的教学实践中摸索出系统性更强，更能反映有机物内在联系的"官能团编排体系"。他讲课语言精练，启发性和感染力强，关心同学的接受能力。另一方面对同学严格要求，在教学过程中经常举行不定期小测验，检查教学效果，学生只有自始至终努力不懈，才能通过大考。此外，他还十分重视实验教学，不断完善实验条件，经常到实验室看同学做实验，对实验结果认真检查。化学系杜长明教授接长系务后，相继开出适合该系需要的《化工计算》《化工原理》及相关的选修课，其后又开设《工业化学》《传热学》《化工机械》等课程，使学生的专业知识水平大有提高，学生通过毕业论文研究化工生产中的实际问题，成为培养学生解决问题能力的重要途径。

六 取得良好的教学成果

稳定的教学环境和实力雄厚的师资队伍使得中大教学质量不断提高，生源不断增多。中大的教学，因为图书仪器的完整未曾受到损失，依然是一个很好的学术环境，所以教授都愿意聚集在这里来讲学，全国的优秀青年也都愿意负笈来这里求学，师生的质和量逐年增加。以致在抗战之初的几年统一招生中，以中央大学为第一志愿的占报考总人数的2/3，在1943年中央大学招生考试中，投考者计5947人。① 在1944年新生入学考试中，中大代武汉大学、浙江大学一并招考，在重庆考区投考三校学生逾万人，如连西安、成都等区计算，不下三万人。重庆区投考人数已超出43年的4000人，投考中大的考生，重庆区8000余人，成都区3000余人，西安区1000余人。② 这些统计数据有力地证明了当时青年们对中大的向往，都以走入中大为荣，同时，也是中大"吸引力"大的表现。③

　　由于良好的生源与师资队伍，相对稳定的教学环境和完善的图书仪器设施，战时中央大学的教学质量极高，在各类教学考核中，学生成绩名列前茅。如1941年5月，教育部为奖励学业优秀的学生，采用自由参赛的形式，举行大专以上学校学业竞试，分甲、乙、丙三组。甲组为一年级基础知识竞试；乙组为二、三年级专业知识竞试；丙组为毕业生论文竞试。先由各校进行初评，后参加教育部的统一考试。参赛结果，中央大学获得甲、乙、丙三组团体总分第一，受到教育部的嘉奖。从1940年到1945年，教育部举办6届专科以上学校的学业竞试，每届的竞试内容和办法不尽相同，中大学生都取得较好成绩。④ 优良的学业成绩也为出国深造提供保证。1943年，教育部主办自费留学考试，共录

---

① 《从中大考生看青年求学旨趣》，《中央日报》1943年8月8日。
② 《招考花絮》，《中大校刊》1944年第17—18期。
③ 姚彬：《中央大学概况》，《妙中月刊》1942年第26期。
④ 据《第二次中国教育年鉴》（第五编　高等教育），《近代中国史料丛刊三编》，台湾文海出版社1998年版，第552—566页。第一届至第四届竞试分甲、乙、丙三组。甲组为一年级基础知识竞试；乙组为二、三年级专业知识竞试；丙组为毕业生论文竞试。先由各校进行初评，然后，参加教育部的统一考试。第一届学业竞赛各校初选学生人数，甲类410人，乙类619人，丙类240人，共计1269人。复试或复选结果，录取决选生，计甲类31人，乙类62人，丙类30人，成绩次优特予奖励者12人，共计135人。中央大学共有18名学生获奖，占总数的13%，并获得了甲、乙、丙三组团体总分的第一名。1941年5月，第二届学业竞试参赛结果，中央大学获得甲、乙、丙三组团体总分第一，受到教育部的嘉奖。复试或复选结果，录取决选生，计甲类32人，实际计29名，乙类59人，丙类成绩次优特予奖励者11人，共计132人，实际129名。其中中央大学共有14名学生获奖，占总数的10%。

取 329 人，其中，中大毕业同学达 61 名，占总额 1/5。^① 1944 年留英庚款第八届公费生共录取 30 人，中大校友占 10 人，^② 著名经济学家陶大镛就是该次出国深造的。中央大学在重庆期间培养出唐德刚^③、黄彰健^④、聂华苓^⑤、曾卓^⑥、霍松林^⑦、金启华^⑧等著名学者和作家。

---

① 《自费留学考试放榜　本校校友录取 61 名，计占总额五分之一》，《国立中央大学校刊》1944 年第 2 期。

② 《留英公费生本校校友录取 8 名》，《国立中央大学校刊》1944 年第 19 期。

③ 唐德刚（1920—2009），美籍华人学者，历史学家、传记文学家、红学家。1939 年秋考入重庆国立中央大学历史学系，1948 年，赴美留学，获哥伦比亚大学博士学位后，留校任教，曾讲授《汉学概论》《中国史》《亚洲史》《西洋文化史》等课程，1972 年受聘为纽约市立大学教授，曾任纽约文艺协会会长。

④ 黄彰健（1919—2009 年），"台湾中央研究院"院士，历史语言学家。抗日战争爆发后，考入中央大学，1943 年毕业获中央大学文学士学位，被分配到中央研究院从事研究工作。历任该院历史语言研究所助理员、助理研究员。1949 年以后迁居台湾，任"台湾中央研究院"副研究员、研究员、科学委员会国立研究讲座教授。其主要著作有：《明实录校勘记》《戊戌变法史研究》《经学理学文存》《明清史研究丛稿》《经今古文学问题新论》《明代律例汇编》《中国远古史研究》等。

⑤ 聂华苓（1925 年至今），世界著名华人作家。因创办国际作家写作室，被称为"世界文学组织的建筑师""世界文学组织之母"。著有《一朵小白花》《千山外、水长流》等短篇、长篇小说集。1944 年考入迁到重庆的中央大学外文系，1949 年去台湾。1964 年旅居美国，在爱荷华大学教书，在 1977 年曾被提名为诺贝尔和平奖金候选人。主要作品有：中篇小说《葛藤》，短篇小说集《翡翠猫》《一朵小白花》，长篇小说《失去的金铃子》《桑青与桃红》，散文集《梦谷集》。

⑥ 曾卓（1922—2002 年），原名曾庆冠。1943 年入重庆中央大学历史系学习。1944 至 1945 年从事《诗文学》编辑工作。出版的诗集有《门》《悬崖边的树》《白色花》（合集）、《老水手的歌》等，其中《老水手的歌》获全国第二届优秀新诗诗集奖。

⑦ 霍松林，著名中国古典文学专家、文艺理论家、诗人、书法家，德高望重，蜚声四海。1944 年，以优异的成绩考入重庆中央大学（后迁至南京）攻读中国文学专业后，历任重庆南温泉南林文法学院中系、西北大学师范学院中文系、西安师范学院讲师，陕西师范大学文学研究所所长、教授、博士研究生导师。中华诗词学会副会长、中国杜甫研究会会长，陕西诗词学会会长，中国文艺理论学会、中国韵文学会常务理事，美国国际名人传记中心终身研究员、指导委员会副主席。

⑧ 金启华，1919 年出生。1947 年获中央大学文学硕士学位。历任中央大学、国立戏专、山东师大、南京师大教授，主要从事中国古典文学的教学和科研工作。主要著作有《国风今译》、《诗经全译》《杜甫论丛》《诗词论丛》《中国词史论纲》《匡庐诗》《新编中国文学简史》等，主编有《中国文学史》《全宋词典故考释辞典》《唐宋词籍序跋汇编》《中国古代文学作品选》等。

良好的办学质量也吸引了全国优秀的学生到来，而且教学水平较高，很多课程都采用英语教材，如航空工程系所开基础课和专业课，只有《国文》和《金相学》使用中文教材。而其他课程如《微积分》《物理实验》《化学实验》《化学》《空气动力学船》《飞机结构力学和应力分析》《发动机设计》《内燃机》《航空仪表表》《空气静力学》《热力学》《机构设计》《电工学》《扭转和振动》《发动机修理》《内燃机》《空气静力学》均使用英文教材。

　　《微积分》用的是当时流行的美国英文课本。物理课中的力学部份由施士元教授主讲，光学等部份由周同庆教授主讲。电学的主讲者则是倪尚达教授。例如倪是当时的电学家，化学老师是倪则埙教授，物理和化学教材用的都是美国的英文本，后来许多课都是如此。《机构学》《高等工程画》课由机械系灼曹继贤、邱颜教授任教，这两门课也都是用英文教材。[①]

本章小结

　　抗战时期的中央大学注重师资队伍建设，名师云集，精英荟萃。这些学贯中西的学者在极其艰难的条件下依旧潜心于学术，并取得了丰硕的学术研究成果。大学教授是学校的主干力量，他们的思想与教学实践引领着学校整体办学水平。由于学校当局对在校教师采取民主管理的方式，在很大程度上为教师们在课堂教学和课外研究讲学都提供了很好的平台，使他们能够全身心投入到教学科研活动中去。雄厚的师资不仅拓展了学术研究领域，还保障了教学质量的提高。在中央大学，教师们学

---

　　① 史超礼：《重庆中央大学航空工程系读书生活的回忆史》，西北工业大学编《航空史研究》（三周年纪念），1986 年，第 81 页。

风严谨，采用灵活的人才培养模式，关爱每一个学生的成长与成才，为学生治学形成了良好的学术铺垫，由此引导学生走上学术之路而终身受益。中大诸系科在抗战时期都得到不同程度的发展，其课程设置又呈现出各自不同的特色。中大的课程设置体现了"文理渗透""融汇古今中西"的特色，注重知识广博、中西并重的原则，中央大学各学科都极为重视对外语的教学及基础课程的开设。此外，中央大学的课程设置还因抗战的需要引出一些新课程，也适应了抗战的特殊需求。

第三章　国难中的学术活动

在艰难困苦的条件下，出于对国家和民族的责任与学者的使命，中大学人潜心于学术研究或理论创造。他们在重庆期间积极开展各类学术活动，如组织成立学术研究会并广泛开展社团活动、发行各类学术刊物、举办学术演讲、创办研究所等等。尽管身逢国难，仍以忘我的精神和辛勤的劳作创造出一大批卓有成效、极具深远意义的理论著述和丰硕的学术研究成果，有力地推动和影响了战时乃至20世纪中国学术的发展。重庆时期也是中大教师学术创作的高峰时期，不少学术活动与成果在中国学术史、教育史和文化思想史上有着重要的地位。

第一节　生机盎然的学术社团

中大教授是多个重要学术团体的发起与组织或重要参与者，为推动近代学术研究做出了重要贡献。

一　发起成立国家级学术学会

由中大教授发起成立的在国内较有影响的国家级学会有，中国教育学会、中国测验学会、中国化学工程学会、中国化学会、中国畜牧兽医学会、中国史学会等。此外，中大与中国科学社、中华自然科学社、中国科学工作者协会等学术社团都有较为密切的渊源。这些学会在中大教授的带领下，除了开展常规工作外，还密切关注时局，在战时开拓了学科的研究范围，推进了研究的深度，从而使社团活动呈现出学科化、专业化和向细微之处深入的发展趋势。现将中大与各学会的关系与渊源分述如下：

中国科学社。该社是中国现代成立最早、会员最多、时间最长、影响最大的科学社团。1914 年 6 月由美国康奈尔大学的几名中国留学生发起成立，至 1960 年宣布解散为止。① 1918 年，中国科学社迁回国内之时，因该社社长任鸿隽和主要发起人秉志、过探先、胡刚复、杨杏佛、竺可桢等，均已受聘于中央大学前身南京高等师范学校，因此中国科学社社址一度设于南京高等师范学校校园内。因此，中大就有"中国科学社的大本营"之誉。② 以后南高师改为东南大学，此种影响依然存在。按《中国科学社社录》记载，1924 年该社有社员 531 人，其中江苏社员有 179 人，占 47.2%，以东南大学社员为多。1926 年该社"普通社员"有 603 人，其中，东南大学社员有 28 人，属当时所有高校和机构参加该社最多者。其次是清华学校（当时清华学校已在筹备大学，故该社员名录也有填"清华大学"者）17 人、北京大学 6 人。中国科学社迁回国内以后，其社会角色从一般性的科学社团，向协调整个中国科学发展的领导组织转变，其标志就是由单一的本社年会发展为多学术团体共同举行的联合年会。③ 中央大学与中国科学社的密切关系，从中国科学社社刊《科学》也能看得很清楚。《科学》杂志是我国现代出版时间最长、影响最大的综合性科学期刊，1915 年创刊至 1952 年停刊。1941 年 12 月，《〈科学〉第二十五卷完成感言》对该刊 25 年来的业绩总结说：本刊实为国人一般科学论文之结晶，发行到本卷止，先后

① 张剑：《科学社团在近代中国的命运——以中国科学社为中心》，山东教育出版社 2005 年版，第 1 页。
② 龚放、冒荣编著：《南京大学》，湖南教育出版社 1995 年版，第 18 页。
③ 曾昭抡："科学丛谈"，《时事月报》1934 年第 11 卷第 2 期。

刊载具有创见性质及介绍科学的文章近 2500 篇，总计 36000 余页，投稿者数以千计，多是国内科学名家。社员中历任编辑者，也有百人。"总编辑凡四任，为杨铨、赵元任、王琎、刘咸四君，此外胡明复、任鸿隽、秉志、胡先骕、竺可桢、唐钺、路敏行、曹惠群、卢于道、范会国、曾昭抡、严济慈、杨钟健、李衍诸君，于编辑工作，赞襄最力，至足称道"。这里所列总编辑和编辑，中央大学校友差不多占了一半。1942 年，中国科学社上海办事处工作结束后，一切社务转移到重庆北碚，着手《科学》的复刊事宜。当年 7 月 1 日，在北碚组成了以卢于道为主编的编委会，共同议决编辑条例，决定聘请各科撰稿员 30 余人，其中，化学学科为曾昭抡、吴宪、袁翰青、郑礼宾、张江树、杜长明等 6 人，其中 4 人为中大校友。1935 年，中国科学社举行建社 20 周年庆祝活动，其重要内容之一，就是编辑该社创立 20 周年纪念文集《中国科学二十年》。1937 年，该文集以"科学文库第 1 卷第 1 号"正式出版，汇集了任鸿隽、刘咸、严济慈、曾昭抡、胡先骕、卢于道等 15 人所撰写的纪念特稿。[①] 抗战期间，中大校友在《科学》发表研究文章较多，1939 年 1 月，中央大学医学院郑集在《科学》第 23 卷第 1 期发表《中国人之营养概况》一文，作为即将连载的系列文章《营养讲话》（郑集、周同璧）的前言，金叔初为该篇所写的按语说："二十世纪争衡之世界，不有健壮身体，强旺精神，断难逃弱肉强食之天演公例，宁不可惧！"由此道出郑集、周同璧所以撰写《营养讲话》的目的，实与"抗战救亡"的时代要求密切相关。这样，自 1939 年 2 月第 23 卷第 2 期起，到 1941 年 12 月第 24 卷第 11 期止，《科学》连载《营养讲话》共 19 讲，持续 1 年又 10 个月，这在《科学》发稿历史上，可能是绝无仅有的情况。

中国教育学会。1932 年 11 月在南京成立，中大许恪士教授任常务理事之一。抗战爆发后，总会迁往重庆中央大学师范学院。[②] 该会以研

---

① 《各报年会特刊发刊词》，《科学》1936 年第 20 卷第 10 期。

② 蔡鸿源、徐友春：《民国会社党派大辞典》，黄山书社 2012 年版，第 173 页。

究教育学术为中心工作，战时先后完成《今后十年教育建设计划及方案》等各种教育学术专题研究，并组织成立中国教育调查所，专门从事国内教育的实际调查，对全国各类教育情况统计与调查贡献较大。如，组织心理研究学部及卫生实验院调查重庆迁建区在校儿童学业及健康等事宜①，调查学业测验、卫生测验、学生身体检查等方面。在当时对指导迁建区儿童学业及健康有特殊贡献，也为我们今天了解战时陪都教育留下了丰富的史料和参考依据。

中国测验学会。中国测验学会于 1931 年 6 月，由艾伟、陈鹤琴、萧孝嵘等人在南京成立，以研究测验学术，推行测验方法为宗旨，会员多为心理和教育专家②。会务包括编造及修订各种测验；编译、刊行测验及教育统计相关书报；调查各地实施测验状况；办理各机关委托研究事项；宣传测验功用等等。③中心活动为研究与编辑工作，创办《测验》等刊物，是一个研究测验理论、推行测验方法、培植测验学术人才的团体。④该会随中央大学迁至重庆，各会员先后发表重要研究成果 20 余种。研究部主任萧孝嵘从事军事心理研究，并受内政部委托编订《警士能力测验》，为干警的选拔考核提供了重要的准则。⑤

中国化学工程学会。1930 年 2 月，麻省理工学院的中国留学生顾毓珍、杜长明、张洪沅等人发起在美国正式成立，其宣言称："提倡化学工程，介绍欧美学识，以为国内化学工业之补助。……以求化学工程之进步。"⑥ 1930 年至 1931 年间，化工学会会员陆续归国。⑦ 1935 年 4 月中国化工学会在天津举行年会，选举张洪沅、张克忠、侯德榜、刘树

---

①　中国教育学会：《中国教育学会简史》，《教育通讯》1947 年第 9 期。

②　《中国测验学会发起人名册及章程、会议记录》，档案号：Y4-1-222，上海市档案馆藏。

③　《会章》，中国教育学术团体联合办事处编印《中国教育学术团体联合年报》，1944 年，第 52 页。

④　教育部教育年鉴编纂委员会：《第二次中国教育年鉴·第六编·学术文化》，商务印书馆 1948 年版，第 846 页。

⑤　吴鼎：《十二教育学术团体联合年会始末记》，《教育杂志》1939 年第 29 卷第 3 号。

⑥　《中国化学工程学会概况》，《化学工程》1934 年第 1 卷第 2 期。

⑦　《中国化学工程学会概况》，《化学工程》1934 年第 1 卷第 2 期。

杞、曾昭抡、贺闿、韩祖康、杜长明、顾毓珍等九人为理事，张洪沅为会长，杜长明为书记。① 1936 年 2 月，中国化工学会领导有所变动，会长仍为张洪沅、书记会计分别为顾毓珍、张克忠。② 由该会沿革可知，此段时间该会领导及主要成员以中央大学、南开大学任教者居多。1931年春，在中央大学任职的刘树杞（理学院院长）、顾毓琇（工学院院长）、曾昭抡（化工科主任）、丁嗣贤（化工科副教授），以及中央工业实验所所长吴承洛等化学家，因感于纯粹学会力量薄弱，拟仿照国外做法，以中国化工界名义，发起组织中国化学工程杂志社，专门创办化工刊物，以推进化工事业发展。刊物定名为《中国化学工程杂志》（Journal of Chemical Engineering China），简称《化工》。以吴承洛为总编辑，张洪沅、曾昭抡、陈可忠、康辛元、沈熊庆、吴钦烈、李运华、顾毓珍、李寿恒、侯德榜、杜长明等 26 人为编辑；时昭涵为总经理，韩祖康、熊祖同等 15 人为经理。另聘张新吾、吴蕴初、范旭东、王星拱、刘鸿生等 13 人为顾问，筹备创刊号。③ 从创刊初期情况看，该刊是以中央大学任教的化工专家为中心来发起筹办的，主要决策人刘树杞时任中央大学理学院院长。1934 年 4 月，历经曲折的创刊号才印行出版，当年底第 2 期问世。④ 以后，为避免与浙江大学化工会的《化工》同名，便将《化工》改名为《化学工程》。1935 年 6 月以后，《化学工程》正式移交中国化学工程学会主办，仍推张洪沅为经理编辑，刘树杞、曾昭抡、金开英、张大煜、张汉良、区嘉炜、顾毓珍、杜长明、徐宗涑、韩祖康、丁嗣贤、陈宗南、康辛元、吴鲁强、李运华、贺闿等 16 人为编辑，⑤ 抗战爆发后，《化学工程》迁到成都、重庆两地艰难维持，出版到第 12 卷。抗战胜利后，该刊迁回天津继续发行。1949 年底，该刊与《化学工业》杂志合并，改名为《化学工业与工程》，1952 年改名

---

① 《科学丛谈》，《时事月报》1936 年第 15 卷第 1 期。

② 《会闻》，《化学工程》1936 年第 3 卷第 1 期。

③ 《中国化学工程杂志之回顾》，《化学工程》1936 年第 3 卷第 4 期。

④ 《中国化学工程杂志之回顾》，《化学工程》1936 年第 3 卷第 4 期。

⑤ 《中国化学工程杂志之回顾》，《化学工程》1936 年第 3 卷第 4 期。

为《化学学报》，改由中国科学院出版社出版。纵观《化学工程》创刊到抗战胜利后的经历，可知该刊与中央大学的缘由以及不可分割的学术关系。

中国化学会。1932 年 8 月在南京成立，会刊《中国化学会会志》于 1933 年 3 月创刊，是代表中国现代化学研究最高水平的外文期刊。中央大学校友、北京大学化学系主任曾昭抡教授担任总编辑，[①] 全面抗战爆发后，中国化学会主要会员均随高校和学术机构迁往西南大后方，曾昭抡只好委托成都中央大学医学院郑集、上海雷氏医药研究所外籍会员里德，分别负责复刊印刷事宜。[②] 经郑集等会员多方努力，《中国化学会会志》终于在成都得以印行，自 1939 年起，基本能保证每年 1 卷，每卷 2 期出版，至 1945 年出版到第 12 卷。编辑委员会中，曾昭抡担任主任委员，中央大学医学院的郑集均为经理编辑，[③] 其他编辑委员还有中央大学的赵廷炳、高济宇、郑集、张洪沅。[④] 由于战时实验条件的限制，《中国化学会会志》迁西南后，所刊论文以重庆地区，特别是中央大学会员的论文为多，其他地区院校机构会员发表的较少，这是战时该刊的一个显著特点。在战时艰难的条件下，每年均举行学术年会推进会务，将学会工作任务转移到为抗战救国服务的轨道上来。中国化学会成立后每年均举行年会商讨推进中国化学发展等许多重要问题。如在 1938 年重庆第六届年会共收到化学论文 14 篇，其中就有中央大学郑集、赵廷炳、杨伯玉、袁翰青、高济宇、刘阶提交的《军粮研究之初步报告》等 6 篇论文（其中郑集提交的 2 篇中，有 1 篇与中国科学社生物研究所合作）。作者与论文数在参会者中均属最多。[⑤] 中国化学会第十届年会是抗战期间中国化学界最盛大的一次聚会。1942 年 9 月 5 日至 10 日在重庆举行，曾昭抡继续当选为中国化学会会长，副会长为范旭

①　《中国化学会会志》第 1—4 卷，1933—1936 年。

②　《会务讨论》，《化学通讯》1939 年第 3 卷第 5 期。

③　高济宇：《书记干事报告》，《化学通讯》（会务特刊）1941 年第 2 期。

④　《中国化学会会志第四届编辑委员会》，《化学通讯》1942 年第 6 卷第 3 期。

⑤　均见于《化学通讯》相关期号。

东，理事为吴学周、张洪沅、戴安邦、张江树、袁翰青、周厚复、林继庸、金开英，董事为吴承洛、吴蕴初、侯德榜。[①] 中国化学会的其他各届年会，中大校友在筹备和主导会议等方面均起了重要作用。如峨眉第八届年会（1940.8），张洪沅为筹委会主任委员，曾昭抡、戴安邦、杨石先、张仪尊、袁翰青分别负责筹委会各组事务。

中国畜牧兽医学会。在中大畜牧兽医系罗清生教授的推动和创议下，1925 年畜牧兽医研究会创办，1936 年中国畜牧兽医学会在南京正式成立，挂靠在中大畜牧兽医系内。这对兽医科学技术的提高起到了显著的促进作用。战后，学会随着中大农学院畜牧兽医系迁到成都。学会理事成员及会员因战争影响分赴西北及西南各省、市，致使学会工作处于停顿状态。在陈之长、罗清生等教授倡议下，1942 年 10 月在成都召开了畜牧兽医学会会员代表会议，恢复了学会的活动，由陈之长、罗清生、盛彤笙、许振英、汤逸人、胡祥壁等组成理事会，陈之长为理事长。这一届理事会对推动抗战时期大后方的畜牧兽医经济发展和学术活动，作出了贡献，大大地促进了四川畜牧兽医事业的发展。

中国地理学会。经竺可桢、翁文灏、张其昀、胡焕庸等人倡议组织，几经筹备于 1934 年 3 月在南京正式成立。会刊《地理学报》于 1934 年 9 月创刊出版。战后，学会迁到重庆，由于不时受到敌机轰炸，学会工作遇到极大困难，学报从季刊改为年刊，每年出一期。在重庆期间地理学会理事长为胡焕庸，中大多位教授如，张其昀、李旭旦、任美锷、吕炯、朱炳海任理事；总干事为李旭旦；会计为朱炳海；文书为吴传钧。早期学报编辑部设在中央大学地理系，主任张其昀，以后设立编委会，张其昀、李旭旦先后任总编辑，通讯处设于重庆中央大学地理系内。[②] 1943 年 7 月第五届年会在重庆北碚与中国科学社等六团体联合举行，出席会员 160 余人，李旭旦当选总干事。李

---

① 《本会职员》，《化学通讯》1942 年第 6 卷第 3 期。

② 胡焕庸、欢庆：《〈地理学报〉创刊五十周年　回忆学会早期历史》，《地理学报》1984 年第 3 期。

旭旦在任《地理学报》总干事与总编辑期间，在《地理学报》上发表多篇文章，占总篇数的近十分之一。[①]《地理学报》与中国地理学会密不可分，是地理学会最重要的工作与贡献，该刊的发行"指示新地理学研究之途径，发表新地理学研究之成果，从而奠定新地理学科学的基础"[②]。该刊极大地推动了我国现代地理学的发展进程，至今在中国地理学界仍具重要影响。

成都生物化学会。1938 年秋，蔡翘、郑集在华西三大学医院发起成立和领导了中国生理学会成都分会，创办了《中国生理学会成都分会会志》，并任主编。系我国第一个生物化学专业的学术组织。八年抗战期间，在敌机的轰鸣中，物资极端匮乏的条件下，关心"我国战时国民的营养问题"，研究出"中国国民最低营养需要"等相关成果，为战时大后方的医药卫生做出了较大贡献。

中国科学工作者协会。1945 年 7 月 1 日在沙坪坝中大正式成立（简称中国科协），由著名科学家竺可桢、李四光、任鸿隽、严济慈等和其他科学工作者 100 多人发起，理事长竺可桢，监事长李四光，涂长望任总干事。该会成立后，其影响及于国内外。除总会设在沙坪坝外，西南、西北一些大城市先后成立分会，在美英法等国亦有分会成立，一年后会员发展到 700 余人。[③] 其宗旨为：联络科学工作者致力科学建国工作；促进科学技术之合理运用；争取科学工作条件之改善及科学工作者生活之保障。[④] 科协在重庆总会出版了《科学新闻》月刊，报道科学工作者及其他科学团体的活动，以及国际科学技术的新发展。同时中国科协在团结科学工作者、与国外进步的科学工作者的交往等方面也做了大量的工作。

---

① 沙润、姜爱萍：《复兴人文地理的旗手——李旭旦》，南京师范大学出版社 2012 年版，第 91 页。

② 胡焕庸：《中国地理学会与地理学报》，《科学大众》1948 年第 6 期。

③ 重庆市沙坪坝地方志办公室编：《抗战时期的陪都沙磁文化区》，科学技术文献出版社重庆分社 1989 年版，第 111 页。

④ 傅金铎、张连月主编：《中国政党：中国社会团概论》，华文出版社 2002 年版，第 231 页。

中华自然科学社。其前身是华西自然科学社，1927 年 9 月在南京中央大学成立。学社初始是中央大学一些四川籍的同学有感于西部科学的落后，准备学成回乡后从事西部的开发和建设，于是组织成立该学社。1928 年 7 月在南京举行第一届年会时，改名为中华自然科学社。学社由赵宗燠、李秀峰、郑集、苏吉呈四人发起，其成员中的许多人成为我国科学技术界的骨干力量。科学社致力于科学的大众化、普及化，创办了科学普及刊物——《科学世界》，同时，配合科学演讲、展览等形式向群众宣传科学知识。战后，总社迁至重庆，学社通过举办战时技术训练班、通俗军事科学讲习班，组织战时科学问题讨论会、战地科学服务团，编纂《国防科学丛书》等形式积极为抗日战争做工作。又组织了西康和西北两个科学考察团，考察中国内地的地理、自然资源等情况。同时，为了介绍国外的科学新知而刊行了英文刊物——《科学文汇》，为了向国外报道我国的科学进展而出版了英文刊物——《中国科学》。抗战胜利后，总社迁回南京。

此外，中大史学系教授还发起成立了中国史学会。顾颉刚、缪凤林、金毓黻等教授最早提出成立中国史学会的主张，他们在 1941 年 7 月 2 日至 6 日举行的教育部第二届史地教育委员会的大会上提交了《由本会出席委员发起组织中国史学会》[①] 的决议：

> 吾国学术界于近二三十年来对于史学之研究颇有长足之进步，例如考研发掘整理、史料编纂、新史，皆能采用世界之最新方法作种种之研究。无论质与量之两方亦皆有可称之成绩，即世界著名学者亦会承认吾国不空研究所获，对于史学有重大贡献。如各自为谋，势同散沙，以至今日尚无集体之组织，去岁世界历史学会来电邀请吾国历史学者与会，竟以无是项组织，无法应命，兹在抗战期间，全国集中力量一致应付，但学术之研究一日不可中

---

① 《教育部史地委员会第二届全体大会记录》，《教育部史教育委员会概况》（第二号），1941年，第 24 页。

辍，且贡献于抗战者亦甚大，是则中国历史学会之设立尤不可……
尅期组织成立。

　　该议案获得大会通过，到 1942 年征得后方各省 116 位专家同意。
在 1943 年 3 月 24 日史地教育委员会第三次全体大会上，中国史学会在
中央图书馆成立，顾颉刚、缪凤林、陈训慈、张其昀、郑鹤声、傅斯
年、方豪、雷海宗、卫聚贤、吴其昌等 120 余人参加。顾颉刚担任大会
主席，并致开幕词。大会通过了《中国史学会会章》，选举了理事和监
事。其中理事 21 人，陈训慈和柳诒徵等人当选为理事。3 月 26 日，中
国史学会第一次理监事联席会议召开，顾颉刚、傅斯年、朱希祖、缪凤
林、陈训慈等 9 人被选为常务理事。[①] 尽管中国史学会并未得到史学界
的完全认可，但可以肯定的是以中大史学教授为首的这一批教授为建立
全国性历史学会所付出艰辛努力。

　　综上可知，中央大学与当时国内主要学会都有着悠久的渊源与特殊
的关系，中大教授组织参与了这些学会的创建与发展。内迁重庆后，各
学会仍能在以中大教授为核心的会员的鼎力帮助下，团结国内科学工作
者，恢复开展各项科学研究活动，积极为抗战事业献计献策，广泛参与
大后方的开发建设，并与国外的科技工作者和科技团体进行了合作与往
来。由此可知，中央大学在中国学术事业中发挥了重要作用和产生了重
要影响，在促进中国科学发展中起了不可替代的重要作用。

二　创建校级学术团体

　　在校内，中大各院系师生也成立了各具学科特色的各类团体与组
织。如历史系创办历史学会，中国文学系创办中国文学会，化学系创办
化学工程学会，农艺系成立农艺学会，机械工程系成立机械工程学会，
艺术系成立艺术史学会。尽管反映记载这些学会的资料相对较少，甚至
是片言只语，我们不能全面了解这些学会的工作及学术贡献的全貌，但

---

① 　胡逢祥：《现代中国史学专业学会的兴起与运作》，《史林》2005 年第 3 期。

仍不能否认其创办对推动教学和开展科学研究的重要意义。现将部分会学介绍如下：

国立中央大学历史学会：中大西迁重庆后，于1939年5月11日在沙坪坝校本部成立历史学会，朱希祖、金毓黻、缪凤林、郭廷以等教师及30余名同学与会。会员分为特别会员与普通会员："中大史学系现在及前任师长，均得为本会特别会员，凡本大学其他院系现任及前任之师长，经特别会员二人之介绍并经本会之认可亦得为特别会员。凡中大史学系在读及毕业同学均得为本会普通会员。凡本大学史地系及以史学系为辅之同学，经本会会员三人之介绍并为本会之认可者，亦为普通会员。"①

学会有完善的组织，设有名誉会长1人、正会长1人、副会长2人、设理事会秉承正副会长指导执行大会决议，并处理会务。大会选出理事11人至17人组成之。大会选举罗家伦为名誉会长，朱希祖为正会长，金毓黻为副会长。② 分理本会事务，各股设主任理事1人，由理事选之，并设干事若干人由主任理事向理事会推荐聘请之。③

历史学会的主要工作："（一）史学之研究与论著之刊行；（二）图书史料之收集保存；（三）古物之发掘与考证；（四）文化机关学术团体之联系。"④ 大会每年开会一次，由会长召集，会址设在中大所在地重庆沙坪坝校区。中大历史学会成立后通过举行学术讲座、学生论文竞赛、推进考古发掘、举办文物展览会，从1939年5月至该年年底，历史学会先后举行了8次学术讲座⑤。

---

① 《国立中央大学历史学会会务纪要》，《史学述林》1940年第1期。
② 朱希祖：《朱希祖日记》，中华书局2012年版，第1060页。
③ 《国立中央大学历史学会会务纪要》，《史学述林》1940年第1期。
④ 《国立中央大学历史学会会务纪要》，《史学述林》1940年第1期。
⑤ 据《国立中央大学历史学会会务纪要》，《史学述林》1940年第1期：第一次　主讲者罗家伦先生，讲题：历史哲学；第二次　主讲者缪凤林教授，讲题：汉武经略河西考；第三次　主讲者沈刚伯教授，讲题：欧战形势纵横谈；第四次　主讲者郭沫若先生，讲题：江北汉墓发掘之经过与其在学术上之贡献；第五次　主讲者胡小石教授，讲题：甲骨文字学概论；第六次　主讲者马叔平先生，讲题：关于考古；第七次　主讲者陈训兹先生，讲题：民族主义的新史学之创立；第八次　主讲者缪凤林教授，课题：西北民族问题。

学会也举行论文比赛，参加论文比赛者以第一、二两年级学生为主，甲乙等论文还曾发表于丛刊《史学述林》①。中大历史学会还积极推进考古工作的进行，"中大史学系，自移渝以来，即努力于考古之工作，其考古之范围暂以四川一省为限，随时随地注意及此。本会师长及已未毕业同学之富有研史兴趣者，从事史学之探讨。而考古工作即为其中之一项，尤为发掘史迹之由来也。"② 历史学会还曾于 1940 年 5 月，举办了历史文物展览会，展出了重要史料及部分教授个人收藏的珍稀文物。中大图书馆中的缮本图书，罗家伦的近代史料图书，汪辟疆收藏的清代书画，傅振伦收藏的写经佛像碑拓，张圣奘、唐圭璋两先生的善本书，马洗繁收藏的宋代瓷器，吴麟若收藏的陶器瓷器，常任侠收藏的铜器，以及其名贵物品、甲骨文摹本等③。这些活动对培养学术性人才发挥了重要的作用。

国立中央大学边疆研究会。1944 年以历史系、地理系、边政系的学生为主体成立了边疆研究会。"为适应国家处理边疆危机的需要，提高同学对边疆文化的研究兴趣，以及增进对边疆文化的认识"，研究会还设"边疆研究会日"，在中大礼堂举办边疆文物展览会，内容有：（1）边胞分布图及生活照片；（2）边胞之衣物乐器及其他用具等；（3）各种文献；（4）各种工艺品。展览会期间，观众云集，两天内来参观的人数达 7000 余人。④ 边疆研究会成立以来，"对于会务之推进，学术之研究，边疆问题之探讨，颇见积极"。该会利用暑假期间，组织川康考察团，邀请胡焕庸、戈定邦等专家对川省西南部雷马屏峨一带进行为期两个月的考察，取得了重大的研究成果。⑤

国立中央大学中苏问题研究会。中苏问题研究会成立后，积极开展中苏文化交流活动。1945 年 6 月 18、19 两日在中大学生俱乐部举行苏

---

① 《国立中央大学历史学会会务纪要》，《史学述林》1940 年第 1 期。

② 金毓黻：《中大历史学曾试掘史迹纪事》，《说文月刊》1941 年第 3 卷第 4 期。

③ 《本校历史学会二届年会节目》，《中大周刊》1941 年第 5 期。

④ 《边疆研究会主办边疆文物展览会》，《国立中央大学校刊》1944 年第 8 期。

⑤ 《边疆研究会筹组边疆考察团》，《国立中央大学校刊》1944 年第 12 期。

联生活照片展览会，开展张挂苏联国旗、张贴壁报等宣传活动，并邀请沙坪坝附近各学校师生参观。所展出照片系向中苏文化协会接洽由北碚运来，包括苏联工业建设、社会建设、农村生活、红军情形等照片。[1]该会于 6 月 26 日举行政治讨论会，讨论"苏联如何解决民族问题"。即苏联解决民族问题的理论根据、苏联解决民族问题的实况、苏联民族问题的展望等相关内容。还曾邀请中苏文化协会理事张西曼来会指导工作等。[2]

中央大学化学工程学会。于 1942 年 1 月 11 日在重庆沙坪坝校本部成立，杜长明发起，80 余人与会，并制订了会章。以联络校内外师长同学共同研究化学工程以期发展我国化学工业为宗旨。制订了《国立中央大学化学工程学会会章》，化学系在校师长同学及毕业系友均为会员，会址设在国立中央大学化学工程系内，会刊《中大化工》。[3]

中国战后建设研究会。伍承祖、康庄、雷斛龙诸同学，鉴于战后建设工作之重要，特邀集有志于该项工作的同学，组织中国战后建设研究会。1944 年 4 月底成立，经议定设立理监会，并于理事会下设总务、研究、交际、资料四股及编辑委员会，以便策进会务。[4]

中央大学社会学会。1944 年 11 月 25 日，中大社会学系举办了中国社会学发展史上首次社会学研究成果公开展览，参观者极为踊跃，各界人士达数千人。次日，中大社会学会正式成立，孙本文等 7 人被选为监事。著名社会学家吴文藻、洪兰友、吴景超等人都参加了中大社会学会的工作。

中大学生还专门组织了研究国产原料生产的化学、医药的国产物研究会，此外还有文学会、新闻学会、抗战问题研究会、社会问题研究

---

① 《教育部要求中大严防左倾团体蔓延函》，《南大百年实录——中央大学史料选》（上），南京大学出版社 2002 年版，第 474—475 页。

② 重庆教育委员编：《重庆教育志》，重庆出版社 2002 年版，第 442 页。

③ 《中央大学化学工程学会成立大会追记》，国立中央大学化学工程学会编印《中大化工》1942 年第 1 期。

④ 《中国战后建设研究会成立》，《国立中央大学校刊》1944 年第 10 期。

会、航空工程学会等类目繁多的研究性社团。其中最活跃最有影响的是中苏问题研究会、女同学会，他们的活动常在校园里，甚至在沙磁区引起轰动，给师生留下了深刻的印象。如文学会举办的高尔基文学作品讨论会，被认为是一次最高水平的无产阶级革命文艺理论的探讨，使青年学生得益匪浅。女同学会在1939年"三八"妇女节时，邀请邓颖超为中央大学和重庆大学两校女同学作了题为"抗战形势与妇女解放运动"的报告，给女大学生留下了难忘的印象。① 艺术系学生成立了嘉陵美术会、蜀山美艺会，常举办各类画展。②

众多学术研究会的成立和形式多样的学术活动为广大师生提供了一个相互交流的学术平台。通过这些学术活动，师生交流了学术心得，增强了研究兴趣，从而提高了学术研究水平。中央大学汇聚专家学者于一堂，充分发扬了学术自由的良好风气，使得中央大学成为探讨学术的精神殿堂。在这些学术讲座活动中，不同学派、不同见解、不同立场都有机会阐明自己的观点。这不仅极大地调动了教授讲课的积极性，而且也使学生大开眼界，有利于思辨能力的培养。特别是一些名家轮流开设专题讲座，介绍学科研究动态，这样学生就能就一个问题、一门学问受到不同的启发。

三　鼓励学生成立各类学生社团

战时中大的学生社团活动极为兴盛，学校里有门类多样的社团组织，学生在学习之余，积极参加各项社会活动。经过训导处批准，有明确建社宗旨的有七八十个，包括"文艺习作性的、学术研究性的，联络感情、砥砺学行的、宗教研究性的，也有宣扬三民主义、研究战后建设"③ 的等等。此外，抗战时期中大还创办多个戏剧社，如戏剧学会、

---

① 王德兹主编：《南京大学百年史》，南京大学出版社2002年版，第218页。
② 重庆市沙坪坝地方志办公室编：《抗战时期的陪都沙磁文化区》，科学技术文献出版社重庆分社1989年版，第97页。
③ 甘迎春：《1949前中央大学的学生运动》，硕士学位论文，扬州大学，2008年，第29页。

万岁剧社、春秋剧社、南友剧社，由中大、重大两校联合组成的歌乐平剧社等都是活跃在沙磁文化区的主要戏剧艺术力量。中大戏剧学会还曾演出萧伯纳的《巧克力兵》等外文剧，颇受文教界人士的欢迎。此外，学校还设有研究戏剧的社团，如青年平剧社就以"提倡国剧训练平剧人才"为宗旨，春秋剧社则研究戏剧艺术，并多次上演郭沫若的《棠棣之花》。当时活跃在文化区规模较大的音乐团体有中大和重大学生联合组成的嘉陵歌咏团、南开中学的南开歌咏团、中大学生自治会组织的伶伦歌咏团。各歌咏团多次在南开、重大和中大等学校举行音乐演唱会。① 这些活动推动了文化区戏剧活动的开展。

表 3 – 1　　　　　　国立中央大学 1943 年度学术社团一览表②

序号	社团名称	宗旨	附注
1	风云剧社	研究话剧技艺及演出	演出《沉渊》《狄四娘》
2	大地剧社	研究戏剧艺术及演出	公演《金风剪玉衣》
3	万岁剧社	研究戏剧艺术并演出以调剂我师生生活	公演《杏花春雨江南》《雷雨》
4	剧艺社	研究话剧联络情感	公演《棠棣之花》
5	春秋剧社	研究戏剧艺术并公演，砥砺学行，联络情感	公演《清宫外史》
6	中大青年平剧社	提倡国剧，训练平剧人才	
7	剧社联合会	联合已登记之剧社，共同组织联络感情	
8	白雪国乐社	联络爱好国乐同学，研究演奏技巧发扬国乐	出刊《白雪曲选》
9	伶伦歌咏团	研究音乐，提高音乐兴趣	每周大会唱练一次，由何作良先生指导

① 重庆市沙坪坝地方志办公室编：《抗战时期的陪都沙磁文化区》，科学技术文献出版社重庆分社 1989 年版，第 96—98 页。

② 《32 年度学术社团一览》，《国立中央大学校刊》1944 年第 17—18 期。

续表

序号	社团名称	宗旨	附注
10	沙坪管弦乐团	研究管弦乐，演奏充实课外精神生活	王孝存、周崇淑二先生指导
11	太公报	报道各校消息，沟通研究结果，联络情感	每周出刊抄写版壁报一次
12	建国周报	报告学界动态，同学意见，培植建国学术之研究	每周出刊油印壁报一次
13	联合影报	介绍同盟国战事及社会动态	每半年出版一次
14	学府周报	报告学府动态，建立舆论，发扬纯正学风	每周出刊油印壁报一次
15	青年周刊	宣扬三民主义，推进学术建设，研究宪政实施	每周出刊油印壁报一次
16	自由评论	本爱国爱校之热诚，发表写作	不定期出刊，抄写版壁报
17	艺文丛话	提倡学术空气，发表集体研究，联络情感，砥砺学行	每三星期出刊，抄写壁报
18	新论坛	联系情感，砥砺学行	每月出刊，抄写壁报
19	学风	练习写作	每半月出刊，抄写壁报
20	现代	练习写作	每半月出刊，抄写壁报
21	党风	研究学术，介绍海外风光	每月出刊，抄写壁报
22	时风	阐扬三民主义研究，学术讨论问题	每月出刊，抄写壁报
23	海风	研究南洋问题	不定期，手抄
24	青年互助	介绍青年会基督教会务，研究宗教学术	每月出刊，抄写壁报
25	怒潮	检讨思想与生活，促进文艺运动	每半月出刊，抄写壁报
26	烟火	共同研究及创作诗词曲研究	每月出刊，抄写壁报
27	金石录	研究金石	不定期，手抄
28	生流	研究文史哲学	不定期，手抄
29	天马	练习写作	每月出刊，抄写壁报
30	建设丛刊	发表研究建设问题	每周出刊，抄写壁报
31	新时沙	练习新诗写作	不定期，手抄
32	金石声	练习写作，研究学术	每半月出刊，抄写壁报

序号	社团名称	宗旨	附注
33	莹社	共同研究	专题研究，敦请诗词名流，讲演，附办烟火壁报
34	中国战后建设委员会	研究战后中国建设问题	分法政、外交、社会、国防、文化、教育、经济、工业、农业建设
35	松柏同学服务社	养成劳动精神，共谋生活发展	为全校师生订报纸，介绍工作，暑期与新运会办各种服务事项
36	中大青年	宣扬三民主义，促进宪政研究	中大三民主义青年团分团部主办，每半月出刊，抄写壁报
37	青年三友社	锻炼身心，砥砺学行，提倡劳动服务	开荒从事农业生产，筹设公共团体，从事劳动服务
38	野言	练习写作，交换认识	每月出刊，抄写壁报
39	残影	研究文艺，练习写作	出刊不定期，抄壁报
40	烟沙	研究新诗及写作	不定期，手抄
41	天野	砥砺学术，联络感情	不定期，手抄
42	边疆	研究边疆问题	每月出刊，抄写壁报
43	农三三	研究农业学术	出刊不定期，农业研究，抄写壁报
44	松涛	研究文艺，练习写作	不定期，手抄
45	选海会报	发扬互助互动之精神	不定期油印
46	阿波罗	增高漫画兴趣与技能	不定期，漫画
47	野火	练习写作	不定期，手抄
48	未央女艺社	联络情感	
49	闽社	练习写作	见前金石录
50	壁报联合会	联结各壁报情感	资助壁报写作竞赛
51	读书励建社	砥砺言行，增进友谊	集体读书
52	集体读书会	以集体求学	隔周集体读书一次
53	中华某基督青年会	本基督精神与健全身心并研究宗教学术	举办民校，出售营养豆浆，并编互助壁报
54	演讲研究会	研究讲演技能	
55	女同学会	联络情感，砥砺学行	
56	星社	提倡体育，砥砺学行	

综上从整体上来看，中大师生参与创建的各类社团在战时已形成了

相当的规模和层次。从类型上看，既有关注于各类教育研究团体，也有继续推进和深化各类实验的研究型社团；就社团构成看，既有集结同一学科、同一专业的志同道合者，从事学理性、应用性研究的单一型研究社团，也有整合各种力量，实施跨学科、跨专业综合研究的复合型研究社团；各种社团合在一起，其研究领域已涵盖了教育科学事业的方方面面，由此构筑起一个较为完整的教育研究体系。它们的工作成效不仅开拓了某些学科的研究范围，推进了研究的深度，同时也填补了某些领域的研究空白，从而使社团活动呈现出学科化、专业化和向细微之处深入的发展趋势。

然而，由于时局、政策以及社团本身等多种因素的影响，战时中大师生所创立与参加的学术社团与此前的社团相比，表现出鲜明的阶段性、时代性特点。具体而言，其不同之处主要体现在以下几个方面：

其一，学术社团活动具有关注国难时局的时代特征。抗战前，这些学术团体主要以发行期刊的形式进行教育宣传与普及，抗战军兴以后，为了抗战的现实需要，各教育团体纷纷涉足教育事业，与其他事业交互作用，使教育事业与社会事业真正结合起来。从总体上来看，战前它们主要致力于将既定学制中所明定的课程标准以及各类教育的相关规定加以明确化和具体化，以求多年努力的结果能由一般性的要求化为可操作的具体方案，并且在此基础上，对已有的研究成果作进一步充实、补充和完善；抗战前夕和抗战期间主要倾力于国难教育、国防教育和战时教育的研究，以期使教育能够为抗战救国、救亡图存贡献力量；故自觉地将自身使命与国家命运联在一起，从而使其活动呈现出鲜明的时代特征。

其二，学术交流形式的多样化。战前，大部分科学团体的学术交流范畴主要体现教育团体之间、教育团体与科研机构、教育团体与国际教育界三个方面。主要采用召开联合年会、联合科学考察、协作科学研究、参加国际科学大会等方式。战后，这些教育团体受"抗战救国"思想的影响，不再只埋头于书本，而是开始关心抗战救国的大业，并使教育事业与社会事业交互作用，真正实现理论与实践两相结合。因此，战时科学团体的学术交流不再局限于理论科学，而是通过新增年会讨论项目和新建学会组织的方式来关注应用教育研究。年会是各学会活动的重要学术活动，战时各学术团体的合作交流更多地体现在年会的召开方面。简言之，战时科学团体所召开的年会兼有宣读论文和专题讨论两大内容。而这些年会多在中央大学所在的战时陪都召开，年会除宣读论文外，新增讨论项目，其讨论内容与结果多刊登于各学会所办期刊上，这不但密切了科学团体内部及其之间的联系，而且进一步促进各学科的交叉融合。讨论的内容和结果更加贴近现实社会，既为社会和人民造福利，也可供地方当局参考利用，这非常有利于科学团体与政府的合作交流。

中大师生所创立参与的各类学术社团，在抗战时期的大后方由于受战争的影响表现出不同的发展状态，尽管各社团通过相互砥砺、相互合作的方式，在学科、专业以及教育方案的具体落实等方面作了许多颇有成效的工作，但是与战前相比，社团活动对教育行政的影响力已明显减弱。一方面说明缺乏稳定的历史背景和清明的政治条件，学术社团的工作便难以正常进行；另一方面也可以看出学术社团并非是躲进书斋、不问世事地从事纯学理的研究。因此，无论就活动的内容还是结果来看，这些社团与此前的社团相比都有着鲜明的特点。

第二节　主题纷呈的学术会议与学术演讲

抗战时期中央大学利用陪都重庆人才济济的便利条件，广泛开展各类形式多样、内容丰富的学术活动。除组织召开各类学术会议外，还经常举办包括各院系、各学会、学术社团举办的各类讲座。

以文学院中文学系为例，为营造浓厚的学习氛围，激发同学们对学术研究的兴趣，曾多次举办学术座谈会。"有鉴于本系学术研究的空气不是很浓厚，师生之间切磋的功效也不太显著，所以藉此提倡，以谋补救；藉此也就鼓励全体同学研究学术的兴趣。"① 在 1943 年底自 1944 年初的近半年时间，文学院中国文学系就组织了 8 次专题讲演。其内容包括了文学、词曲、诗歌、语言、哲学等各个方面，这说明了学校具有极度浓厚的学术氛围，也注重从各方面对学生文学素养的熏陶与培训。

表 3 - 2　　　　　1943—1944 年中大文学系举办学术演讲一览表

序号	时间	演讲者	题目
1	1943 年 12 月 11 日	李长之	水浒传与红楼梦
2	不详	唐圭璋	清代词人纳兰容若
3	1944 年 1 月 15 日	卢冀野	元曲的艺术——西厢记
4	不详	张世禄	语言与文学
5	1944 年 3 月 4 日	汪辟疆	唯美诗人李义山
6	1944 年 3 月 25 日	楼光来	英国文学
7	1944 年 4 月 27 日	宗白华	歌德及《浮士德》
8	1944 年 5 月 10 日	王玉章	牡丹亭

历史系的学术演讲活动也频繁开展。如，从 1939 年 5 月至该年年底，近半年时间里，历史学会先后举行了 8 次学术讲座。②

表 3 - 3　　　　　1939 年中大历史学会举办学术演讲一览表

序号	时间	演讲者	题目
1	1939 年	罗家伦	历史哲学
2	1939 年	缪凤林	汉武经略河西考
3	1939 年	沈刚伯	欧战形势纵横谈
4	1939 年	郭沫若	江北汉墓发掘之经过与其在学术上之贡献
5	1939 年	胡小石	甲骨文字学概论
6	1939 年	马叔平	关于考古
7	1939 年	陈训慈	民族主义的新史学之创立
8	1939 年	缪凤林	西北民族问题

---

① 《艺文丛话（一）水浒传与红楼梦座谈会记录》，《中国文学》1944 年第 1 期。
② 《国立中央大学历史学会会务纪要》，《史学述林》1940 年第 1 期。

社会系主任孙本文任职以来，指导研究学风，鼓励学术兴趣，全体师生一致热衷于学术探讨。社会学系也曾举行多项措施，如创设奖学金、举行论文竞赛、举办专题研究、敦请专家名流演讲等，1944 年上半年便外请专家 10 人来学校讲演，可见当时学术盛况。演讲详情如下。①

表 3 - 4　　　　　社会学系 1944 年上半年外请专家讲座情况

序号	时间	讲演者	题目
1	1944 年 2 月 5 日	吴文藻	新疆民族与新疆教育
2	1944 年 3 月 9 日	李景谟	社会调查应予注意之点
3	1944 年 4 月 12 日	郑若谷	我国社会福利事业
4	1944 年 4 月 27 日	汪龙	我国人口普查问题
5	1944 年 5 月 10 日	熊芷	儿童福利工作
6	1944 年 5 月 22 日	张雪岩	农村社会组织
7	1944 年 5 月 27 日	卜宗孟	我国社会救济事业初步实施之检讨
8	1944 年 6 月 10 日	关白恕	德国社会学
9	1944 年 6 月 17 日	谷正纲	现阶段社会行政的施政方针
10	1944 年 6 月 22 日	蒋旨昂	如何研究社会组织

其他学院亦如此，农学院园艺系为"提倡学术研究风气，特举办园艺学术演讲，敦请国内外学者专家来系讲演，以增进该系同学之课外实用知识"。1944 年先后敦请陈国荣讲《果树花芽形成之原因》，耿以礼教授讲《分枝研究方法》，陈邦乐教授讲《中国之植物园》。社会学系于 1944 年 11 月 17 日，请战时儿童保育会总干事熊芷讲《儿童保育问题》。又于 22 日下午，请齐鲁大学教授张雪岩讲《农村组织问题》。②西北建设研究社松林晚会于 5 月 6 日，13 日分别敦请沙学浚、缪凤林演讲《蒙新的姿态》与《西北问题》。③

沙坪坝是陪都重庆的一个重要文化区，除原有的重庆大学、四川省

①　《社会系活跃在浓厚的学术兴趣中》，《国立中央大学校刊》1944 年第 15—16 期。

②　《要闻》，《国立中央大学校刊》1944 年第 11 期。

③　《要闻》，《国立中央大学校刊》1944 年第 11 期。

立教育学院外，还有迁到此地的中央大学、交通大学、中央工业专科职业学校、南开中学、大公职业学校、造纸学校、兵工学校，还有新成立的树人中学、树人小学等。在校师生人数众多，中大又是沙坪坝的重心，社会名流和各学科专家学者都经常到中大来讲学。学术演讲在沙磁文化区内，其普遍和深入程度可谓空前。这里有沙磁区的学术讲演会，有学生自治会的学术演讲，有文化区青年服务社的学术演讲会，以及校内外的各种学术团体举办的演讲会。各学院都经常请各界名人前去讲演，以增长师生知识，开阔视野，以致应接不暇，"一周多至五六次，常以时间冲突，二者不可得兼，舍鱼而取熊掌。"[①]"尤其是在星期天，常常有几处讲演同时举行，使你苦于不能分身兼听，在这种环境里，不仅是教你成专才，而且可使你成通人。"[②] 参加讲演的，上自国家元首，下至大中学生，无党派阶层之分，为抗战救国，民族复兴，同心同德。郭沫若、冯玉祥、周恩来等先后来中大演讲。来渝的海外知名学者也时常到中央大学演讲，如在 1944 年，英国杜汉姆大学英国文学教授任义克来校作演讲。[③] 其内容丰富多彩，但大都以"抗战救国，民族复兴"为宗旨。

这些演讲大致可分四类，第一类是纯学术性质的，如各学会所举办的演讲，大都与专业相关，即对专业领域内的某一细小问题的专门讨探；第二类是专业学习的相关演讲；如学生升学指导讲座类课题；第三类为关注西部地区及大后方的，包括大后方人文、物产、经济开发、资源利用等；第四类是抗战及"国难"相关的演讲，包括国际局势，中国古代的历史文化、世界战争史、中国与世界等等，这类演讲主要在弘扬传统文化，加强民族自信力与凝聚力，鼓舞抗战热情与斗志，坚定抗战必胜的信仰。"查一国之史地学术，关系存亡至巨，尤以吾辈具有五千年之历史，四百万万里之土地，其潜在力量，发挥于兹次对日抗战者

---

① 缪肇新：《战时中大》，《中国青年》1943 年第 8 卷第 6 期。
② 彭耀堃：《抗战中的中大》，《青年杂志》1943 年第 1 卷。
③ 《任义克教授来校作演讲》，《国立中央大学校刊》1944 年第 4 期。

亦昭昭然举世共见。"①"我中华民族之文化靱力久经表现学术抗战之
功能，正与军事、政治、经济诸部门之抗战，因协同而日益宏伟，今
后如何加强民族之自信，奠定国家之基础。学战以外历史亦无足与兵
战相比肩，中国之史地学术，关系存亡至巨"。② 通过这些学术讲演，
宣传科研成果及动态，普及科学文化知识，推动文化科学研究工作的后
续发展。

除了对本校师生举办讲演外，中大教授还走出校门和书斋，面向公
众普及社会知识，推广文化。1941 年 7 月，顾颉刚在教育部主办的
"七七学术讲演周"上作了《甘青印象》的讲座，他在演讲中讲述了
汉、藏、回民族文化的关系，勉励青年到边疆去工作。他在演讲的最后
结论中表明：中华民族为汉蒙回各文化集团之总合体，汉族文化实亦多
出之四夷，呼吁青年前往边地"不去而非我所有，去则仍为我有，取
得边疆信仰之方法，为进行民众教育、营商、行医、通婚等。"③ 抗战
期间中大兼职教授，就职于教育部史地教育委员会的黎东方教授，定期
面向山城的公众，讲授历史，如《说三国》《说武则天》，以致听众与
日俱增，在重庆引起了一大阵轰动。"他既已把所要说的史事熟蕴于胸
中，按需而取，左右逢源，而通过他的逸趣横生的词锋加以表述，所表
述的史事，又都生动活泼，引人入胜，则其取得那样的成功"。④

中大校园内还日常举办各种展览，深受师生欢迎，如师范学院艺术
系教授徐悲鸿南亚讲学回国的画展，吴作人在西北写生归来举办的边旅
画展都受到学校内外观众的关注。边疆研究会举办边地文物展览、历史
学会举办文物展览等。工学院为开阔师生视野、更新知识举办的科学讲

---

① 《教育部史地委员会第二届全体大会记录》，《教育部史教育委员会概况》（第二号），1941
年，第 161 页。

② 《教育部主办七七纪念学术演周》，《中央日报》1941 年 7 月 7 日至 12 日。

③ 《顾颉刚大声疾呼——好青年到边疆去；甘青宁民族多关心抗战，文化落后亟待推选民
教》，《新民报》1941 年 7 月 10 日。

④ 邓广铭：《细说中国历史丛书·序言》，黎东方《细说清朝》，上海人民出版社 1997 年版，
第 2 页。

座和电机、电讯、航模等科技展览等。

表 3 – 5　　　　　　　　　　中大教授在校内外举行的讲演

序号	时间	讲演题目	讲演人		地点
			名衔	姓名	
1	1941.5.4	民国23年前之回忆	校长	罗家伦	南开中学大礼堂
2	1941.5.11	历史的教训与国族的前途	历史学系主任	缪凤林	南开中学大礼堂
3	1941.5.18	四川粮食问题及其解决途径	农学院教授	孙醒东	南开中学大礼堂
4	1941.7.15	中西文化上之几个对比	文学院教授	方东美	柏溪分校
5	1941.7.19	什么叫机械化	机械系主任	陈大燮	中央大学
6	1941.11.30	战斗至上论——从国史证明战斗至上为历史的真理	历史学系主任	缪凤林	南开中学大礼堂
7	1941.12.7	昆虫与人生	农学院教授 昆虫专家	邹钟林	中央大学
8	1941.12.22	中国人的心理解剖	心理系主任	萧孝嵘	南开中学大礼堂
9	1941.12.29	工业建设目前的几个问题	工学院院长	杨家喻	南开中学大礼堂
10	1942.1.4	欧亚战争目击拾零	文学院教授	熊伟	中央大学
11	1942.1.12	怎样加强我们注意力	心理研究部主任	艾伟	南开中学大礼堂
12	1942.2.8	化学战争	化学系主任	高济宇	重庆大学礼堂
13	1942.2.29	华格纳之尼伯龙铿乐	文学院教授	商承祚	中央大学
14	1942.4.12	抗战后上海司法界之奋斗	法学院教授	查良鉴	中央大学
15	1942.4.20	国家政策与学生生活	师范学院教授 沙磁区学术讲演总干事	许恪士	南开中学大礼堂
16	1942.5.3	前线归来	教授	吴兆棠	中央大学
17	1942.5.4	前线归来	教授	吴兆棠	南开中学大礼堂
18	1942.5.10	英国学生生活	教授	孟云桥	柏溪中大分校
19	1942.5.12	英国学生生活	教授	孟云桥	南开中学大礼堂

序号	时间	讲演题目	讲演人		地点
			名衔	姓名	
20	1942.5.16	日本学生生活	教授	林木	柏溪中大分校
21	1942.5.18	日本学生生活	教授	林木	南开中学礼堂
22	1942.5.25	最近国际大势与我国外交	国际问题专家	张道行	中央大学
23	1942.5.31	法学学生生活	外语系教授	徐仲年	中央大学
24	1942.7.22	国文	中文系教授	罗根泽	中央大学
25	1942.7.22	数学	训导长	周鸿经	中央大学
26	1942.7.22	如何选择院校及院校介绍	教授	龚启昌	中央大学
27	1942.7.23	生物	生物系主任	欧阳翥	中央大学
28	1942.7.23	英文	外文系主任	范存忠	中央大学
29	1942.7.23	历史	历史系教授	缪凤林	中央大学
30	1942.7.23	化学	化学系主任	高济宇	中央大学
31	1942.7.24	地理	地理系主任	胡焕庸	中央大学
32	1942.7.24	物理	物理系主任	周同庆	中央大学
33	1942.7.24	升学与考试	师范学院教授	许恪士	中央大学
34	1942.11.16	大战局势及前途	中大教授	汪少伦	南开中学大礼堂
35	1943.1.17	目前的营养问题	中大教授	鲁实重	柏溪中大分校
36	1943.4.11	比国文化概论		纪佑穆	中央大学大礼堂
37	1943.4.25	工程师与工业化	电机系主任	陈章	柏溪中大分校
38	1943	从话说天下事说到我们青年当前的责任	师范学院教授	许恪士	柏溪中大分校
39	1943.5.29	一个新的科学分类	哲学系教授	何兆清	柏溪中大分校
40	1943.6.13	大时代与新警察	工学院院长	李士珍	青年馆
41	1943.6.27	前进的路线	中大教授	刘士英	青年馆
42	1943.6.27	世界大战与工业建设	中大教授	杨家喻	柏溪中大分校
43	1943.7.22	如何考三民主义与公民	中大教授	毛起鹞	青年馆
44	1943.7.22	如何考历史	历史系教授	缪凤林	青年馆
45	1943.7.23	如何考英文	外文系主任	范存忠	青年馆

续表

序号	时间	讲演题目	讲演人 名衔	讲演人 姓名	地点
46	1943.7.23	如何选择院系	中大教授	恭启昌	青年馆
47	1943.7.24	如何考数学	数学系教授	孙光远	青年馆
48	1943.7.25	考试与考试心理	心理系教授	萧孝嵘	青年馆
49	1943.7.25	如何考国文	文学院教授	罗根泽	青年馆
50	1943.7.26	如何考化学	化学系教授	高济宇	青年馆
51	1943.7.26	如何考生物	生物系教授	欧阳翥	青年馆
52	1943.7.27	如何考地理	地理系教授	李旭旦	青年馆
53	1943.7.27	如何考物理	中大教授	周同庆	青年馆
54	1943.10.24	我从西藏归来		周昆田	中央大学
55	1943.10.31	中国之汽油——抗战的血	师范学院教授	许恪士	中央大学
56	1943.11.7	川康森林		朱惠方	中央大学
57	1944.1.10	近三十年中国文学之变迁	中大教授东方艺术史专家	常任侠	南开中学礼堂
58	1944.1.16	蒙古复员工作应有之准备		李永新	中央大学
59	1944.1.30	太平洋战局之分析战后处置日本问题	中大教授	许恪士	柏溪中大分校
60	1944.2.13	东南太平洋之展望（一）		焦实齐	中央大学
61	1944.2.23	东南太平洋之展望（二）		焦实齐	中央大学
62	1944.3.12	敌情内幕		殷非	中央大学
63	1944.3.18	文艺批评家所需要的学识是什么	中大教授文艺史专家	李长之	柏溪中大分校
64	1944.3.19	欧亚美非飞行记游		施敏思	中央大学
65	1944.3.26	美国战时生活	经济史学家	方显廷	中央大学
66	1944.4.9	体育与卫生究竟有何关系	中大教授体育家	袁敦礼	中央大学
67	1944.4.30	中国职业教育的回顾与前瞻		杨卫玉	中央大学

续表

序号	时间	讲演题目	讲演人 名衔	姓名	地点
68	1944.5.15	地质学与国防	地质学家	张更	柏溪中大分校
69	1944.5.28	大学精神	中大教育系教授	胡家健	中央大学
70	1944.6.4	今日美国人与今日美国人的教育	留美硕士	吴国彪	中央大学
71	1944.6.18			赵敏恒	中央大学
72	1944.6.19	物理与国防	物理系教授	施世元	南开中学大礼堂
73	1944.7.16	目睹纳粹铁蹄下欧洲之现状		杨恩生	中央大学
74	1944.9.17	日本天皇之崩溃与民主政治		青山和夫	中央大学
75	1944.10.15	现时经济问题		吴世瑞	中央大学
76	1944.10.29	我从国际劳工会议归来		程海峰	中央大学
77	1944.11.5	到世界新闻的自由之路		马星野	中央大学
78	1944.11.26	台湾史谈	历史系史学家	郭廷以	中央大学
79	1944.12.17	西北变旱之谜	地理学系教授	吕烔	中央大学
80	1944.12.31	印缅战场面面观		乐恕人	中央大学
81	1945.1.13	我所看见的缅甸战争			柏溪中央大学
82	1945.1.21	古本大学之探讨		陈光初	中央大学
83	1945.1.28	国际金融货币会议		谷春帆	中央大学
84	1945.4.22	人事管理		汤淖庵	中央大学
85	1945.5.5	美育与科学	中大教授	陈之佛	柏溪中央大学

表 3 - 6　　　　　　　中大聘请校外知名人士举行的演讲

序号	时间	讲演题目	讲演人 名衔	姓名	地点
1	1941.11.9	气象事业与国计民生	中央气象局局长	黄厦千	中央大学
2	1941.11.14	抗战中之液体燃料	资源委员会动力油料厂厂长	徐明材	中央大学

续表

序号	时间	讲演题目	讲演人		地点
			名衔	姓名	
3	1941.12.14	中国主计制度	国民政府主计处主计长	陈其采	中央大学
4	1941.12.28	太平洋战争爆发后我国经济金融政策之重新检讨	行政院秘书	夏晋然	中央大学
5	1942.1.4	国家总动员之研究	陆军大学教授 中央训练团音乐干部训练班主任	霍东壁	中央大学
6		普及教育与扫除文盲	金陵大学教授	蔡乐生	中央大学
7	1942.1.27	读书的心理技巧	金陵大学教授	蔡乐生	柏溪分校
8		笑的心理与幽默的技术	金陵大学教授	蔡乐生	中央大学
9	1942.2.13	战时英国	前河北大学教务长	焦宝斋	中央大学
10	1942.2.22	敌寇侵略中的南洋	侨务委员会委员	余俊祚	中央大学
11	1942.3.8	国防原理	战略专家	徐培根	中央大学
12	1942.3.11	十年前推行政府会计制度之检讨及今后急务	国民政府主计处会计局局长	闻亦有	中央大学
13	1942.3.15	目击德国发动欧战之经过	政治外交专家	齐峻	中央大学
14	1942.3.24	国民政府成立以来之立法程序	考试院秘书长	史尚宽	中央大学
15	1942.4.12	访印之行	中央政治学校教育长	张道藩	中央大学
16	1942.4.19	平抑物价与管制物资	物资局局长	张果为	中央大学
17	1942.4.26	从美国人讲到大战前途	国立社教学院社教系主任	程锡康	柏溪分校
18	1942.5.2	德国战时青年总动员	中华制药厂厂长	蔡哲生	柏溪分校
19	1942.5.10	究竟如何使能胜利	前驻意大使	刘文岛	中央大学
20	1942.5.25	最近国际大势与我国外交	国际问题专家	张道行	中央大学

续表

序号	时间	讲演题目	讲演人 名衔	讲演人 姓名	地点
21	1942.7.22	三民主义公民	复旦大学教授	毛起鹓	中央大学
22	1942.9	宪法问题	印度驻华大使	沙佛	中央大学
23	1942.11.15	战后世界经济之新秩序	财政部司长	朱偰	中央大学
24	1943.1.24	苏德战局	驻苏大使馆参赞	孟鞠如	中央大学
25	1943.4.11	比国文化概论		纪佑穆	中央大学
26	1943.4.12	战时苏联青年	驻苏大使馆参赞	孟鞠如	柏溪分校
27	1943.5.29	一个新的科学分类		何兆清	柏溪分校
28	1943.10.10	战时中国工业之新发现	中央工业实验所所长	顾毓琇	中央大学
29	1943.10.10	我从北平来痛忆北平事	北平辅仁大学教授	王葵微	中央大学
30	1943.10.23	如此天皇	日本问题专家	王生	中央大学
31	1943.11.14		国防科学促进会	赵曾钰	中央大学
32	1943.11.21	中国工业教育之探讨	中央工校校长	魏元光	柏溪分校
33	1943.12.5	谦虚与自尊	西南联大教授	朱光潜	中央大学
34	1943.12.5		三青团中央团部宣传处处长	洪瑞钊	中央大学
35	1943.12.26	到宪政之路	重庆市党部主任委员	杨公达	中央大学
36	1944.1.23	报告常德归来之观感	中央日报记者	张仁仲	中央大学
37	1944.3.26	美国战时生活	经济史学家	方显廷	中央大学
38	1944.4.16	访英的观感	教育部次长	杭立武	中央大学
39	1944.4.23	历史与戏剧	戏剧学家	洪深	中央大学
40	1944.5.8	战后教育问题座谈会	中山大学研究院院长 西北师范学院院长 湖北教育厅厅长 中正大学教育长	崔载阳 李燕 王风阶 罗廷光	中央大学101教室
41	1944.8.27	美国的战时生活	社会部福利司长	谢徵孚	中央大学
42	1944.9.17	日本天皇之崩溃与民主政治		青山和夫	中央大学

续表

序号	时间	讲演题目	讲演人		地点
			名衔	姓名	
43	1944.11.19	伟大的志愿—战场	知识青年从军编练总监	罗卓英	中央大学
44	1945.3.4	中印公路是怎样打开的	中央日报记者	张仁仲	中央大学
45	1945.4.29	个性的发展	《西风月刊》主编	黄嘉音	中央大学
46	1945.5.13	中国戏剧特点	作家	陈铨	中央大学

第三节　高规格学术刊物的发行

中央大学学术刊物的创办最早可以上溯到东南大学时期史地研究会会刊《史地学报》。从 1921 年 7 月开始，该学报先后以季刊和月刊的形式出版了 4 年（4 卷）数十期。① 东南大学时期，吴宓、梅光迪、汤用彤、刘伯明、柳诒徵、胡先骕等人于 1922 年 1 月 1 日创办被史学家称为"我国创刊最早的史学刊物"——《学衡》②。该刊以"论究学术，阐求真理，昌明国粹，融化新知，以中正之眼光，行批评之职事，无偏无党，不激不随"为宗旨，③ 以"四义"，即昌明国粹与灌输新知，不趋众好、追求真理，以期开启民智、转移风气，亦为《学衡》重要目标。④

---

① 王德滋主编：《南京大学百年史》，南京大学出版社 2002 年版，第 111 页。

② 《学衡·弁言》，《学衡》1922 年第 1 期。

③ 《学衡·弁言》，《学衡》1922 年第 1 期。

④ 从 1922 年 1 月创办至 1933 年 7 月停刊，《学衡》共出刊 79 期。据统计，在所有 79 期《学衡》上，撰、译各类文章最多的是柳诒徵（49 篇），其次是吴宓（35 篇）、缪凤林（22 篇）、王国维（20 篇）和胡先骕（15 篇），再次是汤用彤（7 篇）、刘伯明（6 篇）、梅光迪（5 篇）等人。柳诒徵为《学衡》在国学方面的主将，他放弃《中国文化史》的稿费，将全书各篇在《学衡》分期发表。他先是与汤用彤同为《学衡》干事，后又担任总干事。此外，《学衡》在国学方面的骨干还有王国维、邵祖平、林损、徐养秋、黄节等人，每人都有极具分量的论学文章发表。

重庆期间"炸弹下长大的中央大学"，继续发行并新办了多种刊物，多数刊物在全国影响较大。除公开发行《文史哲》《科学》《社会科学》三种大型季刊外，还负责主编数十种全国性的学术刊物和丛书，如李寅恭主编的《林学》是中华林学会唯一的学术刊物，陈耀真、邱焕杨主编英文版的《中华医学杂志》，盛彤笙主编的《畜牧兽医月刊》，艾伟主编的《心理研究季刊》，徐仲年主编的《文艺月刊》以及《中、法、比、瑞文化丛书》，还有《青年中国季刊》《中国诗艺》《中国文艺社丛书》《中国诗艺社丛书》《法国文学》等数十种全国性的学术刊物和丛书。特选有代表性的期刊介绍如下：

《文史哲》季刊。1943 年始创，1945 年停刊，共发行了 5 期。顾颉刚到重庆中大任教后毅然兼任出版部主任，他认为这是创办期刊和出版学术图书的重要阵地，故积极支持出版《文史哲》季刊。该刊主要刊载中大本校文科教授的文章，也刊登过部分校外专家的文章①。

《社会科学》季刊。创刊于 1943 年，以政治、社会、经济、法律、历史及其他有关社会科学研究的相关内容。"稿件以具有严正之学术研究价值为标准，内容空乏之文字恕不登载"②。"对校内外稿件一律欢迎。来稿文体，不拘白话文言，惟须缮写清楚，并加新式标点或句读。"③

《科学》季刊。创刊于 1943 年，主要刊载理、工、农、医各科内容④。

《中国文学》。中国文学系系会于 1944 年 4 月创刊，"凡有以经学、史学、哲学及文学理论及文学史专题研究论著见投者，皆所欢迎。其他如读书笔记、书评、诗文词曲等，亦当择优刊登，以饷读者。"⑤ 全国发刊，在当时影响比较广泛，为"研究中国文学，发扬民族精神""本

---

① 国立中央大学文史哲季刊编辑委员会：《文史哲季刊》第一卷第一期（1943 年 1 月）；第一卷第二期（1943 年 6 月）；第二卷第一期（1944 年 4 月）；第二卷第二期（1945 年 3 月）。

② 《中央大学社会科学季刊征稿简则》，《国立中央大学社会科学季刊》1943 年第 1 期。

③ 《中央大学社会科学季刊征稿简则》，《国立中央大学社会科学季刊》1943 年第 1 期。

④ 《国立中央大学科学季刊征稿简则》，《国立中央大学校刊》1944 年第 4 期。

⑤ 《中国文学征稿简章》，《中国文学》1944 年第 1 卷第 1 期。

刊发行之日，即为抗建方急之期。或有疑抗建大业，经纬万端，顾今舍弃一切致用之学，而亟亟于中国文学者，毋乃先其所后缓其所急欤□曰：非也。而中国文学又为其主干。盖以诸科各有其新理新事，而所以达此新理新事以喻诸世人者，固非文莫赖焉。若是，则中国文学一科，即谓为文科之中权也可；谓为使人之方术也亦无不可。虽然，文亦难言矣。夸辞以为美，听而无所终；拟增索途而不获，则反覆其辞以自惑。皆不足以言言文。文之归宿，有用有我而已。刊布伊始，于是科书。"①

《中国学报》。汪辟疆主编，于 1943 年 1 月在重庆中国学报社出版，最初定名《中国学报颂》，"就中国学术精深博大处，为之抉探根原，纠正歧异；先陈十难，继示二义五法，有宗本义，有实际义，有究竟义，已属闳硕。认定复兴中国学术，即复兴中国民族始基；尤与抗建国策正相骖靳也"②。其内容涉及中国经学、史学、哲学、文学、目录学、艺术、政治、经济等类的专门论著。设有"文艺""讲演""青年论坛""学术文献""专著"等栏目。③ 难能可贵的是，该报每期有"学术文献"一栏"以人为单位或以著作为单位，意在保存学术史料，海内读者如藏有最近五十年中之学者文人之行述、墓志、家传、别传、年谱、学记、轶事或伟大著作之序跋，例言、目录及与该著作有关系之文件极盼随时集录见惠，本报认为确有保存之价值者决定陆续刊布以存学术文献。"④

《中国园艺专刊》。中大园艺学系及园艺学会，曾于战前创刊《园艺月刊》，主编毛宗良，销行全国，甚得社会人士好评。迁川后，因经费拮据停刊。1944 年，为发展我国园艺及争取世界学术地位起见，另行创刊《中国园艺专刊》，曾勉任主编，不定期出版。刊载园艺系师生的园

---

① 《中国文学发刊辞》，《中国文学》1944 年第 1 卷第 1 期。
② 《中国学术与中国学报》，《中国学报》1943 年第 1 卷第 1 期。
③ 《中国学报征稿略例》，《中国学报》1943 年第 1 卷第 1 期。
④ 《图书季刊》1943 年第 3—4 期合刊，及《中国学报》1943 年第 1 卷第 1 期。

艺研究心得及学术论文，不限语言文字，"以期与世界各国之学术研究机构相交换，充实该系图书，藉此，明了世界学术研究之趋向，提高该系师生研究之兴趣及学术水平"。[①] 该刊是中国第一本园艺专刊，还有英文、拉丁文版，也是我国迄今仅有的一部英文与拉丁文的园艺刊物。

《林学》。为国内林学研究的专刊，由森林系主任李寅恭任主编，内容丰富，包括森林与建国，中国林政近况，造林与生产教育，土地增产，战后林业与华商权，油桐杉木混植作物，松毛虫研究，木材沉腐试验，成都楠木研究，长江流域杉木市价计算法，杉木生产之检讨，甘肃二种云杉之生长等内容。[②] 中大迁渝后，《林学》杂志刊载更多西部林业的相关内容。[③]

《中国生理学会成都分会会志》。1938 年秋，蔡翘在华西三大学医院（中央大学医学院、齐鲁大学医学院、华西大学医学院）发起成立和领导了中国生理学会成都分会，郑集、童第周都是会员。1941 年 6 月，他在华西大学医学院创办了《中国生理学会成都分会会志》，并任主编。这是太平洋战争爆发后，国内唯一的一本生理学刊物，至抗战胜利为止，4 年共出两卷 13 期。

《畜牧兽医》。1935 年创办季刊，罗清生任主编；1937 年因抗战迁校停刊，1939 年《畜牧兽医》在成都复刊。1940 年由陈之长、罗清生教授等倡议，集资成立了中华畜牧兽医出版社，参加者先后达 110 人，其中牧医系有 23 人，社址设于成都。至 1940 年《畜牧兽医》先后出版 4 卷，年底《畜牧兽医季刊》改为《畜牧兽医月刊》，并由设在该系的中国畜牧兽医学会编辑发行，盛彤笙为负责人，这是畜牧兽

---

① 《农艺学系发行中国园艺专刊》，《国立中央大学校刊》1944 年第 4 期。

② 《林学杂志 10 期出版》，《国立中央大学校刊》1944 年第 11 期。

③ 如《民生主义的森林政策》《中国林学研究之展望》《枕木问题》《从飞机需木说到林政》《如何改进四川伐木事业》《抗建期间中国木材利用问题》《重庆市木材贸易概况》《川西伐木业造材之单位》《通江银耳之调查及其改进方案》《森林法之重要性》《西北荒山造林》《植树节感言》《森林与水旱天灾之关系》《成都市木村燃料之需给》《天全青城山之森林》《竹材之物理性质及力学性质初步试验》《林苗与林地生态关系之研究》。

医系创办的第一份杂志，也是国内最早的畜牧兽医专业刊物。[①] 在传播最新畜牧兽医知识、交流经验等方面起了重大作用，在当时全国畜牧兽医界影响颇大。

《农业经济集刊》。中大农经学会创刊于 1944 年 7 月，共出 4 期，第 1—2 期在成都出版[②]，第 3—4 期在南京出版，编委主任张德粹，编委有刘庆云、刘世超、吴文晖、王德崇、黄升泉等。

《法国文学》。1945 年 12 月在重庆创办，徐仲年教授任主编。主要刊载"法国文学名著之翻译，研究法国文学之论著以及作家介绍、文学史料等"[③]。徐仲年针对法国文学被介绍到中国来从"重译到直译"的 50 年历史所存在的问题，认为法国原著通过从英文或日文版重译成中文，谈不上"信"，即使抛弃"信"的问题不谈，英译者或日译者对于法国文学的认识不够准确深刻，重译者不懂法文，无从批评，故不提倡重译。法国文学被介绍到中国的第二阶段直译，那时的直译者往往不是法国文学的研究者，他们大多没有留学过法国；尽管他们对于法国文学有相当的认识，但和真正的法国人生活没有接触，他们不会彻底了解反映法国人生活和思想的法国文学，不熟悉法国人情风俗。所以直译法国文学时容易根据书中的事实，把这事实普遍化到各人头上去。尽管中国人介绍法国文学已有五十年左右的历史，到了 1945 年，中国读者知道的法国文学家仅限于莫泊桑、大仲马、小仲马等，如此而已。于是着手创刊《法国文学》，其责任在于"整理旧绪，介绍新知"。即继续翻译已知作家的名著，加重学术性，除专论外，每部译文必冠以

---

① 祝寿康：《〈畜牧与兽医〉追忆溯源——中央大学畜牧兽医系的编辑出版工作纪要》，《畜牧与兽医》2008 年第 1 期。

② 《〈农业经济集刊〉创刊号出版》，《国立中央大学校刊》1944 年第 9 期。创刊号刊载如下论文，冯泽芳《农业经济学之重要》；吴文晖《农业经济学在农学上之地位》；张德粹《物价巨变与农民》；刘世超《农业集约度与地租利润——关于空间配置与时间变之研究》；刘庆云《农产价格研究之演进》；张之毅《西北农业的区域研究》；樊士雄《美国土地利用研究法》；潘学陆译《达亨屯实验区的信仰及其工作》；黄仁动译《英自治领对于供应联合国战时粮食之贡献》；黄泉译在《俄国的纳粹占领区内所销新农业秩序》。

③ 《法国文学征稿简则》，《法国文学》1945 年第 1 卷第 1 期。

长篇"导言"。① "所谓介绍新知以出丛书或专论最为适宜。"② 然而介绍新知的责任毕竟重于整理旧绪，这就是说：该刊要留出大部分的篇幅来介绍当代或近代法国作家和作品。《法国文学》的诞生还获得了法国驻华大使馆文化专员叶理夫及副专员高朗节在资金和材料方向的赞助。

《史学述林》。历史学会会刊，主编金静庵，历史学会为编辑委员会。主要刊载论著、译述、史料、讲演录、书评、杂记五类史料③。

> 迁渝续课，本系爰有历史学会之组织，并因时与地之便利，从事巴蜀史迹之考察，甲骨文字之整理，同学诸子，交相勉励，欲以研治所得，分期刊行，就正当世，而本系诸师，亦稍出所作，冠之篇端，以当嚆引，编次既竟，命曰史学述林，夫学问之道以求是为归，何必尽同，本系诸君应勿忘史学南派之历史，以共树卓然自立确乎不拔之学风，因而相激相汤，与以有成，是则本刊之行，不过其嚆矢焉耳。④

此外，中央大学师生还广泛参与其他文学作品的编辑工作。如《民族诗坛》第五卷第四五合辑，由中文系马骡程等同学主编，内有教育部长朱家骅、罗根泽、徐英、王玉章、孙为霆等教授及诸同学之作品多首，由独立出版社出版。⑤

《时与潮文艺》。创刊于1943年3月，李长之在1944年3月创刊的《书评副刊》是附在《时与潮文艺》杂志后边的，只占10页左右的篇幅，每期不过评介四五本书，绝大部分是由主编执笔的。1944年3月第3卷第1期起开始附有《书评副刊》。到1946年1月止，共出版了12

---

① 徐仲年：《法国文学创刊词》，《法国文学》1945年第1卷第1期。
② 徐仲年：《法国文学创刊词》，《法国文学》1945年第1卷第1期。
③ 《史学述林·编后》1940年第1期。
④ 《史学述林·弁言》1940年第1期。
⑤ 《简讯》，《国立中央大学校刊》1944年第10期。

期。① 李长之提倡书评要短，每篇不超过 1500 字，大著固不欲放过，也不轻视名不见经传的优秀青年作品。"批评工作的基础究竟是在批评精神。批评精神的核心是在争一个真是非，是在不徇私。这种精神的培养，固然有赖于批评工作者的本身，但是作家方面的雅量和读者方面之对比也是很重要的。"②

《教育心理研究》。该季刊于 1943 年 10 月创办，主要刊载教育学术理论的相关论著与解决教育实际问题的科学研究报告；介绍并搜罗国内外新出的相关书籍或专业论文摘要。③ 作为战时发表研究成果的阵地，教育心理研究所的各种研究成果大多在该刊上发表，包括许多研究阅读心理的论文，如潘菽的《形式训练的重行考虑》、艾伟的《儿童阅读兴趣研究》、汝若愚和闵璨西的《国语朗读与默读之比较研究》等。《教育心理研究》的发行，对学界产生了较大影响，艾伟的学生程法泌回忆说：

> 每次出版的时候，险舟师都送我一册。我当时阅读这些研究报告的时候，随手做了一点笔记。后来我和君约兄为正中书局合编了一本师范学校教育心理学。许多采用这本书做教本的人都说，学科心理部分的内容很充实，也很适用。其实这几章都是根据我的阅读笔记写成的。和险舟师的全部研究结果相比，那不过是九牛之一毛、沧海之一粟而已。④

除上述刊物外，中大教授还兼任各主要全国性学术团体所属刊物的编辑出版工作。抗战时期，中央大学校友在化学学术方面的重要作用，还体现在中国化学会主办的三份学术刊物工作上，主办者在战时艰难条

---

① 于天池、李书：《李长之的书评及其理论和风格》，《北京师范大学学报》（社会科学版）2001 年第 3 期。

② 李长之：《书评副刊·发刊词》，《时与潮文艺》1944 年第 3 卷第 1 期。

③ 《教育心理学部编印书刊》，《国立中央大学校刊》1944 年第 3 期。

④ 郭本禹：《中国心理学经典人物及其研究》，安徽人民出版社 2009 年版，第 134 页。

件下尽力维持了编务出版工作，维系了化学会的学术生命。这里先说《中国化学会会志》。

《中国化学会会志》是代表中国现代化学研究最高水平的外文期刊，1933 年 3 月创刊，中央大学校友、北京大学化学系主任曾昭抡教授担任总编辑，首届编辑有陈可忠、黄子卿、韩组康、康辛元、高崇熙、萨本铁，[①] 至 1937 年 7 月出版到第 5 卷第 4 期。"七七"事变后，停刊，总编辑曾昭抡随北京大学先迁长沙，再迁昆明，因昆明不能印刷英文版式的会志，曾昭抡只好委托成都中央大学医学院郑集、上海雷氏医药研究所外籍会员里德，分别负责复刊印刷事宜。[②] 经郑集等会员多方努力，《中国化学会会志》终于在成都得以印行，自 1939 年起，基本能保证每年 1 卷，每卷 2 期出版，至 1945 年出版到第 12 卷。1940 年 3 月改选的《中国化学会会志》第三届编辑委员会共 18 人，1942 年 9 月改选的第四届编辑委员会共 12 人，除曾昭抡继续担任主任委员外，医学院的郑集均为经理编辑，[③] 其他编辑委员还有中央大学的赵廷炳、高济宇、郑集。[④] 1942 年重庆年会对《中国化学会会志》的编委会作了调整，组成会志第四届编辑委员会。其中，曾昭抡仍为《中国化学会会志》编委会主任委员，其他 12 名委员中有中央大学的高济宇、郑集、赵廷炳、张洪沅。[⑤] 由于战时实验条件的限制，《中国化学会会志》迁西南后，所刊论文以重庆地区，特别是中央大学会员的论文为多，其他地区院校机构会员发表的较少，这是战时该刊的一个显著特点。

《化学》，1934 年 1 月，中国化学会的中文学术期刊《化学》在南京创刊，中央大学校友、金陵大学化学系的戴安邦任总编辑兼总经理，编辑为贺闿、曾昭抡、顾毓珍等 12 位化学家，其中曹元宇、张江树均在中大任教。按"传播化学知识，推广化学应用，提倡化学研究"的

---

① 《中国化学会会志》第 1—4 卷，1933—1936 年。

② 《会务讨论》，《化学通讯》1939 年第 3 卷第 5 期。

③ 高济宇：《书记干事报告》，《化学通讯》（会务特刊）1941 年第 2 期。

④ 《中国化学会会志第四届编辑委员会》，《化学通讯》1942 年第 6 卷第 3 期。

⑤ 《会员消息》，《化学通讯》1942 年第 6 卷第 3 期。

办刊宗旨，《化学》在总编辑戴安邦主持下，其专栏内容有：近代各门化学之趋势、化学教育、化学新闻、国内化学工业、化学研究之普通介绍、化学撮要、化学书评、本会会务、化学咨询等，较好体现了办刊宗旨与编辑思想。在战时紧张繁忙的化学教学中，也尽可能使该刊出版。1933—1946 年，戴安邦担任《化学》总编辑期间，共出版 44 期，为中国化学积累了宝贵的学术资料。①

《化学通讯》，中国化学会理事会决定从 1935 年 1 月起，另行创办会员刊物《化学通讯》，半月 1 期。内容除报告会务外，还刊载会员消息、会务建议、研究成果、业务讨论、工作调查等情形。吴承洛任主编，中央大学的袁翰青为经理编辑，聘请了 12 位通讯员。1936 年元旦，《化学通讯》如期出版，中国化学会从此有了记载会务历史和会员情况的可靠刊物。内迁重庆之后，无论学校事务如何繁忙，袁翰青都保证了《化学通讯》的编辑出版。1939 年，袁翰青赴兰州任甘肃科学教育馆馆长，《化学通讯》经理编辑便由化学系高济宇继任。在战时艰难条件下克服了征稿、编辑、印刷等多方面的重重困难，确保了《化学通讯》的正常出版。1936 年至 1949 年，《化学通讯》共出刊 14 卷 51 期，为中国化学事业发展留下了异常丰富的珍贵历史记录。②

如此众多学术刊物的发行，与 20 世纪上半叶国内期刊创办热潮相关，虽部分刊物有"开场的热闹，艰难的维系和短命的结局"③。但更多刊物又与当时大部分昙花一现而寂寂无闻的刊物不同，直至今天还不断引起人们的关注。这些学术刊物为学术研究提供了相互交流的平台，并对中大学术空气的形成、平台共识的凝聚、教学水平的提高、学术观念的传播、学术讨论的进行等发挥了重要的作用，开阔了全体师生的视野。

---

① 《化学》第 1—9 卷，1933—1945 年。

② 《化学通讯》第 1—14 卷，1935—1949 年。

③ 孙喆：《从顾颉刚学术旨趣的演变再析〈禹贡〉半月刊创办缘起》，《历史档案》2009 年第 1 期。

表 3 - 7　　　中央大学在重庆期间创办或参与创办刊物一览表①

序号	刊名	创刊或迁入时间	主办单位	负责人	地址	备注
1	中国园艺专刊	1935 创办 1943 年在重庆复刊	园艺学会			月刊
2	畜牧兽医	1935 年创办 1939 年成都复刊	畜牧兽医系	盛彤笙	成都	季刊，国内最早的畜牧兽医专业刊物
3	中央大学校刊	1938 年 1 月	中央大学	罗家伦	沙坪坝中央大学	半月刊
4	新民族	1938 年 2 月	中央大学新民族编辑部	罗家伦	沙坪坝中央大学	周刊
5	民族诗坛	1938 年迁入	于右任创办	卢前		不定期
6	全民抗战	1938 年	中央大学学生自治会			周刊
7	机工	1938 年	中大机械工程学会		沙坪坝中央大学	
8	林学		森林系	李寅恭		
9	中国女青年	1940 年 3 月	中国女青年社	陈庭珍	沙坪坝中央大学	月刊
10	新流	1940 年 1 月	中央大学文学会	郭有光	沙坪坝中央大学	月刊 出版两期
11	中国诗艺	1941 年 6 月	中央大学	徐仲年		月刊
12	沙磁文化	1940 年 12 月	沙磁文化社	缪肇新	沙坪坝中央大学	月刊
13	文史杂志	1941 年 1 月	文史杂志社	顾颉刚	小龙坎戴家院 1 号	半月刊

---

① 此表参照《国立中央大学校刊》各期及吴展渊《抗战时期重庆沙磁文化区教育学术刊物简述》，《抗战时期重庆沙磁文化区档案史料选编（教育文化）》下册，民国档案杂志社 2011 年版，第 1317 页。

续表

序号	刊名	创刊或迁入时间	主办单位	负责人	地址	备注
14	史学述林	1941 年 1 月	中央大学历史学会	金毓黻	沙坪坝中央大学	
15	中国生理学会成都分会会志	1941 年 6 月		蔡翘	华西大学医学院	
16	中大化工	1942 年 8 月	中大化学工程学会		沙坪坝中央大学	
17	文史哲季刊	1943 年 1 月	中央大学文史哲季刊编辑委员会	顾颉刚	沙坪坝中央大学	季刊
18	社会科学季刊	1943 年 1 月	中央大学社会科学季刊编辑委员会	顾颉刚	沙坪坝中央大学	季刊
19	科学	1943 年			沙坪坝中央大学	季刊
20	中国学报	1943 年 1 月	中国学报社	汪辟疆	覃家岗	
21	时与潮文艺	1943 年 3 月	时与潮社	孙晋三	沙坪坝正街162 号	双月刊
22	学术杂志	1943 年 9 月	中央大学中国艺术史学会	常任侠潘菽	沙坪坝中央大学	
23	中国文学	1944 年 4 月	中央大学中国文学系系会	马骥程王君一	沙坪坝中央大学	
24	世界文学	1943 年 9 月	中央大学外文系世界文学社	徐仲年	沙坪坝中央大学	中英文版，双月刊
25	教育心理研究	1943 年			沙坪坝中央大学	
26	峨眉山之气候	1943 年	理科研究部地理学部	胡焕庸	沙坪坝中央大学	专刊第一号
27	新疆与印度间之交通路线	1943 年	理科研究部地理学部	严德一	沙坪坝中央大学	专刊第二号
28	新疆之气候	1943 年	理科研究部地理学部	胡焕庸	沙坪坝中央大学	专刊第三号

序号	刊名	创刊或迁入时间	主办单位	负责人	地址	备注
29	中国各地之高度	1943 年	理科研究部地理学部	朱岗昆	沙坪坝中央大学	专刊第四号
30	甘肃之气候	1943 年	理科研究部地理学部	陈正祥	沙坪坝中央大学	专刊第五号
31	中文新疆书目	1943 年	理科研究部地理学部	丁宝存陈世乐	沙坪坝中央大学	丛刊第一号
32	西文新疆书目	1943 年	理科研究部地理学部	胡焕庸童承康	沙坪坝中央大学	丛刊第二号
33	新疆吐鲁番盆地	1943 年	理科研究部地理学部	童承康	沙坪坝中央大学	丛刊第三号
34	河西走廊	1943 年	理科研究部地理学部	陈正祥	沙坪坝中央大学	丛刊第四号
35	农业经济集刊	1944 年	中大农经学会		沙坪坝中央大学	共出 4 期
36	边疆问题	1944 年	边疆问题研究会			
37	法语周刊	1945 年		徐仲年	沙坪坝中央大学	周刊
38	法国文学	1945 年	世界文学社	徐仲年	领事巷	月刊
39	新人杂志	1945 年 3 月	新人报社	沙学浚	沙坪坝中央大学	周刊
40	正潮	1945 年 11 月	正潮社	孙启良	沙坪坝中央大学	周刊
41	文学月刊	1945 年 3 月			沙坪坝中央大学	月刊
42	建国周报				沙坪坝中央大学	
43	联合影报				沙坪坝中央大学	
44	学府周报				沙坪坝中央大学	

续表

序号	刊名	创刊或迁入时间	主办单位	负责人	地址	备注
45	文化新报	1946 年	文化新报社	袁圣时	沙坪坝中渡口	周刊
46	青年月刊·边疆问题		中央大学边疆问题研究会		沙坪坝中央大学	
47	航空季刊				沙坪坝中央大学	
48	中华医学杂志（英文版）					
49	中国诗艺社丛书					
50	心理研究季刊					
51	青年中国季刊					
52	中国文艺社丛书					
53	文艺月刊					
54	中法比瑞文化丛书					
55	农艺通讯					半年
56	雷声					双月刊
57	社会学研究		时专新报学灯			
58	缩小省区辖境与命名之商榷					专刊六号

第四节　研究所的创设

一　研究院所成立概况

西迁前，中大已开始招收研究生，早在 1934 年 11 月，理学院和农学院就分别创设数学研究部和农艺研究部。1935 年 1 月成立研究院筹备委员，罗家伦、邹树文、陈剑修、艾伟等为筹备委员。1936 年秋，数学、农艺研究部开始招生，各招 1 人。① 中大西迁重庆后，由于招生规模的逐年扩大，学生人数的增多，部分学生呈请学校设立研究院。

> 以本校近数年突飞进步，一日千里，每岁学成毕业者三四百人，……莘莘学子竟成社会中坚，漪数盛哉徒以怀才不遇投闲置昔者屡屡皆是。且因中国学术落后，卒业同学欲继续研究高深学术者无从问津，抚髀生叹将何以慰之饥识荒智，将何以充之生等身受其痛目击其艰。为本校前途计，为中国学术计者，不能已于言者而恳请钧座尽力从速兴办者三事。②

一方面由于学生的请求，另一方面校长罗家伦也认为："没有研究工作的大学，在教学上不但不能进步，而且一定后退"。③ 因此尽管面临环境、设备、经费等困难重重，学校仍极为重视研究生教育，积极谋划研究部的发展。

研究院于 1938 年 12 月创办，由校长兼任院长。为独立机构，下设所、学部，研究所和学部的负责人由各院院长和系主任兼任，导师也由各系教授派任，研究院与各院系的关系非常密切。学费及研究费全免，膳宿自理。1938 年，教育部令中大教育学院改为师范学院，并筹设师范科研究所教育心理部。原有理科研究所算学部、农科研究所农艺部，继续办理。④

---

① 《国立中央大学要览》，《南大百年实录——中央大学史料选》（上卷），南京大学出版社 2002 年版，第 415 页。

② 《学生呈请设立研究院》，《南大百年实录——中央大学史料选》（上卷），南京大学出版社 2002 年版，第 395 页。

③ 罗家伦：《中央大学之回顾与前瞻》，《中央大学七十年》，中央大学出版社 1985 年版，第 115 页。

④ 《教育部训令，关于中大系科（院）设置调整办法》，《南大百年实录——中央大学史料选》（上卷），南京大学出版社 2002 年版，第 400 页。

　　中大研究院于 1939 年秋正式恢复招生。初创时设 5 所 7 个学部，后又相继成立文科、医科研究所[①]。1939 年建立工学研究所，下设土木工程、机械工程、电机工程三学部。土木工程部又分结构工程和水利工程两个组。1941 年水利组划归水利系，增设道路工程和卫生工程两个组。[②] 1941 年 7 月教育部史地委员会第二次大会召开时，缪凤林、金毓黻、顾颉刚等教授向教育部提交《增设各大学历史研究所以应时势之需要》的提案[③]，经大会讨论通过。中大文科研究所随后成立，最初只设有哲学研究学部和历史学研究学部，并于当年正式招生。后又增设外国文学部、中国文学部二学部。历史学部在 1941 年正式招生。分别有专、兼任教授各两名，首届研究生共招男女学生各 1 名[④]。哲学研究学部 1939 年设立，并于 1941 年开始招生，有 5 名专任教授任教，[⑤] 方东美担任哲学部主任。抗战时期中大哲学研究学部还招收印度留学生。1943 年度文科研究所共有 6 名在校研究生，保留学籍者 2 名。[⑥]

　　1941 年 7 月，中央大学研究所首届毕业生 7 人均获得硕士学位。在重庆期间，五届毕业生总共 60 人获得硕士学位（其中助教研究生 20 人，印度研究生 3 人）。但是这个数字远远低于实际入学人数，据 1944 年《国立中央大学概况》载，由于战时的贫困和疾病，1943 年研究生辍学人数约占在校人数的 1/5 强。[⑦]

---

　　① 《国立中央大学要览》，《南大百年实录——中央大学史料选》（上卷），南京大学出版社 2002 年版，第 415 页。

　　② 《设置文科研究所理由书》，《南大百年实录——中央大学史料选》（上卷），南京大学出版社 2005 年版，第 406 页。

　　③ 《教育部史地委员会第二届全体大会记录》，《教育部史教育委员会概况》（第二号），1941 年，第 24 页。

　　④ 《30 年度第一学期国立中央大学研究所概况简表》，《南大百年实录·中央大学史料选》（上卷），南京大学出版社 2005 年版，第 423 页。

　　⑤ 《30 年度第一学期国立中央大学研究所概况简表》，《南大百年实录·中央大学史料选》（上卷），南京大学出版社 2005 年版，第 432 页。

　　⑥ 《研究院同学近讯》，《国立中央大学校刊》1944 年第 1 期。

　　⑦ 国立中央大学学生自治会编：《国立中央大学概况》（二十九周年校庆纪念），1944 年，第 108 页。

表 3 - 8　　　　　　　　　　　1943 年度研究院学生统计表

学生　年级 所别	在校生				不在校生		
	一	二	三	合计	保留 学籍	休学	合计
文科研究所	5	1		6	2		2
理科研究所	10	2	3	15	3	2	5
法科研究所	6	3		9		1	1
师范研究所	5	3	2	10			
农科研究所	8	1	2	11	3	1	4
工科研究所	2	1	3	6			
医科研究所	3	2	1	6			
				63			12

至复员前，中央大学研究院已拥有 7 所 23 学部。

文科研究所，设哲学部、历史学部、外国文学部、中文学

理科研究所，设数学部、物理学部、化学部、地理学部、生物学

法科研究所，设政治经济学部、法律学

师范研究所，设教育心理学部、教育学

农科研究所，设农艺学部、森林学部、畜牧兽医学部、农经学

工科研究所，设土木工程学部、机械工程学部、电机工程学部

医科研究所，设生理学部、公共卫生学部、生化学部

中央大学的研究所在抗战西迁重庆后得到质与量的发展，除了理科研究所算学部及农科研究所农艺部设立于内迁前的南京外，其余研究所皆设于抗战西迁之后，1946 年复员南京时，中央大学研究院已拥有 7 所 23 学部。虽说研究院毕业生人数不多，但对昌明学术研究氛围，指导生产实际，推动抗战救国起了积极作用。

二　研究院所的成果

内迁重庆后，学校在极端困难的情况下制订了系列政策和措施，积极恢复和发展因战争而打乱了进程的研究生教育。在重庆期间中大研究生教育经历了恢复、发展和提高三个阶段，研究所及专业数量、招生人

数都呈现蓬勃发展的态势。各研究所根据时代的需要及抗战大后方实际，探索出研究生教育培养的模式。研究生教育向制度化、专业化推进，这适应国家战时需要，在科学研究与人才培养上，取得了可观的成绩。兹将几个有代表性的研究所详细介绍如下。

教育心理研究所。成立于 1938 年，由艾伟教授主持，是国内创办最早、维持最久、规模最大、培养心理学专业高级人才最多，也最具影响的高等教育学术研究机构，为我国培养了一批教育心理学专业人才，如中国科学院心理研究所前副所长丁瓒、中国卫生统计学会前副会长、中国人民解放军第四军医大学一级教授郭祖超等均在该研究所就读。该所继承南高的传统，为教育科学的研究先后设立教育心理学部、教育学部，在艾伟、常导直、萧孝嵘领导之下，在军警心理的研究、大学心理的研究、中学心理的研究、小学心理的研究、实业心理的研究、变态心理的研究、统计的研究、学习心理的研究、纯粹心理的研究、发展心理的研究等方面都具有丰富的收获。而"学习心理实验中学"的创立，对于学科心理的实验有重大贡献。①

艾伟为研究生讲授《教育心理学研究》《学科心理学》《高级统计学》《心理与教育测验研究》等课程，在国内首次授予教育心理学硕士学位。鉴于国内中等学校教师缺乏相关实验研究参考读物，教育心理学部为发表研究成果，介绍国内外心理教育学术动态，创刊《教育心理研究》《教学报告》《心理与教育实验》等刊物。研究所承担编辑、出版和发行的以上刊物在教育界影响很大，并受到教育部肯定。此外，还编著《教育心理学丛书》，如《教育心理学大观》《测验之理论与实施》《博士心理学》。② 该所为试验课程标准制定了各科教材分量是否适合学生能力的相关标准，为此还专门设置实验班观测研究。此外，在中小学各科心理研究，文白衔接问题研究，制定甄别异常儿童心理量表与中小

---

① 王秀南：《十年来中国实验教育的回顾与展望》，《我的大学》，南京大学出版社 2012 年版，第 92 页。

② 《教育心理学部编印书刊》，《国立中央大学校刊》1944 年第 3 期。

学智慧教育测验等工作亦取得较好成绩。艾伟组织、指导中央大学一些师生编制教育测验，如《中学语文理解力量表与汉字测验》等也是在这种艰难时势下完成的。[①] 到 1944 年，已有十几位毕业研究生在国内大学教育心理专业任教、服务，成绩"均甚优良"。该学部除训练研究人才，为专科以上学校培养师资外，其主要工作侧重在教育心理学术研究上，抗战期间接受教育部中等教育司、国民教育司、体育委员会，湖北教育厅及中国教育学会等机关团体的委托，开展了黔鄂川三省中小学教育训练，全国中等学校体育测验及迁建区小学教育与智力测验等工作，均取得良好的效果，此外，还设有学习心理实验班以开展中学各科学习心理实验研究。1944 年该部有研究生 11 人，其中 6 人参加硕士学位考试，[②] 虽然研究生人数不多，但导师们带领学生积极从事教育学术研究，并与中国实际相结合，取得了丰硕的成绩。研究所对中小学生教育心理的研究、儿童智慧测试的研究，促进了中小学教育的发展，对中小学教材的编写也有明确的实践指导意义。许多教师为伸张民族自豪感，昌明学术研究空气，把学术研究与抗战救国相结合，新著不断涌现。艾伟的《高等统计学》、萧孝嵘的《教育心理学》、许恪士的《中国教育思想史》等，均获得了学术界的好评。[③]

教育心理研究所开办心理实验班，从事各类相关问题研究，并取得了重要研究成果。例如，对于初中文言文的诵读问题，艾伟曾从不同角度进行实验。首先是"篇幅长短与诵读速率"的关系。背熟同一篇文言文，看哪些学生读的遍数少而费时也少，哪些学生读的遍数多而费时也多，其次是"文章内容在背诵与默读上之影响"。发现枯燥乏味的材料，儿童不但不愿读，而且背熟后也会很快忘却。此外，还开展汉字相关问题的研究，艾伟于 1941 年上下两学期在心理实验班进行了书法方面的数种研究，考察了书法练习的进展情况及汉字字形与书法难易的关

---

① 《国立中央大学教育心理研究所工作近况》，《图书季刊》1940 年第 2 期。

② 《教育心理学部概况》，《中大校刊》1944 年第 2 期。

③ 项建英：《近代中国大学教育学科研究》，华东师范大学出版社 2012 年版，第 146 页。

系等。实验发现学生对汉字的兴趣是影响汉字学习的一个重要因素，在教学和实验中，包括测试所选用的汉字材料都要适于调动学生的兴趣，"使应试者，自始至终，感觉兴趣"。另外，还发现学生对汉字的学习受年龄的影响，小学五年级到初中二年级是学习汉字的高峰期，而初三到高三这一阶段是学习汉字的低谷时期。学生对字形的感知往往是先整体后部分（极个别学生除外）。这项研究在教育上意义重大。

此外，艾伟是从事国语问题研究坚持时间最长、成就最高、影响也最大的学者。艾伟及其团队对儿童阅读兴趣展开了研究。实验从 1938 年到 1944 年，分三次进行，通过对几种较有影响的国语教科书作为实验材料，对儿童的阅读兴趣进行测试。对儿童默读的研究也取得新的发现。艾伟在重庆的几所小学开展实验，试图通过实验"寻求可靠结论，由此拟具一阅读标准，以供我国教育行政当局，实际从事教学者以及其他进行研究工作者参考"[①]。实验结果表明：在速率方面，无论朗读、默读，年级愈高，读得愈快。二者相比较，则默读快于朗读，这种情形到五年级以后，其差异更为明显。在理解方面，朗读在低年级占优势，年级愈高，其优势愈减，而默读的成绩则愈见进步，至六年级则朗读与默读在理解上完全相等，且默读成绩似有逐渐转优的趋势。从而得出，我国小学生的默读能力太差，默读习惯的养成过迟。造成这一状况的原因是我国语文教育界对此从未加以注意。学生默读习惯的养成大都顺其自然发展，任其摸索养成。因而呼吁应该在小学阶段开始积极提倡默读训练，以培养学生的阅读能力。这些研究对中小学生教育心理的研究、儿童智慧测试的研究、中小学教育的发展及教材的编写有明确的实践指导意义。

理科研究所地理学部成立于 1941 秋季，以培养地理专门研究人才及地理高等教育师资为目的。该部分地理、气象两组，地理组到 1944 年有研究生 6 人，气象组有 2 人。除于室内从事专题研究外，还曾赴峨眉山、威远矿区、成都平原实地考察。还受行政院水利委员会委托，从事战后西北水利移垦问题的研究，该部在重庆期间出版刊物图

---

① 艾伟：《国语问题》，中华书局 1948 年版，第 56 页。

集多种①，计有：

表 3−9　　　　　　中大地理学部重庆期间出版刊物图集一览表

刊号	名称	作者
专刊第一号	峨眉山之气候	胡焕庸
专刊第二号	新疆与印度间之交通路线	严德一
专刊第三号	新疆之气候	胡焕庸
专刊第四号	中国各地之高度	宋岗崐
专刊第五号	甘肃之气候	陈正祥
专刊第六号	缩小省区辖境与命名之商榷	胡焕庸
丛刊第一号	中文新疆书目	丁实存　陈世乐
丛刊第二号	西文新疆书目	胡焕庸　童承康
丛刊第三号	新疆吐鲁番盆地	童承康
丛刊第四号	河西走廊	陈正祥
丛刊第五号	塔里木盆地	陈正祥
国集第一种	河西新疆五十万分之二地图集	

此外，还有《青康藏西人考察史略》《罗布荒原及其交通》《柴达木盆地》《准噶尔盆地》《喀什噶尔》等多篇著述。② 这些资料都是我国目前最早的系统研究西北、西南地区气候、地形、地貌、交通、物产重要史料，为后来西北、西南的开发建设提供了较多的参考。

生理学研究所。1941 年蔡翘教授成立生理学研究所，主要助手有朱壬葆、周金黄、吴襄、徐丰彦、李瑞轩、匡达人等。招收研究生和进修生。蔡翘自筹经费成立制造生理学实验仪器的车间以供教学和研究使用。

生化研究所。1945 年，中央大学医学院创办中国教育史上第一个培养生物化学研究生的正式机构——生化研究所，徐达道③、杨光圻、

---

① 《国立中央大学地理研究部近况》，《图书季刊》1944 年第 2—3 期。

② 《地理研究部出版之各种刊物》，《国立中央大学校刊》1944 年第 1 期。

③ 徐达道（1917—1995）浙江嘉兴人。营养与食品卫生学教授。1948 年中央大学医学院生物化学研究所理科研究生毕业。历任浙江医学院教授，上海第一医学院教授、营养卫生学教研室主任，上海市营养学会理事长，国际营养联合学会营养与癌委员会委员。合著《营养卫生学》《营养与食品卫生学》《真菌毒素研究进展》等。

彭恕生、丁光生成为第一届研究生。

战时中大研究院还接受留学生，当时印度来中大求学的研究生有 2 人，1 人研究哲学，1 人研究中国土壤学。[①] 中大研究生教育注重时代的需要和学校教学研究的配合，要求学生研究课题的选择与社会实际运用相联系。1944 年夏，研究院有 20 名学生的毕业论文通过教育部学术委员会审议，其中，法科生的《我国物价指数的研究》《经济建设期中之贸易政策》；农科生的《从人、地、作物三者的关系中检讨我国农业应采取之途径》《蓖麻剥壳法》；工科生的《机械工具之经济使用法》等，都具有一定的实际应用意义，受到社会的重视。

本章小结

中央大学师生在特殊的战争年代中，满怀学术报国的热忱，凭借坚强毅力和勇于拼搏的精神在近代学术史上谱写了新的辉煌，为抗战时期的学术发展增添了新的色彩，对民族文化复兴做出了不朽的贡献。

首先，中大在渝办学期间，无论是学术活动，还是理论著述，都取得了新的突破和发展，创作出一大批高水准的论著，在国内外学术界产生重大影响，为当时的学校教育和社会发展作了一定贡献。中大在重庆的办学时期也是其教师学术创作的高峰时期，据不完全统计，中大教师在重庆期间出版有影响的学术专著 100 余部，发行各类刊物数十余种，在国内外各刊物上发表论文数百篇。这些著述包括文、史、哲、数、理、化、农、林、畜牧、医学等各个研究领域，其中不少思想在中国学术史、教育史和文化思想史上都有着极其重要的地位。

其次，教授们不仅关注各自的学术领域，而且在抗战的时局背景下开启了新的研究方向，自觉地将自己的命运与国家、民族的兴衰紧密联系，在艰难时局中创造出如此众多的学术成就。中大学人通过著书立说

---

① 《研究院同学近讯》，《国立中央大学校刊》1944 年第 1 期。

表达了对国家建设事业的构想，其中尤以"国难"时期学术研究如何与国家命运相连的内容为多。正如，罗家伦校长所讲："没有研究工作的大学，在教学上不但不能进步，而且一定会后退。"① 中大在重庆的成功办学是中国近代历史上知识分子学术报国的楷模，也是中国知识分子主动参与现实、推动社会前进的成功范例。他们致力于思想文化的创造，把学术研究作为文化抗战的武器，认为思想文化的创造是文化和精神的抗战。他们恪守学术旨趣，担负起时代赋予的使命，在严酷的环境中维护良好的学术风气，使研究成果不断推陈出新、日益精进，成为20世纪中国知识分子学术报国的典范。

① 罗家伦：《中央大学之回顾与前瞻》，《文化教育与青年》，商务印书馆1943年版，第203页。

第四章　烽火中的抗战救亡运动

　　内迁重庆后，受战局的影响和后方条件的限制，在烽火连天的岁月中，在饱受日机狂轰滥炸下，一方面，中大师生的治学与求学生涯转入艰难岁月，其日常生活被打上鲜明的战时烙印，身处战时环境的师生对于抗战救国有着强烈的责任感和使命感，在思想层面和行动层面融入战时生活中，充分展现出中大师生的战时景象。师生们在陪都重庆要么直接投身抗战，要么广泛参与各类社会活动与政治活动，要么积极推进地方文化教育事业。他们站在时代前列，参与政治与文化创造，并对时局提供诸多建言。另一方面，由于大后方相对稳定的局面以及抗战进入相持阶段后，师生们的日常生活逐步回归大学固有的内在语境。在抗战时期的政治变动中，中大师生调整自身的定位，努力在救国与学术之间寻求一种相对稳定的平衡。

第一节　日机轰炸下的师生生活

　　1938 年至 1943 年，日本对陪都重庆进行了长达 5 年的"无差别"战略轰炸，史称"重庆大轰炸"，致使重庆成为抗战期间中国遭受日机轰炸最为惨重的城市。日机的狂轰滥炸，导致大量房屋被毁、人员伤亡惨重，据不完全统计，在 5 年间日本对重庆进行轰炸 218 次，出动 9513 架次的飞机，投弹 21595 枚，死于轰炸者 11889 人，炸伤 14100 人，超过 17600 幢房屋被毁，市区大部分繁华地区化为废墟，财产损失无法计数，仅市区的工商界的直接损失就达 500 万美元以上，人民的生命财产遭到空前的浩劫。[①] 为有效减轻损失，国民政府采取了许多消极防御措施，修筑了大量的防空洞（壕）等防空工事，并在 1941 年 7 月成立了重庆市防空洞管理处[②]，加强对全市公私防空洞进行统一规划建设和管理。重庆大轰炸期间，位于沙磁文化区的松林坡中大校本部多次遭到日机轰炸，损失惨重。日机的轰炸给广大师生的日常生活带来了巨大影响。

一　防空袭：学校当局的应对措施

为应对日机的轰炸，中大在刚迁往重庆时就修筑了大量的防空洞，成立了防护团，负责全校教员的生命和财产安全。从罗家伦的《中央大学的西迁》一文及师生的回忆录中均可以看到当时防空洞的修筑情况。

> 开学以后，在松林坡的四周，陆续添了好些必须的房屋，同时我（罗家伦）在嘉陵江边的岩石里凿了一排极坚固的防空洞，可以容到五千人以上。这批防空洞以后发挥了很大的效用，在抗战的第二年，敌机时常空袭重庆，当空袭警报一发，我立刻就叫他们把重要的文件和贵重的校产挑选进防空洞。等紧急警报一发，我就绕着松林坡巡视一周，帮同防护团的团员（包括教授与学生组织的）驱逐在四周逗留的学生进洞，习以为常。有好几次，我把学生倒赶进去了，可是自己不及进洞，敌机却已临头。中大虽然在沙坪坝被炸多次，赖有这样的防空洞，在校本部的毫无死伤。[③]

---

①　周勇主编：《重庆抗战史》，重庆出版社 2005 年版，第 139 页。

②　罗玲：《抗战时期重庆的防空洞管理处述论》，《西南大学学报》（哲学社会科学版）2009 年第 4 期。

③　陈明珠：《五四健将罗家伦传》，浙江人民出版社 2006 年版，第 90 页。

抗战期间，沙坪坝校舍时遭敌机空袭，为有效保护学校财产和师生员工生命财产安全，学校组织热心为大家服务的教授组成师生防护团，并多次召开团务会议。防护团的成立有效防卫了全校师生及校产免遭空难。防护团团长由校长兼任，副团长由朱经农教育长兼任，徐仲年为总干事，此外还有其他干事如，胡焕庸、陈鲲、欧阳翥、袁宗泽等等。防护团还设有情报队、防空队、警备队、校产救护队、消防救护队、医药看护队、急救担架队、防毒队、宣传队、工务队、清洁队等组织。防护团还分别对校内的五个防空洞设立了洞长。① 中大师生防护团负责防空洞的修筑、维护、通风设施的完善、防毒用具的配置、防空洞内的秩序、空袭宣传、救济等各项事宜。为保师生安全，防护团还规定：空袭警报发出后，男女同学必须一律前往防空洞，如紧急警报发出时，仍有逗留宿舍及防空洞附近或延迟前往防空洞并不服从防空队、警备队及洞长指挥的同学，按照惯例分别记大过，或开除学籍，严于惩处。② 紧急警报发出后，非防护团负责人员不得出防空洞。对防护团负责人制定了通行证，"中大师生防护团成立以来，每当空袭期间，对于全校师生之安全，校产之维护，卓著成绩"。每次敌机来袭时，学校防护团先发出预备警报，请大家注意并准备去防空洞躲避，待敌机接近市区时，发出紧急警报，大家即须躲入洞内，敌机离去后，再放解除警报，有时一天中要逃二三次警报躲防空洞③。

二 跑警报，躲空袭：大轰炸中师生的恐慌生活

在抗战期间，日机对重庆的轰炸，虽未造成中大师生人员伤亡，但对其校舍等设施有较大程度的破坏，干扰了中大师生正常的工作和学习，在重庆的中大师生对日机轰炸的记忆刻骨铭心。"敌机昼夜来袭，师生忙于躲防空洞，生活秩序被打乱了"④。

---

① 《师生防护团加强组织改组竣事》，《国立中央大学校刊》1944 年第 8 期。
② 《国立中央大学师生防护团第一次团务会议记录》，《国立中央大学校刊》1944 年第 8 期。
③ 谢森中：《我歌我恋沙坪坝》，《台北中外杂志》1985 年第 38 卷第 1 期。
④ 丁维栋：《回首沙坪四十年》，《台北中外杂志》1986 年第 39 卷第 2 期。

回忆沙坪坝的生活，总少不了敌机的空袭。敌机大举空袭重庆是从民国二十八年五月三、四两日开始的，从此每年约在五月初雾季过了来袭，直到十月中雾季来临时终止，每日上午十时到下午五时左右，差不多没有一天间断的连续轰炸，有时月明星稀时在夜间自九时左右至午夜过后加一场夜袭，我们称之为疲劳轰炸。这种疲劳轰炸直到民国三十年十月为止。

疲劳轰炸开始于第二学期快要结束之时，终止于第一学期上课不久之后，正好包括整个暑假在内。……每日上午十时进防空洞，下午五时左右出来，袋里有钱的同学中午溜至中渡口买点食物充饥，绝大部份同学都是饿到五时出洞，再饿到六时许厨房开饭为止。遇到饭厅被炸，就是迟到十时开饭。遇到夜袭，则饭吃完不久，便又要进洞。有一次正遇以月尾"打牙祭"[1]，厨房早将红烧牛肉烧好了，而厨房饭厅旁边中弹，大桶红烧牛肉堆满黑灰。我们一个月才盼望到的一次牙祭怎肯轻易放过，全部吃光，吃的满口灰沙，仍然津津有味。

1939年开始，日机开始频繁轰炸重庆。沙坪坝也常拉起警报，红球一起，警报笛声长鸣，同学们纷纷从教室宿舍奔跑到半山腰的防空洞中，坐在长木上，静待警报解除。洞中十数盏油灯阴沉昏暗，看不清周围，有几次日机轰炸沙坪坝，中大和附近的重庆大学都落了弹。落弹时在防空洞中可以感到剧烈的震动，还可以听到爆炸的声音。防空洞工程在沙坪坝及其附近小龙坎、磁器口和化龙桥不断进行。石工凿石开山打洞的叮眬声，在沙坪坝几年从未间断。[2]

在1940年中秋期间，日机对重庆实施九天九夜的"疲劳轰炸"，

---

① 四川方言，意为吃肉或吃荤菜，抗战岁月艰辛，不经常吃肉，在校大学生通常一月能吃上一次。

② 史超礼：《重庆中央大学航空工程系读书生活的回忆》，西北工业大学编《航空史研究11—14》，1986年，第83页。

期间无任何时候解除过警报，民众只能在防空洞里吃干粮、打瞌睡。而中大的教师与防护人员，还要不断为师生的安危而奔走，大家毫无怨言，行若无事。① 敌机来袭时，同学们在防空洞内饿着肚子睡觉、聊天、读书、抬杠、下棋、玩牌、恋爱，一切活动照旧，毫不把轰炸放在眼内。警报解除后，走出防空洞，吃一顿饭，洗一个澡，有夜袭，再进洞，无夜袭，睡个觉，准备明天进洞，连眉头都不皱一下，潇洒得很。这一种气派，这一份修养，足堪大任吧。②

而中大教师又是如何应对日机的空袭呢？"在战乱时期的沙坪坝，方东美和胡小石相约每逢空袭进防空洞时即作一首诗。其他在沙坪坝成长的同学师长，大家都是在战乱中作学问及自我娱乐。"③ 如同罗家伦校长所说的"紧张的时候，难道痛哭流涕吗？我们不妨有点幽默感吧！"④ 在 1940 年中秋节的晚上，罗家伦在防空洞里和教职员谈天，改了一首唐诗念给大家听，这本来是一首中秋望月的唐诗，他只改动了几个字，诗曰：

> 中庭地自树栖鸦，冷露无声湿桂花。
>
> 今夜月明人尽躲，不知炸弹落谁家。⑤

教授们为了保护自己的科研成果免毁于战火，每遇日机空袭，都把自己的科研成果随身携带至防空洞避难。缪凤林教授在《中国通史国要略》第一册的自序中写道："忆 29 年 30 年（1940 年至 1941）间，每雾季一过，倭机日夕肆虐，余抱此稿入洞避警者，无虑百十次，默念苟不被

① 陈明珠：《五四健将罗家伦传》，浙江人民出版社 2006 年版，第 90 页。

② 王作荣：《沙坪之恋》，《台北中外杂志》1976 年第 19 卷第 2 期。

③ 杨士毅：《方东美先生与中央大学》，《中大校友通讯》1988 年第 4 期。

④ 罗家伦：《回忆抗战时期中央大学迁校》，《罗家伦文存》第八册，台北"国史馆"，（台湾）中国国民党中央委员会党史委员会 1989 年版，第 457 页。

⑤ 陈明珠：《五四健将罗家伦传》，浙江人民出版社 2006 年版，第 90 页。

炸，终有出版之一日。"① 在频繁空袭之下，学术条件与研究环境十分恶劣，艾伟在防空洞指着自己的手提包对其学生说："别人跑警报的时候，手提包里装的是金条，我跑警报的时候，手提包里装的是统计资料"。后来他又在办公室里堆砌一小石库，专藏各种资料及书籍。教授们在如此艰难情形下仍不放弃实验研究，所得成果愈发显得珍贵。

在日军明言不讳要炸毁沙磁文化区的叫嚣下，中大校园遭受日机轰炸达数十次之多，师生为躲避日机轰炸，跑警报成为日常生活的重要组成部分。当然，空袭警报拉响时，也有少数人不跑警报，不进防空洞，而到其他地方避难。据中大学生陈学文回忆，柏溪分校地处城郊，"警报响了，学校便停课，我们便带了书本疏散到柏溪附近农村去。……在四川的山坡上，还常常能见到一种叫黄葛树的大树，树干十分高大，枝叶更是丰满，好像撑开的一顶大伞，树荫能覆盖一亩多地，空袭时躲在下面是十分安全的"②。据学生王作荣回忆，"在暑假警报来时，常与好友至附近民家租用麻将及附件全副，在竹林中摆下阵势，蛇虫蚊蚋，一概不怕，几圈下来，不知警报解除"③。空袭带来的恐慌与在防空洞中的多种不适，成为当时大多数师生普遍心理状态的写照，从中大教授的日记与回忆录中多有体现。史学系教授朱希祖在1939年"五三""五四"大轰炸期间的日记中也有详细记载。5月4日凌晨，学校响起空袭警报，他立即到附近防空洞避难，"然余仍有戒心，以为不如在野外树木中或沟渠中较安全也"④。第二天，又有空袭警报响起，朱希祖再次进入防空洞避空袭⑤。当月12日，日军27架飞机对重庆上空进行密集轰炸，据朱希祖日记描述："高射炮弹俨如红色飞机向敌机猛冲，因夜色而显红光也""旋闻炸弹声，则重庆市中又投烧夷弹矣。真武山前烟

---

① 缪凤林：《中国通史要略·自序》，商务印书馆1946年版，第2页。

② 陈学文：《柏溪回忆》，高彭主编：《永恒的魅力——校友回忆文集》，南京大学出版社2000年版，第242页。

③ 王作荣：《沙坪之恋》，张宏生主编：《走进南大》，四川人民出版社2000年版，第45页。

④ 朱希祖：《朱希祖日记》（下册），中华书局2012年版，第1043页。

⑤ 朱希祖：《朱希祖日记》（下册），中华书局2012年版，第1043页。

焰充天，又不知烧去多少房屋，死伤多少人命，心甚不怡。"① "时敌机空袭，无一定时刻，道途行役，常生戒心"②，5 月 25 日晚，朱希祖再度进入防空洞躲避数小时。在防空洞闷闭的环境中，朱希祖极感不适，"空气恶浊，人声嘈杂，汗出头痛腹饥，疲惫不堪"。③ 由此可知，在日机如此频繁的轰炸下，连续数日，甚至一日数次的跑警报躲空袭、进防空洞的经历，让中大师生直接感受到了空袭带来的巨大威胁，对中大师生造成较大的心理震荡与恐慌。

日机对重庆实行"疲劳轰炸"致使空袭警报长时间未解除，甚至昼夜或一连几天未解除。学校的教学和生活秩序受到较大影响。为了保持教学进度，有时上课改在凌晨和晚上，甚至考试出几套题目备用，以防空袭干扰。这些应付空袭的措施虽是不得已，但久而久之，学校师生在一定程度内适应了，心态也逐渐乐观起来。④

三　空袭影响："被炸毁者，系物质；不能炸毁者，系全校之精神"

在一段时间内，日机集中轰炸沙坪坝，以中大为主要目标，学校食堂和宿舍多次中弹烧毁。1939 年 5 月，日机大规模轰炸重庆，特别是"五三""五四"大轰炸后，学校损失较为严重。罗家伦校长致函教育部：

> 案查本校城内办事处于去年"五四"敌机袭渝，门前着一燃烧弹，以致被焚……又本校曾于1939 年 4 月 18 日，向渝市左营街同兴军服庄，定制男女生制服、校警制服 70 套，平均每套 9 元，共计货款 1290 元。以上 3 项合计总价为 4566 元整，当付定洋国币 2000 元。"五三"渝市被炸，该军服庄中弹起火，所有服装均被焚毁，乃迁至江北办理善后，不幸于 5 月 12 日又在江北受第二次轰

---

① 朱希祖：《朱希祖日记》（下册），中华书局 2012 年版，第 1053 页。

② 朱希祖：《朱希祖日记》（下册），中华书局 2012 年版，第 1054 页。

③ 朱希祖：《朱希祖日记》（下册），中华书局 2012 年版，第 1056 页。

④ 郑体思、陆云苏：《抗战时期迁川的国立中央大学》，《四川文史资料集粹》第 4 卷，四川人民出版社 1996 年版，第 507 页。

炸，以致破产，不能继续营业。唯本校所付定洋 2000 元，系属公款，原期该庄能以恢复营业，将此款退还，以免公家损失。无如一再交涉，迁延一年，迄无结果，近复不知去向。以上 3 项共计损失现金 3100 元整。①

1939 年学校三次被炸，20 余所房子被炸毁或炸坏，校长办公室"瓦没有了，墙也没有了"②。"校区到处中弹，一次正中防空洞顶，地理系教室被毁，我们在洞内被震得弹了起来。一次炸弹正从防空洞门口落下江边，一般空气巨流冲入洞中，洞内灯火全熄，每人胸前有如巨锤捶了一下。"③ 石门村金毓黻家在一次空袭中被炸弹击中，顷刻之间，尽成瓦砾和灰烬。④ 史学家常任侠教授在日记中写道："昨今两日，所见敌机，专炸文化区，肆其凶毒，令人发指妒。"1939 年《新民族》第 4 卷第 3 期原定于 5 月 7 日出版，因为"五三""五四"大轰炸中连遭敌机滥炸以致印刷方面临时停顿，发行部被完全摧毁，只好暂移国府路建设路三号办公，致使该刊被迫延期刊发。⑤ "但敌人至多仅能使吾人在物质方面暂感不便，吾人勇往直前之精神反因之而益坚，实现已筹备就绪，继续出版本刊，历承读者热心爱护。"⑥

1940 年 6 月中大先后两次被炸，损失较大。罗家伦校长赴教育部报告遇炸情形，称"被炸毁者，系物质，不能炸毁者，系全校之精神，此次幸免死伤，全系师生防护服务团一致努力防护之力，……本日仍继续恢复工作，雨天之时，师生均有上屋整理橡瓦者，情形甚堪令人兴

①　重庆市沙坪坝区地方志办公室：《抗战时期的陪都沙磁文化区》，科学技术文献出版社重庆分社 1989 年版，第 243 页。

②　罗家伦：《炸弹下长大的中央大学——从迁校到发展》，《升学指导号》1945 年第 28 卷第 8 期。

③　王作荣：《沙坪之恋》，《台北中外杂志》1976 年第 19 卷第 2 期。

④　施士元：《中央大学时代的回忆》，《物理》1994 年第 4 期。

⑤　《〈新民族〉启事之二》，《新民族》1939 年第 4 卷第 3 期。

⑥　《〈新民族〉启事之一》，《新民族》1939 年第 4 卷第 3 期。

奋。"① 其他各项教学活动也未因空袭而耽误，各项工作仍有条不紊地推进。物理学家施士元回忆沙坪坝生活"警报一响，人们纷纷进入防空洞中，警报解除，人们照样工作。……在夏天的烈日之下，我照常和同人在空徒一壁的房子里面办公。修好以后照常开学上课，我们和顽皮的小孩子一样，敌机来了，我们躲进洞去；敌机走了，立刻出来工作。赖师生防护服务团里各位同仁的努力，到现在为止在我们大学的范围以内没有死伤过一个教职员和学生。"②

1941 年 6 月 27 日，日机 99 架次分 3 批空袭重庆，在沙坪坝投掷炸弹数百枚。中央大学被炸毁房屋数十栋，因时值暑假，无人员伤亡。6 月 28 日和 29 日沙坪坝连续遭敌机空袭，中大实验室、大礼堂、宿舍等被炸毁。7 月 4 日，日机分两批先后对沙磁区文化教育机关轰炸，中大毗邻的重庆大学的校园内共落弹 200 余枚，死伤员工 10 余人。③ 8 月 22 日，日机又轰炸中央大学，导致"化学馆毁了，第三、第四教职员宿舍坍了，教职员饭厅炸了，工学院倒了，农学院农林产制造所倒了，会计室完了"。

日机疯狂轰炸重庆，给中大师生的学习生活带来了巨大的影响。在日机频繁空袭的 1938 至 1941 年间，因空袭给校园与校舍造成的破坏，学校多次延期开学。1939 年七八月间，由于日机的轰炸，校舍被毁，学校被迫将开学的日期由 10 月 1 日延期至 11 月 1 日④。1940 年，学校在暑假期间连续三次被轰炸，损失极大，学校力谋修复，极图早日开学，但是因为工人的缺乏，一切房舍，实难迅速完成，开学的日期再次从 10 月 1 日延至 11 月 1 日。但中央大学师生并未消沉，反而激发了他们的学习热情，更加珍惜轰炸之余的闲暇生活，纷纷利用自己的闲暇时间加紧学习，尽量弥补因轰炸而造成的损失。为了早日开学，减少学业上的损失，在学生自治会倡导之下，中大学生发起了劳动服务运动，从

① 《炸后中大全校精神仍极振奋　统一招生照常举行》，《中央日报》1940 年 7 月 1 日。

② 施士元：《中央大学时代的回忆》，《物理》1994 年第 4 期。

③ 重庆市沙坪坝区地方志办公室编：《抗战时期的陪都沙磁文化区》，科学技术文献出版社重庆分社 1989 年版，第 245—246 页。

④ 分明：《沙磁生活：劳动服务运动在中大》，《沙磁文化》1940 年创刊号。

事简单生产自救活动。根据同学们的能力和需要，劳动服务分为运砖和刈草两种。① 同学们自愿踊跃参加运砖工作，报名的达到 40 余组。当时在沙坪坝校本部的同学共约 800 余人，所以参加服务的同学已达到在校同学总数的二分之一左右。运砖工作时间，原定为上午 7—10 时，下午 2—4 时，但是在这种互相竞争和不甘落后的潮流之中，有的同学上午一直工作到 11 时吃午饭时才停止，下午 12 时起便有人开始工作，一直到 5 点吃晚饭时才停止，有的同学甚至于在晚饭后还在继续他们的工作。

中大艰苦勤奋的校风学风在大后方高校中尤为著名，战时曾流传着对内迁后方"文化四坝"② 的评说："洋里洋气的华西坝，土里土气的古城坝，土洋结合的夏坝，艰苦朴素的沙坪坝。"③ 图书馆是学生的主要学习场所之一，50 余万册中外图书没有受到战火的波及，全部完整地西迁重庆，这一点中大是得天独厚的。修建在松林坡顶的不足一千平方米的图书馆是一座简易的平房，只能容纳 500 个座位，而学生人数超过座位数倍。所以，图书馆里"整日整夜的老是挤得满满的。每一个人都在埋首书案，在忙着看书，做练习、做报告……图书馆已经一再地扩充，还是不够大，容不下大量的人"④。由于图书馆的座位僧多粥少，因此在中大学生占座位、抢图书就成了司空见惯的常事。每天离图书馆开门的时间还早，"而门外已经有不少的人挟着书籍簿子在忙候着了"⑤。各系教授指定的必读原文参考书成了"抢"的重点目标，"参考书和座位都有

---

① 分明：《劳动服务在中大》，《沙磁文化》1941 年第 2 期。

② 抗战时期，高校相继内迁，在大后方形成了著名的文化四坝。华西坝，即成都华西坝，有教会五大学，包括华西协合大学、内迁至此的金陵大学、金陵女子文理学院、燕京大学、齐鲁大学。古路坝：位于城固县城南 12 公里，1937 年 9 月 10 日，教育部下令"以北平大学、北平师范大学、北洋工学院和北平研究院等院校为基干"，设立"西安临时大学"。1938 年 3 月西安临时大学改称为国立西北联合大学，并迁往陕西城固。夏坝：内迁重庆的北碚的复旦大学为中心的夏坝。沙坪坝，即重庆沙坪坝，集中了众多大专院校、学术卫生机构。

③ 郑体思、陆云荪：《抗战时期迁川的国立中央大学》，《四川文史资料集粹》第 4 卷，四川人民出版社 1996 年版，第 505 页。

④ 金易：《抗战中的中央大学》，《战时全国各大学鸟瞰》，独立出版社 1941 年版，第 48 页。

⑤ 金易：《抗战中的中央大学》，《战时全国各大学鸟瞰》，独立出版社 1941 年版，第 48 页。

限，于是就免不了更用一个不甚雅观的字眼——抢"①。学生不仅抢图书馆座位，而且也抢教室座位。一些知名教授上大课，往往座无虚席，去迟了只好站在教室后面，甚至在教室外面听课，当然也就无法笔记了②。由于教室、图书馆和自修室有限，许多学生便选择在茶馆学习，故茶馆也成为学生的学习场所。"沙坪坝在抗战时期，除街市茶馆外，还有一种专以调节学生生活的学生茶馆，它是适应学生生活需要应运而生的。当时在沙磁文化区各个大学校园里，均设有这种茶园。"③茶馆坐落在校外一条通向汉渝路的公路旁边，竹席搭棚设有好几十张桌子，四周围以凉椅。"特别在每年暑假，大学联合统一招生时，考生云集，泡上一碗茶，坐在凉席上复习功课；晚上，还可以租作住宿，过上一个通宵。一年四季，茶馆生意兴隆。"此外，地处市郊的柏溪分校，"柏溪市面仅40余家，其中四分之一为茶馆，故同学坐茶馆风之盛，于兹可见。"战时，中央大学的许多学生之所以喜欢"泡茶馆"，是因为"同学们在茶馆里看书、聊天甚或睡觉，充分享受读书人清闲清谈的怡趣……"

　　日机对陪都重庆的狂轰滥炸造成了极其惨重的人员伤亡和财产损失。中央大学也多次受到波及与影响，大量校舍及建筑物损毁，严重影响了学校正常的教学秩序和学生的日常生活。校方采取多种应对措施，抵挡日军的频繁轰炸。通过以上对抗战时期中大师生日常生活的分析，反映出了战时师生日常生活的多样性、复杂性与艰巨性；也可以管窥日本侵略中国及对重庆实施的大轰炸给中国高等教育带来的巨大影响。抗战时期，中大师生的日常生活被打上深深的战争烙印，跑警报是重庆大轰炸场景下师生日常生活的重要组成部分，可见战争给中大师生生活带来的灾难。尤其是战争后期，广大师生的生活逐步艰难。但日机的疯狂轰炸并未能阻止中大师生的学习与工作热情，他们通过各种努力来弥补

---

　　①　草凡：《中大速写》，《新华日报》1941年2月8日第2版。
　　②　郑体思、陆云苏：《抗战时期迁川的国立中央大学》，《四川文史资料集粹》第4卷，四川人民出版社1996年版，第507页。
　　③　徐立阳等主编，重庆市文史研究馆编：《陪都星云录》，上海书店1994年版，第151页。

战争带来的影响，反映了中大师生不甘屈服、积极进取的学习精神。① 日军轰炸仅能造成物质损失，中大师生并没有在精神上屈服，反而在"跑警报"中不断适应，进而在心态上逐渐变得乐观，进一步激化了其国恨家仇的民族意识。

第二节　中央大学的抗战活动

抗战期间中大师生对抗战事业的直接投入表现在宣传、捐献、护理、参战四个方面。

一　对抗战的积极宣传与直接参与

在宣传方面，"七·七"事变后，中大师生纷纷自觉地承担了向广大民众及社会宣传积极抗战的任务。他们经常运用的宣传方式和形式有集众讲演、义务演出、画贴壁报、粉刷标语、游行示威、教唱歌曲等。中大师生用手中的笔作为武器，以抗日救国为己任，用自己的才能和智慧报效祖国，谱写了催人奋进的壮丽篇章。他们在报纸杂志上发表大量短评和诗歌，激发民众抗战斗志，发挥了抗战诗歌的号角作用，使诗歌成了动员人民，打击敌人的有力武器。②

抗战伊始，方东美教授在《抗敌无畏论》一文中呼吁，全民族一起作持久抗战。

现在东方倭寇已作大量军事动员，拿着凶猛的武器侵略过来，蹂躏我们的河山，残杀我们的同类。我们的领土日灭千里，国将不

---

① 谭刚：《重庆大轰炸下中大学生的日常生活》，周勇、陈国平：《给世界以和平——重庆大轰炸暨日军侵华暴行国际学术讨论会论文集》，重庆出版社 2008 年版，第 238 页。

② 罗玲：《国立中央大学抗战救亡运动刍议》，《重庆师范大学学报》（哲学社会科学版）2011年第 4 期。

国了；我们的同胞月死亿万，生无以生了。我们图存的大道在抗敌，抗敌的精神是无畏！目前只有一条生路，全民族应站在一起，心坚如钢，尽量发泄大无畏精神，誓与敌人作持久战，殊死战，以争得最伟大极光荣的胜利。国人对于抗日的态度表现于外，或隐藏在内者，大约汉奸为一类，弱者为一类，前勇后怯者为一类，始终雄健者又为一类。①

其时，中大教授们还纷纷走出教室和书斋，用实际行动来宣传抗战，鼓舞士气。1937 年 4 月，方东美应教育部邀请，在南京中央广播电台向全国大中学生"倾心谈论中国人生哲学"，希望"以中华文化的伟大精神来鼓舞全国青年，与日寇作生死搏斗"。连续 8 天，共做了 8 次演讲。讲稿随即由《中央广播月刊》刊发，并于同年由商务印书馆结集出版，题名《中国人生哲学概要》。在讲演中，他追怀中国先哲，疾呼："他们（中国先哲）遭遇民族的大难，总是要发挥伟大深厚的思想，培养博沈雄的情绪，促我们振作精神，努力提高品德；他们抵死为我们推敲生命意义，确定生命价值，使我们在天壤间脚跟站立得住。"② 方东美的慷慨呼声，对于抗日战争时期振奋民心，鼓舞青年热爱国家、民族和中华文化精神，有着极大的意义。

1937 年 12 月 5 日，重庆学生界抗敌后援会在重庆市商会礼堂正式成立。到会的学校除中央大学外，还有复旦大学、重庆大学、四川省立教育学院、四川省立女子职业学校、南渝中学、重庆联中、川东师范、求精中学、复旦中学等 27 校代表。中央大学被推选为 9 所理事之首。③ 由此，全市范围的学生界抗敌宣传组织成立，它全面组织全市学生的抗战宣传工作，影响还波及各工厂的工人群众。中大师生还与沙磁文化区

---

① 方东美：《抗敌无畏论》，《新民族》1938 年创刊号。
② 方东美：《中国人生哲学》，中华书局 2012 年版，第 14 页。
③ 常云平：《试论抗战期间内迁重庆的高等院校》，《西南师范大学学报》（哲学社会科学版）1997 年第 6 期。

的其他大专院校、中等学校的师生一起，组织宣传队到磁器口、沙坪坝、小龙坎、歌乐山、高店子等宣传。宣传形式多以话剧、街头剧、壁报、歌咏为主，辅以漫画、曲艺、讲演等。戏剧学会利用假日和课余时间，经常在校内及沙坪坝、小龙坎、磁器口等地演出，影响很大。1938年元月中大南友剧社、海王剧社在沙坪坝红庙（今沙坪坝小学）和南开中学礼堂演出《卢沟桥之战》《一片爱国心》《王先生捉汉奸》等，鼓舞和激励广大群众抗日爱国热情，推动了沙磁文化区抗日救亡运动的广泛开展。1938年2月中大剧社为援助前线川军，在国泰大戏院举行募捐公演，演出四幕抗战话剧《祖国进行曲》，连演6场，该社还创作了大型抗战话剧《大青山》，曾在1938年5月于江巴各界抗敌宣传周表演，在国泰大戏院连演4场，受到舆论界的好评。[1] 1941年，外语系戏剧学会为募集前方将士医药费，在沙坪坝公演《月亮上升》《巧遇》等独幕剧。[2] 学生自治会创办的《全民抗战》刊物，第4期上刊登了八路军副总司令彭德怀《目前抗战形势与今后任务》以及节述的《巩固并扩大抗日民族统一战线》的文章，宣传介绍了中国共产党提出的抗战路线和战略方针。正是以国共合作为基础，建立抗日民族统一战线，开创实现民族独立和解放的全新局面，为沙磁文化区抗日救亡图存运动的开展打下了基础。[3] 此外，为扩大抗日宣传，中央大学还组织成立反日救国会，其下设立讲演队、义勇队等组织，报名师生十分踊跃。抗日救国会还拟定义勇军组织纲要及救国十人团组织法。此外，反侵略国家联合会，于1943年发起举办第二届联合国日全国各大中学学生中英论文比赛，专科以上学校中文组第一名张素，英文组第三名程振球，皆为中央大学学生。[4]

---

① 李波、张建中：《重庆市沙坪坝区文化志》，重庆大学出版社2012年版，第16页。
② 李波、张建中：《重庆市沙坪坝区文化志》，重庆大学出版社2012年版，第16页。
③ 张建中：《重庆沙磁文化区创建史》，四川人民出版社2005年版，第321页。
④ 《高等教育动态》，《高等教育季刊》1943年第3卷第4期。

表4-1　　　　　　　　　中央大学业余话剧团抗战演出情况表①

时间	演出单位	演出剧目	演出地点	备注
1938 年 5 月	剧社	《大青山》	国泰大戏院	大型抗战话剧
1941 年 2 月	外语系英语戏剧学会	《月亮上升》《巧遇》	沙坪坝公演	募集前方战士医药费
1941 年 3 月	戏剧学会	《巧克力兵》（英语）《日出》	中央大学	此前曾上演《雷雨》《夜上海》《雾重庆》
1941 年 10 月	女青年社 柏溪剧社 戏剧学会	《前夜》《生命之光》《巧克力兵》（英语）《日出》	中央大学	
1942 年 1 月	戏剧学会	《北京人》	中央大学	响应献机运动募捐公演
1944 年 1 月	风云剧社	《沉渊》（三幕六场）	中央大学	
1944 年 5 月	剧艺社	《棠棣之花》	树人学校	
1944 年 7 月	风云剧社 万岁剧团	《雷雨》	中大礼堂	
1944 年 12 月	风云剧社	《森林恩仇记》	中央大学	慰劳过境国军捐物献金
1945 年	风云剧社	《生财有道》	中央大学	

1938 夏，中大学生参加新生活运动促进总会主办的第三届学生暑期农村服务团，至合川县服务，积极从事抗战宣传，分为文字及口头二方面。文字宣传以每日出壁报一大张，由团员合写 5 份，张贴在商业繁茂的农村集市。其内容包括：（1）短评，题材以使人民了解抗战形势，启发民族意识及改进社会生活为主旨，实事求是，不涉谩骂、不唱高调，字数极求简明。（2）新闻，偏重抗战消息及地方新闻，有时亦编入国际要闻。（3）抗敌警语，采摘国内名人对于抗战警语，以鼓励人心，振作民气。除壁报外，还经常在通衢大道张贴标语，以唤起民众抗战意识。服务团还采用各种口头宣传，如，组织农村宣讲会，每日派 3

① 李波、张建中：《重庆市沙坪坝区文化志》，重庆大学出版社 2012 年版，第 16—27 页。

人下乡，除 1 人固定外，其余 2 人由团员轮派。先与联保主任接洽，请其每日派定二保或三保，在当地庙宇、小学集合，团员宣讲。内容主要涉及"时事及兵役，将日本侵略中国情形及目前战况略加讲述，告以四川天险之不足持，与欲保四川，当保全中国，切实晓以利害；又告以中国抗战必胜，以人力、物力、财力相比较，叙述日本国内危机及沦陷区内游击队之活跃，以及国内之统一，以坚其抗战之决心"①。告诉民众获得最后胜利的方法一为踊跃当壮丁；二是努力生产与工作，利用改良方法，增加生产，满足国家对粮食的迫切需要。服务团每次下乡时将新生活运动纲领、兵役宣传大纲、乡村抗战宣传资料等交给当地小学校长、保甲长等，以便平日宣传参考。服务团还向当地保甲长建议优待壮丁：

> 现今各地征集壮丁，农民重视身家性命，惧不欲往，当局拖曳以行，甚且鞭挞交加，又农民上为保甲之所阻挠，土豪劣绅之所侵吞，其所获实益，盖亦有限，以后当严禁此等压榨行为，俾农民生计，得以稍舒，其对于国家，自愿竭诚爱护矣。②

迁往华西坝的医学院早在 1938 年 2 月就成立了华西学生救亡剧团，4 月改为成都学生抗敌救亡宣传团。不少学生积极参加抗日救亡活动，其中张涤生还担任了抗敌救亡宣传第三团的副团长。同年 11 月，华西坝的中大医学院、华西协合大学、齐鲁大学、金陵大学、金陵女子文理学院进一步联合组成五大学战时服务团，他们写壁报、慰劳壮丁营、为壮丁诊病治病、组织义卖，在街头化装宣传，在智育电影院上演话剧。1939 年夏，五大学组成暑期乡村服务团，中大学生吴孝感、章燕诒、

---

① 《中央大学、重庆大学新生活农村服务团总报告》，新生活运动促进总会：《暑期学生农村服务报告》，1938 年，第 8 页。

② 《中央大学、重庆大学新生活农村服务团总报告》，新生活运动促进总会：《暑期学生农村服务报告》，1938 年，第 9 页。

罗建仲、方定一等，随团从成都北门外三河场上船，沿沱江到简阳和内江，以后就日行三四十里，步行到自流井、贡井、荣县、五通桥、乐山等地，进行抗日宣传和霍乱预防注射。

1939 年 1 月 13 日，罗家伦校长暨全体教授讲师 203 人，联名致电美国总统罗斯福及美国国会会员毕德门等人，对于美国政府及人民给予中国抗战之同情与援助，表示深切感谢，并望美国联合世界各民治国家对日本采取进一步制裁。[①] 为加强中美两国领导人和两国人民之间的友好关系，争取美国尽快加入国际反法西斯斗争及建立世界和平新秩序的行列，国民政府外交部部长、国防最高委员会常委王宠惠委托中央大学艺术系国画教授张书旂以"世界和平的信使"为题，创作一幅以花鸟为题材的巨型中国画，赠送给时任美国总统罗斯福。张书旂为此创作名画《百鸽图》，代表中国政府赠美国总统罗斯福。[②]

教授们还呼吁国际社会与中国政府对战时儿童施行救护。"从抗战以来，……我们幼小的同胞不知已经牺牲了几多万有希望有将来的小生命了。他们是纯粹的牺牲者，他们当然不是战场上与敌拼命死的，而抗战救亡的责任，我们也绝对无理由加在他们脆弱的肩膀上。"[③] 教授们认为战时惟一急要的事是如何积极筹措特别援助战区及被轰炸区域中的儿童。希望对国家社会热心服务、有钱有力者采取一种紧急救济儿童办法。建议可多组织几班儿童援助、救护队，派其到濒近战区里或常被轰炸城市与重要村落里分别施行援助。如遇空袭警报时，队员应辅佐孩子们避难；队员应援助临近战区的孩童，将其转移至安全地点，教养他们，使其在抗战岁月中，身心仍得良善发育，为国家制造一些未来的良善有用的国民，使他们成为民族复兴的一批台柱子。

中大教授还指出针对日军使用毒气的应对措施，主张对外尽量揭露日军灭绝人道的罪恶。"敌人自和我开战以来使用毒气，我们应该

①　《中央大学教授联电罗斯福、毕德门呼吁制裁暴日》，《教育通讯》1939 年第 2 卷第 4 期。

②　张建中：《重庆沙磁文化区创建史》，四川人民出版社 2005 年版，第 325 页。

③　凌叔华：《为接近战区及被轰炸区域的儿童说的话》，《新民族》1938 年第 18 期。

积极扩大向国联宣传，尤其要请军医院、万国红十字会手术队和各医院，特别是教会医院，注重搜集证据，将我们将士人民中毒的情形，立即照下相片来，或是写下解剖的验单来，在各国报纸上发表，制成文件及宣传品，充分的供给我们的外交官、侨民、外国政府、外国人士、国际和平组织及机关。"① 对内，建议民众注意防备，避免一切可避免的损失。当局也应提前通告战区人民做疏散工作，不必过事宣传，以致造成恐怖心理。

抗战宣传还包括对日军暴行和汉奸卖国行径的声讨。抗战爆发后，中大师生多方声讨日军的暴行，呼吁国民自立、自强，树立战胜敌人信心。罗家伦校长认为：中国是一个弱国，这是事实，但不赞同把我们自称为"弱小民族"，他认为中国"弱"是真的，但不是"弱小"，而是"弱大"。"我们要把甘心做弱者的观念改变过来，要真正认识弱是羞耻，是罪恶，只有强而不暴才是美，让我们来歌颂强和美罢！"② 此次民族抗战，"以满腔热血忠勇壮烈的牺牲精神来换取国家的新生命"，这是中华历史上一大转机，同时亦具有世界史意义。进而呼吁民众充分认识一个"国家"对外的定义，只是实力的表现。③ 潘菽教授还从心理学方面考察了汉奸出现的原因，认为应该对汉奸加重十等治罪。列举了七八种汉奸动机，如封建的陈旧思想、文人的夸大狂、老年的昏聩、官僚心理和军阀心理、自私自利、心理糊涂等方面是造成汉奸出现的要素。并将汉奸分为以下四类人，第一是挥霍惯了的人；第二是做官惯了的人；第三是作弊惯了的人；第四是作伪惯了人。④ 1943 年夏，蔡翘作为中美文化交流交换教授与费孝通等 6 人应邀赴美讲学一年。在芝加哥讲演时，他向世界介绍了中国抗日战争的情况，呼吁国际社会加强对中国的援助，其讲演稿与其他教授的讲演稿一起被编成《来自中国的声

① 短评：《我们对于毒气战应取的态度》，《新民族》1938 年第 12 期。

② 罗家伦：《弱是罪恶，强而不暴是美》，《新民族》1938 年第 17 期。

③ 张贵永：《瓦解与复兴——德国民族 1949 战争所给我们的教训》，《新民族》1938 年第 1 卷第 3 期。

④ 潘菽：《汉奸的心理分析》，《新民族》1938 年第 2 卷第 3 期。

音》一书，在美国出版，并取得了较大反响。

在捐献方面，尽管中大师生在战争期间生活异常艰辛，但在捐献活动中，他们不仅慷慨捐出手中仅有的钱财，还多次组织义卖、义演等，以其收入用作捐献。把这些捐献的钱和物，用作劳军、送给难民或发展有关抗战事业。[①] 1939 年 1 月，中央大学、中央工校、药学专科学校、北平师大劳作专修科等校学生举行义卖活动，并致电美国政府，请求给予中国抗战以同情和支持。学生自治会和学校发起重庆市扩大募捐运动，救济无家可归的难民。为了筹措战时儿童保育院基金，学校文艺团体举行义演，动员全校师生为扩大献金运动节食。1942 年春，为了响应一元钱献金运动，纷纷举办戏剧公演等形式开展募捐活动。1944 年文化区各校掀起献金热潮，中大献金居第一位，献金总额约 80 万元。中大附中沙坪坝分校发起的慰劳湘省战士献金活动，全校师生热烈响应，学生主动节食献金，教职工捐献工资，全校献金达 3 万元。[②] 1940 年，抗日将领张自忠将军在枣宜会战中不幸牺牲后，张书旂教授闻讯后，沉痛悼念，并在重庆嘉陵宾馆举行画展，募集"张自忠将军奖学金"。张书旂在美国期间，曾源源不断地将在美国、加拿大各大城市举行画展义卖活动所得资金通过救济总署支援祖国抗战，两年中寄回祖国四万美元。[③]

在护理方面，抗战期间的中央大学多次举办卫生服务队、救护队。1937 年 10 月 5 日起，对医学院及各医专学校三、四年级学生实施了为期 3 个月的轻伤救治、防毒技能训练，以方便日后征调。[④] 1939 年重庆市党部妇女运动委员会发动中大女生，组织暑期空袭救济卫生服务队，

---

① 罗玲：《国立中央大学抗战救亡运动刍议》，《重庆师范大学学报》（哲学社会科学版）2011年第 4 期。

② 李波、张建中：《重庆市沙坪坝区文化志》，重庆大学出版社 2012 年版，第 86 页。

③ 李有光：《著名书画家张书旂教授》，《南雍骊珠——中央大学名师传略续》，南京大学出版社 2006 年版，第 209 页。

④ 《医学院赴中央医院实习办法及与华大、齐大合作办法》（1937 年），档案号：648 - 002325，中国历史第二档案馆藏。

共有 17 队，每队携带普通药品分赴各处，临时救济平民。① "五三""五四"狂炸的几天，中大学生除柏溪分校外，全体停课，广大师生并不是躲在防空洞里避难，而是冒死赶赴正被敌机轰炸中的重庆城，协同军警防护团抢救遇难同胞，为撤退的难胞解决沿途食宿等问题，他们用木棍和绳束像脚夫一样替老弱妇女们代携行李。② 在成都的医学院，并与齐鲁大学、华西协合大学两校联合建立"三大学联合医院"，积极开展对伤病员的救治，负伤的飞行员皆送往成都抢救，戚院长在医院内安排了特别医疗区，对每一伤员均亲自诊疗或会诊。1939 年 6 月 11 日，成都遭日机大轰炸，华西坝成立了空袭救护队，队长为中大医学院解剖学老师张查理、陆振山，学生罗建仲任会计。

此外，战时中大学生还积极应征入伍，投入到抗日救国第一线。1943 年中美联军在印缅边界大举反攻，节节胜利。美军各级军官急需翻译人员，受当时"十万青年十万军"之热烈响应和感召，全国各大学 32 级 33 级毕业班男同学全部征调入伍。为此，学校还于 1944 年 10 月 30 成立"知识青年志愿从军征集委员会"，由校长任主任委员，教务长、训导长任副主任委员，何义均教授任总干事，并推定欧阳翥教授等 20 人为委员。征委会成立后立即开展工作，于 10 月 31 日下午 2 时召开第一次全体会议，推定各股人选。该会依照全国知识青年志愿从军总则的规定，分三股推进工作。11 月 2 日，校长又召集各院长及各系科组主任举行谈话会，详细商讨了鼓励学生从军的相关问题。邀请教授于上课时择时阐发抗战青年从军问题与意义，并指导学生团体，如自治会及各壁报主持人等多方协作，扩大宣传，以多方鼓励学生从军。为使同学了解从军的意义，训导长还召集学生自治会干事及各系科组常务代表，举行了座谈会，并请校长出席指导，学生代表所提疑难问题，训导长一一解答。11 月 14 日，又召开学生代表从军问题座谈会，疑难问题

① 《关于组织重庆市党部妇女运动委员会发动中大女生暑期服务队的函》，档案号：0051 - 0003 - 00090，重庆档案馆藏。

② 《中大轮廓》，《新青年》1940 年第 4 卷第 1 期。

由何义均解答。"征委会对宣传工作亦颇注意，校中遍地粘贴标语，词句激烈，收效甚宏，复设壁报，报道从军消息及可歌可泣从军佳话，采用军乐及演讲方式，鼓舞同学，迅速报名"①。众多的宣传活动使报名从军者日渐踊跃，截至11月22日为止，报名者已达百人。11月21日，征委会召开常务会议，拟定从军同学优待补充办法四项，发动柏溪分校同学从军，决定由训导长召集自治会、女同学会及党团负责人，发动欢送慰劳从军同学。此次服役同学，除医、师两院同学免征收外，中大校本部文、理、法、农、工五院，入伍合计458人，柏溪分校、成都医学院及报名加入空军的同学260余人。② 各院人数如后：

表4-2　　　　　　1944年中央大学毕业生应征入伍数据表　　　（单位：人）

	合计	25人
	（1）中国文学系	8名
（一）中央大学文学院	（2）外国语文学系	5名
	（3）历史学系	7名
	（4）哲学系	5名
	合计	55人
	（1）数学系	3名
	（2）物理系	9名
	（3）化学系	13名
（二）理学院	（4）生物学系	2名
	（5）地质学系	10名
	（6）地理学系	14名
	（7）心理学系	4名
	合计	83人
	（1）政治系	27名
（三）法学院	（2）法律系	9名
	（3）经济系	47名

① 《从军狂潮——征集委员会工作概况》，《国立中央大学校刊》1944年第24期。

② 《本校同学踊跃参军》，《国立中央大学校刊》1944年第24期。

续表

	合计	71 人
	（1）农艺学系	9 名
（四）农学院	（2）农艺经济学系	37 名
	（3）森林学系	10 名
	（4）农业化学系	9 名
	（5）园艺系	6 名
	合计	224 人
	（1）土木工程学系	45 名
	（2）电机工程学系	31 名
（五）工学院	（3）机械工程学系	65 名
	（4）建筑工程学系	17 名
	（5）水利工程学系	14 名
	（6）化学工程系	23 名
	（7）航空工程学系	29 名
合计		458 人

为了反攻胜利的需要，全部应征同学需接受统一培训后分发各军事机关服务。其中一部分担任盟军随军翻译，一部分在其他前后方军事机关分别担任各项有关军事工作。除了遵照《教育部训令高字第五三四一八号：从军学生学业优待办法》①《军事委员会征调各专科以上学校学生充任译员办法》外，中大还自行拟定了《国立中央大学奉令征调

---

① 《从军学生学业优待办法》（教育部训令高字第五三四一八号）

（摘自《国立中央大学校刊》1944 年第 24 期。）

（一）中等以上学校在学学生志愿从军者，其学业方面之优待，依本办法这规定办理。

（二）中等以上学校在学学生从军者期间，一律保留原有学籍，上项学生如学籍有问题者，从军期满后，由主管教育行政机关，追认其学籍。

（三）从军学生退伍时，得依本人志愿仍回原校原级，并特许参加升级考试，中等学校学生届毕业时，并准免试升学。

（四）中等学校从军学生，已修满最后一学年第一学期课程者，复学后经过短期补习，准免试升学。

（五）大学先修班从军学生，退伍时得免试升学。

（六）专科以上学校从军学生，退伍复学时，其肄业时期，得减少一学期，其入伍已修满最后一学年第一学期课程者，退伍时准由原校发给毕业证书。 （转下页）

四年级学生充任译员办法》① 《国立中央大学对从军学生优待补充办法》②

――――――――

（接上页）

（七）从军学生如系公费生免费生及领有奖学金者，复学时一律继续予以相同待遇。

（八）从军学生参加留学考试，得予以优先录取之机会。

（九）从军学生志愿参加国内外军事学校以及出国研究国际科学者，得由政府择优先保送之。

① 《国立中央大学奉令征调四年级学生充任译员办法》

（摘自《国立中央大学校刊》1944 年第 3 期）

（一）根据部令除师范学院及在蓉之畜牧兽医系学生外，其他文法理农工五院四年级男生一律征调。

（二）文法理农工五院四年级女生及男生因体格孱弱，经训练班检查不合格者，得留校继续肄业期内仍照兵役法服务。

（三）四年级征调服务各生于第一学期期考后，考试及格课程无论全年或半年均照给一学期学分（必修选修并计算），于服务期满后发给毕业证书，仍作为原毕业年度毕业（本届四年级征调服务学生于三十四年度暑假发给毕业证书仍作为三十二年度暑假毕业）。

（四）根据规定服务各生有因过失，经服务机关开除职务或擅离职守者，本校取消其学籍并不发给转学证书或毕业证书。

（五）四年级征调服务学生所差学分在三十二学分以上者，于服务期满复学时，除免修三十二学分外，补足所差学分。其他学生自愿回校补读功课者，本校予以公费待遇，但以一学期为限。

（六）四年级学生以前曾由校介绍担任外事局翻译人员满一年以上领有服务证明书者，此次得免征调，如愿重新征调服务者，得照本办法第二条办理其二次服务期限得减短，但至少为一年。

（七）四年级征调服务学生本学期考试因病未能参加者，得于各该生受训期间另定时间补考。

（八）凡在本校旁听学生征调服务者，准于服务期满返校旁听并于考试及格取得正式学籍时照本办法第三条免修学分。

（九）凡在本校借读学生应征服务者，准于服务期满继续借读一年，如欲转学本校者，于考试及格取得正式学籍时照第三条免修学分。

（十）四年级学生不遵照本办法办理者，照军事委员会译员训练班征调条例第三条办理（征调条例第三条原文―各大学学生均有被征调之义务，一经征调来班即作服兵役论，原校须保留其学籍其有规避不来者作逃避兵役论，由学校开除其学籍并送交兵役机关办理）。

② 《国立中央大学对从军学生优待补充办法》

（摘自《国立中央大学校刊》1944 年第 24 期）

（一）本校知识青年志愿从军征集委员会，对从军同学，除遵照部颁之优待办法优待外，另订有优待补充办法四项。

（二）凡签名从军者，无论公费或自费生，自签名之日起，即改为公费待遇。

（三）借读生未取得学籍者，服役期满后，一律承认为正式生。

（四）凡从军同学于退伍后，可志愿转院系，不受现行转院系办法之限制。

（五）凡四年级同学，被录取参加干部训练者，各项课程，经函授完毕后，准予毕业，其他年级同学有同一情形者，各项课程函授完毕后，以完成各该年级第一学期学业计算，第二学期照一般规定免读。

《四年级应征同学补课办法》等文件对征调入伍的同学在课程、考核、毕业等相关问题作进一步的规定和说明，保障应征入伍的同学顺利完成学业并拿到毕业文凭。为补救四年级应征同学功课，应征同学在受训期间，每日下午1时至3时，补授功课。各系在四年级必修课中，指定六学分为应征同学选习，每周上课2小时，满六星期为一学分，各应征同学，补修各项学程，仍须按照校方规定注册选课，并参加考试。[1]

从军同学还组织"中央大学从军同学会"以联络感情，方便信息往来。学校当局也组织"中央大学从军员生服务委员会"，专门从事从军员生福利与慰劳事宜。[2] 征委会为增进赴印度参加远征军同学的健康及消遣起见，特发起征求垒球两个，球棒两根，扑克牌两付，作为欢送礼品。[3] 外文系同学吴本琳报名从军后，将中西文书籍130余册捐赠校图书馆，以作纪念并示决心，慨然叹曰"倭奴未灭，何以书为"！闻者无不感动。[4] 同学们热烈应征，教授先生们也大为感奋。他们嘉从军同学之志，偏恨自己年岁不合，体力不支，未能参与这个阔大壮观的威武行列。中央大学中文系教授、诗人汪辟疆将这种复杂而又矛盾的心绪，栩栩传神，形诸笔墨，其两首七绝，最足传诵。[5]

汪辟疆教授送同学从军诗

其一

日日从军势若狂，无人不道送行忙；
遥知富士山前月，待照中华儿女行。

---

① 《四年级应征同学补课办法》，《国立中央大学校刊》1944年第5期。

② 《从军同学会及服务委员会由从军同学及校方分会分别组织》，《国立中央大学校刊》1944年第24期。

③ 《慰劳赴印同学》，《国立中央大学校刊》1944年第24期。

④ 《从军佳话》，《国立中央大学校刊》1944年第24期。

⑤ 王成圣：《五十年前：战时大学生活》，宏生、丁帆主编：《走近南大》，四川人民出版社2000年版，第40页。

其二

闻君已恨从军迟，欲把樱花踏作泥；

我亦有怀征万里，送君先过石门西。

中大校长顾毓琇，也作诗《送中央大学女青年从军（1944 年）》，对女青年从军表示嘉奖与祝福。

好男谁说不当兵，好女今朝亦请缨。

红玉临戎振士气，木兰报国逞豪英。

不辞石柱中流砥，宁别沙坪万里征。

冬月处圆聊袂去，来年共祝早收京。

胡焕庸教授也撰文欢送征调服役同学：

大学四年级学生征调服役，为抗战七年来政府最要措施之一端，变为最让人兴奋之一大事件。……七年以还，国家之财力消耗，难以数计，人员动员亦渝万千，独对教育事业，仍艰难维持，在学青年，给以免役或缓役之优待，凡在青天白日是光之下，莫不弦歌不辍，为国储才，备将来建国之用，国家之优待青年可谓至极，实为现代在战争国家仅有之现象，可见我政府谋国之苦心也。今当盟国胜利曙光初现之日，征调大学四年级学生服役，表示大学生对抗战伟业，决不后人，于前方士气，后方人心，必为一极大鼓励，群策群力，争取胜利，国族前途，实利赖之。……诸君此次服役，担任军中通译工作，在沟通双方意见，并负有联络感情，建立更深切国际友谊之责任，间接且可提高国军素质，其事虽小，所负之使命，实为至重大，至崇高，亦至纯洁。①

---

① 胡焕庸：《欢送四年级同学征调服役》，《国立中央大学校刊》1944 年第 4 期。

此外，中央大学还协助军事委员会组织训练沙磁译员训练班，除提供场所、借用教室之外，还提供全部教职及管理人员。1944 年沙磁译员班由楼光来、黄厦千、胡焕庸为管理人员，教官计有楼光来、范存忠、柳无忌、初大告、丁乃通、孙晋三、俞大纲、李茂祥、涂长望、李旭旦、陈国康、陈国平、傅尚霖、周承轮、高昌远、张镜潭、黄厦千、缪凤林、萧孝荣诸先生。① 中大师生对抗战事业的直接投入有力地促进了中华民族抗战事业的进步和胜利。

二　学术的救国取向

抗战爆发，举国上下面临着亡国灭种的危机，每一个有良知的中国人，都不自觉的有拯救国家民族的忧患意识，作为知识分子，这种家国沦亡之痛与拯危救亡的意识尤为强烈。随着民族危机进一步加深，中大的知识精英们时刻关注着国家命运，为国家发展献计献策。他们广泛深入地讨论学术研究与拯救国家的关系，把自己的学术研究与祖国的救亡运动联系在一起，以学术的方式来拯救国家。除了沿着既有的研究逻辑往前推进外，不少学人为适应抗战的需要，调整了自己的研究方向和研究领域，创造了不少新的研究成果。

（一）探讨学术研究与拯救国家的关系

抗战伊始，中大教授便开展了学术研究与拯救国家关系的探讨，他们认为，知识分子不能关在书斋闭门造车，而应心系天下，关注国家和民族的命运。外语教授柳无忌教授所言：

> 教育是百年树人的工作，大学教育是立国的根本，负担着传播与发扬国家文化的重大职责。……所谓学术独立，并非谓学术的研究应超脱现实的社会、政治、经济、工业等而独自孤立，而是主张学术的研讨应为学者视为终身的事业，必日夜孜孜以求之，不可中

---

① 《沙磁译员训练班组织完竣，12 日举行开学典礼，14 日开始分组训练》，《国立中央大学校刊》1944 年第 5 期。

途言弃；在政府与社会的竭诚鼓励之，监督之，掖助之，并代为扫除其一切外来的干涉与障碍。……在建国期间荷负起发扬学术文化的巨大使命……①

国难使中大师生对国际国内事务更加关注，在他们的影响下，重庆人的命运不仅与空袭及当地物价相连，也与整个国际事态息息相关。

首先，中大教授论述了大学与学术的关系，多方呼吁加强大学的学术研究。学术研究是人类文化最高的造诣，文化是多方面的，也是整个的。所以学术为研究便利起见，不妨分门别类，以求专精，为适应时代起见，也不妨略缓急，以符需要，但是学术终究是整个的，必须同时并进，才能相得益彰。"唯国家虑此考非常，克敌制胜，则当以裨益战事为先，筚路蓝缕，尤必以复兴建设为重。洵非学术界雍容游艺之时，允为有心慷慨报国之会。只能确实贡献于当前之国计，乃克树立吾国学术在世界上之地位。"② 主张在这抗战救国期内设立学术缓急先后的标准。一般从事学术研究的人，无论他研究的范围是纯理科学或应用科学，人文科学或是自然科学，都当负起责任来，自尊自重的认清问题来努力，并且心目中不能一刻忘却抗战救国这个时代的需要。③ 建议政府尽力倡导提高科学研究。认为过去十年来，政府虽提倡科学研究，但由于客观环境所限，科学研究和大学教育脱了节，以致大学几乎全部逗留在知识传授的阶段里。大学教育负有知识的传授、知识的创造、思想的领导三大使命，能完成这三大使命才是一个好大学。研究是大学教育的灵魂，不创造知识的大学是没有灵魂的大学。世界各国科学发展的历史，优秀的科学与大学有密切关系。脱离了大学，科学就要枯萎，惟有在大学里才有研究为工作的科学家。④

---

① 柳无忌：《最高学府与最高理想》，《国立中央大学校刊》（三十周年校庆特刊）1945 年第 3 期。

② 短评：《学术的整个性与时代性》，《新民族》1939 年第 3 卷第 16 期。

③ 袁翰青：《论提高科学的研究》，《新民族》1938 年第 1 卷第 12 期。

④ 袁翰青：《论提高科学的研究》，《新民族》1938 年第 1 卷第 12 期。

邹树文在《我们现在怎样学术研究》一文中，对知识分子如何从事学术研究提出了自己的看法。认为在全民抗战中，国人应该"能执干戈者，努力杀敌，能操工具者，努力生产"[①]。而抗战以来建设人才缺乏，"凡有一技之长的人，常常有应接不暇的光景"[②]。认为抗战初始，知识分子的研究没有与时俱进，是因为试验室太洋化了，很有用的试验室就被不知者认为不合用而不愿用了，所以造成了实验设备的闲置而不能用。并指出其时知识界存在"不联络、不集中"的现象，不能集中联络，即不能有组织，可用者不能用，已用者亦未必得其用。"这个严重国难时期正是学术界加紧努力的时期，把向来用的外国物品，想出种种本国的代用品来。赶快努力研究试验，用学术的原理来发明代用品，以发展我国的产业，以抵制现在以及将来更甚的经济侵略。"[③] 此外，对科学奖金的设置也提出相关建议，"在提倡者的用意未尝不善，事实上恐怕是收效甚微的"。认为鼓励科学研究，通过实实在在的帮助比奖励更重要。"我们要使得正在挣扎中的青年科学者不被淘汰，最重要的是扶植而不是奖饰，是实力的帮助而不是悦耳的甘言"。[④] 教授们还指出我国大学教育，最大的缺陷就是缺乏研究的环境，"各大学的设备，皆就课程方面之所必需而设，关于研究工作的设置极少，既没有研究的工具，无论那项工程所发生的技术问题都没法来解决，更谈不到知识的创造。"[⑤] 一个强盛的国家，前方有驰骋疆场的战士，后方有在研究室内拼命的研究员，有研究工作才有创造的机会，解决任何技术问题绝不是赤手空拳所能办到的。"提高研究工作，倡导学术研究，应先来充实办大学。大学是知识的园地，要想收获，就应当设法来开垦"。[⑥]

---

① 郑树文：《我们现在怎样学术研究》，《新民族》1938 年第 1 卷第 2 期。

② 郑树文：《我们现在怎样学术研究》，《新民族》1938 年第 1 卷第 2 期。

③ 郑树文：《我们现在怎样学术研究》，《新民族》1938 年第 1 卷第 2 期。

④ 袁翰青：《论提高科学的研究》，《新民族》1938 年第 1 卷第 2 期。

⑤ 杨家瑜：《由抗战建国谈到大学工程教育》，《新民族》1938 年第 1 卷第 9 期。

⑥ 杨家瑜：《由抗战建国谈到大学工程教育》，《新民族》1938 年第 1 卷第 9 期。

（二）关注国防及相关问题的研究

国难期间，中大学者们不自觉地调整自己的研究方向和领域，紧密联系抗战救国这个主题，其成果大多与国家和民族命运息息相关，具有"国难"特色。师生积极著书立说，创办刊物，抒发抗战救国之志，为抗战救亡献计献策，表达对国家建设事业的构想。

抗战爆发后，地理学的教授们把研究目标转向国防、气象等对军事有帮助的学科。如吕炯教授着手介绍研究"应用地球物理学"，这是在"大战后才迅速地发展起来的，然而在现代的科学上占了一个重要的位置，在应用方面，其贡献不可埋没"①。介绍这一个学科"以引起国人的注意，为我国的建设事业提供一种参考"②。应用地球物理学目标偏重在经济方面，尤其注重于矿藏的探勘，即应用地球物理方法来探测地下矿床的情况，为普通地质学家所不能探测或不易探测的方法。我国矿产极为丰富，但开采方法相对落后，探勘矿床亦多沿用旧法。至于用地球物理的方法来从事探矿，在中国虽略有所闻，然而因为人才关系，还谈不上什么成绩。我国不论在抗战期内或抗战以后，国家建设总须进行，希望通过对这一学科的介绍，一方面加强相关专业人才的培养，另一方面为国家抗战救国做贡献。

应战时需要，胡焕庸教授完成《国防地理》一书，"抗战初启，国人对于本国之一般地理与国防情势莫不求知若渴"。该书分疆域、人民、资源、交通、边防、海防六章，有关作战之人力、物力、天时、地利、交通路线与水陆要塞等都有详尽阐述。胡氏还据地理环境对各战区攻守战略加以论述，该书"实为国防地理之唯一读物"③。此外，胡焕庸教授还编撰《中国经济地理》《世界经济地理》两书，由青年书店排印。朱炳海教授著作《普通气象学》《军事气象学大纲》二书。④ 作为

---

① 吕炯：《介绍一种有关抗战的新兴科学》，《新民族》1938 年第 1 卷第 13 期。

② 吕炯：《介绍一种有关抗战的新兴科学》，《新民族》1938 年第 1 卷第 13 期。

③ 《胡教务长著国防地理》，《国立中央大学校刊》1944 年第 8 期。

④ 《朱炳海教授著作〈普通气象学〉〈军事气象学大纲〉二书》，《国立中央大学校刊》1944 年第 10 期。

学成归国的学子，李旭旦满怀一腔热情，一心想通过自己的学问为祖国的强大而不受外来侵略而努力。这一时期，他特别关注祖国的发展，通过向国人介绍其他国家的情况，达到强国的目的，由此完成了一系列论文。如《芬兰之国情与国势》①，介绍北欧芬兰国情；《希特勒之"欧洲新秩序"评》②，开展对欧洲新秩序的研究；《日苏协定及今后苏联动向之推测》③，对日苏两国协定进行研究；《国势与国防》④，研究了我国国情与国防的相关问题；《印度政治地理》⑤，对印度的政治地理相关问题进行了研究；《国际关系与国命轮回说》⑥，对国际关系的相关问题进行了研究；《国际疆界划分之原则》⑦，对国际疆界划分原则进行了研究。

中大在重庆期间创办的刊物多达上百种，诸如，《新民族》《文史哲》《史学述林》《中大化工》《机工》《化学通讯》《民主与科学》《社会学科季刊》《地理学报》《教育通讯研究》《理想与文化》《世界文学》《法国文学》《中国文学》《中国文艺》《中国学报》等。这些刊物聚集了一批志同道合的知识分子，同时也吸引了许多知识圈外的人士，他们以报刊为阵地发表自己的观点，抒发抗战救国理念。这些报刊共同点都是以抗战为中心，围绕抗战这一大主题，大造抗战、团结、进步舆论，号召人们为打败日本侵略者，挽救民族危亡而战斗。

1938 年 2 月，由罗家伦校长创办并担任主编的《新民族》周刊创刊。这份刊物"坚定的拥护发挥抗战救国的国策""不重在感情方面的激动，而想要从理智的判断和客观事实的分析里面去树立深信。"⑧ 该刊对战时政治、经济、国际国内形势发表的看法和对文学艺术的评论，

---

① 载《世界政治》1940 年第 5 卷第 1 期。
② 载《世界政治》1941 年第 6 卷第 1 期。
③ 载《世界政治》1941 年第 6 卷第 9 期。
④ 载《中国青年》1941 年第 4 卷第 3 期。
⑤ 载《政治地理》1942 年第 7 卷第 3 期。
⑥ 载《政治地理》1942 年第 7 卷第 5 期。
⑦ 载《政治地理》1942 年第 7 卷第 10 期。
⑧ 罗家伦：《〈新民族〉的前奏曲》，《新民族》1938 年创刊号。

在重庆产生了重要影响。罗家伦几乎每期都在上面发表文章，这些文章从为每周一的纪念周大会上向全校师生作讲演然后整理成为文字陆续发表的。由于校长罗家伦任主编，同时也由在校执教的专家学者执笔撰文，因此学术水平较高。《新民族》作为宣传抗战的主要场所，学校的多数教授都以此作为阵地与武器，在上面发表了诸多抗战救亡相关的文章。在国防与安全上，孙醒东教授就有多篇文章刊载其上，如，《粮食自给与国防》《粮食节约之基础理论》《长期抗战中之军民粮食自给策》《国防科学与科学教育》等，这些文章涉及民族、工业、教育、社会，当然最多的还是有关国防与军需问题。这说明中大的教授们在教书育人的同时，勇于担当社会责任，具有强烈的社会责任感和使命感。

史学教授缪凤林，在1938年台儿庄大捷后于重庆作了著名的三千言长诗——《嘉陵江畔》[①]。在该诗中，缪氏回忆了中华民族悠久灿烂的古代文明。"我回忆着过去的史乘。我想念着未来的光明。"赞赏了古代的圣明君王的开疆拓土、筚路蓝缕之功："泱泱大国风。有三千五百万方里之土地，有六千岁之年祀，有四百五十兆之民众：人类史上的古国，有谁能比踪？"讴歌了祖国的壮美山河与物产的富庶，罗列了众多各类英雄人物，诸如思想家、政治家、军事家、史学家、文学家、艺术家！"哦，伟大的中华民族哟！这都是你过去遗留下来的光辉，你今后当照耀着你的子孙永远存在。"同时又指出世界其他古代文明，都不如中华文明完整而连贯，只是可惜"伟大的中华民族哟！你过去不但能创造文明，并且能继续地吸收着保存着文明，你今后当永负这种神圣的使命。"[②]

在该诗中，缪凤林痛斥了日本侵华的暴行，指出"当我咏叹着过去的光辉，我并不忘记当前的血腥"。"一世纪来，我们受尽了帝国主义者的欺凌，经历了十数年国民革命的奋斗牺牲，统一尚未完成，国力尤未充盈。倭人却在这时间疯狂似的进侵，如蚕食，如鲸吞。六年来，我们忍辱蒙垢，饮泣吞声。""哦！甲午以还我们忍受了倭奴多少的耻辱

---

① 缪凤林：《嘉陵江畔》，《新民族》1938年第1卷第13期。

② 缪凤林：《嘉陵江畔》，《新民族》1938年第1卷第13期。

不数，现在又结下这样的血海深仇！"并坚信通过国家和民族的努力一定能战胜抗战。"我们只凭籍自己的力量，以力抗力，以直报暴。……再过些时，最后的胜利，我们一定可以得到。我们驱尽敌人，收复失土，并拯救东北的同胞。"号召和鼓舞全国人民抗战到底"唉，伟大的中华民族哟！你今日正踏着兴与亡的关头，你当拼全民族的命，报全民族的仇，争取全民族的自由；不达目的，誓死也不肯罢休。"还进一步提出了战胜日本的方法与策略。这长达三千余言的抒情长诗，抒发了作者强烈的爱国热忱，表现了作者对国家、民族的无限热爱，既有对中华古代文明的自豪，又有对日本暴行给国家与民族造成的深重灾难的痛斥，还指出了抗日救国、强国富民的方法以及抗战必胜的信心。

徐仲年是著述颇丰、影响较大的法文教授。旅法期间，徐仲年发表了许多法文著作介绍中国文化，如《诗人杜甫》《红楼梦简介》等，其中，鲁迅的《呐喊》首次由他译成法文。他的博士论文《李太白的时代、生平和著作》及《子夜歌》等作品，一度风靡巴黎文坛。1937年"八一三"战事发生，徐仲年投入抗日救亡运动，参加上海市各界抗敌后援会，负责国际宣传委员会的法语广播工作。中央大学内迁重庆后，他与周钦岳、金满成等组织中国留法比瑞同学会，1939年成立中法比瑞文化协会，并任协会理事等职务。此外还曾加入老舍领导的中华全国文艺界抗敌协会，任理事，参加中国文艺社、中央文化运动委员会、中国青年作家协会、中华全国文艺作家协会等文化团体。1944年参加邵力子领导的世界反侵略大会重庆分会，任理事。参加郭沫若主持的反法西斯大会。在重庆期间，徐仲年结合抗战现实创作了不少文学及综合类作品，主要有《沙坪集》（正中书局 1939 年版）、《流离集》（正中书局 1939 年版）、小说《双丝网》（独立出版社 1946 年版）、《彼美人兮》（正风出版社 1946 年版）等。法文译作方面，有连载于《法国文学》期刊的《三剑客》《阿笃儿夫》（古今出版社 1943 年版），《光明与黑暗　特臡迦尔曲》（独立出版社 1940 年版）等；法国文学和法语研究方面著作有：《法国文学的主要思潮》（商务印书馆 1946 年版）、《法文动词论》（商务印书馆 1946 年版）、《大学基本法文文法》（中国文化印书馆 1943 年版）等。

徐仲年是一位关心抗战时局的爱国学者，《沙坪集》就收有《当代中国大学教育论》《长期抗战与国际宣传》《中国前进曲》《一年来中国抗战剧本述评》等评析现实问题的论述。1939 年出版的《英法德美军歌选》，是徐仲年与外文系教授俞大纲、商章孙（商承祖）合译的作品。1938 年冬，中央宣传部、政治部委托中国文艺社公开征集军歌，以鼓舞军民抗战士气，因中央大学举行的"战时文学讲座"极受欢迎，由此引发徐仲年编译西方军歌以适应战时需要的想法。于是，他约请俞大纲、商章孙两位教授一起，经两个多月紧张编选翻译，三人完成了这部颇有特色的《英法德美军歌选》译作，其中，徐仲年翻译法国军歌《法兰西勇士新歌》《马赛曲》《巴黎曲》《军号手》共 11 首，俞大纲翻译英国、美国军歌共 14 首，商章孙翻译德国军歌 7 首。中大"战时文学讲座"系由外文系教授楼石庵、范雪桥、俞大缜、俞大纲、徐仲年、商章孙主讲，徐仲年说："观于每次听讲者之众多，便可推知在此长期抵抗过程中介绍外国战时文学的需要。"① 《英法德美军歌选》是抗战时期中国外文学术界适应抗战需要翻译的很有特色的精品，体现了反法西斯战争中爱国学者的世界眼光。全书共精选英法德美军歌 32 首，每首军歌翻译均有对作者、内容及艺术特色的介绍，分析精粹，详略得当，引导读者欣赏理解这些军歌的思想内涵和审美意向，以获得特别的感染激励。比如，对《美国国歌》俞大纲说："美国国歌显然是模仿英国国歌……不过，这两支歌的曲子虽相同，辞意与精神却相反，英国国歌是严肃的，美国国歌是激昂的；英国国歌是稳重的，美国国歌是活泼的；英国国歌代表一个伟大的帝国，无条件地激起忠君报国之心；美国国歌代表一个伟大共和国，引起自由平等的爱好。两歌都富于宗教思想，然而英国国民求上帝保佑皇上，美国国民求上帝保佑国家。"②

在战时艰苦条件下，徐仲年克服重重困难，尽力编写或翻译法文教材，保障了教学急需。1937 年 10 月，徐仲年在颠沛流离中随中大迁到重

---

① 徐仲年：《序》，《英法德美军歌选》，商务印书馆 1939 年版，第 1 页。

② 俞大纲、商章孙、徐仲年译：《英法德美军歌选》，商务印书馆 1939 年版，第 173 页。

庆，他描述当时情景说："这期间，敌机屡次炸南京中大，把我放在中大的书籍炸个精光；所以当我赴渝时，真可以说'一身无书籍'……我四处设法收集授课工具，选购的选购，借阅的借阅，自编的自编。"[①] 就这样写出了《法文动词论》《法国文学的主要思潮》《大学基本法文文法》等著作，其中，前两种与《英法德美军歌选》均属商务印书馆推出的"中法文化丛书"之一。《法国文学的主要思潮》包括《法国文学的主要思潮》《四十年来的法国文学》《纳粹铁蹄下的法国文学》等五篇，在抗战艰难条件下尽可能介绍了法国文学概貌。

徐仲年还是位致力于中法文化交流的报刊专家，中大在南京期间，他与汪亚坐、孙福熙等人发起星期文艺茶话会，编辑《文艺茶话》《弥罗》等期刊。重庆时期，主编《科学、艺术、文学》法语周刊，热情向国人介绍法国文学作品，1945 年 11 月创办并主编《法国文学》月刊，由世界文学社发行，称"凡法国文学名著的翻译，研究法国文学之论著，文学史料等，均欢迎投稿。"创刊号有《罗曼·罗兰的手扎》《巴比塞逝世十周年》《得之无忧的龚古尔奖金》等 11 篇，其中有徐仲年的《发刊词》和译作《三剑客》。该刊到 1946 年共出版 3 期。

哲学系教授宗白华在重庆期间，任《时事新报》副刊《星期学灯》主编，编发了大量社会科学、哲学的文章，还包括大量诗歌、散文，产生了巨大的社会影响，成为灰飞烟灭抗战后方重要的理论和文艺阵地。他继续坚持了过去以学术的方式参与社会的办刊方针，在《（学灯）擎起时代的火炬》的宣言里，他号召在这太黑暗的世界里，"我们应该恢复汉唐的伟大，使我们的文化照耀世界"。在编辑启示中他说："在 19 年前，'五四'运动的时候，《学灯》应了那时代的三种精神而起：（一）抗日救国的精神；（二）提倡科学的精神；（三）提倡民主的精神"，"今天的《学灯》，仍愿为这未尝过去的时代精神而努力。"《学灯》上发表的文字主要是与抗战救国有关的学术文章，不是口号式的支援，而是切切实实地在自己力量范围内以学术的力量支持抗战，在炮

---

① 徐仲年：《自序》，《法文动词论》，商务印书馆 1944 年版，第 1 页。

火中顽强地继续学术的命脉。① 宗先生还在 1945 年参加毛泽东、周恩来召开的"少年中国学会"在渝会员座谈会。抗战时期，冀野先生所著《中兴鼓吹》词集，歌颂中华民族的抗战精神，语出至诚，军民读之，无不深受鼓舞。摘录《满江红 送往古北口者》部分内容如下：

> 如此乾坤，当慷慨、悲歌以死。君不见，胡尘满目，残山剩水。万里投荒关塞黑，几家子弟挥戈起。问江淮，若个是男儿，无余子。且按剑、从新誓，岂肯洒，英雄泪。纵天乎亡我，死而已矣。叱咤风云惊四海，凭君一洗弥天耻。细思量，三十八年前，伤心事。（甲午去今已四十年矣）。②

宗白华在《亚里士多德及其文学批评等编辑后语》所论："一百三十年前德国民族所处的境遇，何其像我们的现在？他们六年的艰苦奋斗，驱敌人于国外，不但国家统一强盛，渐成欧洲一等强国，而文化学术光芒百丈，也是民族复兴的原因。"③

在 1944 年，抗战即将结束，鉴于战后建设工作的重要，商承祖、康庄、雷斛龙等同学发起，并邀集有志于该项工作的同学，组织"中国战后建设研究会"，经精心筹备，已于 4 月底举行成立大会，经议定设立理监会，并于理事会下设立总务、研究、交际、资料四股及编辑委员会，以便策进会务。该会还拟定研究计划，分期进行。第一期，以健全机构，提供研究重点为主；第二期，以推广研究工作，解决问题为主；第三期，以整理研究心得，拟定建设方案为主。④ 韩伯林在《中央大学与建国运动》一文指出：

---

① 张忆、郭建玲：《诗与哲的追求：中国现代作家与德国》，电子科技大学出版社 2004 年版，第 156 页。

② 卢侃：《曲学名家卢冀野先生》，《南雍骊珠——中央大学名师传略续》，南京大学出版社 2006 年版，第 53 页。

③ 宗白华：《宗白华全集》第 2 卷，安徽教育出版社 1994 年版，第 190 页。

④ 《中国战后建设研究会成立》，《国立中央大学校刊》1944 年第 10 期。

我们中大拥有国内优秀的进步教授和勤苦好学的同学，还有6500 余毕业同学，散布于各部门，有丰富的图书仪器，有完整的院系，有近 30 年光荣历史，我们应该对建国工作负更多的责任，作更多的贡献。……建国运动应该视为中大师友唯一的中心工作，国家的前途，学校的前途，个人的前途，全看建国运动的成败，对于建国运动贡献的多少来衡量。①

总之，随着抗战形势的变化，国家民族危机进一步加深，中央大学的知识精英们时刻关注着国家民族的命运，对中国未来进行不断思考和探索，为国家和民族发展献计献策。正是因为中大学人有着炽热的爱国热忱和高度的历史责任感，促使学者为国家和民族献身学术，他们把爱国的热情转化为忘我地投入学术工作的动力，孜孜不倦于自己的研究，在历史上留下了丰硕的学术成果，他们以抗战为中心，以救国为己任，服务和支持抗战，不同专业的学者设计了多种道路，设想中国未来的命运，都希望按照自己的意愿来改变中国的现状，以取得民族独立、国家发展和进步。他们通过著书立说表达了对国家建设事业的构想，其中尤以"国难"时期学术研究如何与国家命运相连的内容为多。中央大学学者们没有沉醉于重庆的"蜀江水碧蜀山青"的秀美山水，相反，这些学届精英们以一种前所未有的热忱，密切地关注着国家和民族的命运。"战乱中的民族比以往任何时候更需要教育，更需要人们去传播知识与民族文化的薪火。"② 他们也十分清楚自己所从事工作的重要意义，将他们的爱国热情投射到了自己的学术工作中，自觉地使学术服务于抗日救国，使中大学人的学术活动呈现为救国服务的显著特点。

---

① 韩伯林：《中央大学与建国运动》，《国立中央大学校刊》1944 年第 13—14 期合刊。

② 杨绍军：《西南联大学术研究述论》，李建平、张中良主编：《抗战文化研究》第二辑，广西师范大学出版社 2008 年版，第 60 页。

三　以战争需要为导向的院系整合与课程调整

民族危机的深重迫使中央大学将大学教育与救亡图存相联系。中大的救亡活动首先表现在对抗战所需技术知识人才的直接培养，这主要是根据抗战的需要，响应政府号召，增设有关院系（专修科）和增添有关专业技术课程，以利专门技术人才的快速培养。①

中大西迁重庆以后，为适应战局和社会需求，加大了应用科学方面系科的设置，工学院与抗战关系最密切，所以增设的系科也就最多，先后添设水利工程、航空工程两系，电机工程系和土木工程系从单班加到双班。1937 年夏，水利工程系正式成立，迁往重庆沙坪坝后，在磐溪修造了较大规模的"水力实验室"和"土壤实验室"。由于获得水利部门的拨款和补助，师资充实，设备先进，实验完善。机械工程系从单班加到三班。为培养航空人才而把原来的机械研究班扩大改组为航空工程系。1938 年秋，航空工程系正式招生，并在磐溪修建大型棚场，可存放数架飞机、多具发动机。该系教师除完成教学任务外，还承担国家航空委员会的研究任务，我国最早的滑翔机和五尺风洞，就是在重庆极其困难的条件下研制成功的，为我国新兴的航空事业作出了贡献。此外还成立了建筑工程系，并将原来的化学工程组扩大改组为化学工程系。

国府西迁后，随着国际局势的发展，西北和西南边疆的地位日益重要，有志者喊出了"开发西北""建设西南""有志青年到边疆去"一类的口号。而开发和建设西部迫切需要优秀人才。1944 年秋，教育部令中央大学和西北大学创设边政系，隶属法学院，并于当年招生，学生享受师范生同等待遇。自此"边政学系"这一名称，首次出现于中国的大学史上。② 边政系首任系主任为边政学者和民族学者凌纯声，后凌先生调任教育部边政教育司司长，韩儒林接任。有卫惠林、芮逸夫、董

---

① 罗玲：《国立中央大学抗战救亡运动刍议》，《重庆师范大学学报》（哲学社会科学版）2011 年第 4 期。

② 杜肇敏：《中央大学的边政学系》，《西北通讯半月刊》1948 年第 3 卷第 3 期。

同龢等十余位教授执教。课程包括边疆特殊的政治制度、社会、民族、宗教、历史、地理、语言等方面。学生从第二学年始必修边疆语文，每个同学必须在蒙、藏、维三种语文中选读一种，共读三年，到毕业为止。在选修课上，也稍有差异，比如边疆历史方面的课，依据所学的语文而分别选读《蒙古史》《西藏史》《突厥史》。在宗教方面的课，学维文的便读回教文化史；学蒙文和藏文的便读喇嘛教史，不过大多数课程，还是全系共同必读或选读的。除了上面所说的几种必修和选修课程以外，该系的主科还有《边政通论》《民族学》《人类学》《语言学》《中俄关系史》《国际公法》《边疆民族调查法》等几门必修科和《叙述社会学》《初民社会学》等几门选修科。再选要加上规定的法学院共同必修科和选修科十几种，在二年级时候，有边教实习，到三年级有边政实习。

四　各类培训班的建立

抗战期间，为造就各类专门人才，适应战争及战时各方需要，中央大学亦接受各单位委托承办各种讲习、训练班，以培养造就社会急需各类人才。从1938年起，先后开设电信、炮术、战地卫生三类训练班，在课程开设上不仅注重完备学生的知识结构，也适应了抗战的特殊需求。如1938年初，航空工程系就代航空委员会举办了为期半年的航空训练班，学员毕业后担任地勤工作，取得较好效果。1939年，航空委员会又致函中央大学，希望其能开设航空工程专修班，训练具有中学毕业程度的航空人员，使其在基本科学、工程知识及图算、设计方面的知识能与由各大学机械系或机械学校高级训练班毕业的技术人员不分上下，虽然要把中学毕业程度的学生，通过50至60周的短期训练，使其达到与大学毕业程度相当的水平，事实上很难办到。但因"事关国防专才训练"，中央大学并未推辞，而是义不容辞地承办了此一训练班，① 其后，航空系招收高中毕业受过专门训练的现役航空技

---

① 《国立中央大学附设航空工程专修班实施草案》，《将自动工程系改为航空工程系及代办航空工程专修班的有关文书（1937—1940）》，档案号：648 – 000817，中国第二历史档案馆藏。

术人员，使其接受系统的航空理论知识的训练，增加其航空常识和技能，更好地服务于航空事业。[①] 1939 年，本着"专修科以教授应用科学""养成专门技术人才为目的"的主旨精神，中央大学就开办有各自归属工、农、商、医四大类的专修科教育，其中包括电讯、汽车、机械、采矿、化验、卫生、工程等 17 个专业，共计 20 个班，二年毕业，用之造就各种高级专门技术人才，以应战时前方军事技术和后方开发之需要。[②]

为协助政府持久抗战起见，中央大学还于工学院电机系内设电信特别训练班，专门训练战时电信人员，以备政府征调。训练方针依照当时军政部通信人员的相关办法，注重军用电信机械的使用与修整，以及电码收发等技能。该班招收高中毕业程度学生，训练 6 个月，除技术训练外，同时施以严格入伍军事训练。[③] 此外，还有军事干部训练班与国际宣传训练班。军事干部训练班参加者一百余人，除男同学外并有教职员及女同学多人自动参加。该班除每晨练习跑步、刺枪及其他武器使用外，每星期另有三小时术科，三小时学科，一次野外演习，一次夜间演习。国际宣传训练班，注重学员外国文字训练。

中大在渝期间还积极参与技工训练，为各行业培养了各类专业技术人才，也有力地支援了抗战。其时，重庆作为抗击日军最大的兵器生产供应基地，集中了国内众多的兵工企业。但技术工人严重不足，高级工程师与底层员工之间难于沟通，缺乏可为其沟通桥梁的"工头"，极大地制约着各兵工厂潜能最大限度地发挥。所以中央大学接受国防设计委员会委托代训"艺徒""工头"，使之受训完毕后，分发到军政部兵工署、交通部以及资源委员会所属各国营工厂、经济部工矿调整处所属各民营工厂以及各国立大学附属各实习工厂服务，借此达到教育为经济服

① 《国立中央大学附设航空工程专修班实施草案》，《将自动工程系改为航空工程系及代办航空工程专修班的有关文书（1937—1940）》，档案号：648-000817，中国第二历史档案馆藏。

② 余子侠：《抗战时期高校内迁及其历史意义》，《近代史研究》1995 年第 6 期。

③ 《工学院添办纺织染系和增设机械电机各一班的文书》，《电信特别训练班计划大纲》，档案号：648-000815，中国第二历史档案馆藏。

务的目的①，对帮助中国的工业生产有重要意义。经济部从1940年成立至1944年，委托中央大学训练技工四届。共招训普通技工5800余名，毕业生除一部分应征从军担任技工以外，大部分仍在原厂工作，如后方各工业区，主要在兵工、电化、造船、铁道、汽车、航空机械、钢铁等部门任职，"工作成绩尚称良好"②。此外中央大学亦办理了农业职业学校教员讲习班、全国高中以上女生暑期训练班等多种短期训练班。③

1944年中大还协助军事委员会主办沙磁译员训练班，聘请中宣部副部长董显光、校教育长朱经农、教务长胡焕庸、训导长陈鲲、楼光来、杨家瑜等教授。其他各组办事人员均在中大及重庆大学教辅人员中抽调，各科教官亦均聘定，英语教官有楼光来、范存忠、柳无忌、初大告、丁乃通、孙晋三、俞大絪、李茂祥、涂长望、李旭旦、陈国康、陈国平、傅尚霖、周承轮、高昌远、张镜潭，文化类教官有胡焕庸、孙本文、黄厦千、缪凤林、萧孝嵘，体育教官聘请中大体育系及重大体育系各教授助教担任，由江良规任主任教官，政训教官，除由政治部调派专人驻班外，并由班中敦请各院部首长来班讲演。④

五　服务战时军需事业

除了教学方面的改进和调整外，战时中大还根据自身的特长和优势，结合抗战和大后方的实际需要，对科研方向和科研项目进行了调整和转向，加强实用学科的教学和研究，以此来为抗战服务，并取得显著成效。内迁重庆的中大结合教学科研活动，从事大量军需民用的科研与生产，在为当局提供决策咨询及服务、促进大后方生产的改进

---

① 《机械工训练班概况》，《中央大学工学院概况》，档案号：648-000762，中国第二历史档案馆藏。

② 《经济部技工训练处第十六次技工教育联席会议记录》（1945年4月10日），档案号：0126-2-160，重庆市档案馆藏。

③ 《暑期各种讲习班简章办法大纲（1930—1936）》，档案号：648-000854，中国第二历史档案馆藏。

④ 《沙磁译员训练班组织完竣》，《国立中央大学校刊》1944年第5期。

和推动、维护地方社会的稳定发展、经济生产建设事业等方面做出了积极贡献。

在服务于军事方面，为解决汽车能源的燃眉之急，应军令部要求，中大师生与相关企业的科研人员一道，试制出了用柴油替代汽油为动力的汽车，后来又先后研制成以桐油、酒精、木炭、煤气等为动力的汽车，及时解决了战时军需民用问题。日机对陪都重庆施行的大轰炸期间，为改善市民防空洞内通风及洞内设施等相关问题，重庆市政府及防空司令部多次函请中大工学院研究改善办法。1940 年 7 月市政府因"市民于空袭时避居甚久，各防空洞空气常感不畅"令中大工学院机械系"代研补救办法，俾获收进"，随后中大工学院提交了《人在防空洞中呼吸困难之原因》及《防空洞中救济呼吸困难之办法》，市政府"查所建议各项均颇切实可行"请"贵部（防空司令部）查照办理为荷"。[①]

战争一开始，中大教授就呼吁当局成立、训练机械化部队。"我们在作战的时候要赶快训练机械化部队，这次战争以后我们还得加紧训练机械化部队！不如此不足以保卫国家民族，不足以避免再度的侵略！""现代的军事，建筑在工业的基础上面。"认为"怎样才可以训练出精良的机械化部队是目前最实际最有关抗战的问题"，并指出战时我国民众普遍存在的缺陷：要么体力不够，要么知识不够，或者有体力的人不见得有知识，有知识的人不见得有体力；有体力有知识的人不见得有机械动作的训练和习惯。这是我们旧式农业国家最大的缺陷，因科学不发达导致机械技能训练不发达。[②]

要补救这些缺陷，还提出相关补救的意见。

一、注重民族的健康尤以儿童的营养、运动与卫生环境为重要。

二、初级科学知识应充分使其普及。

---

① 《国立中央大学公函渝字第 1061 号》（1940 年 7 月 17 日），《关于报送国立中央大学机械系对防空洞意见书的来往公函》，档案号：0053－0012－00148，重庆档案馆藏。

② 罗家伦：《训练机械化部队的基本认识》，《新民族》1938 年第 2 卷第 11 期。

三、凡中级学生如体力智力都好，心理测验复证明其适宜于加入某种机械化部队，而其志愿于将来加入某项机械化部队者，其在中级学校期间，应即予以特种补充训练及适当优待，以为将来机械化部队的基本人材之策源。①

呼吁政府"用近代科学化的方法"建近代科学化的军队，建议鼓励优秀的中学生及大学初年级学生加入机械化部队和由工程专家来办理机械部队的教育，应急的初步，不妨先以机械化部队的技术教育方面，先请各大学或其他部分的工程专家担任。②

在军粮的改进方面，中大教授们也提出了切实可行的建议。"军队的粮食与枪械是同样的重要，有时虽然军械充足，但由于粮食的缺乏，仍然免不了吃败仗，因为军粮及士兵营养之重要，我国当此准备长期抗战的今日，军粮问题之急待解决，自不待言"。指出我国时有军粮无论在营养成分、膳食结构、还是配合烹调方式都存在问题，"故部队之膳食，绝难期其合于营养原理"。营养不良必然导致士兵战斗力降低，病兵数目增多，故军队给养的方法不适合于前线的战斗人员。由此专供前线战斗员食用的特种军用粮食的研究与制造，实为迫不可缓的任务。③这种特种军粮须能具备下列四个条件：

（一）在可能范围内，一种制成之食物中，要含有人体必需之各种营养素，而且各种营养素的配合比例，要合于营养原理。（二）原料要普通易购，价值要低廉。（三）制法要简单，味道要可口。（四）体积要小，便于携带，且能保藏长久时间而不腐坏。

郑集教授鉴于军粮研究的重要，根据上面的四个条件从事研究，经

---

① 罗家伦：《训练机械化部队的基本认识》，《新民族》1938 年第 2 卷第 11 期。
② 罗家伦：《训练机械化部队的基本认识》，《新民族》1938 年第 2 卷第 11 期。
③ 郑集：《军粮研究的重要及一点实验的结果》，《新民族》1938 年第 10 期。

数月研究，研制了一种军粮配合公式及五种军用干粮制造法。从食材、配方、试制、营养成分、费用、用法等多方面多次试验后，供献给军队试用。郑集教授将其报告原文由中央大学转呈军政部试用，后据军政部粮秣试验复函称"结果甚为适用，各方投函询问制法及索取研究报告者甚多"。[1]

在军官智慧测验方面，心理学系做出了突出贡献。战时，各级军官需要各种程度的智慧，而军官与士兵所需要的智慧程度又不相同，军官的智慧程度实为支配军事工作效率之一项条件。[2] 为此，心理学系编制了两套军官智慧测验，这两套测验在"组织"上是相同的，而在"形式"上则不相同。从"效度"的观点看来，这两套测验的用途颇大。从"信度"的观点看来，这两套测验是最可靠的。根据各种测验统计分析之结果，其信度为90—95。该测验有如下五种用途：

（一）确定入军官学校及其他军训机关者之资格，借以减少人力、物力与财力之巨大耗费。（二）根据入军官学校及其他军训机关者之智慧程度划分智慧相等之组。使各组得受相等训练，而效率遂可因此增强。（三）发现智慧优越者，而予以升迁。（四）发现智慧低劣者，而予以淘汰，或使人补充兵队，或工兵队。（五）本测验亦可应用于士兵及军队中之其他工作人员，以确定军队中各种工作所需要之智慧程度。[3]

中大教授还提出解决伤兵办法，指出伤兵的救治应广泛发动后方民众，使受伤的同志丰衣足食，精神愉快，提早恢复其健康。[4] 提倡加强对伤兵的训育，即"政治重于治疗"。建议医院里应当预备一些报纸、

---

[1]　郑集：《战斗之根本动力——一个军用干粮的研究报告》，《黄埔》1940 年第 15 期。
[2]　萧孝嵘：《军官智慧测验》，《新民族》1938 年第 1 期。
[3]　萧孝嵘：《军官智慧测验》，《新民族》1938 年第 1 期。
[4]　张查理：《怎样解决伤兵问题（二）》，《新民族》1938 年第 10 期。

书报、抗战小丛书和小歌本及棋类球类等工具，把伤兵组织起来排演话剧、团体游戏、刊行报纸、开办夜校，给他们正当的娱乐和知识。这种工作由政治人员推动，地方知识分子合作就能办得起来。政治人员在军医院中的地位与医务人员并重，其重要的工作就是设法引导伤兵在伤愈之后快回前线，使这些身经百战，经验宏富的同志回到前线当然比新抽的壮丁有用的多了。伤兵的治疗和特遇关系前线的士气，减少残废的军人，缩短伤兵的病期亦能增加前线的兵力，安定后方的秩序，减轻财政的担负。建议"积极分区训练军医人才，增加治疗效率，更当发动民众在精神上予以慰借，在物质上予以供给。尤宜加紧政治工作，使受伤同志认清自己使命之神圣，责任之重大，愈后赶回前线，再接再厉的杀敌，以增加抗战之实力，而促最后胜利之实现"。①

教授们还指出了编制战时统计的必要性。编制战时统计目的在于"把此次抗战的事实用数字去作一番静的客观的叙述"。政府有了统计数字作参考，便于对战时的设施做适宜的处理与改进。军事统计是属于政治统计的一个重要部门，在抗战中具有突出的重要意义。一个战略的决定有时要用到多种统计作参考，如敌我战斗力量的对比须以数字去说明；敌情的判断有时也要用数字做根据；兵力的适当分配和迅速补充，更非统计的指示不可。这些都说明了军事统计在实用上的价值。"对抗日战争这样规模宏大而内容复杂的战事经过，也只有用统计方法才能把它系统地正确地表示出来"。②

我们主张编制战时军事统计的用意，办理各种军事统计的负责者应该于情势许可的范围以内，尽力把所有的军事的和与军事有直接关系的统计资料，搜集得完全，编制得正确。其次，他种无重大的军事价值而与经济，社会或他部分有关的次要项目也要

---

① 张查理：《怎样解决伤兵问题（二）》，《新民族》1938 年第 10 期。
② 刘南溟：《战时军事统计之编制（一）》，《新民族》1938 年第 1 期。

尽量顾到。①

　　此外，对军事统计也做了相关研究。军事统计的内容包括：动员统计、阵亡失踪、伤病统计，还包括抗战以来所动员的各种部队中勤务人员的数量，如抗战前夕全国所有国军的常备额；抗战发动时动员到前线的军队；抗战以后补充到前线的军队；后方各省所训练的新军或壮丁；空军（包括战前及作战以来的补充额）；抗战以来政府收编的各种零星部队、义勇军、参加军队服务的非战斗人员等。② 通过对军官士兵的出身、年龄、籍贯、教育程度的分类统计，可以推测出军队的素质及其战斗力的强弱，对指挥作战有很大的帮助。加强阵亡失踪伤病统计，可以明了兵力的损失及对于人口的各种影响。此外，抗战以来敌人空军轰炸及其所引起的一般民众的死伤和物质损失，亦应分别加以调查统计。建议军事当局采用"详尽而正确的数字以为统筹兼顾的根据"，只能采用系统的统计方法才能弄得清楚。③ 这些研究系统阐述了编制战时统计的必要性、军事统计的价值、军事统计的内容、军事统计资料搜集方法等重要问题。

　　中大学人执着于对抗战军事方面的学术研究，探讨了战时科技建国的重大论题，如，阐述了科技工程化尤其是电械化工程对于战时国防及国家建设的重要性；剖析了战时气象学在军事方面的应用；分析了战时中国天气预报中所存在的问题及成因；在测量事业与战时国防方面，阐述了测量事业的重要意义；还对战时军事具体问题进行了探究，包括：机械化军队建设的困难、方法，机械化军队教育与训练；对战时军事心理问题的探析，探讨将心理学应用到军人及军事人才的选拔、军事训练、军人心理健康监测等领域，以及伤兵有效救治与有效地利用国际法规来约束侵略国惨无人道的暴行问题。还包括战时军

---

① 刘南溟：《战时军事统计之编制（一）》，《新民族》1938 年第 1 期。
② 刘南溟：《战时军事统计之编制（一）》，《新民族》1938 年第 1 期。
③ 刘南溟：《战时军事统计之编制（一）》，《新民族》1938 年第 1 期。

事统计问题以及军粮研究问题。这些研究对抗战军事及相关具体问题的学术研究，无疑对于有效抵御、克制日本军国主义的侵略具有重要意义。

本章小结

首先，中大师生积极从事的抗敌救亡运动，提高了陪都民众的民族觉悟和爱国热情，激发了他们民族意识的觉醒，有力地推动了抗战动员及全社会抗战氛围的形成，增强了民众抗战胜利的信心和决心。中大师生在警报声中积极响应政府号召，全力以赴地投入到抗战的伟大事业中，他们通过集众讲演、义务演出、歌咏演唱、举行歌咏晚会、创办报刊、绘制抗战漫画、雕刻抗战木刻版画、粉刷标语、游行示威、教唱歌曲等多种形式进行抗战宣传。中大师生在开展同一种抗战宣传活动时，还会因地制宜，因人制宜采用不同的方式。除了对民众宣传抗战形势及报道相关时事外，还进行了诸如慰问难民、讨汪锄奸、征募寒衣、扩大节约建国储蓄、禁烟、禁止不良娱乐等事项的宣传。总之，这些以救亡和启蒙为主旋律的活动在陪都重庆的广泛展开，使得广大民众明白了抗日的重要意义，增强了普通民众和前方将士抗战必胜的信心和决心，也在一定程度上激发了官兵的士气，在疏通民众与政府间的信任、政府政令的顺畅执行等方面都有积极效应。

其次，中央大学的救亡运动向民众普及了科学文化知识，开启了民智，使普通民众受到了科学文化知识的洗礼，提高了民众的科学文化水平。中大的知识精英们时刻关注着国家命运，广泛深入地讨论学术研究与拯救国家的关系，他们把自己的学术研究与国家的救亡运动联系在一起，以学术的方式来拯救国家，他们将爱国热情投射到学术工作中，自觉地使学术服务于抗日救国，为此不少学人适应抗战的需要，调整了自己的研究方向和研究领域，创造了不少新的研究成果。民族危机的深重迫使中央大学将大学教育与救亡图存相联系，除为抗战培养了急需技术知识人才外，还从事军需民用的科研与生产建设，在为当局提供决策咨询及服务、维护地方社会的稳定发展、经济生产建设事业等方面做出了积极贡献。

再次，根据战时社会经济发展急需展开研究和服务，培养并充实了抗战的军事力量，为抗战提供了强有力的人力和技术支持，促进了抗战物力数量的增加和效能的提高。此外，中大师生勇跃为前线的战士们捐钱、捐物、集资筹款，通过很多实际工作诸如，节约储金、慰问伤员、慰问出征军人家属、募捐慰问品、征募寒衣、禁烟、肃敌货、提倡战时文化等，为抗战筹集了一大批物资、资金。中大师生踊跃参军，奔赴前线打击日本侵略者，培养、充实了抗战的军事力量，为抗战提供了强有力的人员补充。

总之，重庆时期的中央大学不论是积极宣传、参与抗战，还是对部分课程的调整、各类应急性培训班的建立以及教授们对抗战时局的种种建言，都表现了他们密切的、以抗战为导向的现实关怀。中大的知识精英们时刻关注着国家命运，家国沦亡之痛与拯危救亡的意识尤为强烈，把自己的学术研究与祖国的救亡运动联系在一起，以学术的方式来拯救国家。

第五章 国难中的大学与社会

抗战期间，在中央大学、复旦大学等内迁高校和各大科研院所与重庆原有地方高校的共同努力下，以重庆为中心的大后方教育出现空前繁盛的局面。师生们坚持教学和科研活动，积极参加抗日救亡运动，为苦难深重的中国培养了大批有用之才，也为大后方输送储备了大批优质人才。在渝的中大师生还密切关注大后方经济、文化、教育、农林、卫生事业的建设，着眼于大后方经济发展与能源开发，在一定程度上推动了大后方社会发展及整体进步。

第一节 中央大学与重庆的教育发展

重庆地处内陆腹地，战前其教育文化相对落后。中央大学内迁重庆，无疑推动了重庆教育事业的整体发展，一定程度上改变了重庆教育文化落后的面貌。中大结合自身办学传统、办学特色和优势，为重庆的教育贡献出了光和热。

战前，中国高等学府大都集中在北京、天津、上海、南京、广州等沿海大城市，且多在当地招生，而重庆本地高校仅有四川省立重庆大学、四川省立教育学院、西南美术专科学校三所，故当时在国内外高等学校毕业的川籍学生人数很少。战后，中央大学等大批高校纷纷迁到重庆，不仅全国最优秀的学生都集聚到陪都重庆，而且重庆籍学生人数也大大增加，一定程度上改变了内迁高校的生缘结构。应教育部要求，中大于 1938 年改教育学院为师范学院，结束了重庆地区高等师范教育的空白状态。中大师范学院在招生时适当放宽了录取标准，并增加了四川籍的考生招生名额，毕业的同学多在重庆市内及周边区县各大专院校及中小学从事教育工作。总之，中央大学在重庆的开办促进了重庆各类教育发展。

一　促进重庆及周边地区初、中等教育的发展

中大西迁重庆后，先后在教育部所在地青木关和沙坪坝校本部设立两所附属中学，一所附属小学，教学水平领先重庆的同类学校。位于青木关的附中全名为"国立中央大学师范学院附属实验中学"，最初该校奉教育部指令从南京迁往贵阳，更名为"国立十四中"。1940 年中大在青木关新建附中，由中山中学班、国立十二中、十五中、十六中部分师生合并而成。1944 年女生部从本部分出迁到西南面石家沟滑翔总会处，该校简称中大附中青校，在沙坪坝本部增办的附属实验中学沙坪坝分校，简称中大附中分校。它和中大附中青校及分校 1943 年所设班级情况如下表[①]：

表 5 - 1　　　　　　　　中大附中 1943 年所设班级情况表

校名	所设班级
中央大学附属中学	高中 9 班，初中 11 班，六年制 3 班
中央大学附属中学分校	高中 1 班，初中 4 班，师范 3 班，附小 4 班

青木关附中 1944 年共有学生 1150 人，教员 49 人，职员 41 人，军训员 4 人，工役人员 100 人（其中，特种工役 77 人）。[②] 其师资队伍强，

---

① 李波、张建中等：《掀起你的盖头来——抗战时期重庆青木关文化教育史》，四川大学出版社 2020 年版，第 190 页。

② 李波、张建中等：《掀起你的盖头来——抗战时期重庆青木关文化教育史》，四川大学出版社 2020 年版，第 190 页。

教职员来自战区，其中不乏名牌大学教授、讲师，因逃避战乱而来到陪都重庆及其周边地区的。教学质量高，学校的经费充足，教师待遇较好，学生享受公费待遇的也多。

1939 年，师范学院在附中沙坪坝分校设学习心理实现班，由艾伟及其团队开办，实验班招收中、小学学生，研究国文、英文、算术三门基本学科的学习过程，希望运用教育心理学原理研究如何有效发掘少年儿童的学习能力。后来，实验班改隶属于中央大学研究院教育心理学部，即为"中央大学研究院教育心理学部中学六年制学习心理实验班"，内有高中一年级一个班，初中一、二年级各一个班，共三个班，教职员 15 人①。这一实验班是在战时极其困难的条件下苦心经营的一个研究点，其成绩卓著，远近闻名。艾伟在实验班上做了多种项目的实验研究，并把整理后的结果记录在实验班的《教学报告》上，由教育部出版发行。

中大师范学院还负责撰写中小学教材。1940 年 4 月，第二届高级师范教育会议在教育部举行，② 决议由各师范学院联合办理关于分科教材教法研究及编译丛书一案，各师范学院分科目如下：

表 5－2　　　各师范学院办理教材教法研究分科目表

研究科目	负责研究学院	协助研究学院
初高中公民科教材教法	国立师范学院	西北师范学院
初高中国文科教材教法	西北师范学院	西南联大师范学院
初高中英语科教材教法	中央大学师范学院	西南联大师院、西北师院
初高中数学科教材教法	国立师范学院	西南联大师院、西北师院、浙大师院
初高中史地科教材教法	浙大师范学院	西南联大师院、西北师院
初高中博物科教材教法	西北师范学院	中央大学师院
初高中理化科教材教法	西南联大师院	浙大师院
师范学校教育科教材教法		
教育部分	西北师范学院	
心理部分	中央大学师院	

① 郭本禹：《中国心理学经典人物及其研究》，安徽人民出版社 2009 年版，第 135 页。

② 陈东原：《第二届高级师范教育会议概述》，《教与学》1940 年第 5 卷第 4 期。

续表

研究科目	负责研究学院	协助研究学院
小学各科教材教法	西南联大师院	中山大学师院
初高中体育科教材教法	西北师范学院	中央大学师院（童子军部分）
初高中音乐科教材教法	女子师范学院	
初高中图画劳作科教材教法		
图书部分	中央大学师院	
劳作部分	西北师范学院	
高中家政科教材教法	女子师范学院	西北师范学院

　　由上表可知，初高中英语教材教法、心理学部分、图书部分由中央大学师范学院负责组织编写。决议还决定各师范学院联合发行《中等教育季刊》，各院推代表一人组织编辑委员会，负责征集各单位稿件，各院轮流主编，第一年由中央大学师范学院负责主编。①"兹建国伊始，民族复兴之时，中等教育实施方案之改进与教学训导方法之研讨，盖不可一日或缓，兹编之刊行，意及以之应时代之要求，资专家之商榷，期收集思广益之功，而有待于海内致力于中等教育研究者桴鼓相应。"②该刊每期开设"专科教材法研究"专栏。"中等教育界一向不很注意教材教法的研究，我们极希望全国各中等学校有经验的教师，把他的教学心得提出讨论，本栏拟每期具有一个中心。"③希望能引起全国中等学校教师们的兴趣。各类中等教育教材的编写与各类教育刊物的创设为全国及后方各省的中等教育有指导作用。

　　为促进四川及重庆中等教育事业的发展，中大师范学院多次参加教育部及重庆市教育局举办的各类小学教师训练班及中学教师讲习会、中小学教师暑期训练班④，培养了大批本地中小学师资，提高了办学水

---

① 陈东原：《第二届高级师范教育会议概述》，《教与学》1940年第5卷第4期。
② 陈立夫：《中等教育季刊发刊词》，《中等教育季刊》1940年第1卷第1期。
③ 《中等教育季刊编辑后记》，《中等教育季刊》1940年第1卷第1期。
④ 《重庆区中学教员暑期讲习会学员参观重庆各机关、工厂的函件》（1938年），档案号：648-002334，中国历史第二档案馆藏。

平。1941 年，中大师生为适应报考大、中学的考生需求，在松林坡和磁器口分别举办了暑期补习学校。1942 年社会局与中央大学师范学院合办重庆市第二届中等学校各科教员讲习讨论会，参加教员 42 人，分国文、英文、数理、生物四组分别讲习讨论。教务部分由中央大学师范学院负责办理，事务及生活指导由社会局担任。"于七月二十日假小龙坎私立树人初级中学开始讲习讨论，至八月十五日结束，各员回校服务，均能热心工作，努力教学，对于校务方面，助力尤多。"[①]

1943 年暑期，重庆市教育局与中央大学师范学院合办为期 1 个月的小学教师训练班，调训学员 180 人，成绩合格的 153 名学员仍由教育局派回原校服务，名列前茅者晋级加薪。在重庆期间，中大受重庆教育局委托多次举办中学教师讲习会，各中学教职员 60 人，分设国文、英文、史地、数理四组，讲习研讨 1 个月，按照预定计划每年暑期举行一次。[②]

重庆市教育局"为弥补本局视导工作之不足，偏重于教学之督导，并呈请教（育）部派导学视导本市中小学以期充实地方，明瞭实情，共谋陪都教育之迅速改进"[③]，请中大师范学院组成重庆市教育视察团，对全区所辖 349 所公私立中小学进行教育督导。"期以实际视察所得，提出具体有效之改进办法，彻底整顿，以符社会人士之期望。"1945 年自 3 月 10 日始，至 6 月底止，共计 110 天，设督学 4 人，视导 4 人，依据重庆市地形，将全市划分为五个视导区：城中区，江南区，江北区，沙建区，九复区，每区派视导人员一人或二人，驻区督导。驻区视导人员根据视导计划要点，预定视导路线，逐校切实督导，并分别填具视导报告表，交由主管科室，分别予以指示。视导工作结束后，连续召开视导会议四次，公开审慎评定各校期终考绩，计甲等者 99 校，乙等者 109 校，丙等者 95 校，丁等者 46 校，并将各校存在问题及相关材料，

---

① 《重庆市教育局工作报告》（1942 年 3 月—1943 年 2 月），档案号：0065 - 1 - 61，重庆市档案馆藏。

② 《重庆市教育局行政史略》（1944 年），档案号：0065 - 1 - 39，重庆市档案馆藏。

③ 《重庆市教育局 1945 年工作报告》，档案号：0051 - 2 - 853，重庆市档案馆藏。

提供设计委员会参考。①

在重庆期间，中大有相当一部分教师和学生到各中小学任课，增强了当地的师资力量，提高了重庆本地中小学的教育质量，为重庆地区的中小学教育发展、民众素质提高做了大量的工作。大学教授们到各中学兼课，由大学教授给中学生上课，在抗战时期也是一个重大特色。这不仅普及了文化科学知识，而且还把大学和中学教育连为一体，大大提高了各中学的教育质量，为专科以学校生源质量的提高打下更坚实的基础。②

1942 年中国教育学会理事会委托中大教育心理学部、中央卫生实验院对重庆迁建区小学生的智力学力及体格进行调查，艾伟教授为主持人，以沙磁文化区为主要调查范围，对沙坪坝、磁器口、化龙桥、新桥、山洞、歌乐山、石桥铺等中心学校和迁建区新桥、新开市、金刚坡等小学，以及中央卫生署子弟小学、重庆猫儿石小学、巴蜀小学、扶轮小学、德精小学等进行调查，取得了丰富的资料数据，由艾伟教授主笔撰写了长篇报告《重庆迁建区小学学生智力学力及体力调查报告》，中国教育学会将此报告和中国教育学会沙磁分会撰写的《战后世界和平与教育改造之意见》一文一并刊发在 1944 年《中国教育学会年报》上，为研究重庆沙磁文化区教育留下了重要文献，对儿童学业及健康也有特殊贡献。1945 年经重庆市教育局决定，并呈报教育部拨给事业补助费，设立沙磁国民教育示范区，"……区内大中学校林立，成立全国文化中心，关于国民教育部分，允宜切实改进以求配合"。抗战胜利后，重庆市教育局以沙磁国民教育示范区示范工作"较有成绩"，又指定办理沙磁民众教育示范区。③

中大师范学院于 1942 年 4 月奉教育部之令辅导重庆市、江北县、巴县三区普通中学及师范学校的国文、数学、英语、历史、地理等五科教学，师范学院推定各科教授讲师组织辅导团。该团先后赴重庆市各公

---

① 《重庆市教育局 1945 年工作报告》，档案号：0051 - 2 - 853，重庆市档案馆藏。

② 张建中：《重庆沙磁文化创建史》，四川人民出版社 2005 年版，第 290—301 页。

③ 张建中：《重庆沙磁文化创建史》，四川人民出版社 2005 年版，第 302 页。

私立中学 11 所，即小龙坎的私立树人初级中学、沙坪坝私立南开中学、海棠溪戴家院私立东方中学、南岸文峰塔私立广益中学、南岸玄坛庙的重庆市立女子中学、南岸弹子石私立精益中学、南岸弹子石私立文德女子初级中学、南岸黄桷垭背风铺私立懿训女子中学、南岸黄桷垭背风铺私立博学中学、沙坪坝重庆市立中学、国立中央大学师范学院附属中学。并提交了《重庆市公私立中学国文、数学、英语、历史、地理五科教学辅导报告》。[①] 中大师范学院各系共推举教授讲师 7 人组成，缪凤林、柳无忌二教授任团长，成员名单如下[②]：

表 5－3　　　　　　　中大师范学院辅导团成员一览表

系科	姓名	系科及职称
历史	缪凤林	史地系主任兼教授
英语	柳无忌	英语系教授
国文	龚启昌	公民训育系讲师兼国文系实习导师
数学	马遵廷　赵善继	数学系讲师
地理	李海晨	史地系教授
英语	张镜潭	英语系讲师

中大教育学院辅导团按照预定日程，通过"会晤学校行政当局，探询该校各科概况；参观各科实际教学情形；调查各科各级教科用书及补充材料；调查各科教学设备及教师资历；与各该科教师会谈教学上之一般问题，并酌情析疑解难"[③]。"本院从事辅导之目的，并不在指责某一校或奖饰某一校，而在求得各校学科一般之问题及其困难与缺点，继提供改进之意见与积极之建议。"[④] 最后，调查团以学科为单位，整理

①　国立中央大学师范学院：《国重庆市公私立中学国文数学英语历史地理等五科教学辅导报告》，《中等教育季刊》1942 年第 2 卷第 3—4 期合刊。

②　国立中央大学师范学院：《国重庆市公私立中学国文数学英语历史地理等五科教学辅导报告》，《中等教育季刊》1942 年第 2 卷第 3—4 期合刊。

③　国立中央大学师范学院：《国重庆市公私立中学国文数学英语历史地理等五科教学辅导报告》，《中等教育季刊》1942 年第 2 卷第 3—4 期合刊。

④　国立中央大学师范学院：《重庆市公私立中学国文数学英语历史地理等五科教学辅导报告》，《中等教育季刊》1942 年第 2 卷第 3—4 期合刊。

出国文、数学、英语、历史、地理等五科调查报告，从师资、教材、教法等各方面提出了意见和建议。

师资缺乏是各学科共同面临的问题。就国文科而言，"各校师资咸感缺乏，专攻国文者为数甚少"。地理师资缺乏尤为严重，视导的 11 校，仅沙坪坝市立中学一校教员由大学地理系毕业，"此外各校地理教员，有由大学教育系毕业而其大学肄业时以地理或史地为辅系者，或于大学毕业后对于地理一科有特殊之研究兴趣者。其余各校之地理教员，皆由他科教员兼任，于地理殊少修养，其讲授地理，不过照本宣科。"辅导团建议聘请受过专门训练而且富有教学经验的专业人才任教，并给予这些教员进修机会，使其在学业上有进步，并切实执行奖励任职年久教员的政策。建议改良师范学院及暑期教员讲习班；一则可以造就大批教育人才，二则可以辅助现任教员在教学上加以改进。① 建议提高教师待遇，加强教师甄别与奖励，增加学校设备经费。并提出了解决师资匮乏，提高教师教学技能的方法。

教材方面，各校教科书、字词典、良好青年读物、国学参考书籍异常缺乏。辅导团提出取缔不良教本、充实教材，组织中学教本编纂委员会，切实负编译与校订责任；广泛征集各中学富有经验教师所编的讲义作为编著教本参考材料等建议。此外，还建议中学地理教本必须文字明白浅显，真确切实，附以简明地图图表及照片，学生于文字之外，可由地图图表及照片上获得更明确的信息。教师讲授时，除教科书外，当再参考各种地图、书籍、报章、杂志、搜集教材，以为补充，决不能仅以教科书中所述者为限。

在教学方法上也提出了不少改进意见，如，建议国文系应鼓励学生组织"班书库"集体购置，轮流阅读。在设备方面，建议规定各校每科最低限度设备要求。增加设备经费，添置参考图书及各种教学工具。还建议地理教学讲授时应尽量利用各种地理教具，如地图、图表、模

---

① 国立中央大学师范学院：《重庆市公私立中学国文数学英语历史地理等五科教学辅导报告》，《中等教育季刊》1942 年第 2 卷第 3—4 期合刊。

型、照片之类，能有幻灯、电影当更佳妙。利用地形图、气候图、土壤图、物产分布图、交通图、人口分布图、人民职业图等，互相比较，可以"令学生注意观察人地相应之理"。

1941年，师范学院院长许恪士教授与该院教授汪少伦、张沅长等，陪同教育部中等教育司章司长三次赴北碚合川等地辅导中等教育，许院长应合川中央训练童子军教育人员训练班邀请作了教育思潮相关内容的讲演。[①]

教育心理学部自1938年秋成立以来，"其毕业生之服务成绩，均甚优良，该学部除训练研究人才为专科以上学校培养师资外，其时工作则在教育心理学术之研究，计历年来曾接受教育部中等教育司、国民教育司、体育委员会，湖北教育厅及中国教育学会等机关团体之委托，进行黔鄂川三省中小学教育训练，全国中等学校体育测验及迁建区小学教育与智力测验等工作，均已先后获得结果"。此外，设有"学习心理实验班"，进行中学各科学习心理实验研究。[②]

二 促进重庆及周边地区社会教育的发展

1938年5月，国民政府教育部通令全国各级学校兼办社会教育，颁发《各级学校兼办社会教育办法》，提出学校兼办社会教育，使学校成为社会教育中心。《办法》规定各级学校教职员生均应参加社会教育工作。中大在重庆时积极开展社会教育，创办了多所民众学校，"一群对民众教育有认识和热情的同学创办了中大民校"，招收成人、儿童识字班两班。民校开办时，既没有经费也没有教材，但是它有对民教工作十分热情的工作者。学生没有书，先生来抄，学生没有文具，由先生捐助。为度过经济上的难关，民校还曾在沙坪坝放映募捐电影。[③] 中大三民主义青年团在沙坪坝本部及柏溪分校也办有民众学校，招收学校附近失学儿童，分班

---

① 《师范许院长等辅导中等教育》，《中大周刊》1941年第5期。
② 《教育心理学部概况》，《国立中央大学校刊》1944年第2期。
③ 汶宜：《中央大学的民众学校》，《活教育》1947年第4卷第5、6期。

授课，"于普及教育，颇多补助"。[①] 1938年中大与重庆大学学生成立暑期服务团在合川南津镇联合创办民众学校，校址设在县立中学内，分儿童班与成人班，儿童班报名人数达百余人，成人班有近80人报名，设校长1人，教导主任1人，训育主任1人，课程由全体团员分担[②]。儿童班分高初级两个班，上午7至9时，下午3至4时，每日授课4小时，课程列下：

表 5 - 4　　　　　中大暑期服务团民众学校课表（一）

高级	初级
国语六小时	识字六小时
美术六	识字六小时
游戏二	识字六小时
时事二	故事二
卫生常识二	故事二
农业指导二	故事二
纪念周二	故事二
唱歌二	故事二

后因实施关系，修改如下：

表 5 - 5　　　　　中大暑期服务团民众学校课表（二）

国语六小时	识字六小时
算术四	识字六小时
故事二	故事三
常识三	故事三
习字一	
唱歌二	唱歌三
游戏三	游戏四
时事二	
纪念周一	

---

① 何开钰：《中大分团鸟瞰》，《沙磁文化》1942 年第 2 卷第 8 期。

② 《中央大学、重庆大学新生活农村服务团总报告》，新生活运动促进总会：《暑期学生农村服务报告》，1938 年，第 11 页。

成人班高、初级课程相同，分精神讲话 3 小时，国语 4 小时，算术 4 小时，唱歌 1 小时。成人班时间定为晚间七至九时，增设精神谈话，以灌输民族意识，教导做人方法，后因 "成人班高初级对于算术数字多不认识，不能于短期内有所成就，又因阿拉伯数字之认识亦不少，就减少初级班算术时间为 2 小时，增国语为 6 小时。"[①] 儿童班高初级每周 48 小时，成人班高初级每周 24 小时，每周共 72 小时，该团共 7 人授课。儿童班学生 "有高级小学程度，有民众学校学生，有私塾生徒，皆因暑假来此入学。未入学者而占多数，不识字之儿童约占初级 1/4。年龄自 5 岁至 16 岁不等，儿童班男女生各半。成人班全为男性，多为附近工厂工人，其次为商店伙计及小贩。"[②]

中大还主办影响较大的 "沙磁区学术讲演会"。沙磁区学术讲演会成立于 1941 年初，由许恪士教授任总干事，从 1941 年 4 月到 1945 年 5 月结束，前后长达四年时间，共组织了 200 多次讲演。常借重庆大学或南渝中学礼堂，邀请国内政界、军界、外交界、科技界、教育界、文艺界知名人士，有时也邀请外国驻华使节前来讲演。翁文灏、潘光旦、李烈钧、孙科、卢作孚、美驻华大使詹森，英国前首相艾德立行先后来此演讲。中大历史系沈刚伯、外文系主任范存忠、政治系主任张汇文等学者 20 余人先后来此演讲。内容十分广泛，包括国际形势、国内政治、经济、科技、文教、卫生、思想修养等等。

抗日战争期间，中国留学法国、比利时、瑞士的同学在重庆成立了留法比瑞同学会，还与戴高乐将军领导的 "自由法国" 驻华政府代表团设立了中法比瑞文化协会，徐仲年被选为理事和主任秘书。由徐仲年倡议并主持在重庆市内开办了一个暑期讲座和法文班。讲座每周一次，法文班晚上开课，都是业余的，前后继续了五年之久。徐仲年除自己讲

---

① 《中央大学、重庆大学新生活农村服务团总报告》，新生活运动促进总会：《暑期学生农村服务报告》，1938 年，第 10 页。

② 《中央大学、重庆大学新生活农村服务团总报告》，新生活运动促进总会：《暑期学生农村服务报告》，1938 年，第 11 页。

课外，还邀请老舍等名家做报告，听众颇多，在文化教育界影响很好。1944 年到 1945 年，他还以中国青年作家协会理事长的身份举办了学术讲座、法文班和"学术广播"。这个学术广播是重庆青年会与中央广播电台合作的，开创了广播教育的先例。[①]

综上知，不论在中小学教材的编写，重庆当地中小学的师资培养，还是指导重庆当地中小学教育等方面，中大在渝期间都做了重要的贡献。抗战胜利后，根据教育部安排，中大师生从 1946 年 3 月起陆续迁回南京原址。师生离开沙坪坝时，把无法带走书籍转赠附近各校，所遗衣物捐赠社会局救济贫苦儿童，松林坡临时校舍及部分仪器设备全部无偿移交重庆大学。[②] 从这方面看，也在一定程度上充实了重庆本地教育的教学设备，增加了教学科研实力。

第二节　推动大后方农林业的发展

全面抗战爆发后，中大农学院随学校内迁重庆，分别在重庆及成都开办（详见第 1 章第 2 节，西迁后的中央大学及成渝两地的办学情况相关内容）。为适应战时教学、科研与社会推广的需要，除利用当地农场主的场圃外，农学院园艺系专设园艺场多处。一是校内园艺场，在沙坪坝校本部，面积 30 亩，作为蔬菜、花卉、果树标本园。二是在柏溪分校辟有圃地 10 余亩，用作苗圃及教学实习场所。此外，在沙坪坝近郊租地 20 余亩，建立芳园园艺场，师生用节假日及课余时间，从事劳动生产，以繁殖园艺种苗为主，所得收入用于补助集体活动所需费用。这些措施对提高学生操作技能，培养实践功力，推广优良种苗和缓解经费

① 陈翔华、毛华轩：《中国当代社会科学家传略》（第十一辑），书目文献出版社 1990 年版，第 248 页。

② 重庆市沙坪坝地方志办公室编：《抗战时期的陪都沙磁文化区》，科学技术文献出版社重庆分社 1989 年版，第 70 页。

困难均产生良好作用。此外，中大还在峨眉山保宁寺设有园艺场，搜集、发掘、保存、研究我国西南地区园艺植物。[①] 中大农院在战火纷飞的时代发展壮大，培养出大批优质农业人才，为中国近代农业科学和农业的发展起到重大的推动作用。中大拥有当时国内阵容最大、学术水平领先的一流农学家群体，他们多是中国农学事业的主要开创者，集农业科研工作者、教育者与推广者于一身，致力于现代农业科技的研究、教育与推广，推动了中国近代农业的发展。正是由于强大的师资队伍加上广阔的专门科研试验基地，以及学校各方对农业学科的重视，农学院在重庆与成都办学期间，结合重庆及四川当地的农作物特点，在作物育种、园艺、林业、蚕桑、畜牧养殖、病虫害防治等方面开展了多项科研活动，且成就显著，从而推动大后方农、林、畜、牧业的发展。

一 致力于农产品的改良与推广

抗战时期，面临粮食危机与广大农民的生活困顿，农学家们以粮食增产和农民增收为科研首要目标。因此，农作物育种、病虫害等学科自然成为各农业院校的研究重点，中大农学院在这些方面研究取得显著成绩，贡献也最为突出。迁川后的农学院教授密切关注四川农村经济作物与粮食作物的生产，并做了行之有效的努力。对水稻、小麦、棉花、烟草的品种改良、推广及病虫害的防治做了诸多实验，并取得了卓有成效的成绩。

(一) 改良粮食作物品种

金善宝任农学院教授后，在教学工作的同时，积极从事小麦育种研究工作。为改变我国小麦研究资料缺乏的状况，他根据中国小麦生产的现状和生产实践的经验，先后撰写《实用小麦论》《中国小麦分类之初步》《中国小麦区域》[②] 等，成为我国小麦研究、教学和生产的重要文

---

① 王业遴、曹寿椿：《国立中央大学农学院园艺系简史》，《中国农史》1997 年第 4 期。

② 金善宝：《中国小麦区域》，《中华农学会报》1940 年第 170 期。

献，至今仍有较大参考价值。为改良小麦品种，金善宝和其团队克服生活和工作条件上的重重的困难，广泛搜集我国各地的小麦品种材料，从790多个县中搜集了大量品种，选出了一批优良的地方小麦品种推广生产，并对1800多种小麦品种分区点播，观察对比，穗行试验、杂交试验，对中国小麦分类、品种、品质、抗病力、抗倒力等均有研究，为我国小麦生产做出了杰出贡献。[1] 1939年，金善宝和助手从国内外引进的3000多份小麦材料中，选出了适于四川盆地和长江中下游地区种植的优良品种——"中大2509"（又名"矮立多"）和"中大2419"（后改名为"南大2419"）。这两个品种1942年在四川省开始推广，中华人民共和国成立后，这两个品种很快在我国南方冬麦区扩大生产。"南大2419"推广面积最大的年份曾达到7000多万亩，主要分布在湖北、江苏、安徽、四川、河南南部小麦产区；云南、贵州、陕西南部有较大面积的种植；江西、湖南、广西、青海、甘肃也占有一定的比重。该良种小麦为我国小麦增产发挥了重要作用。此外，邹钟琳教授在川东农村发现螟害和水稻品种及栽种时间关系密切，在国内首先提出改良水稻品种，合理安排栽培时间、避开螟害高峰的理论。

学校还组织"暑期农村服务团"，在假期多次赴农村从事农业指导及农业常识演讲。如宣传介绍再生稻种法、种子改良法、除病虫害法等。服务团每次下乡宣传时"演讲各种办法，解说播种与收获时期及各种应该注意之点"[2]。农学院还在合川创设农场，从口头、文字二方面指导农民科学从事农业改良，除演讲外，还张贴标语、散发讲义及参考资料以普及科学农业知识[3]。

---

① 金善宝、蒋耀：《四川大麻烟草考察报告》，西南经济调查合作委员会：《四川经济考察报告》（第二编　农林），独立出版社1940年版，第58页。

② 《中央大学、重庆大学新生活农村服务团总报告》，新生活运动促进总会：《暑期农村服务报告》，1938年，第8页。

③ 《中央大学、重庆大学新生活农村服务团总报告》，新生活运动促进总会：《暑期农村服务报告》，1938年，第9页。

（二）推广改良经济作物

中大农学院开展棉花种植研究始于 1921 年，其主要为推广及保存脱字棉种、驯化爱字棉，选育江阴白籽棉、难脚棉、小白花等工作，并将各棉种介绍于全国各地，藉以作育种及推广。西迁四川后，在过去研究的基础上，致力于西南棉业问题研究与改进。1939 年农学院受地政学院农产促进会委员会资助，从事西部棉作问题研究，冯泽芳教授主持，"除广泛征集，测定其品质，并作手纺试验外，复于棉作生长时间，派员至西南西北各省，实地考察，以供考证"。① 冯泽芳对棉花品种的推广、全国棉区划分研究、棉工业布局等方面的研究有卓越贡献②。首先，主持全国分区试种，推广斯字棉种。冯泽芳在中央农业实验所和陕、豫、川省有关人员配合下，1941 年使用"斯字棉 4 号"在陕西关中和豫西一带推广 100 多万亩；"德字棉"在陕南和四川也达 70 多万亩。"斯字棉"和"德字棉"的推广不仅在抗战时期为大后方的纺织工业提供了优质棉原料，也为建国初期华北普及优质棉品种，发展棉花生产打下良好基础。第二，开展中国棉区划分研究。自 30 年代以来冯泽芳经常在棉区调查，对棉花的地理分布和生产问题有深刻的了解。1936 年以后，他发表多篇有关棉区的文章。对中国棉区的划分由原来的三个发展为五个棉区即黄河流域、长江流域、特早熟、西北内陆及华南。这个分区至今仍为棉花科技界所沿用。第三，开展棉工业布局的研究。抗战前，我国纱厂的设置过分集中在沿海城市，远离棉花产区，纺织工业的布局欠合理，以致抗战爆发后，90% 以上的纱厂落在敌占区，

---

① 郑树文：《中大农学院改良棉作之经过——我国西部棉作问研究及考察报告弁言》，《农业推广通讯》1941 年第 3 卷第 12 期。

② 冯泽芳在抗战期间发表的相关棉花种植的相关论文：（1）泽泽芳：《云南木棉之研究及推广》，《云南教育与科学》1940 年第 7 期。（2）冯泽芳：《关于云南木棉之几种》，《农报》1940 年第 13—15 期；（3）冯泽芳、张天放：《一年来云南省木棉推广事业》，《农报》1940 年第 5 期。（4）冯泽芳：《陕西省斯字棉推广之经过》，《陕西月刊》1940 年第 1 期。（5）冯泽芳：《中国之三个棉花适应区域（简报）》，《农报》1940 年第 5 期。（6）冯泽芳：《我国棉工业区域的合理分布》，《新经济》1940 年第 3 期。（7）冯泽芳：《中国棉产之分布及其因果》，《中农月刊》1945 年第 6 期。（8）冯泽芳：《抗战时期与建国时期之农业》，《中央周刊》1946 年第 1 期。

而大后方的纱锭数还不到全国的 5% 。冯泽芳于 1940 年发表了《我国棉工业区的合理分布》论文，阐述了棉工业合理布局的理论和根据。他以国防和国际竞争为出发点，提出纱厂不宜在沿海大埠，而应建在交通便利的产棉中心，如在关中、京汉铁路北段、长江中游和晋南等内地棉区建厂，从而降低生产成本。这样可以扩大主要棉区，淘汰小棉区；各省不宜提倡棉产自给，应因地制宜发展各自的特产，建成各种特用经济作物区。对于特用经济作物区划，他也主张应在全国范围内实行合理的区域分工，如分别在最适宜的区域发展棉业区、茶叶区、丝业区等，以求国民经济的协调发展和自给。

（三）培育改良经济作物品种

来渝的中大农学家们为改良西南当地经济作物开展了深入广泛研究，并取得卓有成效的成绩。西南地区是柑橘、龙眼、榨菜的主要产地。著名园艺学家毛宗良对这些农作物做了深入研究，发表了系列论文，如《四川栽培柑橘之种类》《四川柑橘之产销状况》《四川栽培柑橘之历史及分布》《四川甜橙之部分歧异》，周士礼的《泸县橘酒之调查》《合江泸县荔枝与龙眼之调查》等。此外，毛宗良等人对甘蔗的引种试验和栽培技术的成功研究，促进四川沱江流域的糖业生产，保证了抗战时期大后方的食糖供应。

此外，农学院教师对蔬菜的分类等也有深入研究，在芸苔属的分类、确定茎用芥菜的植物分类地位和学名、葵苋两科的比较解剖等研究中成果突出，毛宗良发表《四川芥菜类之研究》等论文。此外，还对四川的红薯、榨菜及一些药用植物展开研究，完成《四川地瓜之性状及其栽培》《洛渍榨菜之调查》《四川涪陵榨菜》《榨菜之品种及性状》等系列论文；1941 年由毛宗良确定的榨菜学名为世界各国所采用，此外在四川榨菜的栽培适应力与病害防治研究上也取得不小成绩。① 冒兴汉的《静观场园艺栽培植物之调查》、王业遴《重庆的药用植物》等文对我国西南药用植物开展了研究。我国西南地区疟疾肆虐，为了适应

---

① 徐春霞：《民国时期国立中央大学的农业教育》，硕士学位论文，扬州大学，2008 年，第 34 页。

抗日战争期间军民用药之需，该系与重庆药用植物场及其金佛山分场进行技术合作，开展鸡骨常山、除虫菊、金鸡纳霜等驱虫治疟等药用植物的研究。毛宗良、席与增、何国萱、王业遴均参与该项研究与生产工作。

此外，中大师生还努力推广科学种植技术、训练农业技术人才，以期促进农村增加生产。

> 现今农村生产，多用土法，往往收获甚少，若加以改良，生产必会增加……若单介绍方法，农民局于成见，囿于知识，每不加任用，或成效不佳，今当训练大批技术人才，分发各乡，加以指导，则收效必易，此种人才可招收初中以上学生，加以短期之特殊训练，即可充任矣。①

为解决抗战军民的衣食问题，农学院非常重视农业科学研究与推广，涉及稻、麦、棉、蚕桑、蔬菜、水果、病虫害防治和农业推广各个方面的问题，为重庆及西南的农业发展做出了积极的贡献。

二 推动林业及园艺学的大发展

战时中大农学院在森林、园艺等方面研究也取得了重大突破，发展了中国近代林业科学。梁希教授创建了中国林产制造化学，对森林的多种效益、林产品的开发利用、木材防腐、木材物理性质方面做了大量的研究；在树木学和森林地理学方面，郑万钧教授倡导实验树木学和实验森林地理学。中大农学家对西北、西南地区的林业发展有较高的关注，为西南西北林业的开发提供了借鉴参考。西迁重庆后，森林系恢复其主办刊物《林学杂志》②，该刊系国内较早林学研究刊物，由系主任李寅

---

① 《中央大学、重庆大学新生活农村服务团总报告》，新生活运动促进总会：《暑期学生农村服务报告》，1938 年，第 17—18 页。

② 《林学杂志 10 期出版》，《国立中央大学校刊》1944 年第 11 期。

恭任主编，刊发各类林学论文①，这些文章对林业的保护利用具有重要指导价值。林学家李寅恭评析了四川发展林业的条件，指出四川林业发展的优势。"四川是一个多山的省区，为发展森林和畜牧的良好区域，应用林牧于科学的发展。"② 四川天赋的优点很多，在物产特别是林产物上，比贵州、广西要优越得多：

> （一）生长季节特别的长，林木之材积生长量增多；（二）风灾霜害少，幼木栽植以后，很少招风撼，苗未出山，不见顶枯，每年得百八十五日雾天，足是土层下有地下水存在，在营林上占得天时之利；（三）川省土壤通常皆从新赤砂岩分解而来，砂酸占其主要基骨成分宜于竹木，对于竹类营养上之需要，尤为适合，所以我们一到四川境内，即见到慈竹、水竹、班竹、方竹、对叶竹、孟宗竹、硬头黄……等竹类，又山谷流砂，亦难见泥沙岩。

提出了适合四川森林的经营与管理方式。关于林牧的经营方式，可以分别治理，也可以混合经营，就四川的自然形势分区和林木的性质来分，四川森林主要树种可分配如下：

> （一）川北：柏麻栎、油杉、黄连木、桦、核桃、白扬、杜仲、柞、枫杳、马尾松；（二）川西北：云杉类、冷杉类、红杉、油松、柏、杉、白杨、桦、朴、金钱朴；（三）川西中及川南：麻栎、丝粟、木荷、红豆树、无患子、枫香、杉、柏马尾松、桤木；

---

① 计有：《森林与建国》《中国林政近况》《造林与生产教育》《土地增产平议》《油桐杉木混植作物》《松毛虫研究》《木材抗腐试验》《成都楠木研究》《长江流域杉木市价计算法》《杉木生产之检讨》《甘肃二种云杉之生长》《对几桐与杉木混植作业》《杉木生长之检讨》《土地增产平议》《甘肃岷县酒店二种云杉之生长》《中国林业建设近况》《战后林业与革之商榷》《南京及附近松蛎》《西北荒山造林》《森林与水旱天灾之关系》《天全青城山之森林》《森林法之重要性》《成都市木村燃料之需给》《林苗与林地生态关系之研究》《竹材之物理性质及力学性质初步试验》。

② 李寅恭：《四川与林牧》，《新民族》1938 年第 1 卷第 18 期。

（四）川西：云杉类、冷杉类、铁杉、桦木、木荷、山白根、枫香；（五）川西南：云南松、黄连木、皂角、青果、冷杉、云杉类、吊杉。

　　李寅恭指出采运林木、幼林保护、森林更新（包括补植而言）的方法，要以科学经验为指导。对伐林标准、锯厂设置、滚道办法、幼林保护、森林更新及设置管理机构等方面提出了具体的建议及对策。李寅恭建议政府立法保护珍贵稀有树种，"我国珍贵树种甚多，甲于全球，惜森林人才匮乏，以致极度荒芜、如不谋补救，不但佳种势发将绝迹，且关国计民生，影响甚巨"①，寅恭教授有签于此，特选定中国特有且具有经济价值的 20 余类名树种，注明各树产地、科属、木质、用途，以及对国计民生的价值，专门致信学校，请学校建议政府制定法令对这些名贵稀有树种加以保护，藉以促使社会注意。他还建议政府重视林业的发展与保护，设置林政管理机构，培养专业林业管理人才。"治林绝非不学无术者所可从事，彼借林垦为名，而妄施摧毁森林之实者，皆是吾国未来建设之罪人。"② 反对林垦从业人员只顾目前之利，砍伐溢量；"不从培育方面宽留余地，或局部补植，或随时更新；甚至付之木商自由滥取，则一味破坏之危险性，实有从集愆尤，追悔不及者"③。倡议政府应鼓励人民对于造林学的兴趣，一面强迫民间造林并予以指导，一面大量育苗以供推广于民间。国有林或保安林中不妨兼营畜牧，对于天然林区，宜分区设置管理局，派专人主持，除实施科学技术外，并厉行保护责任。④ "四川的几个大天然林区良好的树种极多，大多数只须略

---

　　①　《森林系主任李寅恭教授建议政府特制法令保护树种》，《中国中央大学校刊》1944 年第 6 期。22 种树为：（1）银杏（2）白皮松（3）红杉或蓉叶松（4）金钱松（5）云杉（6）岷江冷杉（7）杉木（8）乾柏杉（9）胡桃（10）坚华（11）榛树（12）锥叶（13）苦栎（14）奇檬（15）漆树（16）厚朴（17）鹅掌松（18）桢楠（19）琪桐（20）泡桐（21）梓（22）香果树。
　　②　李寅恭：《对于林垦企业家之希望》，《新民族》1939 年第 3 卷第 20 期。
　　③　李寅恭：《对于林垦企业家之希望》，《新民族》1939 年第 3 卷第 20 期。
　　④　李寅恭：《四川与林牧》，《新民族》1938 年第 1 卷第 18 期。

加整理，就可以上轨道，建议加强研究，设立专门机关保护！"① 呼吁
改变国人林业观念淡薄，不重视林学发展的现状，"殊不知林学包容复
杂，造端宏大，直接可以疗治木荒，间接则能影响农田水利，固与许多
生产事业有联系性也，近年为开发荒山荒地起见，林垦呼声骤高，抗战
中欲安置难民，复有迁移拓边之议"。②

园艺学系对于"园艺学术之研讨兴趣极浓，颇具成绩"③，具体从
广集种苗、建立基地、技术服务、示范推广四个方面予以实施，该系以
校办、合作、挂钩多种形式建有多处场圃，繁殖培育大量种苗，供教学
与科研使用，并编印目录及栽培要点，以应社会选购和应用之需，备受
各方欢迎。园艺以集约栽培为主体，技艺精巧，操作细致，群众爱好而
擅长者不多，特别是对果树的嫁接方法、整形修剪、疏花疏果；蔬菜的
早熟栽培、落花落果、丰产技术；花卉的繁殖方法、防寒越冬等方面的
问题尤多，深受群众欢迎。

迁川后，为发展我国园艺事业，确立园艺学的学术地位，园艺系于
1944 年创刊《中国园艺专刊》，刊载园艺系师生对于"园艺之研究心得
及富有学术价值的原始论文，以期与世界各国学术研究机构相交换，明
了世界学术研究之趋向，提高师生研究之兴趣及学术水平"④。园艺系
还成立园艺学会，为提倡学术研究风气，多次举办园艺学术演讲，常常
邀请国内外学者专家来系讲演，以增进该系同学的课外实用知识，如李
曙轩讲授《合江之荔枝》，陈国荣讲授《果树花芽形成之原因》，耿以
礼教授讲授《分枝研究方法》，陈邦乐教授讲授《中国之植物园》等
等。⑤ 郑万钧教授在江苏、浙江、东北、湖北、四川等林区采集树木标
本、研究树木分类、森林组成和林业生产的调查，先后命名了 100 多个

① 李寅恭：《对于林垦企业家之希望》，《新民族》1939 年第 3 卷第 20 期。
② 李寅恭：《四川与林牧》，《新民族》1938 年第 1 卷第 18 期。
③ 《农艺系发行中国园艺专刊》，《国立中央大学校刊》1944 年第 4 期。
④ 《农艺系发行中国园艺专刊》，《国立中央大学校刊》1944 年第 4 期。
⑤ 《农艺系发行中国园艺专刊》，《国立中央大学校刊》1944 年第 4 期。

树木新种和 3 个新属①。周士礼、曾勉、毛宗良等还曾到华莹山、金佛山等地采集标本和野生观赏树木，搜集腊梅、桂花品种，在沙坪坝校内园艺场和峨眉山保宁寺苗圃，进行繁殖保存研究。1941 年，干铎在湖北省监利县磨刀溪发现水杉，为郑万钧、胡步曾以后研究鉴定活化石水杉提供了最早的讯息。从现已查得发表的部分论文报告统计，该系对我国丰富的园艺种植资源的研究，约占研究项目的 40%；该系标本室制藏腊叶标本 6000 份，浸制标本 260 余瓶，可见其对园艺的重视程度。

农学院在渝办学期间，积极从事生产推广活动，教学、科研与生产推广三者并举，相辅相成，互相促进。中大农学院教师在生活和工作条件十分艰难的困境中，仍然对农业教学和科研工作充满热情，锲而不舍。中大教授结合重庆及四川当地的农作物特点，在作物育种、园艺、林业、蚕桑、畜牧养殖、病虫害防治等方面开展了多项科研活动，且成就显著，推动大后方农、林、畜、牧业的发展。教授们密切关注四川农村经济作物与粮食作物的生产，并做了行之有效的努力，对水稻、小麦、棉花、烟草的品种改良、推广及病虫害的防治做了诸多实验，并取得了卓有成效的成绩。来渝的中大农学家们为改良西南当地经济作物开展了深入广泛研究，培育改良经济作物品种，并取得卓有成效的成绩。改良了西南地区的主要经济作物，如，柑橘、龙眼、榨菜的品种，不仅有效解决了抗战军民的衣食问题，为重庆及西南的农业发展做出了积极的贡献。

第三节　促进大后方畜牧兽医事业的发展

国立中央大学畜牧兽医系是国内最早的畜牧兽医系科之一，民国时期已有较大影响。抗战期间牧医系随校迁往四川，分别在重庆和成都两

---

① 徐春霞：《民国时期国立中央大学的农业教育》，硕士学位论文，扬州大学，2008 年，第 36 页。

地办学，牧医二年级以上学生在成都外南浆洗街成都血清厂上课。[1] 在川期间，畜牧兽医系广泛开展畜牧兽医研究，在专业人才培养、家畜品种改良及家畜传染病研究、畜牧兽医事业的推广等方面成效卓著，为大后方的畜牧事业做了较大的贡献，主要贡献体现在如下几个方面。

一　深入开展畜牧兽医学研究

（一）　家畜传染病研究取得重大突破

牧医系教师一贯重视科学研究，在兽医生物药品的生产与应用、牲畜疾病治疗上成就显著。1928 年起，罗清生与程绍迥等人合作，主持兽医生物药品的生产和应用研究，制成血清、疫苗，在防治牛瘟、猪瘟、猪丹毒、鸡瘟、猪肺疫的防治研究方面做了开拓性贡献，通过长期临床实践，发展了中国家畜传染病学、寄生虫学、兽医内外科学、产科学等学科，并建成血清制造室，一边研究，一边生产，以解决防疫治疗问题。

抗战期间，王洪章、方定一在自贡地区建立血清制造厂，防治牛瘟，并用常山、柴胡等中草药进行退热效果的研究；胡祥壁在马鼻疽、马传染性贫血和鸡马立克氏病的研究上取得重要成果；四川理番、茂县等地的牛瘟一旦流行，死亡数十万至数百万头，农民深受其害。牧医系派出高年级学生协助当地政府解决了这一难题。[2] 其时，自贡盐井取卤全靠耕牛来推车提取，数千头耕牛集中喂养，由于饲养管理不善和过度使用，牛的体质下降，抵抗力减弱，致使牛疫频发。由于沿海被日寇占领，大后方食盐供给大多依赖四川的井盐，因此，牛的疫病防治引起当局的重视，盐务管理局邀请牧医系协助，罗清生率队考察，并建议盐务管理局成立兽疫防治机构，由该系选派技术人员。防疫机构成立后，牧医系推荐了方定一、秦和生、王洪章、蒋次升、曹振华、朱传铭等人先

---

① 陈之长：《中央大学畜牧兽医系的简史》，张仲葛、朱先煌主编：《中国畜牧史料集》，科学出版社 1986 年版，第 35 页。

② 廖延雄：《回忆中央大学畜牧兽医系》，www.gsau.edu.cn/info/1011/1010.htm，2012 年 9 月。

后到自贡建立血清制造厂，开展了兽疫防治工作，并有效控制了牛瘟、炭疽病的流行。①

盛彤生侧重家畜病理、兽医微生物研究，译述了国外家畜疫病方面的权威著作，同时研究证实了川西水牛"四脚寒"病②是一种由病毒引起的传染性脑脊髓病，这是世界上对该病的最早发现和报道。此病流行已几十年，给养牛农户造成很大的损失，虽知此病为脑脊髓炎，但病因不明，长期未找到有效的防治办法。1944 年，盛彤笙购买病牛观察，待病牛死后对其解剖，做病理切片、细菌分离，并通过天竺鼠实验，最后证实是一种病毒性脑脊髓炎。其论文《水牛脑脊髓炎的研究》为防治此病做出了贡献，系全世界首次报道，也是我国第一篇动物神经系统的病毒研究，发表在 1945 年的《畜牧兽医》上，其英文论文在《Science》上发表。③ 此外，盛彤生还研究证实了磺胺族药物对马鼻疽杆菌的治疗作用。马鼻疽病在当时流行很广、危害甚大，但无法治疗，还能传染给人，严重时可危急性命。1945 年，盛彤笙发表的论文《磺胺药物对于马鼻疽杆菌的作用》证实 SD（磺胺嘧啶）在一定的浓度以上，对马鼻疽杆菌有杀灭作用，此研究成果后来被国内外学者临床治疗采用。④

（二）多渠道传播现代兽医科技知识

牧医系教授是最早在国内发起创办中国畜牧兽医学会，发行畜牧兽医专业书刊的团队之一。教师们将传播现代兽医科技知识作为终身事业，时刻不忘推动中国畜牧兽医事业的发展。他们认为，现代西方兽医科技知识需要引进到国内并传播到全国，而当务之急便是应当将有限的专业人才组织起来。在罗清生教授积极推动和倡议下，1936 年中国畜牧兽医学会在南京正式成立。⑤ 牧医系教授还积极编辑出版传播现代畜

---

① 陈之长：《抗战时期中大畜牧兽医系在四川办学情况》，《四川草原》1984 年第 2 期。

② 四肢麻痹，不能站立，腿部皮肤温度略低的疾病，群众称为"四足寒"。

③ 罗天祥：《名人永新——盛彤笙》，中央文献出版社 2008 年版，第 564 页。

④ 罗天祥：《名人永新——盛彤笙》，中央文献出版社 2008 年版，第 566 页。

⑤ 朱兵编：《20 世纪农业科学技术大事记》，中国农业科学技术出版社 2011 年版，第 73 页。

牧兽医知识的书刊。在陈之长、罗清生等教授的倡议下，1939 年《畜牧兽医》在成都复刊，次年在成都成立了中华畜牧兽医出版社，至 1940 年先后共出版 4 卷。1940 年底《畜牧兽医季刊》改为《畜牧兽医月刊》，并由设在该系的中国畜牧兽医学会编辑发行，盛彤笙为负责人，这不仅是畜牧兽医系创办的第一份杂志，也是国内最早的畜牧兽医专业刊物。在当时全国畜牧兽医界影响较大。① 在陈之长、罗清生等教授倡议下，1942 年 10 月在成都召开了畜牧兽医学会会员代表会议，恢复了学会的活动，由陈之长、罗清生、盛彤笙、许振英、汤逸人、胡祥壁等组成理事会，陈之长担任理事长。推举盛彤笙主编《畜牧兽医月刊会讯》，将中华畜牧兽医出版社改组为学会的出版部。中华畜牧兽医出版社和中国畜牧兽医学会出版部，除编辑发行《牧兽医月刊》外，还出版专业图书十余种，如《兽医诊断学》（罗清生、陈之长译），《兽医细菌学》（盛彤笙译），《家畜传染病学》（罗清生著），《中国绵羊学》（张天才著），《兽医血清制造》（罗清生著），《医解剖学》（吴文安著）等。② 这些译著作为教材，减少了学生阅读参考书的困难。战后，畜牧兽医系随学校迁回南京，中国畜牧兽医学会仍设于该系内，继续出版《畜牧兽医月刊》至 1947 年第六卷；1948 年起改由中央大学畜牧兽医系继续编辑出版，共发行 7 期，后因故停刊。③

教授们一贯重视科学普及工作，盛彤笙在成都的 5 年间，教学、科研之余，为解决学生缺乏专业教材的困难，曾自编《兽医细菌学实习指导》和《家畜尸体剖检技术》两教材。《兽医细菌学实习指导》于 1942 年由中华畜牧兽医出版社发行，不但是我国第一本自编兽医微生物学方

---

① 中央大学南京校友会、中央大学校友文选编纂委员会编：《南雍骊珠——中央大学名师传略》，南京大学出版社 2004 年版，第 561 页。

② 祝寿康：《〈畜牧与兽医〉追忆溯源——中央大学畜牧兽医系的编辑出版工作纪要》，《畜牧与兽医》2008 年第 1 期。

③ 祝寿康：《〈畜牧与兽医〉追忆溯源——中央大学畜牧兽医系的编辑出版工作纪要》，《畜牧与兽医》2008 年第 1 期。

面的教材，而且是公认的教学性、实习性强、文字简练流畅的著作。① 此
外，盛彤笙译著《兽医细菌学》② 1944 年由中国畜牧兽医学会出版。③
此前，我国既无兽医微生物学教材，又无兽医微生物学实习指导书籍。
有了《兽医细菌学实习指导》和《兽医细菌学》之后，学生们在学习
微生物时才有书可读，实习时有法可循。

（三）改良多种家畜品种

在畜种改良方面，中大历年从国外大量引进鸡、鸭、牛、猪等良
种，开展畜种改良研究。其中以猪种改良成果最为突出，从 1919 年至
抗战前的 1936 年，我国历年共引进 9 种猪种，其中，中大引进 6 种品
种，占所有引进猪种的 2/3，为猪种改良奠定了良好基础。④ 1935 年秋，
美国洛氏基金委员会委托中大牧医系进行养猪研究，1936 年许振英应
聘于农学院，开展中国猪种改良的科研。1936 年至 1937 年先后由美国
进口的猪种有巴克夏猪、约克夏猪、切斯特白猪、波中猪、杜洛克猪和
汉普夏猪等六大名种，供改良研究。⑤ 中大迁川时，许振英教授押运有
研究价值的纯杂猪 52 头乘轮抵渝，11 月达成都。先后与保育所及农业
改进所畜牧兽医组密切合作，在新品种育、土种改良、饲料配合、饲养
方法改良等方面取得突出成绩⑥。1939 年 3 月，牧医系与川省农改所在
内江圣水寺合建 "内江种猪场"，重点改良荣昌白猪及内江黑猪，观察
外国纯种猪及杂交猪适应情况。1939 年 5 月完成了荣昌猪、内江猪的
后裔测定，提出了内江猪、荣昌猪土种选育指标，发现地方猪种的优缺
点，并认为当时饲养条件下，荣昌、内江及成华三地猪种最好，应从事

---

① 罗天祥主编：《名人永新——盛彤笙》，中央文献出版社 2008 年版，第 565 页。

② 原作者为美国 R. A. Kelser。

③ 中央大学南京校友会、中央大学校友文选编纂委员会编：《南雍骊珠——中央大学名师传
略》，南京大学出版社 2004 年版，第 571 页。

④ 徐春霞：《民国时期国立中央大学的农业教育》，硕士学位论文，扬州大学，2008 年，第 40 页。

⑤ 张仲葛、黄惟一、罗明、甘孟侯编著：《中国实用养猪学》，河南科学技术出版社 1990 年
版，第 633 页。

⑥ 许振英：《养猪研究总报告》（1936 年 2 月至 1940 年底），《畜牧兽医月刊》1941 年第 2 期。

土种改良。后在内江种猪场继续进行四川原产猪种研究，写出了系列研究报告。① 与此同时，牧医系与四川省农改所、四川省农村合作委员会及重庆中国银行联合成立了荣昌、隆昌、内江、资阳、资中、简阳六县家畜保育促进会，以荣昌、内江为中心对猪饲养、公猪鉴定、母猪等级进行了调查，并划定黑猪、白猪繁殖推广区。1940 年 11 月又在三台县建立了四川省农改所三台白猪繁殖场，以推广繁殖荣昌白猪为主要工作。这为此后内江猪、荣昌猪挤入国家级地方品种打下了基础，也为种畜开展边选育、边推广做法提供了最早的例证②。此外，还开展了猪鬃调查与研究，猪商与屠宰情况调查研究，荣昌、隆昌、内江三县养猪比赛等工作。③ 上述成果的取得与许振英教授在中大长期严谨研究分不开，其所作的《养猪实验研究》等 8 篇学报报告④，为中国生猪育种史留下了仅有的而又十分珍贵的最早文献，被兽医界誉为"中国猪种资源与育种最早开拓者"。⑤ 此外，牧医系师生还进行成都麻羊产奶与国产羊毛研究，四川人工孵化法调查，菜籽饼饲养奶牛，南京四川鸭比较等方面的调查研究。⑥ 农学院在重庆期间，还举行耕牛比赛，评出 10 头甲级红牛及前三甲红牛，状元养牛户还披戴红花，牛头上也挂满红绸，为获奖农

---

① 《南京农业大学发展史》编委会编：《南京农业大学发展史》（历史卷），中国农业出版社 2012 年版，第 74 页。

② 王成等：《许振英教授民国时期在川纪事》，王健主编：《第三届中国畜牧科技论坛论文集》，中国农业出版社 2007 年版，第 72 页。

③ 许振英：《养猪研究总报告》（1936 年 2 月至 1940 年底），《畜牧兽医月刊》1941 年第 2 期。

④ 分别为：一、第一年的养猪研究工作报告（1938 年，中大畜牧兽医系）。二、第二年的养猪研究（许振英、彭文和）。三、成都市肥猪市场调查报告（许振英、赵海泉）。四、养猪饲养标准概况。五、猪的八代近亲育种试验报告（许振英译）。六、外国猪与四川猪的粗料利用比较研究（许振英、张龙治）。七、猪的个别饲养试验报告（许振英、张龙治）。分别发表在国立中央大学农学院《畜牧兽医季刊》、四川省家畜保育所《畜牧兽医月刊》、四川省农改所《川农所简报》及美国农业部蒋森、费理林两博士《中国之畜牧》等书刊上。

⑤ 王成等：《许振英教授民国时期在川记事》，《第三届中国畜牧科技论坛论文集》，中国农业出版社 2007 年版，第 71 页。

⑥ 《南京农业大学发展史》编委会编：《南京农业大学发展史》（历史卷），中国农业出版社 2012 年版，第 75 页。

民颁发奖品，参观者络绎不绝。这些活动大大提高了农民畜禽饲养的技术水平，为推广良种畜禽，提高畜牧生产效率起到了一定的宣传作用。

二　广泛参与社会服务

（一）培养了大批畜牧兽医人才，提倡大力发展畜牧兽医教育

农学院还举办各类与百姓生计息息相关的培训班，如乳业训练班、养鸡训练班、养蜂训练班等。1938 年暑假，教育部在重庆开办第三届农业职业学校教员暑期讲习会，召集四川、云南、贵州三省农业学校教员学习，会址设于中央大学农学院内，主要由农学院老师完成教学及管理工作，农学院院长亲任教育、训育等事宜，牧医系多名教授授课[①]。

此外，中大教授们呼吁政府重视和大力发展畜牧兽医教育。认为当时我国畜牧兽医界有一矛盾现象，即"畜牧兽医教育之振兴未能与畜牧兽医事业之推广取得同步发展"。[②]"我国畜牧兽医事业之不振，人才缺乏自为其主要原因之一"[③]，认为人才缺乏是当时极严重的问题，无论育种繁殖、示范推广、防疫治疗、教学研究均因人才不敷，无法推广。认为我国畜牧兽医教育现况"脆弱沉寂，难与事业之发展相适应"。各大学及专科学校虽有畜牧兽医系组的设立，然大都经费支绌、设备不敷、教学实习困难极多，兽医教育特殊重要性未能得到应有的重视。认为图速效而设立的各类短期训练班，虽"可救一时之急，然其流弊所及，亦在不小"[④]。因我国医师人数极为缺乏，畜牧兽医工作艰巨，此种短期训练人员难胜重任。[⑤]欲保障畜牧兽医事业成功，奠定畜

---

① 萧显铭：《参加教育部二十七年度农业职业学校教员暑期讲习会杂记》，《云南教育通讯》1939 年第 25、26、27 期合刊。

② 陈之长、盛彤笙：《改进我国畜牧兽医教育之商榷蒭》，《牧兽医月刊》1940 年第 9 期。

③ 罗清生、盛彤笙：《论畜牧兽医事业之危机及吾人应有之觉悟》，《畜牧兽医月刊》1944 年第 1 期。

④ 陈之长、盛彤笙：《改进我国畜牧兽医教育之商榷蒭》，《牧兽医月刊》1940 年第 9 期。

⑤ 罗清生、盛彤笙：《论畜牧兽医事业之危机及吾人应有之觉悟》，《畜牧兽医月刊》1944 年第 1 期。

牧业长远基础，"实非先谋畜牧兽医教育的改进不可"。建议政府不仅仅在各大学中添设畜牧兽医系，而要设立专门牲畜兽医学校。或在农学院下解放畜牧兽医学系，使其成为独立机构，有自由发展的机会，或成立畜牧兽医专科学校一两所，或为独立学校，或仍附设于大学之下，以"期师资经费不受其他院系之牵制，教学研究可循自由之途径发展，庶可提高程度，大量造就人才，则牧医教育与牧业前途有也。"①

在分科教学上，还建议畜牧和兽医分科开设。认为畜牧兽医教育多附于农学院之下，规模小。"畜牧、兽医两科性质本不相同，教学方法亦异，今强将其纳入一系，合并教学，结果学生不能依其兴趣展现其个人特长，往往志在畜牧者，强其必习兽医，性近兽医者，反使习畜牧，削足就履，既不合教育之原则，又不适社会之需要"②。将畜牧和兽医并为一系，于四年短短时间，兼习两种功课，草草修完 132 学分即告毕业，生吞活剥，一知半解，杂乱肤浅之弊不可免。畜牧兽医分科极为精密，对教师教学研究要求较高，需要各展所长，各有所专。而畜牧兽医设在农学院之下，不能聘请多数教员，多数课程不能开班，或虽开班，无实习，学生未曾得到充分训练，自难望其有优异成绩，以负担繁重任务。加之经费短少，图书仪器无法添购，故不能招收多数学生，训练大批人才，每年毕业者寥寥无几，不足以应当时急切需要。

（二）宣传兽医的重要性，开设兽医院

鉴于国人对兽医重要性认识不足，牧医系教授大力宣传兽医的重要性，在成都开设兽医院。他们坚持兽医和畜牧业的发展有密切关系，"兽医没有畜牧便没有对象，畜牧没有兽医也失却了保障，二者唇齿相依，不能缺一"③，兽医不仅可以防治家畜的疾病，免除损失；也是发展畜牧事业最有力的推动者。兽医师经过严格专业的学习及培训，对家

---

① 陈之长、盛彤笙：《改进我国畜牧兽医教育之商榷畜》，《牧兽医月刊》1940 年第 9 期。

② 陈之长、盛彤笙：《改进我国畜牧兽医教育之商榷畜》，《牧兽医月刊》1940 年第 9 期。

③ 罗清生、盛彤笙：《论畜牧兽医事业之危机及吾人应有之觉悟》，《畜牧兽医月刊》1944 年第 1 期。

畜的养殖及病理有深切的认识，能鉴别家畜体质优劣及有无遗传的缺点，能判断家畜的饲料是否合适，管理是否完善等等。兽医也是人类健康的保护者，因为许多家畜的疾病能传染人类，只有通过兽医的治疗，这些疾病才不致传布，人类的健康才得到安全保障。在医学史上，兽医对人类医学发展也有重要贡献，人体解剖学、生理学、病理学、药业学、免疫学、治疗学等学科，家畜都提供了试验材料；许多人类疾病的治疗，也是以家畜的疾病为研究对象。故兽医学不单是主医治家畜，而是直接关系人类健康的学科。"畜牧兽医对于国计民生既然有这样密切的关系，希望全国同胞，尤其是农界的同志们对它予以深切的注意和热烈的提倡！"①

　　牧医系迁至成都后于1944年与四川农科所合办成都家畜诊疗院及兽医生物药品制造厂，学生分批在兽医院临床实习。诊疗院含门诊部、药房、住院部等，这期间经该院诊治的病畜达7千多头。罗清生教授经常注意国内外各种家畜临床病例报道和诊疗经验，并亲自出诊。抗战期间，曾有一只熊猫寄养在成都牧医系内，罗清生制作熊猫的主食并亲自喂养，研究它的饮食习性，熟悉它的生活规律，并为它检查身体，防治疫病。其研究结果为后来治疗熊猫疾病提供了非常宝贵的经验。②

（三）多次参与西部地区草地资源考察

　　战时，牧医系教授多次参加牧区草原考察。1938年，西康省建设厅组织西康科学考察团，陈之长、许振英、赵海泉组成畜牧兽医组参加，赴康定、泰宁、道孚、炉霍、甘孜等地，历时三个月，考查沿途牧场、草场及牧民生活等情况，著有《西康畜牧兽医调查报告》③，成为西康省发展畜牧事业的重要参考。1943年2月，美国农业部专员、俄勒冈大学畜牧系主任、牧场经营管理专家R. G. 蒋森（Johnson）来牧

---

① 盛彤笙：《畜牧兽医对于民生之关系》，《畜牧兽医月刊》1940年第12期。

② 中央大学南京校友会、中央大学校友文选编纂委员会编：《南雍骊珠——中央大学名师传略》，南京大学出版社2004年版，第559页。

③ 陈之长、许振英、赵海泉：《西康畜牧兽医调查报告》，《畜牧兽医季刊》（1940—1941）第4卷第1期。

医系讲授《草原管理学》《草原牲畜管理学》两课，同年5—7月，蒋森教授受西康省主席刘文辉邀请，到康定、泰宁、道孚、瞻化、理化、雅江等地进行考察。政府派畜牧系教授陪同前往。对所经之地草场植被类型、牧草种类、牧场管理等方面提出了见解，认为"西康草地将来颇有可能成为优良的牧区，堪与世界其他的优良天然牧区相比拟"，指出了西康牧区草原畜牧业发展的前景。写出的西康畜牧考察报告，由汤逸人翻译作为专刊载于《畜牧兽医》月刊第五卷7、8期合刊上。[①] 王栋主持畜牧兽医系工作期间，将现代草原科学引入中国，对牧草学、草原管理学、动物营养学、家畜饲养学以及种植业和养殖业的结合等有较深入的研究，他曾多次到甘肃、内蒙古草原和江苏海涂进行野外考察，在此基础上，他创建了中国草原科学的学科体系，培养了中国第一代草原科学工作者，他还提出中国"草地绵羊单位"的定义。[②]

三　积极推广畜牧兽医事业

牧医系教授们在传授畜牧知识的同时，也大力提倡推广畜牧事业。1940—1941年，许振英曾多次向当局呼吁应重视内地畜牧业的大力发展，对我国畜牧业的发展提出独到见解。他们极力宣扬畜牧兽医事业对国计民生的重要性和必要性，"畜产对于人类的关系真是密切极了，人类的衣、食、住、行、器五项，没有一项不靠畜产品供给"[③]。譬如用作服装材料的毛皮、兽革、蚕丝；牲畜的产品如牛乳、鸡蛋、肉类、内脏、血液都是人类最宝贵的食品；牛乳中的动物性蛋白高，不但人类所需要的各种蛋白质齐备，还富有维生素和矿物质。呼吁推广牛乳的生产与普及大众对牛奶的消费，以改善民众营养。住的方面，蒙古包、帐幕是用皮革毡毯作成的，都取给于牲畜。至于人类的行旅更有赖牲畜的帮

---

① 甘孜州志编纂委员会：《甘孜州志》（中册），四川人民出版社1997年版，第1038—1039页。

② 《南京农业大学发展史》编委会编：《南京农业大学发展史》（历史卷），中国农业出版社2012年版，第75页。

③ 盛彤笙：《畜牧兽医对于民生之关系》，《畜牧兽医月刊》1940年第12期。

助。不论在沙漠戈壁，还是在内地乡村，牲畜都是维持行旅运输的重要役畜。家畜的副产品，如兽粪、兽羽、皮革、器角、羊毛、猪鬃等等，都是制造各种器皿的较好原料，在我国出口货物中，畜产品（包括羊毛、皮革、猪鬃、肠衣、蛋品等）常占 1/4 左右。可见畜牧事业与我们日常生活关系之密切。①

此外，教授们还呼吁加强畜牧业和农业的联系，认为畜牧业是农垦的先驱。在面积空旷、人口稀薄、土质贫瘠不适于耕种的区域，只有经营畜牧业才能最经济地利用地力和人力，若要开垦，也必须先从畜牧着手，利用家畜的排泄物来增进土地的肥沃性。就农耕为主的区域而言，也必须农牧结合才能够得到最高的产量和最大的收获。家畜对于农业的帮助很多，如提供粪肥；农业副产品，如麦麸、米糠、榨油所余的油饼是良好的家畜饲料；家畜是农民运输耕作的主要工具。可见畜牧业与农业关系之密切，不可须臾分离。

推广畜牧业"必先克复足以影响工作进行的最要因素——社会对于畜牧业的错误观念"②。数十年来，民众对畜牧业存在错误认识，如，以为"畜牧就是开牛奶生意、推广外国畜种、制火腿、打白塔油；而畜牧专家也不过多认得几个外国品种，多读几本硬壳书，或牧场经营比较整洁，牛奶生意相当赚钱之流。"这种谬误成见，不但妨碍基本畜牧事业发展，且使许多从业者只顾迎合潮流，反置自己立场于脑后。

他们还提出推广畜牧业的科学方法。如"畜牧本位化""畜牧农业化""畜牧自给化""畜牧学术化"等一系列观点③。所谓"畜牧本位化"，即发展适合本地环境的畜牧业。"畜牧农业化"，即畜牧业与农业无所谓主业或副业之分，必须与农业打成一片，不能分离。"畜牧自给化"，即凡是以农立国的国家，应尽先维持原产品自给自足；其次是副产品的加工、出口。"畜牧学术化"即，开展科学研究，推广科学的畜

---

① 盛彤笙：《畜牧兽医对于民生之关系》，《畜牧兽医月刊》1940 年第 12 期。

② 许振英：《为今后之畜牧事业进一言》，《中国畜牧兽医丛报》1942 年第 1 期。

③ 许振英：《为今后之畜牧事业进一言》，《中国畜牧兽医丛报》1942 年第 1 期。

牧业知识，改良牲畜品种等等。

学者们还指出当时我国畜牧兽医事业存在政令不一、经费短缺、人才缺乏、社会认可度不高等方面的不足。"畜牧生产的空气虽如是的浓厚，成绩与其效果，细想起来实令人失望。"[①] "虽新献迭创，建树滋多，然其可资商榷者亦在不少，譬如机关之忽立忽废，技术空气之淡薄，事务人员之嚣张"，"使在者不安于位，来者之却步不前，亦为无可讳言之事实"。[②] 具体表现在政令通常有始无终，初办时，在设备、事业、薪饷等都答应得很爽快，最初短期内尽先拨发，以后越来越少，越来越迟。于是研究中断，牲畜淘汰，再加上官吏更替，终归关门大吉。此外，当政者以事业官绩为重，期望速效。结果就在研究不够、材料不齐，而出现谈空推广假宣传的局面。[③] 中国畜牧事业有赖社会鼓励与扶持，青年对于畜牧"认识不消，兴趣不浓"，中高层技术人才极缺少。认为中国畜牧技术无进步、事业无发展，经费是最大原因。[④] 社会方面，民众崇尚、依赖洋货，依赖外国心理，故提出改良制造方法，使社会愿意接受土产品。[⑤]

牧医系随校西迁后，先后借得位于重庆的四川省立教育学院、重庆大学和位于成都四川省家畜保育所部分房屋作为畜牧兽医系师生安身和教学实习场地，为教学、科研和推广提供了较好环境，也使从南京带来的良种畜禽得以充分选育和推广。牧医系采用美式教学、科研、推广一体化的教学模式，成就斐然。其间，师生紧紧围绕现实需要开展教学科研活动；在关系国计民生的相关研究中，如家畜品种改良、家畜传染病治疗等方面取得了举世瞩目的成就；畜牧兽医系毕业生也深受用人单位的欢迎。此外，对于推广畜牧兽医技术和促进畜牧兽医事业的发展也起

① 陈之长、盛彤笙：《改进我国畜牧兽医教育之商榷畜》，《牧兽医月刊》1940 年第 9 期。

② 罗清生、盛彤笙：《论畜牧兽医事业之危机及吾人应有之觉悟》，《畜牧兽医月刊》1944 年第 1 期。

③ 许振英：《中国畜牧事业的几个基本问题》，《畜牧兽医月刊》1940 年第 1 期。

④ 许振英：《中国畜牧事业的几个基本问题》，《畜牧兽医月刊》1940 年第 1 期。

⑤ 许振英：《中国畜牧事业的几个基本问题（续一）》，《畜牧兽医月刊》1940 年第 2 期。

了较大作用，对中华人民共和国成立后国民经济恢复和建设作了人才上储备，对牧区和农区的教学、科研、兽疫防治及其他管理、推广工作做出了重大贡献。战时中大牧医系杰出的教授队伍及较好的教学环境，使牧医系从各方面得到了良好发展，培养了100多名学生，这些毕业生中有数十名取得公费留学生资格，先后赴英、美、法、意等国深造，多数于中华人民共和国成立前相继回国，担任我国畜牧兽医科研、教学及技术管理骨干。这充分体现抗战期间牧医系与地方生产科研单位以及科技人员，积极进行技术合作以壮大抗战力量的大协作是先进的。

第四节 推动重庆及大后方工业及相关行业的进步

战时中大理、工、农科的教师努力与社会各行广泛合作，开展生产技术、矿产勘察、水利移垦、公路建设、滑翔机木材等方面的研究，并取得了显著成效。

一 与军需民用工业广泛合作

内迁重庆的中央大学加强与生产部门及工厂的合作，积极参与军需民用工业的科研与生产。1939年5月，国民政府经济部、交通部、军政部、航空委员会拟定了理工院校与各种工厂合作办法条例，1942年，资源委员会又发布了各大学合作奖助科研的办法。中央大学以其雄厚的实力与社会各界进行了广泛的合作。在渝8年期间，仅中大的科研合作项目多达百余项，为各院校之冠。[①] 1943年，理工农三院各系与校外各机关合作研究多达数十项。[②] 如理学院地质系与经济部资源

---

① 常云平：《试论抗战期间内迁重庆的高等院校》，《西南师范大学学报》（哲学社会科学版）1997年第6期。

② 《三十二年（1943年）理工农三院与校外机关合作事业一览》，《国立中央大学校刊》1944年第11期。

委员会开展为期一年的合作，调查贵州桐梓一带矿产。地理系与行政院水利委员会合作，研究新疆吐鲁番盆地、河西走廊、塔里木盆地水利移垦等问题，由水利委员会提供该系经费并出版相关报告。农学院与农林部开展稻米分类及检验研究、双季大工稻与虫害关系研究、国产药材治疗试验、小牛代乳试验研究、马鼻疽病药剂治疗试验研究等合作事业五项。农学院与农林部四川省推广繁殖站合作办理了简阳农场，用以繁殖良种及推广，自 1943 年起，由该站每年负担经费 6 万元，以供事业费用。① 农学院与财政部贸易委员会合作研究桐油化学试验，1943 年度由该会补助经费 17500 元。还与财政部专卖事业公司合作茶叶改良研究；与交通材料司合作木材防腐试验研究；与中国滑翔总会中央滑翔机制造厂合作，从事航空用木材件质及利用与酪腮制造研究；与兵工署第二十四兵工厂合作，从事改良小麦、水稻等品种的繁殖与推广；还与四川丝业股份有限公司合作研究桑丝事业的改良②。农学院农业经济系受花纱管制局委托，派员前往川北区作棉花与食粮生产成本调查，"以期明了该棉区内各农户生产情形，以便从事棉花之增产"。③ 该系自受委托，即派研究生谢森中前往北川棉区长住遂宁棉场内，调查棉农棉花生产花费，后撰写整理出《棉花生产成本调查》报告，送交花纱管制局以供参考。④ 农业经济系受农林局委托并受其资费 10 万元研究战时物价变动对于农村的影响，即农村经济变动情形及农民实际生活状况，选派研究生深入农村，实际调查农村动态，采用通讯调查方法，以补充实地调查的不足，并提交《战时物价与农村

---

① 《三十二年（1943 年）理工农三院与校外机关合作事业一览》，《国立中央大学校刊》1944 年第 11 期。

② 《三十二年（1943 年）理工农三院与校外机关合作事业一览》，《国立中央大学校刊》1944 年第 11 期。

③ 《花纱管制局与农学院合作，派员赴川北区调查棉花生产》，《国立中央大学校刊》1944 年第 11 期。

④ 《农经系动态》，《国立中央大学校刊》1944 年第 19 期。

影响》。[①] 森林化学系与农林部中央林业实验所多次合作，积极研究林产品利用问题，如木材利用主要工作、试验各种木材性能，为飞机木材、兵工器材、工程材料，选用根据及工和设计提供参考。此外，还进行了林产制造时木材及其他林产品的合理利用、桐油新利用研究、木材防腐研究、木材干燥试验等。[②] 工学院化学工程学系受资源委员会资助，从事丙酮制造及低温煤膏的研究。水利工程系与全国水利委员会合作，除在该系设立水利讲座奖学金、添置仪器外，还积极从事压力、土壤研究、土壤冲触及土壤保持与重力坝的相关理论研究与设计等；双方还对战后西北水利移垦做了相关研究。甘肃水利林牧公司与交通部川湘陕水陆联总管理处，分别在该系设立奖学金[③]。航空工程学系与交通部合作，于 1943 度起，由该部补助专款 15 万元供航空系教授助教出国考察研究实习，其所作报告抄送交通部参考，所有航空系毕业生，由交通部尽先择优录用。[④] 电机工程学系与资源委员会合作，研究中国将来各高压电气网、静电容器的研究及试制、国产绝缘材料的研究与试验、避雷研究及试制、地气箱代替品的制造。资源委员会 1943 年补助工学院机械工程学系专题研究专款 10 万元，从事焊接法处理金相学、工具机械阻力、动力油料厂所产润滑油相关研究。交通部路政司 1943 年补助专款 10 万元，设置奖学金，并在工学院土木工程系设置路工讲座。该系自 1942 年 2 月起与中央卫生实验院合作，在四年级成立卫生工程组，以培养卫生工程人才。工学院建筑工程学系亦获得资源委员会合作研究专款 10 万元，从事我国战后工厂建筑研究。

　　由于与各工业部门的广泛合作，有相对充足的研究经费，这些研究工作取得显著成效。此外，为了抗战救国，开发建设边疆的需要，应用

① 《农经系动态》，《国立中央大学校刊》1944 年第 19 期。

② 《学术研究消息》，《高等教育季刊》1939 年第 1 卷第 4 期。

③ 《三十二年（1943 年）理工农三院与校外机关合作事业一览》，《国立中央大学校刊》1944 年第 11 期。

④ 《三十二年（1943 年）理工农三院与校外机关合作事业一览》，《国立中央大学校刊》1944 年第 11 期。

性学科的研究也应运而生。1943 年，国防科学技术策进会设 10 项专项获奖研究。次年，物理系王恒守教授等人因研究军工生产的重要课题"直接镀镍于钢铁之上的方法"获得成功而得到国防科学技术策进奖。化学系方振声发明的"汽油精"和梁守渠创制的"耐酒精涂料"三项获科学发明奖，共获奖金 4 万。化学系赵廷炳"阳离子分析法的研究"、物理系赵广增和汤定元的"放电管中电子温度之研究"，以及航空工程系"滑翔机的制造和研究"等，在当时都处于全国领先水平。[①]

畜牧场受农林部渔牧司委托研究小牛代乳饲料，经农场主任濮成德教授积年余之研究试验，成功研制。"该代乳饲料之功效与牛乳无异，成本甚为低廉"[②]。为了适应抗日战争期间军民用药之需，园艺系与重庆药用植物场及其金佛山分场进行技术合作，成功研制出鸡骨常山、除虫菊、金鸡纳霜等驱虫治疟等药品。太平洋战争爆发后，能源油料成为极缺的抗战物资，桐油成为重要的战略资源。桐油的榨制是利用桐油的难题，梁希和周慧等同事，用醚与酒精制成溶剂提炼桐油，使 99% 以上的桐油被提炼出来，而且性质良好，为后方的资源提供了新的品种。1943 年后，杜长明为了解决抗战后方物资供应紧张及教育经费不足的问题，在系内开展了一些化学品的制备工作，他亲自主持涂料、锌白的试制与木材干馏的试验。为使生漆的干燥速度加快，他让学生陈家铺在研究中找出适用的催化剂或干燥剂等，为航空部门提供了所需的塑料及溶剂，为橡胶厂试制了锌白等，受到了有关方面的欢迎和重视。

为解决办学经费拮据和课程实习材料的困难。农业化学系在渝期间，还曾开设酒精厂。1944 年刘伊农教授接管系务后，有意筹立农化生产实验厂，利用四川粮食储运局现有毒米制造酒精。该厂分为行政主管部门、制造部门、酒精制造部门、糖业部分四组。该厂第二组所产酱油，价廉味美，供不应求。[③]"试验成绩极佳，可在酒类糖果中提取酒

①　《王恒守教授等获国防科学技术策进会补助金》，《国立中央大校刊》1944 年第 8 期。

②　《小牛代乳饲料，本校试验成功》，《国立中央大学校刊》1944 年第 10 期。

③　《农业化学系筹设农化生产实验厂》，《国立中央大学校刊》1944 年第 4 期。

精，品质甚佳，一俟发酵部分完成，每月可产酒精 1500 加仑。"①

中大在渝期间还积极为各工厂各企业培养训练技工，为各行业培养了各类专业技术人才。经济部从 1940 年成立至 1944 年，委托中央大学训练技工四届，培训技工 5800 余名，毕业生除一部应征从军担任技工以外，大部仍在原厂工作，如后方各工业区，主要参加兵工、电化、造船、铁道、汽车、航空机械、钢铁等部门"工作成绩尚称良好"。

全面抗战爆发后，中国化学会主要会员均随高校和学术机构迁往西南大后方，在战时艰难的条件下，每年均举行学术年会，将学会工作任务转移到为抗战救国服务的轨道上来。尽管时局艰难，但抗战大后方化学工业却得到了相当的发展。战时陪都重庆化工生产较为集中。举凡冶炼、酸、碱、耐火材料、耐酸陶瓷、玻璃、水泥、碳化钙、炭极石墨、鞣剂、染料颜料、油漆、制胶、制革、制糖、酒精、西药、化妆品、蜡烛、甘油、调味品等。以及利用桐油炼出汽油代用品、柴油、润滑油等，均有不同规模和程度的发展。对此有学者说："种种工业不仅应有尽有，而且其规模相当伟大，技术亦相当进步。各位化学技师运用智力，利用土产原料代替舶来品，并自行设计工具，以期达到自造自给的境地"。②

1938 年 9 月中国化学会第六届年会在重庆开幕，重庆分会会员有半数参加③，中央大学的赵廷炳、郑集、高济宇、袁翰青，重庆大学的傅鹰，浙江大学的周厚复，福建科学馆的甘景镐等 16 人撰稿参会。④ 李尔康、马杰两会员分别作《四川化学工业之改良》《化学与健康》的专题演讲。⑤ 会议期间，与会者参观了重庆及周边地区的缫丝厂、炼钢厂、玻璃厂、机染厂、肥皂厂、制革厂、水泥公司、电力公司、军政部

---

① 《农化系酒精厂装备完成》，《国立中央大学校刊》1944 年第 10 期。
② 《四川的化学工业》，《化学通讯》1942 年第 6 卷第 2 期。
③ 《化学通讯》1938 年第 3 卷第 3 期（第六届年会专号）。
④ 《化学通讯》1938 年第 3 卷第 3 期（第六届年会专号）。
⑤ 《化学通讯》1938 年第 3 卷第 3 期（第六届年会专号）。

卫生材料厂等 14 家工厂。[①] 年会上议案主要有：致电国际反侵略总会声讨日本施放毒气案，会员工作应注重改良当地化学工业，请求政府从速创办化学药品制造厂，请高校化学系增添应用化学及化学工程设备，加聘化工讲座人才，提出桐油、酸类、碱、盐等若干物资生产的改良建议等十余项。由会议通过的议案可看出，中国化学会工作战略转移体现在两个方面，一为结合抗战需要特别注重科学在国际军事及工业方面的应用研究；二为结合大后方各地资源的开发，积极支持后方工业建设。[②] 在这两方面，中央大学均有突出的表现和作用。由于内迁与本地工业的发展，为战时学术活动提供了较好的人才与物质基础，中大师生在战时化学事业中的作用可见一斑。

二 广泛参与大后方能源调查与开发

国府西迁，西南诸省成为民族复兴的根据地。中大教授将研究视野转向西南，他们从多角度，多方面研究与找寻民族复兴的方法。理、工、农学院各教授把研究的重点放在四川及西南地区的地质及矿产、能源、交通等多方面，加速了西部地区开发与现代化建设进程。

地质系李学清教授在川期间，将四川各类矿产，如煤、铁、盐、油、铜、锌、硫磺等做了全面调查与研究。"战事能否持久，因素甚多，而西南各省矿产是否丰富，足供战事之需要亦莫大之关系"。[③] 他在研究中指出四川煤大都分布在侏罗纪与二叠纪之地层内，且煤层较薄，并逐一将四川煤矿分布情形作了详细的调查与研究。包括南川、金佛山煤田，嘉陵江煤田，大凉山煤田，犍为、屏山、威远、彭县、长寿、涪陵、安县、广元、琪县、叙永、古兰、綦江等地的煤田，调查内容包括煤层的分布区域，煤层的厚度、储量、煤质量、交通条件、开发难度、有无开采价值等内容。这些珍贵的资料对开采四川的煤矿提供了最直接

---

① 《化学通讯》1938 年第 3 卷第 3 期（第六届年会专号）。

② 《化学通讯》1938 年第 3 卷第 3 期（第六届年会专号）。

③ 李学清：《抗战期中四川矿产供给》，《新民族》1938 年第 8 期。

的参考，解决国难期间军需民用的能源问题。

李学清还把四川各地矿产资源分布及其化学成分作了详细调查，介绍了四川綦江、建昌、荣昌、威远、天全、达县、灌县、荣县等地铁矿的分布范围与开采方式。"惟当长期抗战，需铁正股，东四省与华北诸大铁矿，已不为我用，则四川之铁矿，正急宜开发也。"四川金矿以沙金为多，主要有漳腊金厂、绥靖金厂、洼里金厂、田坪金厂、龙达金厂、麻哈金厂。四川产盐地区有富顺、犍为、云阳、乐山、彭水、盐源等县，以自流井与贡井最著名，盐井区域约 90 平方公里，盐井总数于最盛时不下四千余口。抗战以来，西南西北各省作为民族复兴的策源地，且为后方经济建设的基础区域，盐业建设应以此为中心，充实生产，便利运输贯通脉络，然后向沿海沿江一带推进，不致再因战争遭受重大损失。提出促进盐业发展需要采用近代生产技术，力求工业化的实现。一方面投资合理、成本减轻、利润增加、工资提高、盐价低减；一方面改良盐质，奠定盐业的基础，促进建国大业的完成。盐业改革为建国大业的分枝，不能在抗战胜利之后重行开始，必须在抗战时候不断的努力。此外，李学清等中大教授还介绍了四川石油、银、铅、锌、铜、硫磺、汞、明矾等稀有矿产分布及产量情况。总结出如下结论："四川矿产以煤铁金盐为重要，锌铅铜次之……四川矿产对于战事所能供给者，煤铁盐当可供给。铅锌铜等矿量不甚丰富，金矿储量尚称不恶，现多停顿，当设法利用。"[①] 这些分析和介绍为抗战时期及后来大后方能源开采及经济国防建设具有重要的参考价值。

内迁的各研究院所、大后方各省市也利用有利时机，多次邀请中大教授实地考察。1943 年中央研究院邀请了地理系丁骕、地质系教授戈定邦二教授赴新疆考察，历时半年，足迹踏遍新疆全省，行程达二万里，发现重要矿产数处，沿途采集之标本，"对新疆未来建设，将有莫大之贡献"[②]。西康建设委员会为明了"西康在科学上各部门之真实价

---

①　李学清：《抗战期中四川矿产供给》，《新民族》1938 年第 8 期。

②　《丁戈二教授新疆考察归来》，《国立中央大学校刊》1944 年第 1 期。

值，以为具体的经济建设之根据起见"，特组织科学调查团，中大李承三等多名教授参与。调查团分水利、生物、畜牧、土壤、地质五组，行程共 105 日，往返所经路程计约 6200 百里，除考察沿途地质外，还勘察了金矿、铁矿数座；采集岩石、化石、铁石、土壤等标本八箱，摄影五百余张，绘矿区地质等图数十辐，并撰写书籍记录川康一路地质矿产情形、西康风俗人情。① 这些调查不仅对西康的资源开发、经济发展有重要参考，也为我们今天了解西康社会的历史留下丰富的一手资料。

1940—1941 年，李承三领导嘉陵江流域地理考察，绘制了我国第一幅河流地貌图，对嘉陵江河流地貌的特征、水系的演化，河曲的形成演化进行了深入研究，率先在我国开辟了河流地貌研究领域，是我国河流地貌学的奠基人。此外对西部地质及其他情况做了开创性研究与发现完，成了一系学术论文。② 如《康定道孚之冰川地形》《西康道孚菜子沟铁矿》《康定道孚及瞻化之金矿》《雅安道孚间地质》*On the Devonian of northern Yunnan*《西康泸定磨西面之水利问题》《西康东部地质之检讨》《云南盐津临江溪金竹湾之山崩》，对中西部地质、矿产作了全面的介绍。

中大教授还大力呼吁在西南发展水电事业的重要性。西南诸省已成民族复兴的基础，工农业都要在这里发展。就工业而言，战区工业内迁，扬子江上游已形成今日工业的中心，原动力的供给已经捉襟见肘，将来民族工业必然滋生庞大，势必有大量原动力供给方能应付需求；同时农业方面，希望增加生产才能够做到足食足兵，才能坚持抗战到底。

---

① 李承三：《西康地质调查旅行记略（一）》，《新民族》1939 年第 3 卷第 6 期。

② 李承三、郭令智：《康定道孚之冰川地形》，《地质论评》1939 年第 4 卷第 1 期；李承三、袁见齐、郭令智：《西康道孚菜子沟铁矿》，《地质论评》1939 年第 4 卷第 5 期；李承三、袁见齐、郭令智：《康定道孚及瞻化之金矿》，《地质论评》1939 年第 4 卷第 6 期；李承三：《西康泸定磨西面之水利问题》，《地质论评》1940 年第 4 卷第 5 期；李承三、袁见齐、郭令智：《西康东部地质之检讨》，《地质论评》1940 年第 5 卷第 1—2 期；李承三：《云南盐津临江溪金竹湾之山崩》，《地质论评》1940 年第 5 期；李承三、袁见齐、郭令智：《雅安道孚间地质》，《西康省建设丛刊》1941 年第 1 辑。

西南各省雨量丰富，所以地虽多属山陵，仍为稻麦之乡，但是稍一遭到旱灾，转眼间又成了饿殍之乡，若能发展水电输送至需要灌溉的农田附近，便可抽水灌田，所以要增加农产必须要充分利用水力，才能解决灌溉的问题，指出当时发展西南水力发电事业已经是工业农业上迫切的要求。并提出发展西南水电业的具体措施，选择合适的水力发电地点、测量河道及准备水轮机件。

此外，还对西南水力发电厂址的选择提出了建议，"应以几个西南工业中心城市作为供给电力的中心，例如西南各省交通便利的重庆、成都、泸县、合川、长寿、宜宾、涪陵、昆明、贵阳等地"[①]。农业来说，要依值得灌溉的农田附近选择，按照当时高电压递电的距离限度内选择水力发电厂地址。水力发电事业对于西南工业农业关系密切，中国水力资源虽多，但是当时已经发展利用的只有成都附近、泸县和正在计划兴工的长寿3处，共计不过3万马力，以四万五千万人口计每人所得者不过一万五千分之一马力，若和世界各国相比较，差距较大，应该急起直追。

三　关注西部交通运输业的发展

在渝期间，中大教授对西部地区的交通运输业发展也十分关注，他们通过著书立说介绍了西部地区的水陆交通情况及水道的详细情况。经过细致调查研究，结合史书中有关资料，对于每条河流的名称、长度、宽度、深度都有精确的数字记录，这些记录和方案对西部地区的交通建设、河道开发、水文记录、航运的开发有重要参意义，甚至于对今天在西北地区兴修水利也有参考价值。

首先，阐述了开发西部交通对抗战的重要性。"水陆交通线，犹人身之血脉，亦即于今对于在西北地区兴修水利也有参考价值。发展各地资源之利器，非先有运输屯集之利器、则各项资源难全备具，资本劳

力、亦无由发展，且无由利用。"① 认为在抗战救国时期"抗战必胜之资源，惟西南各省是赖"，西部地区交通要道的开发尤为重要。故要谋开发西南各省资源，应以加强水陆交通线为首要。

其次，提出了开发西南各省重要都市之间交通路线的开发对策及思路，"至于水陆交通线之开阔，应注重于运河水道之修治及铁道公路之建筑"②。分析了西南各地开发各种交通方式的优势与不足。水道交通线方面，分析了几条要道的基本情况，主要包括长江自汉口经宜昌至重庆至宜宾可通航者 1500 公里；湘水自长沙至零陵可通航者 350 公里；西江自广州至梧州桂林柳州南宁可通航者 1600 公里。公路交通线，包括武昌至长沙经贵阳至昆明 1900 公里；长沙经桂林至贵阳 1400 公里；贵阳经重庆至成都 900 公里；柳州经南宁至龙州 600 公里。铁路交通线，包括粤汉铁路自武昌经长沙至广州 1500 公里；法营滇越铁路自昆明经河口至安南海防 1200 公里。③ 建议在西南各省重要都市间改进水道交通，如重庆至贵阳之间的川黔水道、重庆至昆明之间川滇水道、长沙与桂林之间湘桂水道三干线的水运交通。川黔水道自重庆至涪陵，沿乌江、经贵州省思南县西南行上溯清水河而至贵阳城南，共约 800 公里，为川黔两省间较大水运交通，沿江农产、矿产丰富，如有便利的水运航道，则"蕴藏之资源，即可逐渐开发"。川滇水道沿长江自重庆至宜宾，约 390 公里，自宜宾沿金沙江至普渡河口约 550 公里，沿普渡河至昆明东北的富民约 290 公里，全程共约 1340 公里。沿途蕴藏农矿产量奇富，既可使全段水运自宜宾至昆明东北的富民，通船无阻；又可利用逐段水力，供给廉价动力，而辅助矿工业之发展。湘桂水道即湘江起自湖南长沙，经零陵至广西兴安县东南；桂江自广西梧州绕桂林东南，经灵川至兴安县西部。指出此项建设，以军事国防为中心，更不能囿于工程经济的偏见，而成功后的收益，可为全民所享受也。"现在敌人侵

---

① 原素欣：《西南各省水力发电事业之前途》，《新民族》1938 年第 2 卷第 2 期。
② 原素欣：《西南各省水力发电事业之前途》，《新民族》1938 年第 2 卷第 2 期。
③ 沈百先：《西南水道交通建设刍议》，《新民族》1938 年第 2 卷第 8 期。

略，较前暴烈，国防建设之需要，今急于昔，且科学技术之进步，今优于昔。"①

其三，提出开发西北交通运输线路的具体策略。从地形、气候、人口三方面，分析了西北公路交通建设的问题及与东部的差异。我国幅员广大，东南半壁和西南半壁比较起来，大不相同，单看现有全国公路图，西北各部地名少，而公路路线亦少，可以看出我国东南和西北地形地貌有很大的差异。在我国西部兴建公路，路线的选择是与西北及西南各地的地理情势很有关系。② 提出要开发西北交通运输，首先要增加西北和西南的联系路线。建议修筑联系南北的交通运输线，如由西宁经玉树通云南北部，由玉树沿金沙江东岸，连通云南北部的阿墩子，由中甸维西而通丽江大理，即可连接滇缅公路。此路所经康省西部，从地形及人力上对于将来的工程可减少很多困难，而此路为西北西南连贯最直接的路线。介绍了西北各省公路修筑情况，如甘肃通新疆、青海通新疆的线路，新疆境内的交通线、四川与青海之间的公路线。指出了这些区域修筑公路的重要意义与存在的技术难题。

四　加强西部区域地理及人文的关注与研究

重庆期间地理系师生对西部地区的人文地理及经济地理、都市地理进行了研究。侧重从地理环境及自然概况探讨西北、西南的区位优势，号召国人起来与侵略者作斗争，保卫国土完整。

杨纫章的《重庆西郊小区域地理研究》③ 一文，内容丰富，对重庆沙磁文化区的自然地理、气候条件、农业生产、人口分布特点、土地利用等内容进行了分析与论述，并呼吁保护森林，禁止城乡开发中过度砍伐森林，要求"积极设法禁止伐树，并致力造林事业"，同时还描述了

---

① 沈百先：《西南水道交通建设刍议》，《新民族》1938 年第 2 卷第 8 期。
② 胡焕庸：《中国西部地理大势及公路交通建设》，《抗战与交通》1940 年第 8 期。
③ 中国地理学会编：《地理学报》1941 年第 8 卷。

在磁器口和中渡口的棚户居民的凄苦生活。陈尔寿在《重庆都市地理》① 中也提出在沙磁文化区建立永久性文化区和风景区的建议。李旭旦教授注意理论与实践相结合，培养学生解决实际问题的能力，他充分利用重庆周边地区优越的自然条件，每年暑期都带领学生赴川西、川北、甘南等地区野外实习。1940 年，李旭旦发表了题为《区域图表与地景素描在峨眉山之应用》② 一文。1941 年参加了中华自然科学社组织的西北考察团，担任团长。他们艰辛跋涉，考察了白龙江中游地区，写成了《白龙江中游人生地理观察》③ 一文，以讨论天然植被与土地利用、地形与聚落、交通等内容为重点。指出该区农民"但知辟地为田，不知植林牧草，以养其田。故以言白龙江流域之土地利用，过重农业，忽视林牧，实为一不平衡之发展……"④，"植树保土当为本区今后急需的农村建设工作"。可见，20 世纪 40 年代，李旭旦就已经明确提出了合理利用自然资源、协调人地关系的宝贵意见。他还明确提出：白龙江是我国南北重要分界线——秦岭淮河线的向西延伸，又是中国东部农业区与西部牧业区的分界线。这一观点成为中华人民共和国成立后制订全国农业发展纲要和划分地理界线的依据，也是李旭旦对中国地理学的一个重要学术贡献。在这个研究报告中，李旭旦还提出要合理开发利用土地，注重生态环境保护，防止水土流失。"惜我农耕汉人，为平原民族，伐林焚草，滥加耕犁，以致濯濯童山，荒岩暴露，急流冲洗，泥石俱去。土壤侵蚀为我国西北地之普遍现象，造林保土节水当为今后山地土地利用之必要工作"。这是他对该地区土地开发中提出要保护环境的最早见证，至今仍具有十分重要的指导意义。1942 年李旭旦完成《西北科学考察纪略》⑤ 一文，此文为李旭旦通过实地考察，历尽千辛万苦，

---

① 中国地理学会编：《地理学报》1943 年第 10 卷。

② 中国地理学会编：《地理学报》1940 年第 7 卷。

③ 中国地理学会编：《地理学报》1941 年第 8 卷。

④ 沙润、姜爱萍：《复兴人文地理的旗手——李旭旦》，南京师范大学出版社 2012 年版，第83 页。

⑤ 中国地理学会编：《地理学报》1942 年第 9 卷。

取得第一手资料的基础上完成的，为开发研究西北留下重要参考资料。

中大陈正祥教授还撰文《西北的沃野农业》对西北的沃野进行考察与分析。[①] 认为地理区域的划分不但要根据自然条件，并且要参考人文因素，西北人文因素与我国其他各区相比有较多不同，以兴安岭、阴山、贺兰山一线而言，该线以西以北是蒙古人的牧畜区域，以东以南则是汉人的农垦区域，历代胡汉纷争以此为界，就因为这里是两种不同经济社会的界线，历代长城多沿此线建设，即要防御北方的游牧部落侵入南方的农垦区域，再以祁连山、阿尔金山、昆仑山一线以及天山南北麓而言，虽然也是农垦区域，但其性质与内地正规农业不同，为沙漠区域的山麓地带，农田全赖高山雪水的定期灌溉，故灌溉沃野沿着山麓作点状分布。分析了西北沃野的分布及其特征，指出方位与地形决定了西北的气候，而气候又决定了西北农垦的方式，介绍西北地区的降雨量、温度、湿度、霜期等气候条件及其对农垦的限制因素，以进一步指出西北沃野四大特征、沃野的灌溉方式与土地利用的方法。[②]

这些论著，或为综合性研究，或偏重自然，或偏重人文，但均将人文现象与地理环境融合在一起，即从地质构造、地貌、土壤及主要农作物、房屋、道路、人口联系起来阐述，研究观察其自然和人文因素间的关系，以及各因素相互的影响，这些小区域应当能够充分表现出各种人与自然间的关系，对西部地区地理、生态、土壤、环境保护等有较大贡献。

五 多次综合考察西部民族地区

抗战时期中央大学对西部民族地区的综合考察，可以中大校友为主的"中华自然科学社西康科学考察团"对西康省的考察来说明。抗日战争特殊的时代背景促使中国科学界脱离正常的科研环境，把研究的视野转向广阔的大自然，开创了理论与实际结合为抗日建国服务的良好风

---

① 陈正祥：《西北的沃野农业》，《中农月刊》1944 年第 5 卷第 5—6 期合刊。
② 陈正祥：《西北的沃野农业》，《中农月刊》1944 年第 5 卷第 5—6 期合刊。

尚。抗战期间由科研学会及社团与高校组织的科学考察有多起，其中，1939 年 7 月至 10 月由曾昭抡[①]、朱炳海[②]率领、中央大学校友为主的"中华自然科学社西康科学考察团"对西康省的考察，就是时间较长、影响深远的一次考察活动。

1938 年 11 月 13 日，在重庆举行的中华自然科学社年会上，社友们讨论了"为尽科学团体报国之责任，应从事边境科学考察工作"的议题，决定组织"中华自然科学社西南及西北考察团"，赴这两个区域进行科学考察。推定该社赞助社员教育部长陈立夫、西康省建设厅长叶秀峰、国立编译馆原馆长辛树帜，以及社长杜长明，社友胡焕庸、曾昭抡、屈柏传、江志道等人任筹备委员负责筹备。为求考察工作易于实现，同年 11 月 27 日的社务会议决定先筹备西康考察，杜长明为筹备会召集人。至 1939 年 7 月，筹备事务取得实质性进展，考察经费获得解决，教育部津贴 3000 元，西康省建设厅补助 7000 元，筹备半年余之久的考察团终于组建起来了。[③] 中华自然科学社西康科学考察团正式组建

---

① 曾昭抡，著名化学家、教育家、国防化学家、军事评论家、民主人士，麻省理工学院科学博士，1928—1931 年任中央大学副教授、化工科主任，1931 年 8 月起，先后任北京大学化学系教授、系主任，西南联大教授，新中国成立后任教育部副部长、高教部副部长、全国科联副主席、中科院化学所首任所长、全国人大代表、全国政协委员、民盟中央常委等。曾昭抡是中国引进西方近代化学的先驱者之一，中国有机化学奠基者，中国化学会主要创建人之一。在化学多个领域均有研究成果，尤以有机化学、化学命名原则、国防化学方面贡献突出。1936 年至 1948 年，曾昭抡率队进行过多次科学考察，包括绥远essential地考察、赴日本考察、西康考察、大凉山彝区考察、川康考察、赴美国考察原子弹等，其考察记既是记述详尽准确的科学报告，也是生动感人的游记作品，颇受读者欢迎。

② 朱炳海，1931 年毕业于中央大学气象学系，历任中央研究院气象研究所测候员、《科学世界》总编辑、中央大学气象系教授。新中国成立后，任南京大学气象系主任、教授，中科院专门委员、地球物理研究所学术委员，政务院文化教育委员会地球物理组工作委员，国务院科学规划委员会海洋气象组成员，中央气象局学术委员，中国气象学会名誉理事等。所撰《气象学》《中国气候》等开创性专著在科学界深有影响，并主编《气象学词典》。主要论文有《分析气象团以论天气变化》《本国锋元之消失与气旋》《中国春季之锋面活动》《中国降水区划》等数十篇。1967 年美国联邦科技资料出版局将其著作《中国气候》译成英文，成为研究中国气候的必读书。

③ 朱炳海：《本考察团之筹备经过》，《中华自然科学社西康科学考察团报告书》，1941 年，第 2 页。

后有成员 10 人，特聘西康省建设厅长叶秀峰为名誉团长，曾昭抡任团长，朱炳海为总干事，考察团分四个考察组，地理气象组朱炳海（组长，中央大学地理系教授）、王庭芳、严钦尚；农林畜牧组朱健人（组长，中央大学农学院教授）、杨衔晋（中国科学社生物研究所研究员，中央大学教授）、严忠；药物组谢息南（组长，重庆国立艺术专科学校）、冯鸿臣；工程组曾昭抡（组长，中央大学校友，西南联大理学院教授）、陈笺熙（四川大学应用化学处）。① 后来还有孙博明等人加入。他们均为中华自然科学社社友，而且多是中央大学校友，除曾昭抡外，都在重庆、成都等地的高校或学术机关任职，在各自学术领域颇有建树。

1939 年 7 月 22 日午后，曾昭抡、朱炳海、王庭芳、严钦尚、谢息南、冯鸿臣等 6 人由沙坪坝中央大学集合上路，西康考察由此开始。② 西康科学考察团的考察分组进行，因此所走的路线也不完全相同。曾昭抡对此作了说明："考察的路线，最后一共分成四路，第一路由雅安直赴西昌；第二路经康定、九龙、木里，到云南省北部的丽江；第三路到九龙后，向西北去，经五须，到雅砻江边，归途经折多山回康定；第四路在九龙县境内兜一小圈后，归途经雅江返康定。"③ 在各组考察路线中，工程组路线最长，此行全程共 3220 公里，这期间除了乘飞机、坐汽车、坐人力车和乘滑竿外，实际步行 500 余公里，骑马近 700 公里。同为工程组的陈笺熙，是在成都会合后一起出发的。到九龙后，考察团路线作了调整，陈笺熙改随其他组行动。最后与曾昭抡同路考察的是杨衔晋、冯鸿臣两人。④ 考察团其他各组，也基本按计划路线行动完成考察任务。从 7 月 22 日考察团从重庆出发，到最后一组团员 10 月 27 日回到重庆，前后历经三个多月，各组行程总计不少于 4000 公里。⑤ 这

---

① 朱炳海：《本考察团之筹备经过》，《中华自然科学社西康科学考察团报告书》，1941 年，第 2 页。

② 曾昭抡：《西康日记》（1），香港《大公报》1939 年 11 月 22 日。

③ 曾昭抡：《西康日记》（1），香港《大公报》1939 年 11 月 22 日。

④ 曾昭抡：《西康日记》（3），香港《大公报》1939 年 11 月 24 日。

⑤ 曾昭抡：《西康日记》（1），香港《大公报》1939 年 11 月 22 日。

样，中华自然科学社西康科学考察团经过三个多月的艰苦工作，多方考察了西康省东部地区的地形、气象、森林、畜牧、植物、矿产、民族、社会、交通等各方面状况，最后提交了有价值的书面考察报告，为进一步了解该省和开发建设提供了宝贵的第一手资料。

西康科学考察团返回后，各组团员分工完成《中华自然科学社西康科学考察报告书》，1941年印行。全书15万字，包括全团各组考察路线图、地理气象组报告（朱炳海）、荥经县矿产调查报告（孙博明）、农林组报告（朱健人　杨衔晋）、工程组报告（曾昭抡　陈篯熙）、附件（曾昭抡　朱炳海）等部分。每部分又分为几个专题，如地理气象组报告包括：康西的自然环境、康省资源鸟瞰、九龙县之民族与社会等；农林组报告包括：宁属植病所见、康南森林概况；工程组报告包括：康滇交通问题、入康途中所见工业、天全硫化铁矿调查报告及照片等。该考察报告最后是朱炳海在中央大学汇编成书的。对考察沿途所到之处的各方面状况，如地理气候、历史文化、政治经济、道路交通、宗教民族、风俗习惯、市场物价等，都有详尽记述，其观察之细致，记述之完全，在中国现代考察记中，恐无出其右者。

此外，应中华自然科学社邀请，李旭旦、郝景盛两教授还赴西北地区，对川北和陇南一带的地形、气候、土地利用、民族、教育等方面进行全面考察，并对该地区的工业、农业和交通的建设提出规划。1942年暑假，中大师生组织60人的川西考察团，由地理系主任胡焕庸任团长，赴川西各地进行了为期60天的考察，撰写了详细的考察报告，对指导四川的科学研究有重要价值。[①] 此外，还有梁希教授《川西大渡河流域木材松脂采集》，李学清的《陕南矿产考察》，耿以礼的《青海牧草考察》，戈定邦的《新疆矿产考察》，张钰哲教授1941年赴甘肃临洮观察[②]等都提供了翔实资料，为西部开发作出了极有价值的贡献。

---

① 《中大师生组织川西考察团》，《高等教育季刊》1942年第2卷第3期。
② 朱斐主编：《东南大学史1902—1949 第1卷》（第2版），东南大学出版社2012年版，第203页。

这些考察报告从西部地区自然概况、历史沿革、民族构成、交通状况、矿产资源、农牧业现状等方面对西部边疆地区进行了广泛深度介绍，侧重从历史发展和民族构成论述西北、康藏、新疆等地民族发展情况，号召国人在民族危机严重的时刻，团结起来，保卫国家领土完整，同时还提出了一些解决边疆危机应采取的措施。通过探讨这些地区的民族构成和历史沿革，论证这些区域自古以来就是中国的领土，中央政府曾对其进行过有效的统治。调查报告对国人了解西部边疆地区的历史与现状、激发爱国热情方面起到了积极作用。此外，这些调查关注西北和康藏现实，呼吁当局建设开发西南西北地区。总之，这些现实关注是与民族危机紧密相连系的，目的在于通过对当地现状的考察，让国人了解当时严重的边疆危机，从而激发民众的爱国热情，对于国人认识西南、西北的历史与现状有积极的作用。

第五节　促进了大后方社会的整体进步

国立中央大学在重庆的成功办学，增加了对四川、湖南、湖北等大后方地区的招生数量，直接为大后方培养了大批优质人才。与此同时，中大在重庆办学期间的毕业生在战时广泛就职于后方各省的大专院校、中小学、工厂、机关。抗战结束后，1946 年中大迁回南京，但仍有大批师生留在后方，为后方各省的近代化做出了突出贡献，促进了大后方的整体进步。

一　增加了四川籍考生的录取数量

战后，大批战区高校西迁，西部地方高校也相继得到发展，教育部在将部分省立、私立大学收编为国立大学的同时，也在招生方面对全国高校加紧了统一管理的步伐。[①] 1937 年暑期，教育部令中央大学、武汉

---

① 《本年国立各院校新生教部统一招考》，《重庆各报联合版》1939 年 6 月 27 日。

大学、浙江大学三大学举行联合招生，这是改善大学入学考试的试验。为培养抗战救国所需实用科学人才，自 1938 年起开始推行高校统一招生政策。1938—1940 年所有的国立高校都参加了统一招生考试，1941 年各校自行招考，1942—1945 年实行分区统一招考或自行招考相结合的办法。鉴于内迁大后方高校日益增多，为推进招生工作的顺利进行，1942 年将国统区划分为重庆、成都、昆明、贵阳、西北、粤桂、福建、湖南、湖北九个考区，每一考区各有若干公立高校，再由本考区内的这些公立高校联合起来举行统一招生。陪都重庆还成立了招生委员会，各高等院校联合招生。由中央大学、同济大学等十校组织重庆区公立各院校联合招生委员会。委员由中大等十校院长担任，以中央大学为召集人。顾毓琇校长为招生委员会主任委员。童冠贤先生为命题委员会主任，委员郑衍芬先生为副主任委员。其他加试科目命题委员由各校自行聘请。招生处设于沙坪坝，北碚、白沙设分处。[①]

在重庆期间，中央大学常与西南联大、浙江大学、武汉大学联合招生，以方便各地考生就近迎考，四校统一录取。1944 年度新生招考中，中央大学、浙江大学、武汉大学三校联合招生，投考三校重庆区学生超过 1 万人，已超出 43 年报考人数近四千人，如连西安、成都等区计算，投考总人数不下 3 万人。而投考中央大学的人数，重庆区 8000 余人，成都区 3000 余人，西安区 1000 余人。[②] 在整个沙坪坝期间，报考中央大学的学生十分踊跃，在联合招生中，第一志愿填报中央大学的考生高达 2/3，甚至更多，之所以如此，"一是学生慕名而来，因为它是'中''大'，是时势造英雄，抗战爆发，有的学校在迁徙中人数锐减，大伤元气，难以维持，唯独中大择地准确，短期内发展为全国人数最多、系科设置最齐全的高等学府；迁渝一年后，在校人数几乎翻了一番，并逐年

① 《三十一年度重庆区公立各院校联合招生委员会第一次会议纪录》，档案号：0122 - 1 - 362，重庆市档案馆藏。

② 《招考花絮》，《国立中央大学校刊》1944 年第 17—18 期。

上升，截止 1943 年度，在校学生数达 3700 人，为西迁时的三倍半。"[1]

中大在重庆办学期间，不仅生源居冠，而且加大了对四川、湖南、湖北等大后方地区的招生数量，其中招收的四川（含重庆）籍考生最多。现以战时中大师范学院学生生源分布为例，如下图：

表 5 - 6　　　　　1940 年中央大学师范学院生源分区统计表[2]

省份	总计	四川	江苏	湖南	湖北	浙江	安徽	河南	河北	山东	广东	贵州
数量	354	124	78	33	24	20	17	9	8	8	7	4
比例	100	35	22	9.3	6.8	5.6	4.8	2.5	2.3	2.3	2	1.1

省份		江西	广西	甘肃	陕西	云南	辽宁	吉林	热河	青海	绥远
数量		4	3	3	3	3	2	1	1	1	1
比例		1.1	0.8	0.8	0.8	0.8	0.6	0.3	0.3	0.3	0.3

表 5 - 7　　　　　1942 年中央大学师范学院生源分区统计表[3]

省份	总计	四川	江苏	湖南	湖北	广东	浙江	安徽	河南	河北	山东	江西	贵州	广西	西康
数量	545	212	88	52	33	30	28	19	17	18	11	9	5	8	6
比例	100	39	16	9.5	6.1	5.5	5.1	3.5	3.1	3.3	2	1.7	0.9	1.5	1.1

省份	/	贵州	福建	甘肃	陕西	辽宁	吉林	云南	南京	重庆	山西	青海	绥远	北平	黑龙江
数量	/	5	5	4	3	2	2	2	2	2	2	1	1	1	1
比例	/	0.9	0.9	0.7	0.5	0.3	0.3	0.3	0.3	0.3	0.3	0.2	0.2	0.2	0.2

表 5 - 8　　　　　1945 年中央大学师范学院新生生源分区统计表[4]

省份	总计	四川	湖南	湖北	江苏	安徽	浙江	河北	广东	河南	福建	辽宁	江西	绥远	北平	重庆
数量	106	36	15	9	9	9	5	5	5	5	4	2	2	1	1	1
比例	100	34	14	8.5	8.5	8.5	4.8	4.8	4.8	3.8	1.9	1.9	1.9	0.9	0.9	0.9

以上统计表可以清楚地看到，历年招生人数都是以四川籍的考生居冠，从三年招生的数据上看，每年四川籍考生超过 1/3。加上西康及重庆市的考生，这个数据更高。当然因为中央大学迁到重庆，战时

---

① 王德滋主编：《南京大学百年史》，南京大学出版社 2002 年版，第 236 页。

② 刘静：《抗战时期国立中央大学师范学院研究》，硕士学位论文，南京大学，2017 年，第 37 页。

③ 刘静：《抗战时期国立中央大学师范学院研究》，硕士学位论文，南京大学，2017 年，第 37 页。

④ 刘静：《抗战时期国立中央大学师范学院研究》，硕士学位论文，南京大学，2017 年，第 38 页。

四川成为全国考区设置最多的省份，对四川省的学生来说投考入学都非常方便。

二　培养输送大批优质人才

中大毕业生广泛就职于大后方各地，主要在西南地区的云、贵、川三省，特别在四川及重庆各名校、机关者为数甚众。如 1944 年在合川工作的校友就多达数十人，其中，国立二中就有 10 人之多，新会制革厂、统计局、私立建川中学、水产学校、特训班、直接税局、海关、植物油厂等单位也有多人就职①。江津白沙镇，滨临长江，交通便利，抗战以来学校林立，成为大后方又一文化重镇，服务于白沙镇的中大校友达 80 余人。②市区近郊的青木关，除为教育部所在地之外，中大附属中学、国立音乐院、教育部特设先修班、体育师资训练班均位于此，毕业同学居此服务者计 70 余人。其中在教育部工作中大毕业生有 50 名，青木关中大附中工作的达 22 人，体训班任职达 3 人，进修班工作的有 3 人，居青木关 1 人，在国立音乐院任职的 1 人。③南泉地近渝市，风景幽雅，交通方便，在这里开办的机关学校也比较多，同学供职此地者计达 40。④蜀中著名中学，自贡市私立旭川中学，为推进校务，改良教学，抗战以来累计招聘中大同学 18 人，以致"校务日进，校誉日隆，凌驾自贡市各中学之上"。⑤此外，供职于江津国立女子师范学院有 17 人⑥，执教于北碚兼善中学者有 10 余人⑦。供职于重庆市中央组织部有 38 人，⑧服务于中央训练团者有 7 人。⑨

---

①　《校友在合川》，《国立中央大学校刊》1944 年第 2 期。

②　《白沙校友分会成立》，《国立中央大学校刊》1944 年第 2 期。

③　《校友在青木关》，《国立中央大学校刊》1944 年第 5 期。

④　《南泉区毕业同学会 44 年元月成立》，《国立中央大学校刊》1944 年第 5 期。

⑤　《毕业同学在旭川中学》，《国立中央大学校刊》1944 年第 11 期。

⑥　《国立女子师范学院校友录》，《国立中央大学校刊》1944 年第 11 期。

⑦　《校友在兼善》，《国立中央大学校刊》1944 年第 6 期。

⑧　《中央组织部服务同学》，《国立中央大学校刊》1944 年第 11 期。

⑨　《校友动态——交通部服务毕业同学》，《国立中央大学校刊》1944 年第 6 期。

二九级（1940 年毕业）175 名毕业同学中，有 85 名留在重庆工作，30 名留在四川各地，10 名同学留在云南，此外，广西、贵州、甘肃等地也有少量同学就业。在三一级（1942 年）198 名毕业同学统计中，留重庆 107 人，留四川 23 人。教育系三二级（1943 年）20 名毕业生全部留在四川和重庆两地从事教育相关的工作。这些毕业生在战时留在后方工作，战后相当一部分同学在仍留在原地，推动了大后方的各项事业的近代化，也在一定程度上加速了西部地区的近代化进程。

三 助推沙磁文化区的创建

中大西迁重庆沙坪坝后，将沙坪坝的文化教育档次提高了一步，同时也将全国乃至世界上更多的目光吸引到了沙坪坝。中央大学也因其办学历史、规模、水平，成为沙坪文化区的一颗耀眼的新星和整个文化区的一面旗帜。沙坪坝是陪都文化区，而中大又是沙坪坝的重心，所以各方面的名流和专家学者都经常到中大来讲演，"我们不但可以瞻仰他们的丰采，而且可以亲听他们的高论，充实学识，增加见解，恢宏志气，提高研究兴趣，作用很大"。① 正是因为有了中央大学以及其他一些文化教育机关和工厂学校的迁入，沙坪坝地区的政治、经济、文化、教育地位得以迅速提高，沙磁文化区的区域范围得以不断扩大。

在中央大学、重庆大学等沙坪坝的高校及相关文化单位的号召下，1938 年 2 月 6 日，举行"重庆沙坪文化区自治委员会"成立大会。沙坪文化区自治委员会的成立，是沙坪坝区得以"文化区"闻名于全国的开始，为日后沙坪坝地区得以正式划归重庆市管辖以及正式成立区级行政建制作了理论上的呐喊和组织上的准备。重庆沙坪文化区自治委员会的成立以及抗战后沙坪坝地区经济、文化、教育的发展变化，在提高沙坪坝地位的同时，也使得重庆市行政管理范围的进一步拓展成为可能。此外，重庆沙坪文化区自治委员会的成立还大大完善与充实了重庆城市的功能结构，使其作为一个近现代化城市重要内涵之一的文化教育

---

① 陶怀忠：《沙坪三载见沧桑》，《台北中外杂志》1974 年第 16 卷第 4 期。

有了依托的根基和生存的空间。所以在 1939 年 1 月成立的巴县沙坪文化区社会事业促进会上，罗家伦当选为该会常务委员。自从中央大学迁到沙坪坝之后，各学院、学术团体和众多知名教授参与文化区事务，沙坪坝的知名度就因中央大学而大大提高了，沙坪坝的文化教育活动和各种抗日救亡运动以及其他社会活动和运动都较先前大为活跃。因此，中央大学和其校长罗家伦对创建沙磁文化区的贡献较大，通过其努力与开展相关活动增加了文化区的科教实力、学术氛围和文化底蕴，提高了文化区在全国乃至整个世界上的知名度。文化区内多种多样的救亡活动，把区内各大中学校、电台、报社、相关团体与单位，以及政治、文化、科技各界精英和广大学生群众相互连接成一个有机的整体，再通过文化区自治委员会及以后改组过的"文化区社会事业促进会"的组织协调，同时在文化区各大中学校的教学与科研、区内环境的建设和改善以及在促进各单位充分发挥自身的特长为抗战救国服务等诸多方面，也互相支持，融为一体，充分发挥了文化区作为一个整体对内对外的特殊效用。[①]

在中央大学的倡导和呼吁下，《沙磁文化》[②] 于 1940 年 12 月 5 日创刊。该刊是由位于沙磁区的中央大学、重庆大学、四川省立教育学院、中央工业专科职业学校、药学专门学校等共同发起创办的刊物。该刊面向全国发行，主要介绍沙磁文化区各方面的情况，由中国文化服务社总经售，全国各大书店均有代售，它是反映国际国内形势、沙磁区政治、经济、文化、教育等各方面情况的综合性并带有地方特色的刊物。内容包括"月谈""论著""学术研究""沙磁生活""学校通讯""沙磁点滴""文艺"等，借以"联系青年朋友之感情，增进青年朋友的了解，砥砺青年朋友的学术和团结青年朋友的意志"，"站上文化的岗位，举起文化的武器来，英勇地向敌人搏斗。"[③] 该刊创刊号与刊名由中央大

---

① 重庆市沙坪坝地方志办公室编：《抗战时期的陪都沙磁文化区》，科学技术文献出版社重庆分社 1989 年版，第 135 页。

② 该月刊为 16 开本，编辑部设于沙坪坝中央大学内。据《1833—1949 全国中文期刊联合目录》（1981 年版）各馆馆藏的最迟时间为 1943 年 4 月，共 11 期。

③ 张建中：《重庆沙磁文化区创建史》，四川人民出版社 2005 年版，第 328 页。

学校长、文化区常委罗家伦题写。^① 中大教授成文高对其撰写创刊词^②：

> 这一颗嫩弱的文化幼芽，虽由我们沙磁区的五个专科以上学校下种，但却是全国青年朋友的公有物，希望全国的青年朋友和我们紧密地携起手来，共同努力，殷勤灌溉，使他能健康地茁育，长成一棵枝叶扶疏的文化大树！

四　推动了大后方医疗卫生文化事业的整体进步

中央大学迁渝后，积极参加重庆本地文化卫生事业及社会事业建设。他们广泛参加新生活运动，深入城乡腹地，从事卫生指导及文化社会等活动，促进了重庆及大后方社会的整体进步。

中大医学院于 1937 年 10 月迁至成都华西坝。1938 年秋，与华西协合大学、齐鲁大学医学院签订协议，将四圣祠北街的仁济医院（男医院）和牙科医院、惜字官街的女医院与陕西街的存仁医院（设眼、耳、鼻、喉科）合并成为三大学联合医院。期间，中大医学院虽远离位于重庆的校本部，条件艰辛，但还能正常进行教学、见习、实习工作，培养许多优秀学生，其重要原因是拥有一大批国内外知名的医学专家和教授。院长戚寿南先后兼任三大学联合医学院和医院院长。医学院在成都虽然只有 8 年半的时间，但对医学界的影响却很深远。其他医学家如董秉奇、樊培禄、黄克维等教授，以高尚的医德和精湛的医术在成都行医，以丰富的学识和教学经验，培植了大批优秀医学人才，并输送到全国各地，其中不少成为国内外著名的专家、教授。抗战期间在成都攻读而留在成都工作的有 20 余人，对提高本地医疗水平有重要意义。^③ 1945 年 7 月，

---

① 张建中：《重庆沙磁文化区创建史》，四川人民出版社 2005 年版，第 269 页。

② 《沙磁文化》1940 年第 1 卷第 1 期。

③ 成都市政协文史学习委员会编：《成都文史资料选编·抗日战争卷（下卷）·天府抗战》，四川人民出版社 2007 年版，第 56 页。

成都霍乱大流行，中大医学院临时在医院旁的监狱里，成立了一个霍乱病房，医师、护士日夜奋战一月余，直至抗日战争胜利后才结束。1946年4月，中大医学院早于重庆校本部迁回南京，医院交四川省政府卫生实验处接收，6月成立四川省立医院，原中大医学院教授黄克维担任院长，直到1948年10月。

中央大学本部鉴于沙磁区学府林立，人口众多，却无一公立医院，师生员工生病就医就多有不便，遂联络沙磁区各校筹设沙坪坝医院，受到民众拥护。[①] 1940年1月18日，以中央大学胡焕庸、孙光远和重庆大学商学院院长马寅初等一批著名教授发起成立了沙坪坝消费合作社。该社对文化区的居民因痢疾伤寒疟疾流行而死亡人数进行调查，认为数万市民于田间沟渠取用饮水为主要原因，沙坪坝卫生工作当务之急应解决饮用水问题。学校为积极推动新生活运动，多次组织大学生新生活农村服务团。1938年夏，中央大学与重庆大学新生活农村服务团参加新生活运动促进总会主办的第三届学生暑期农村服务团，到合川从事卫生指导，宣传日常卫生知识。[②] 通过卫生知识演讲、散发药品等方式，提醒当地民众改善生活环境，养成良好的卫生习惯，宣讲个人卫生、家庭卫生与公共卫生的重要意义，宣传夏令各种常见疾病，如白喉、疟疾、霍乱、痢疾等相关疾病的病源、病状及预防、治疗措施等。还发放常用家庭必备药品及医疗设备，如金鸡纳霜、中华救济水、午时茶、藿香正气丸、碘酒、红药水、救急包等以备治疗。

中大牧场迁重庆后，畜牧场的纯种奶牛产奶量高，所产优质牛奶除为本校师生提供外，还向周边市民出售[③]。为此，中大还制订了出售牛

---

① 重庆市沙坪坝地方志办公室编：《抗战时期的陪都沙磁文化区》，科学技术文献出版社重庆分社1989年版，第99页。

② 《中央大学、重庆大学新生活农村服务团总报告》，新生活运动促进会总会：《暑期农村服务报告》，1938年，第8页。

③ 纯种奶牛每日可产乳约40—60斤，杂种一代日产奶十多斤（土种只日产奶数斤），二代日产奶20斤左右，三代日产奶20—30斤，四代接近纯种。

乳的办法①，牛乳以六折价优先售与校内师生及其直系亲属，多余售给校外人员。后因避空袭，将乳牛疏散到社会保育院，保障了保育院儿童的营养供给。双方签订互利合同，每日可以八折售价购得牛乳数最高额50磅，超额奶量则按市价计算。既可免除空袭损害，而亦可解决婴儿营养问题，实为一举两得之策。社会部婴儿保育院免费借予农学院相关场所，包括可容20只乳牛的房屋1所，运动场1个，饲料储藏室、工友宿舍、办公室1幢以及石磨锅灶等，农学院另建席棚1所，以备双方存放粗料。牧场管理人员遇保育院原有乳牛生病时，免费代为医治。②后保育院婴儿日渐增多，而乳牛产乳量逐渐减少，不敷婴儿食用，为顾及婴儿健康，保育院还多次函请牧场设法再增加寄养乳牛数量。③奶牛产奶不多时，保育院还发函请农学院想办法解决"敬启者查敝院乳牛以系土种，产奶量素微，不敷婴儿食用，须赖贵场之牛奶以为补救，此为敝院所深致感荷者也。刻贵场疏散本院之奶牛产量，日形减少，先由30磅减至10数磅，今则更由十数磅，减至日产1磅，目下婴儿有不下80人之多，即有断奶食之患。贵场将何以增多奶量，以救孤幼，想必有完善办法以惠幼儿也。"保育院还请求牧场将产奶最多，最优质的奶牛寄养在保育院，"现有婴儿70余名，嗷嗷待哺，无术以应。素仰贵院校仁爱为怀，热心兼善事业，特请将贵校所属牛奶厂现时产乳最多，乳质最优，荷兰种乳牛廉价与敝院两头，俾数十婴儿趋健康将来成为社会上有用人物"④。

中大师生在抗战烽火中，走出校门，直接为社会服务。他们在重庆

---

①　《中央大学出售牛乳办法》，《重庆婴儿保育院与中央大学畜牧场签订合同》（1942年3月2日），档案号：0104-1-12，重庆市档案馆藏。

②　社会部婴儿保育院：《国立中央大学农学院借地饲养乳牛互益合约》（1942年2月10日），档案号：0104-1-12，重庆市档案馆藏。

③　《中央大学出售牛乳办法》，《重庆婴儿保育院与中央大学畜牧场签订合同》（1942年3月2日），档案号：0104-1-12，重庆市档案馆藏。

④　《中央大学出售牛乳办法》，《重庆婴儿保育院与中央大学畜牧场签订合同》（1942年3月2日），档案号：0104-1-12，重庆市档案馆藏。

组织卫生和建设设计测量队。重庆为陪都所在，中外人士会集，"苟街道不洁，市容不振，不唯影响民众健康，抑且有碍国际观瞻，渝市政府特会中央卫生署于最近成立卫生工程建设设计测量队"①，为此，中大专门设立卫生和建设设计测量队对陪都重庆卫生工程方面进行测量、设计，并完善各项工作，以期重庆"成为现代化之都市"。中央大学还发起成立重庆市沙坪坝卫生促进会，以"辅助市政、治安、卫生当局，对于本镇环境卫生加强整顿，诸如饮料之清洁、污水之排泻、垃圾之处理等等"②。

中大体育系还在暑假组织体育考察团赴后方各省市考察体育设施情况。体育系师生先后赴贵阳、昆明、桂林、衡阳各地考察，"藉作战后体育实施计划之参考"。③ 1944 年 7 月，社会学系在石桥铺成立社会服务实验区，对该区进行社会调查，获得了社会服务的实际经验。④

在大后方法制建设方面，中大师生课余加强了对民众的法制宣传，推动了普法工作的进行。1944 年 4 月，法律系司法组与沙坪坝青年馆联合设立了平民法律咨询处，从事宣传、交际和学术研究，并专门为沙磁区民众解决疑难法律问题。此外，中大师生还对战时司法改革提出了许多切实可行的建议，呼吁在国难时局下，一方面要抵抗日本帝国主义的侵略，一方面要从抗战中建设一个现代的民族国家。而建设一个现代的民族国家，最重要的条件就是要使后方维持安宁的秩序，民众的生命财产得到保障后，才能普遍发动全体民众来积极参加抗战事业。故要使一般民众彻底尊重司法威信，赤诚拥护司法尊严。学者还指出司法工作是抗战救国同时进行中的最基本、最重要的工作，这种工作有效实施才能达到"抗战必胜""建国必成"的最后目的。还提出我国司法存在审级重叠、程序复杂、费用虚耗的弊端，使"富有者疲于奔命，穷苦者

① 《同学在卫生工程建设设计测量队》，《国立中央大学校刊》1944 年第 10 期。
② 《重庆市沙坪坝市民卫生促进会宣言》（1941 年 5 月 21 日），档案号：0105－77－12，重庆市档案馆藏。
③ 《体育系筹组体育考察团》，《国立中央大学校刊》1944 年第 10 期。
④ 重庆市沙坪坝地方志办公室编：《抗战时期的陪都沙磁文化区》，科学技术文献出版社重庆分社 1989 年版，第 129 页。

望洋兴叹，实际上很难享受到法律保障人权的利益"。① 并建议将现行的三级三审制改为三级二审制，普遍设立乡镇法院和采用巡回裁判制度，这样审级少、程序简、也可节省较多费用，诉讼简单迅速，自可免除上述的种种流弊。建议在各县乡镇广泛设置乡镇法院，"则后方秩序，既可安定，奸宄土劣，亦可肃清，抗战救国的基础，不期其巩固而自然巩固了"②。其优点在于方便人民的上诉、调查证据、法官熟悉民情风俗、办案富于弹力性、还有助于肃清汉奸的工作。所以，"一个国家的司法制度，最重要的条件就是要顾及人民的实际生活，适应时代的人群需要，不背国情，不远潮流。否则，就不能达到法律的最高效用"③。提出改造司法制度是抗战救国同时进行中的最基本最重要的工作，同时也是争取最后胜利的最基本最重的条件。

抗战时期，中国的政治、文化、教育中心转移到重庆，大大改变了重庆的社会面貌。中大迁往重庆后，随着学生人数急增和办学规模不断扩大，全国优秀的青年都争相投考重庆中央大学。从 1937 年开始至 1944 年，不同社会阶层、不同文化层次的外地人口进入重庆，同时大批著名学者和知识分子来到重庆及中央大学，改变了重庆市民的知识结构。中央大学的内迁，不仅使中大本身的教育实力得以保存，学校整体发展并未因战争的破坏受阻反而逐渐增强。

本章小结

抗战时期内迁重庆的中央大学在大后方广泛开展各项社会服务工作，是战时大后方高校社会服务的重要组成部分和缩影。中央大学师生在正常教学科研之余通过多样化方式开展社会服务，为陪都及大后方其他高校社会服务的开展起到了示范和表率作用。这些社会服务不仅有力

---

① 张庆桢：《抗战建国程序中的司法改造》，《新民族》1938 年第 2 卷第 4 期。
② 张庆桢：《抗战建国程序中的司法改造》，《新民族》1938 年第 2 卷第 4 期。
③ 张庆桢：《抗战建国程序中的司法改造》，《新民族》1938 年第 2 卷第 4 期。

地支援了中华民族的抗战事业，对抗战最终胜利作出了重要的历史贡献，促进了重庆乃至大后方教育文化事业发展与经济社会的进步。

首先，提高了陪都各类教育的办学质量并促进了各类教育的发展。中大与其他内迁高校一道促进了重庆教育事业的完善和发展，为抗战培养了各种人才，一定程度上改变了东、西部地区的教育发展不平衡的面貌。中央大学的社会服务不仅培养了广大师生的服务、奉献精神，增进了师生对社会的了解，而且还促进了教学科研的发展，为学校的教学、科研提供了施展舞台并争取到一定的财力支持，充实、扩展了教学和科研的内容，使中大获得了更广阔的发展空间。尤其重要的是，它打破了传统高校与社会脱离的陈旧状态，增进了中大与社会的联系，使中大获得了更多的社会认可，对大后方其他地方的高校发挥了引领和示范作用。而抗战结束后，中大留下大量的有形无形资产为重庆教育的继续发展打好了基础。而重庆不仅没有因八年抗战而出现人才短缺，反而在不同层次上为中国现代化教育的发展输送了一大批人才，更为重庆的科技文化、教育事业的新格局开辟了方向。

其次，抗战时期以中央大学为主的重庆高校的社会服务普及、传播了高校的科学研究成果，在一定程度上推动了陪都乃至大后方生产技术的改进，为经济社会发展的相关决策提供了科学依据，直接促进了大后方生产的发展和社会的进步，对重庆和大后方经济社会发展、抗战的最终胜利发挥了积极的作用。为抗战救国，开发建设边疆的需要，中大应用性学科研究也随之开展。这些研究内容包含战时工业布局及城市建设的讨论；对当时中国的电力状况的研究，提出水力发电与火力发电配合运用，从而发挥其最大效能的解决思路；对四川的矿藏情况进行统计分析，为战时矿产的开发指明了方向；并充分考量四川林业和畜牧业对于军需战备的贡献力，提出要对战时林牧作出适当调整，培养人民造林的兴趣，发展国产木材和国产畜牧，将培育与开发有效地结合，将利用与保护有效地结合，真正地使森林物产为我所用。此外，还提出改善西部各省区的畜产的质量，使得西部畜牧业走上科学发展的道路。中大教授在这些领域的研究为大后方的工业、农业、畜牧业、交通运输业、能源的建设和开发、医疗卫生事业等方面进行了全面的考察并提出了建设性的可行性意见，具有很强的现实指导意义，对于重庆的社会经济发展产生了重大影响。

再次，中央大学与其他内迁高校一起传播了新思想、新技术、新知识，推动了中西部社会近代化进程。中大师生在重庆期间广泛开展民众教育、宣传卫生知识与医疗健康常识、普及法律知识，介绍农业新产品，推广农副业新的种植技术与养殖技术。这些新知识、新技术的广泛传播，加快了以重庆为中心的大后方的近代化进程。

当然，由于时值战时，受制于时局动荡、经费短缺、人力不济、督导不力等多方面原因，社会服务的成效无疑会受到一定的影响。综上所述，中央大学内迁重庆有着毋庸置疑的历史意义和现实意义。它不仅保证了中华民族抗日战争最终取得胜利的人才资本，对中国现代化教育事业、中国社会自身结构平衡、健康、长远的发展也起到了巨大的促进作用。可以说，以中央大学为首的内迁高校给中国社会带来的客观社会效应要远远大于当时所遭受到的损失。

余　论

在抗日战争的艰辛岁月中，内迁重庆的中大师生克服物资设备简陋、图书资料匮乏、生活条件艰辛等多方面的困难，共济时艰，弦歌不辍，继承和发扬优良传统和学风，在人才培养、学术研究、社会贡献上取得了突出成绩，成就了中央大学最为辉煌的"沙坪坝时代"，谱写了中国现代文化教育史上辉煌的篇章。中大在陪都重庆的抗日救亡运动和教育学术研究，创造了中国教育的新高地。正如中央大学迁渝纪念亭碑中的文字所述："而渝校师生，国难漂泊，忠义愤激，救亡雪耻，弦诵不绝，且业绩优异，令誉远播，创中大之鼎盛时期"。而学术研究既具有一定独立性，又不可避免地受到政治的影响和干扰，因此具有社会性。中央大学诸教授在重庆期间所创作的大量学术成果既包括与抗战相关的成果，也包括与抗战没有直接关系纯学术的成果。中央大学在抗战中的成长是多方合力的结果，既受国难的影响与刺激，也与政府倡导与鼓励及学者们个人学术努力密切相关。此外，中央大学在重庆期间的繁荣也离不开其前期的学术积淀与战时陪都的天时、地利与人和之便。

一　"战时教育"与"平时教育"的并举

抗战军兴，不少社会人士提议施行"战时教育"，甚至提议取消和平时代的教育；也有一部分教育界人士对此持不同见解，他们认为教育关系百年大计，是立国的根本，负担着传播与发扬国家文化的重大职责，这样崇高的事业绝不能为任何外来物，如政治的影响，一个大学的前途系于他的稳定，其中包括学校行政及师生生活的安定。[①] 故只应对战时需要作适应的调整措施，不应全盘改弦更张，使教育中断。为此，"平时教育"与"战时教育"的争论在学界广泛展开。在中大，从学校管理层面到普通教授都一致坚持"平时教育"与"战时教育"各有侧重，在适当兼顾"战时教育"的前提下，重点要维持和发展"平时教育"。校长罗家伦在《抗战的国力与文化的整个性》一文中强调：近代战争不是单纯的武力战争，而是文化的战争，一国的胜败，不只是看他兵力的强弱，而且要看他国内文化水平的高下。近代的战争也是科学的战争，战场用的是科学，后方用的是科学。没有科学，战时固宜要吃大苦，会有失败的危险；战后则不问胜败，残破总是不堪的，没有科学，那就简直无复兴重整的可能，进步不消说了。[②] 因此"大学课程的规定是要认清国家整个文化发展的前途。目前实际问题要顾到，但是国家文化发展的将来更要顾到。所以教育的眼光是要远的，……教育的绝对功利主义是行不通的，也是不对的。"[③] "在抗战时期我们需要这种人才，在战争结束以后，建国事业大规模开始的时候，正不知需要多少这种人材"[④]。王书林教授特撰文《抗战建国教育的原则》，"平时教育应有战时的准备，使战争发生后，各人能在其自己的岗位上，竭力发挥其能力，为国家努力。但在我国，情形不同，平时教育很少有战时准备，所以有许多技术人才，急待训练，急待补充。若依照平时秩序去训练，则时不我待。所以战时教育是训练班式的教育，期以最短时间，训练技术，以应急需。这种教育不能代替正规教育，战时教育方式是临时抱佛脚的教育方式。其目的在训练军事上所需要的技术人才。"[⑤] 即战时教

① 柳无忌：《最高学府的最高理想》，《国立中央大学校刊》（三十周年校庆特刊）1945 年第 3 期。

② 罗家伦：《抗战的国力与文化的整个性（一）》，《新民族》1938 年第 1 卷第 7 期。

③ 罗家伦：《抗战的国力与文化的整个性（二）》，《新民族》1938 年第 1 卷第 9 期。

④ 罗家伦：《抗战的国力与文化的整个性（二）》，《新民族》1938 年第 1 卷第 9 期。

⑤ 王书林：《抗战建国教育的原则》，《新民族》1938 年第 2 卷第 5 期。

育重技能训练而缺乏基本训练，是临时救急的教育。而训练抗战人才与正规教育不相同，正规教育是长期教育，培养真正的建国人才。"我们要具有建国必成的观念，在抗战期内，不要忘记了培养建国的人才"。正规教育固有其缺点，但是战时教育不能代替。平时（正规）教育着重于基本训练，使人具有研究的能力、创造的能力，非仅技能训练而已。这些基础科学，又非长期训练不能了解的。此外，要建设新中国，不仅是科学的应用问题，且有赖于科学理论方面。要建设一个国家，使能立足于近代世界，最重要的条件是学术上的贡献。若国家可以只用短期训练班的人员建设起来，则近代强盛的国家，又何必提倡高深的学术研究？学术的研究没有捷径，不能速成。"我们在此抗战期间，要切实了解我们的学术之不如人，提高之不暇，焉可加以摧残？正规教育是培养建国人才的教育，绝非短期训练式的战时教育能取而代之。"① 因为抗战不仅是军事，凡足以增加抗战力量的都是胜利的重要因素，应当各方面分工合作，全力以赴。所以，"我们在抗战期内要积极的作建国工作，加倍促成建设的事业，必定可以奠定建国大业，以与列强争衡。所以，我们的大建设时代，也在敌人的炮声中，同时开始了。"② "教育在平时与战时并没有区别。一定要循序渐进，绝对没有速成方法，要责成我们去开几样新奇的功课，去欺骗社会，更是不可能的事"③。"中央大学在战时取平时的教育体制，目的在于充实本校和国家的学术实力。面对日本这个劲敌对于本国日甚一日的直接威胁，大学不仅要在平时教育的现实层面积蓄抗日的力量，也须在学术的宏观层与之发生间接的战争。"④

可见，正是学校上下一致坚持"战时教育平时看"的办学指导方针，保证了学校在学制、课程设置、教学内容上的各项措施未因战争的爆发而作较大调整，坚持了教育发展的规律，从而使学校教育得以正常

---

① 王书林：《抗战建国教育的原则》，《新民族》1938 年第 2 卷第 5 期。
② 杨家瑜：《由抗战建国谈到大学工程教育》，《新民族》1938 年第 1 卷第 9 期。
③ 杨家瑜：《由抗战建国谈到大学工程教育》，《新民族》1938 年第 1 卷第 9 期。
④ 蒋宝麟：《民国时期中央大学的学术与政治（1927—1949）》，南京大学出版社 2016 年版，第 185 页。

进行，并取得了显著的成效。

二　学术不忘抗战：国难视阈下知识分子的责任

学术文化的繁荣既要归功于学者，也要归功于时代。抗战时期中央大学学术研究的空前繁荣，是在抗战的时局背景下形成的，也与为抗战奋斗而努力的学者密切相关。罗家伦校长呼吁知识分子"要建立新人生观，除了养成道德的勇气而外，还要能负起知识分子的责任。"认为有知识的人若不能负起其特殊责任，那他的知识就是无用的。知识分子是民族最优秀的分子，故知识分子应该对于国家民族社会人群负起更重大的责任来。只有知识分子才有机会去发掘人类文化的宝藏，才有特权去承受过去时代留下最好的精神遗产。身为知识分子就应去担当领导群众继往开来的责任。当民族生死存亡的紧急关头，知识分子要改造民族的思想的话，其责任尤为重大。"我们知识分子今后在学术方面要有创作、有贡献，在事业方面要有改革、有建树。不但要研究真理，并且要对真理负责。我们尤其要先努力把国家民族渡过这个难关。不然，我们知识分子一定要先受淘汰，连我也要诅咒我们知识分子的灭亡！"[1] 因此主张最大限度地调动知识分子研究的积极性，投身于科学研究之中。"能执干戈者，努力杀敌，能操工具者，努力生产"。这个严重国难时期，正是学术界加紧努力的时期，呼吁知识界研发国产以代替进口物品。"赶快努力研究试验，用学术的原理来发明代用品，以发展我国的产业，以抵制现在以及将来更甚的经济侵略。"[2] 外文系徐仲年教授曾提出了"学术战争"一词，即"现代战争是学术战争"，为了战争，更应当用功，更应当努力研究学术。"参加学术的战争，学校师生不必亲赴战场与敌人血肉相搏，最重要的是能在课堂、实验室和图书馆里安心从事研究和学习。"[3]

---

① 罗家伦：《知识的责任》，《新民族》1938 年第 1 卷第 18 期。

② 邹树文：《我们现在怎样学术研究》，《新民族》1938 年第 1 卷第 2 期。

③ 蒋宝麟：《民国时期中央大学的学术与政治（1927—1949）》，南京大学出版社 2016 年版，第 186 页。

　　中央大学诸教授能够在如此动荡的时局中取得众多优异的成果，不仅仅是因为教师们学问渊博、勤奋刻苦，更重要的是抗战激发了他们为民族文化的生存和复兴而奋发研究的驱动力量。其间，"砥砺志气，发愤为中华民族振兴而勤奋工作，切实研究问题的人，毕竟占大多数。"[①]为了维系民族的文化血脉、夯实民族复兴的基础、落实学术救国工作，中大教授在"国难"中积极推进科研工作，克服了生活上的艰辛、物质资料的极端匮乏以及战事动荡不安等等不利因素，积极进行科学研究，创造了一大批高水平的科研成果。"那个（抗战）时代的斗争，造就了整整一代人。那个时代是非常出人才的，社会科学领域还特别出成果。"[②] 这些成果不单是革旧，而且也鼎新。不但抵御外侮，也启发了内蕴的潜力。在抗日战争时期，由于中国知识精英的觉醒，中国学术的艰辛发展并没有因战争而中断，反而在很大程度上刺激和孕育了学术文化的发展。无论个人生活上感受到多少艰辛，然而精神上总感到提高和兴奋。正所谓："抗战不忘学术，庶不仅是五分钟热血的抗战，而是理智支持情感，学术锻炼意志的长期抗战。学术不忘抗战，庶不致是死气沉沉的学术，而是担负民族使命，建立自由国家，洋溢着精神力量的学术。"[③]

　　对近代中国知识分子来说，国运坎坷所造成的急迫感无时不萦绕在心头。七七事变后，在面临亡国灭种的战争威胁下，应如何规划学术事业以及所从事的学术研究怎样与国家的现实需要相结合？学界精英们对自己所从事的专业研究作了更深层次的思考。中央大学教师群体大都受过良好的中式教育，又有留学欧美的经历。归国后他们在各学科领域的研究中占据重要位置，拥有较大的话语权，他们对自己所从事的学术事业如何在"国难"时期应对时代的需要，规划自身发展路径进行了颇多的讨论，他们的思考和努力勾勒出那个时代知识分子们的大致面貌。中央大学知识分子在进行学术研究时自觉将其与应付民族危机的时代任

---

①　贺麟：《文化与人生》，商务印书馆 1947 年版，第 22 页。
②　贺麟：《文化与人生》，商务印书馆 1947 年版，第 22 页。
③　贺麟：《文化与人生》，商务印书馆 1947 年版，第 22 页。

务相牵连。如果说抗战前学术界还可以就学术而学术，那么抗战后，则让每一位学者都无法漠视国家民族的存亡危机。中央大学知识精英在这种深沉的"国难"背景下所做的学术成果，不仅具有纯粹意义上的学术价值，也同时具有特定的时代意义。[①]

一个真正的知识分子，是处于学术与政治之间的。一方面，要与现实政治保持一定的距离，以一种超越的姿态专注于文明的传承、创造、建构与传播。这就要求知识分子必须超越于世俗之上，排除功名利禄的干扰，做到"为学术而学术"。另一方面，知识分子并不仅仅是文化与文明的传承与传播人，他还必须承担一定的社会责任，即运用才智对国家政治及社会公共事务进行批判和反思，向当局就抗战救国的方略这一时局进行建言。这就要求知识分子还应当保持一种积极参与的姿态，肩负起批判社会、监督政府、影响舆论的社会使命。

抗日战争爆发后，民族危机空前严重，每一个中国人在民族存亡的关键时刻都必须面对如何拯救国家与民族的问题。面对抗战救国的时代主题，中央大学诸教授从两个层面上自觉地尽着自己救国的责任：一是在知识分子的立场上着眼于民族的长远利益，维系民族文化的血脉。二是国难当头，由于全民抗战这一特定的时代主题，国民应竭尽全力挽救国家于危亡之中，这是国民的天职。因此学者们的研究不仅具有纯粹意义上的学术价值，也同时具有特定的时代旋律。学术活动已不仅仅停留在"求真"的层面上，更重要的是通过文化的传播和创造维系民族的文化血脉、夯实民族复兴的基础。正是这样的认识成为他们克服一切困难和重重障碍，坚持不懈地进行科研的力量源泉。近代中国的知识分子大多数都自觉意识到了自己的双重角色，他们也深切地感受到这二者之间的矛盾和冲突，因此，极力希望在超然与介入之间保持一定的平衡。但在深重的民族危机面前，中央大学教授们都不同程度地选择了介入，只不过介入的程度有所不同已。他们的学术研究也在服务于抗战的前提之下，"战争的要求"在对学术与抗战之间的政治关系进行高度强调的

① 刘宗灵：《科学与国难：以〈独立评论〉为中心的讨论》，《兰州学刊》2008 年第 8 期。

同时，创作题材与创作自由已经深刻地打上了抗战的烙印。

中央大学学人既有浓厚学术兴趣，又有强烈的政治关怀。一方面，文化、学术事业自身的发展具有一定的独立性。另一方面，面对祖国山河破碎，民族独立和国家统一成为近代中国历史主题，这就使得一切文化、教育与学术事业都必须为救亡图存的历史任务服务和让道。内迁陪都重庆的中央大学的学术研究也在服务于抗战的前提之下，"战争的要求"在对学术与抗战之间的政治关系进行高度强调的同时，教授们自觉地进行了学术服务于抗战的个人选择，因而也就导致了战时学术研究的题材与内容受到相应限制，直接影响到学者们的创作自由。首先就必须承认政治对学术的干预与影响在抗战时期的高等院校的学术发展中是空前的。在这种情况下，许多知识分子选择了"学术救国""教育救国""文化救国"的道路，这既是为了履行知识分子文化创造者的本来职责，避免走上从政道路，也是为了弥补自己在匡时济世上的失职或欠缺。

三　抗战不忘学术：赤诚的学术追求

战时中大教师群体能够创造出如此丰硕的学术成果，除受国难的影响与刺激外，还与学校的鼓励提倡、稳定的教学环境及学者对学术的赤诚追求密切相关。"学术独立与思想自由应是一个最高学府的最高理想，也是他应有的最大权利。大学既是研讨高深学问的学府，他应有大量的图书仪器的设备为研究的工具，中大搬迁早，复校快，教学环境较早稳定下来，书籍与仪器损失较小，有一个良好的读书环境及浓厚的学术气氛"。[1]

柳无忌教授在《最高学府与最高理想》的一文中指出，"所谓学府独立，并非谓学术研究应超脱现实的社会、政治、经济、工业等而独自孤立，而是主张学者应视学术研讨为终生事业，必日夜孜孜以求之，不可中途言弃；在政府与社会的竭诚鼓励之、监督之、掖助之、并代为扫

---

[1]　柳无忌：《最高学府与最高理想》，《国立中央大学校刊》（三十周年校庆特刊）1945 年第 3 期。

除其一切外来的干涉与障碍。"① "大学学府必先能思想自由，行动独立，有卓越的不可侵犯的尊严，而后学者始能自尊自重，更进而为学生表率。在这理想的环境中，我国的大学教育庶几可奠定基础，走向康庄大道，在建国期间荷负起发扬学术文化的巨大使命。"② 中大的学人在抗战期间取得了丰富的学术成果，推动了科学文化的普及，促进了学术繁荣。这些学术活动是各位教授在浓郁的学术氛围下自发进行的学术追求。中大学人对学问的赤诚充分地体现在治学中的忘我境界；体现在丰硕的学术成果上；还体现在随时随地都关注学术、研究学问之上。在中大教师群体中，以忘我的精神投入学问者比比皆是，在重庆期间是中大绝大部分教授成果最丰富的时期。

哲学家宗白华在重庆期间，很少参加外界的文化和文艺活动，连近在咫尺的重庆市区都很少前往，除了专注于教学工作外，终日潜心著述，广泛涉猎中国古典文献，包括经书、子书、诗集、文集、词曲、笔记等类。1938 年至 1946 年，他在重庆任《时事新报》《星期学灯》主编，编发了大量的社会科学、哲学相关的文章，还包括诗歌、散文，产生了较大的学术影响，使这两个刊物成了抗战后方重要的理论和文艺阵地。③ 宗白华在《星期学灯》上发表的系列的学术论文，对中西文化作了全面细致的比较，表现出他对现代人丧失完整人格与精神家园的痛心疾首。此外他还细心认真地写了编辑后语，现在可以收集到的编辑后语有近百篇，这些评论虽然短小，却鞭辟深入。④

中大西迁时，毛宗良搬运所藏书籍多达七箱，而全家所携衣物仅简

---

① 柳无忌：《最高学府与最高理想》，《国立中央大学校刊》（三十周年校庆特刊）1945 年第 3 期。

② 柳无忌：《最高学府与最高理想》，《国立中央大学校刊》（三十周年校庆特刊）1945 年第 3 期。

③ 王聿均：《宗白华先生的思想和诗》，张宏生、丁帆主编：《走近南大》，四川人民出版社 2000 年版，第 247 页。

④ 张忆、郭建玲：《诗与哲的追求：中国现代作家与德国》，电子科技大学出版社 2004 年版，第 156 页。

装二箱。"衣物仅求足以御寒度日，书籍不可或缺，否则难以传道、授业、解惑。"① 这是老教授区别对待事业和生活的本衷，起着"润物细无声"的作用。李曙轩在抗战期间，其微薄的工资收入主要用于购书求学，生活简朴，以书代枕，传为佳话。曾勉之经常深入山区穷乡僻壤，调查搜集园艺种植资源，一次遇匪，劫去手表、大衣及随身财物，人身安全未受损害，乃中途折返，但其个人损失并未挫折老教授对事业的热爱，他再接再厉，不避艰险，终于完成其既定计划。

1937 年 10 月，方东美随中央大学迁居沙坪坝，居住在学校教职员宿舍。方东美为"泥墙陋屋"的新家取名曰"坚白精舍"。八年的重庆生活是方东美的学术生涯中的一个十分重要的时期。当时哲学系办公教学条件极其简陋，只有一间小办公室和一间地板经常晃的教室，另外还有一个长廊用来摆放各种藏书。方东美平日除上课外，多隐居重庆乡间农舍，在附近破庙中借读佛经，入夜则写诗抒愤。可谓生活越苦，研读愈勤，诗情愈浓。1938 方东美在中国哲学会第三届年会上宣读论文《东西方智慧类型》，并于当年 6 月 19 日重庆版《时事新报》副刊《学灯》刊出《哲学三慧》。1939 年方东美研究《周易》，撰成《易之逻辑问题》一文，后收入《易学讨论集》，由长沙和香港商务印书馆印行。1941 年方先生代中国哲学会题诗挽泰戈尔，后收入《坚白精舍诗集》中。

物理系师生也克服物资短缺，教学和科研环境异常艰辛的重重困难，多方拼凑甚至自筹经费坚持科研工作。1942 年中国物理学会第十届年会重庆分会上收到的 16 篇论文中，有 13 篇是中大教授撰写的成果。其中，施士元、王恒守、周同庆、赵广增、张宗燧等教授都各提交了 2—3 篇论文。次年的十一届中国物理学会重庆分上，收到的 5 篇论文，有 4 篇出自中大物理系教授之手。②

---

① 中央大学南京校友会、中央大学校友文选篆委员会编：《南雍骊珠——中央大学名师传略续》，南京大学出版社 2002 年版，第 375 页。

② 施士元：《中央大学时代的回忆》，《物理》1994 年第 10 期。

四 学术的传承与融合

西迁重庆以前，中央大学就是名副其实的"首都大学"，在办学条件、学生规模、师资队伍、科研成果上走在国内高等院校的前面，奠定了深厚的学术基础。故中央大学在重庆的期间的学术繁荣也与其前期深厚的学术积淀密切相关。

此外，中央大学老师们的创作活动与国内其他高校有着诸多联系。抗战期间举国动荡，高校教师整体流动性加强，中大与西南联大及其前身（合校前的北大、清华、南开）为例，两校在校长及师资上多有互通。中大在重庆期间5任校长中，有4名在西南联大前身受过教育或从事教育工作。从1932年至1941年执长于中大的罗家伦出身北大且担任过清华大学校长。中大文科的著名教授中，有不少曾在北大念过书或任过教。如外文系的柳无忌抗战前执教于南开大学。[1] 汤用彤毕业于清华，先后执教于清华大学与中央大学，1931年又转入北大任教。[2] 朱希祖在北大工作时间最长，1913年受聘于北京大学，先后担任过预科教授、文科教授、国文研究所主任、中国文学系主任、史学系主任，直到1932年方才离开，1934年受聘于中大，任历史系教授并任系主任。[3] 哲学系陈康教授在抗战中每隔一年轮流在昆明的联大与重庆的中大执教。文学院院长楼光来，在来中大执教以前，工作于清华大学。著名东北史专家金毓黻，抗战期间长时间往返于东北大学与中央大学进行教学活动。此外，中大还与重庆大学、内迁重庆北碚的复旦大学、四川省立教育学院、国立艺术专科学校等在渝高校在师资上也有互通。

战时陪都人才大汇聚也成就了中央大学的进一步发展。陪都重庆是

① 西南联合大学北京校友会编：《国立西南联合大学校史——九三七年至一九四六年的北大、清华、南开》，北京大学出版社1996年版，第15页。

② 中央大学南京校友会、中央大学校友文选篡委员会编：《南雍骊珠——中央大学名师传略续》，南京大学出版社2002年版，第131页。

③ 濮齐恒、朱元曙：《文史大家朱希祖先生》，中央大学南京校友会、中央大学校友文选篡委员会编：《南雍骊珠——中央大学名师传略》，南京大学出版社2002年版，第100页。

全国政治、经济、文化、军事和行动的精神中枢，全国人才精英汇集所在地。中大教授阵容庞大，学生也是全国统一联招进来的第一志愿的青年学子。重庆是陪都，沙坪坝是文化区，而中大又是沙坪坝的重心，所以各方面的名流和专家学者都经常到中大来讲演，学生们可以亲听他们的高论，充实学识，增加见解，恢宏志气，对提高研究兴趣作用很大。①

沙磁文化区除有中央大学、重庆大学、中央工校、四川省立教育学院、南开大学经济研究所等大专院校的大量专家教授及科研机构、学术团体外，还有经济部资源委员会、教育部、中央卫生署所属中央卫生实验院等国家机构内的大批专家学者从事科研活动，其中担任经济部部长和资源委员会主任的科学巨子翁文灏，中国工程师学会会长、重庆大学校长胡庶华，中央研究院地质研究所所长、重大教授李四光，经济部次长、南开大学经济研究所所长何廉，著名经济学家、重大教授、中国经济学社负责人马寅初，也都住在文化区境内。在中共中央南方局领导人周恩来指导下成立的中国科学工作者协会、青年科技人员协会及自然科学座谈会等学术团体也设在文化区。沙磁文化区作为大后方学术活动的中心，抗战时期有大量的学术活动在这里举行。中国地质学会、经济学社、自然科学社、考政学会及中华医学会、化学会、物理学会、工程师学会、农学会、教育学会、体育协会等大批全国性的学术年会多次在文化区召开，研讨中国战时科技与社会发展相关问题。

当然，位于战时首都，以及国民政府的最高教育行政机构——教育部的西迁重庆，使中央大学更占地利之便。此外，大量的文化名人、教育机构、科研院所云集重庆，使中央大学的学术文化环境更为浓厚。在重庆，汇集了著名的科研机构有将近 40 个。如中国科学社、中国地质学会、中国教育学会、中华医学会、中国工程师学会、中华农学会、天文学会、气象学会、地理学会、物理学会、化学学会、水利工程学会、测绘学会、造船工程学会、发明协会、昆虫学会、土壤学会、中国动物

---

① 陶怀仲：《沙坪三载见沧桑》，《台北中外杂志》1974 年第 16 卷第 4 期。

学会和中国农具学会等。还有各个高校内迁后设立的研究机构，如南开大学经济研究所、复旦大学商业研究所、文艺研究会、世界语研究会、国际问题研究会等。① 这些机构在陪都重庆及其近郊创办了不少学术刊物，据不完全统计，有《现代读物》《乡村建设季刊》《五月》《全民抗战》《民主与科学》《理想与文化》《群众周刊》《农业与教育》《工合通讯》《史学述林》《中国学报》《创作家》《现代文学》《时与潮》《实验卫生》《民族文学》《文史哲》《社会科学》《世界文学》《时与潮文艺》《新声周报》《中国文学》《中国荣军》《文史杂志》《华侨导报》《新学报》《学术界》《现代农民》《努力画报》《学府导报》《中工半月刊》《学生之友》《社会经济》《中华体育》《中等教育季刊》等共达数十种之多。② 这些刊物为中央大学教授提供了良好的创作平台与科研氛围。中大汪辟疆、乔大壮、汪东、唐圭璋、徐仲年、宗白华、胡小石、罗家伦、李长之、罗根泽等教授在这些刊物上创作了大量优秀作品流传于世。创立于重庆江津（后社址迁往重庆）的《理想与文化》上发表的论文大多是中大教授，如唐君毅、李证刚、贺昌群、李长之的，几乎每期都有他们的文章发表。中大教授也是《说文月刊》《民主与科学》等刊物重要撰稿群体，金静庵、常任侠等教授多在上面发表文章。如此众多的学术刊物为学术研究提供了交流的基地，战时重庆的学术文化呈现繁荣景象与浓厚的学术气氛。

五 当局的鼓励与重视

建国事业与学术研究密切联系起来。《大纲》规定：政府各机关从实际需要，就各大学委托教授，在指定的范围内从事研究。受委托的教授"应在规定时间提出工作报告"，"在一定时间内，得免除其全部或一部分教课时间，于必要时得有相当时期在校外工作"。这就为科学研究者进行科研提供了时间保障，使他们能够专心于研究，取

---

① 朱猷武、王俊芳：《国统区的文化与文化人》，天津人民出版社2009年版，第206—215页。
② 张建中：《重庆沙磁文化创建史》，四川人民出版社2005年版，第328页。

得更大的成果。

此外，中央大学比地处西南边陲的联大更占天时地利之便，特别是国民党总裁蒋介石一度兼任校长，因此抗战期间中央大学获得的政治及经济上的支持，显然比联大要大得多，这是中大在抗战期间发展的一个重要外在原因。中央大学在重庆的九年期间，其办学过程和整个国家同样在一个艰苦的过程中，可中央大学办学的质与量两方面都大有改进和扩充。这一方面证明国民政府在国难期中维系教育事业的苦心，另一方面也是全校诸位师长不辞艰苦努力发展教育事业的成果。中大各位教授都是海内外著名学者，数年以来，忍受个人物质生活的艰苦，致力学术研究，发扬国家文化，这种精神非常难能可贵！

在抗战时期，由于中央大学知识精英的努力，其学术的艰辛发展并没有因战争而中断，抗战救亡在很大程度上反而刺激和孕育了学术的繁荣。因此，尽管国内高等教育处于十分艰难的境地，但学术文化却因在激发民族爱国热情中的特殊作用，并未遭到削弱，反而成就了学术文化的辉煌。然而，中央大学学术的创作难以摆脱政治与学术之间的严重冲突，教育是政治的反光镜，教育不良直接影响到政治的不良，但政治不安定、不上轨道对教育的影响，较之教育之反射于政治的影响，来得更快更大。

附　　录

附录1　抗战期间重庆沙磁文化区
大专院校一览表[①]

序号	校名	隶属	负责人	迁建时间	校址	备注
1	重庆大学	省立	胡庶华	1933 年	沙坪坝	1942 年改国立
2	中央大学	国立	罗家伦	1937 年	沙坪坝	1946 年复员
3	四川省立教育学院	省立	高显鉴 颜歆	1933 年创建	磁器口	
4	上海交通大学重庆分校	国立	吴保丰	1940 年	小龙坎	两年后迁往九龙坡
5	上海医学院	国立	朱恒璧	1940 年	歌乐山	1946 年复员
6	贵阳医学院	国立	李宗恩	1944 年	歌乐山	1946 年复员
7	湘雅医学院	国立	张孝骞	1944 年	杨公桥[②]	原址长沙
8	陆军大学	军令部		1939 年	山洞	
9	中央工业专科职业学校	国立	魏元光	1938 年	沙坪坝	原址南京

---

① 此表参照张建中《重庆沙磁文化创建史》，四川人民出版社 2005 年版，第 174—175 页；张成明、张国镛《抗战时期迁渝高等院校的考证》，《抗日战争研究》2005 年第 1 期。

② 另有资料说该校建在现沙坪坝高滩岩。

续表

序号	校名	隶属	负责人	迁建时间	校址	备注
10	南开大学经济研究所	私立	张伯苓 何廉	1939 年	沙坪坝	原址天津
11	北平师范大学劳作专修科			1937 年	沙坪坝	借重大校舍上课
12	药学专科学校	国立	孟目的	1938 年	磁器口	后迁歌乐山
13	艺术专科学校	国立	吕凤子 陈之佛	1943 年	磐溪	由北平艺专和杭州艺专合并建成
14	兵工专门学校	军政部	杜文若	1937 年	杨公桥	1946 年复员上海
15	东方语文专科学校	国立		1945 年	歌乐山	后迁青岛
16	海军学校	海军部		1945 年	山洞	后迁上海
17	陆军军乐学校	军政部		1943 年	浮图关	1945 年结束
18	国医专科学校	私立	吴棹仙	1941 年	山洞	后迁上海
19	税务专科学校	财政部			山洞	
20	国立音乐院	国立	顾毓琇 杨仲子	1940 年	青木关	今北京中央音乐学院前身
21	山东大学	国立		1937 年	沙坪坝	停办
22	中国美术学院		徐悲鸿	1942 年	盘溪石家花园	1946 年夏停办
23	教育部特设体育师资训练大学先修班	教育部		1940 年	青木关	

附录2　本市(重庆)主要教育及文化机关团体一览①

一　学校

甲、专科以上学校

名称	地址	电话号码
中央大学	沙坪坝及柏溪	6212
重庆大学	沙坪坝	6235
南开大学经济研究所	沙坪坝	6277
中央工业专科学校	沙坪坝	6213
交通大学	九龙坡	7383
复旦大学	北碚黄桷树	42025
国立江苏医学院	北碚	
中国乡村建设育才院	歇马场	7108
中华大学	南岸龙门浩米市街	
金陵理学院	春森路	2670
东吴沪江联合法商学院	磁器街	
中央政治学校	南温泉	
中央警官学校	弹子石	93019
四川省立教育学院	磁器口	
朝阳学院	巴县兴隆场	
国立上海医学院	歌乐山	
国立药学专校	歌乐山	6248
中央高级助产学校	歌乐山	7007
国立药学院	青木关	2481
求精商业专科学校	曾家岩	
文华图书馆专科学校	江北相国寺	
华西工商专科学校	江北相国寺	

---

①　《重庆要览》，重庆市政府编印 1945 年版。

乙、普通中学

名称	地址
市立	
市立女子师范	南岸玄坛庙
市立女中	南岸玄坛庙
市立中学	沙坪坝
私立	
求精中学	曾家岩
南开中学	沙坪坝
东方中学	南岸戴家院
精益中学	南岸弹子石鸭儿函
懿训中学	南岸黄桷树龙洞坡
立人中学	南温泉
心勉初中	江北人龙山双龙寺
载英中学	江北唐家沱
树人中学	小龙坎
巴蜀初中	张家花园

丙、职业及补习学校

名称	地址
职业学校	
私立大公职校	小龙坎
私立女子农业职校	歌乐山龙洞坡
私立宽仁高级护士学校	戴家巷七号
私立中华职校	江北寸滩白沙沱
私立西南高级商业职校	江北鸳鸯桥胡家湾
私立仁济高级护士学校	南岸玄坛庙
私立女子中华职校	南岸田山堡29号
补习学校	
立信会校主办会计讲习班	大梁子青年会内
亚伟中文速记补习学校	鱼洞溪高石坎
聋哑补习学校	新运模范区
私立曼龄英语补习学校	上清寺聚兴村三号
中苏文化协会附设俄文补习班	保安路川盐一里七号

二　社教机关

名称	地址	电话号码
民众教育馆		
国立民众教育馆	化龙桥	
市立民众教育馆	重庆三元庙井湾	42210
图书馆		
国立中央图书馆	两浮支路	2923
市立图书馆	三元庙内	42210
青年会图书馆	公园路	
其他		
社会服务处总处	两路口	2680
城中心区分处	民权路广场	41809
新运服务所	夫子池	41199
新生活运动促进总会	民权路	41074
青年会	公园路	42226

附录3 四川各大学及专科学校一览①

序号	学校名称	校址	迁建时间	院系设置
1	国立中央大学	重庆（医学院设于成都）	1937 年迁	文学院，理学院，法学院，师范学院，农学院，医学院，及理科研究所，农科研究所，工科研究所，师范科研究所，法科研究所，文科研究所，医科研究所，附设童子军专修科，特设畜牧兽医专修科，机械特别研究班及航空工程训练班，体育专修科，护士师资专修科，师范学院附属中学，司法检查员训练所，师范学院附属小学
2	国立交通大学	重庆	1940 年迁渝	土木工程学系，机械工程学系，（加设轮机制造组）电机工程学系，航空工程学系，运输管理学系，造船学系，工业管理学系，财务管理学系，及工科研究所电信学部。轮机管理专修科，商船驾驶专修科
3	国立同济大学	四川南溪		理学院，工学院，医学院，及医科研究所细菌学部。附设高级中学（设于四川宜宾）、附设高级工业职业学校
4	国立武汉大学	四川乐山	1938 年迁入	文学院，理学院，法学院，工学院，及法科研究所，工科研究所，文科研究所，理科研究所
5	国立东北大学	四川三台		文学院，理学院，法商学院，及文科研究所史地学部
6	国立四川大学	成都		分文学院，理学院，法学院，农学院，师范学院，及文科研究所中国文学部，理科研究所化学部。特设化验专修科，附属中学，夜校法律学组，经济学组，中国文学组
7	国立复旦大学	重庆北碚	1937 年迁入	文学院，理学院，法学院，商学院，农学院。农业专修科及研究室，特设统计专修科，银行专修科，先修班

----

① 原载《川康建设》1945 年第 2 卷第 1 期。

续表

序号	学校名称	校址	迁建时间	院系设置
8	国立重庆大学	重庆	1929年成立	理学院，工学院，商学院，附设体育师范专修科，特设统计专修科，体育师资训练班
9	私立金陵大学	成都		文学院，理学院，农学院，及文科研究所史地学部，理科研究所化学部，农科研究所农艺学部，农业经济学部，园艺学部。国文专修科，农业专修科，电化教育专修科，特设汽车专修科，图书馆学专修科，英语专修科
10	私立光华大学成都分部	成都		政治系，经济系，会计银行系，工商管理系
11	私立燕京大学	成都	1942年迁入	内分文学院，理学院，法学院
12	私立武昌中华大学	重庆		文学院，理学院，商学院，附设会计专修科
13	私立齐鲁大学	成都	1937年迁入	文学院，理学院，医学院及医科研究所寄生虫学部。附设无线电专修科，英语专修科
14	私立华西协合大学	成都	1906年成立	文学院，理学院，医学院。农业专修科，乡村教育学系，英语专修科
15	私立东吴沪江大学联合法商学院	重庆		法律学系，银行会计学系，国际贸易学系，工商管理学系
16	国立上海医学院	重庆	1940年	医科及医科研究所药理学部。附设药学专修科，助产师资专修科
17	国立江苏医学院	重庆北碚		医科及医科研究所寄生虫学部，附设卫生教育专修科，高级护士职业学校
18	国立女子师范学院	江津白沙	1940年新设立	国文学系，英语学系，教育学系，数学系，理化学系，音乐学系，家政学系，史地学系，附设体育专修科，附属中学
19	国立社会教育学	重庆璧山		社会教育行政学系，社会事务行政学系，图书博物馆学系，附设社会艺术教育专修科，社会生产教育专修科，乡村建设专修科，电化教育专修科，附属中学。（校址青木关）
20	四川省立教育学院	重庆		社会教育学系，农业教育学系。附设教育专修科，国文专修科

续表

序号	学校名称	校址	迁建时间	院系设置
21	私立朝阳学院	重庆		内分法律学系，经济学系及法科研究所法律学部。附设会计专修科，法官书记专修科，监狱学专修科，司法会计专修科
22	私立上海法学院	四川万县（今重庆万州）		法律学系，经济学系，会计学系。附设商业专修科
23	私立金陵女子文理学院	成都		文科，理科，附设体育专修科，英语专修科
24	私立川康农工学院	成都		工商管理学系，农用化学系，农林学系
25	私立铭贤学院	四川金堂		农艺系，畜牧学系，农业经济学系，机械工程学系，化学工程学系，纺织工程学系，工商管理学系，银行学系
26	私立北平协和医学院	成都		暂时恢复护士专修科
27	国立音乐院	重庆	1940年新设立	内分理论作曲组，国乐组，键盘乐器组，管弦乐器组，声乐组。附设研究室，实验管弦乐团，实验歌咏队
28	国立艺术专科学校	重庆		中国画组，西洋画组，雕塑组，应用美术组。附设高级技术职业学校
29	国立中央工业专科职业学校	重庆		机械工程科，土木工程科，电机工程科，化学工程科
30	国立药学专科学校	重庆		药学科。附设高级药剂师职业科
31	国立牙医专科学校	成都		
32	国立国术体育师范专科学校	重庆北碚		
33	国立中央技艺专科学校	四川乐山		内分造纸科，农产制造科，皮革科，纺织染科，蚕丝科，化学工程科

序号	学校名称	校址	迁建时间	院系设置
34	国立戏剧专科学校	四川江安		内分话剧科，乐剧科。附设高级职业科话剧组
35	国立边疆学校	重庆		
36	国立体育师范专科学校	重庆江津		学校师资组，童子军教练组。国民体育干部组
37	山东省立医学专科学校	四川万县（今重庆万州）		
38	江苏省立蚕丝专科学校	四川乐山		养蚕科，制丝科
39	四川省立艺术专科学校	成都		建筑科，应用艺术科，音乐科
40	四川省立会计专科学校	成都		
41	四川省立体育专科学校	成都		内分三年制两年制两种专科
42	私立中国乡村建设育才学院	重庆	1940年新设	
43	私立文华图书馆学专科学校	重庆		图书馆科，档案管理科。附设有档案管理短期职业训练班
44	私立武昌艺术专科学校	重庆江津		绘画科，图案科，艺术教育科
45	私立立信会计专科学校	重庆北碚		二年制五年制两种专科
46	私立求精商业专科学校	重庆	1940	银行科，会计科，工商管理科
47	私立华西工商专科学校	重庆		内分土木工程科，工商管理科，会计科

附录 4　1941—1943 年毕业同学调查表

一　国立中央大学二九级毕业同学调查表（1941 年）①

文学院　中国文学系

序号	姓名	服务机关	序号	姓名	服务机关
1	黎超廷	不详	2	尚爱松	北平研究院语文研究所
3	周仁济	不详	4	李法白	河南周口豫东中学校长

外国文学系

序号	姓名	服务机关	序号	姓名	服务机关
5	冯和侃	本校	6	张健	本校
7	刘蔼芳	北碚兼善中学	8	孙雪瑛	英大使馆新闻处
9	汪协熙	外交部	10	丁履法	不详

历史学系

序号	姓名	服务机关	序号	姓名	服务机关
11	石坤琳	不详	12	王铃	中央研究院历史研究所
13	苏诚鉴	安徽歙县中学	14	黄少荃	本校
15	曾祥和	国立女子师范学院	16	邵则雲	河南内乡南阳中学
17	窦宗仪	监察院			

哲学系

序号	姓名	服务机关	序号	姓名	服务机关
18	陶佩珍	不详			

理学院　数学系

序号	姓名	服务机关	序号	姓名	服务机关
19	万淮长	不详	20	陈嘉白	北碚兼善中学
21	黄智明	本校	22	汪文雍	不详
23	姜国宾	本校附中	24	乔华庭	大学先修班
25	王锡纹	重庆大学	26	杨树培	社会部

物理系

序号	姓名	服务机关	序号	姓名	服务机关
27	王纲道	本校	28	蔡彬珍	重庆大学
29	张徽五	军令部	30	童宪章	甘肃油矿局
31	范章雲	本校	32	谢谦	军令部
33	陈明忠	贵州大学	34	潘吉元	本校

---

① 《国立中央大学二九级毕业同学调查》,《国立中央大学校刊》1944 年第 10—11 期。

续表

化学系

35	郑蕴华	重庆小龙坎动力油料场	36	嵇汝运	不详
37	缪竞新	不详	38	叶厚畲	中央电工器材重庆电池厂
39	姚翰亭	遵义			

生物系

40	唐玉凤	南岸明德中学	41	潘体固	本校
42	孙定国	复旦中学	43	陆含华	达县师范

地质系

44	张德仁	重庆大学	45	业治铮	资委会镀产测勘处
46	萧楠森	本校			

地理系

47	叶桂馨	中央气象局	48	吴传钧	本校
49	胡豁咸	迪化新疆学院	50	谢宗亚	迪化省立师范
51	丘万镇	本校	52	陈尔寿	本校
53	周正定	成都沙河堡四川气象所	54	陈世杰	新疆监察使署
55	单树模	本校	56	杨纫章	迪化省立女子师范
57	朱光焜	北碚气象研究所	58	金祖孟	本校
59	李湜源	华侨学校	60	田宝善	邮政储金汇业局
61	綦镛	广洋工程处	62	陈请	金陵女子大学
63	冯秀藻	沙坪坝中央气象局			

法学院　法律学系

64	陈南堃	不详	65	陈灵海	中央组织部
66	张国干	松花江中学	67	张宿海	中央军校政治部
68	黄祝贵	三民主义丛书编委	69	陈应钿	本校
70	戴炳亚	高等法院	71	苗淑贞	司法行政部

政治系

72	柳官铎	财政部	73	莫俭溥	贵阳中茶公司
74	闵乃宽	航政局	75	曾涤非	重庆友联木行
76	俞观涛	浙江省政府	77	周龙如	拟留美
78	宓超群	本校	79	王禹九	印度远征军
80	吴锡泽	第六战区司令长官司令部	81	程镇球	外交部

续表

经济学系

82	刘天怡	重庆复礼银行	83	高傅绪	河南鲁山省立化工实验所
84	黄正琳	贵阳聚康银行	85	谭学开	财政部专卖司
86	雷惠光	中国银行	87	孔惠民	首都中学
88	杨国楷	中国银行	89	吴学峻	社会部
90	尹淑贞	本校	91	陈祖湘	不详
92	顾崇寿	本校研究院	93	周定勋	商务日报社
94	杨学仪	不详	95	陈庭珍	不详
96	丁维栋	首都中学	97	朱继清	财政部评论社
98	叶元彬	不详			

教育学院 教育系

99	匡焕葆	本校	100	陈正	不详
101	唐齐安	本校	102	张植华	重庆女师
103	吴伯俊	教育部	104	艾华登	交通银行总处
105	符仁方	本校	106	王宗石	不详
107	周服臧	已故	108	陈琼璋	不详
109	刘佩珍	不详	110	刘金鉴	不详
111	陶启英	不详	112	南作宾	小温泉侍从室第二处
113	林凤藻	本校	114	张运生	教育部

体育系

115	郭文简	国立师范学院	116	朱潘坦	青木关体育师资训练班
117	游道钧	同济大学	118	俞广源	第八兵工厂
119	艾国炎	中国银行	120	羊兆余	合川国立水产学校
121	叶琛	不详	122	袁其叶	本校
123	牛炳镒	本校	124	蒋旭	私立耀麟中学
125	蔡敦星	本校	126	陆家珺	本校
127	方新	本校			

艺术科

128	钟诵余	不详	129	甘登信	不详
130	倪则和	本校	131	刘德刚	中华教育电影制片厂
132	周作相	军事会交际科科长	133	康寿山	本校

农学院畜牧兽医专修科

134	赵琨	不详	135	王峻尧	不详
136	赵恩棠	不详	137	顾昌	西康金江农业学校
138	郑昭寰	不详	139	唐彧	自流井家畜防疫所
140	李宝澄	不详	141	韩在英	不详
142	李学高	不详	143	戴亚英	不详
144	麦穗歧	不详	145	熊卓	不详
146	白金出	不详	147	星金光	不详
148	高铭琦	不详			

农艺系

149	余秀茂	江西建设厅技士	150	宣家杰	中茶公司技术室
151	贾健	贵州铜仁	152	洪承钺	重庆烟酒专卖局
153	张逸宾	复旦大学	154	刘毓琭	教育部特设进修班
155	江家振	渝粮食部调查处	156	史贤林	中国农民银行
157	汤玉庚	中国农业实验所	158	杨静	重庆市政府
159	刘元甲	本校	160	朱尊权	郫县陕西巷元元实业社
161	郎以明	中茶公司	162	常荣春	中国农民银行储蓄处
163	王承翰	华福捲菸厂	164	陆伯毅	北碚中农所
165	蒋名贤	农林部四川推广繁殖站	166	张光旭	粮食部督导处
167	周若愚	地政处	168	周樟宪	不详
169	张之镐	地政处	170	杨信五	广元大华纱场
171	倪金柱	四川农业改进所	172	章楷	教育部
173	孙孚	中茶公司	174	孙以賽	贸易委员会富华公司
175	陈光泽	农民银行总处	176	张德逊	中农所技士
177	夏宗绵	四川粮食储运局	178	徐洪畴	华福捲菸厂
179	王延芬	中国农民银行储蓄处	180	陈鼎章	中国农民银行会计处

森林系

181	贾铭钰	农林部	182	江良游	农林部
183	斯炜	央林业实验所	184	黄中立	农林部

园艺系

185	陈塿	自办中国植物园	186	许学礼	上川公司农化厂
187	陈学斌	贸易委员会茶叶研究所	188	彭浙	不详

续表

园艺系

189	梅祖一	重庆第三十兵工厂农场			

畜牧兽医系

190	金国粹	四川农业改进所	191	阮维祥	本校
192	赵鸿森	四川农业改进所	193	朱晓屏	本校
194	李登元	农林部第四耕牛场	195	逮振瑜	不详
196	夏国佐	不详	197	吴思孝	中央畜牧实验所
198	章台华	金陵大学	199	张永昌	中央畜牧实验所
200	李光煜	四川农业改进所	201	王鹏	农林部第四耕牛场
202	夏隆勋	农林部	203	王宪楷	中央畜牧实验所
204	吴子钢	中央畜牧实验所	205	李善佐	铭贤农工专科
206	尚树德	中央畜牧实验所	207	陆健宾	中央畜牧实验所

农业化学系

208	朱克贵	中国理化研究所	209	黄牖民	贵州企业公司
210	史瑞和	本校	211	李昭舜	内江中国炼糖公司
212	李世昌	盐务总局	213	李禾颖	中国农行信托部
214	赵继祥	卫生署	215	钱辉宁	内江中国炼糖公司
216	王厚学	简阳酒精厂	217	金继汉	本校

工学院　土木工程系

218	鲍恩湛	本校	219	黎玮	黔桂铁路工程局龙里总段
220	黄正乾	滇缅铁路第二工程处	221	段丰顺	本校
222	秦文铖	中央卫生实验院	223	牟华梯	重庆交通部驿运管理处
224	葛其志	广西黔桂铁路工程处	225	廖远祺	桂林建干路珠江水利局
226	许国樑	本校	227	施士升	大陆公司
228	何愫有	江西零都省立工业学校	229	朱国橡	渝市卫生测量队
230	劳蓉甫	贵州遵义	231	应祖荣	重庆沙坪坝下中渡口
232	徐善宜	不详	233	朱德聪	云南呈贡飞机场工程处
234	龙自福	不详	235	席味笙	不详
236	蔡国桢	綦江铁路工程处	237	王封鲁	广西南宁黔桂铁路
238	庆启蓉	渝交通部	239	梁经武	渝中央银行
240	敦焕晴	化龙桥交通银行	241	潘照之	重庆交通部公路总处
242	刘光宣	滇缅铁路第二工程处	243	王绍廉	渝中国银行

电机工程系

244	陈树德	昆明	245	易寅亮	昆明无线电器材厂
246	杨晋宜	航委会无线电机修厂	247	刘景伊	航委会无线电机修厂
248	严篠均	中央电器材厂	249	朱经	宜宾电厂
250	孙荣	宜宾中央电瓷厂	251	胡名桂	本校
252	杨士智	中央无线电器材厂	253	周茂培	中央电工器材厂
254	李慧中	不详			

机械工程学系

255	姚承三	不详	256	孙仁洽	本校
257	许鸿达	江西省立一中	258	高晋铭	中央器材第七厂
259	杨承祉	留英	260	曹祖忻	留英
261	刘庚麟	本校	262	徐佩琮	重庆大学机械系
263	蔡强康	本校	264	刘古铨	第二十一兵工厂
265	韩江	湘桂铁路局	266	蔡习传	中央机器第一厂
267	聂运新	中央机器厂	268	郭宏绪	本校
269	范惕侨	湘桂铁路局	270	徐光照	已故
271	李俊	中央机器厂第六厂	272	崔济亚	本校
273	黄锡恺	本校	274	徐增怡	中央机器厂第一厂
275	马毓瑄	龙海铁路局	276	刘士雄	中央机器厂第四厂
277	杨惠春	中央机器厂第五厂	278	胡兆钦	西北公司
279	胡绍亮	化工试验所	280	陶登文	申新纱厂
281	顾克铮	中央机器厂第三厂	282	顾吉衍	本校
283	刘广玉	中央机器厂第三厂	284	李春和	本校
285	黄甫奎	水利学公司			

建筑工程系

286	王坦	本校	287	高旭	已故
288	成竟志	资委会炼钢厂	289	张秀璜	滇缅铁路第二工程处
290	蒙仁礼	中央银行	291	张其师	中农银行总管理处
292	朱宏隆	不详	293	胡璞	重庆大学

化学工程系

294	陈骅	不详	295	张余善	四川榨油厂
296	邵方鉴	不详	297	伍庭珍	不详

续表

化学工程系

298	吴慕莲	不详	299	戴经鸿	本校
300	尤其侗	河北化工试验所所长	301	林国贤	本校
302	萧庆禧	化学工厂	303	戚忠卿	交通部第二十三煤炼油厂
304	张有衡	本校	305	赵大祥	中央电工器材重庆电池厂
306	黄振名	永川景圣中学	487	黄云门	昆明资委会化工材料厂

航空工程系

308	杨家瑯	中国滑翔总会	309	沈一龙	民生机器厂
310	丁剑	第三飞机制造厂	311	陈锡禄	成都航空机械学校
312	何嘉祥	第二飞机制造厂	313	张阿舟	不详
314	罗贤叶	贵州大定发动机制造厂	315	李铸	成都航空机械学校
316	夏蔚先	成都航空机械学校	317	程宝葉	南川第二飞机制造厂
318	冯钟鲁	河南唐河学校	319	凌之巩	中国航空公司发动机修理厂
320	高永寿	成都航空研究所	321	陆孝彭	南川第二飞机制造厂
322	虞裕	成都航空研究院	323	高作楣	南川第二飞机制造厂
324	赵世诚	成都航空研究院	325	万鹤群	贵州大定发动机厂
326	陆元九	本校	327	吴文	成都航空机械学校
328	曹治恭	重庆燃料委员会	329	吴雨苍	成都航空机械学校
330	张幼桢	贵州大定发动机制造厂	331	冯元桢	中央滑翔厂
332	沈申甫	成都航空研究院	333	徐子骏	成都第三飞机制造厂
334	黄步玉	成都航空研究院	335	黄茂修	贵州大定发动机制造厂

水利工程系

336	段润生	河南水文总站	337	萧天铎	本校
338	戴兆岳	渝市工卫测量队	339	于在模	天水力发电厂
340	高英忠	昆明青华服务处	341	张健德	昆明环城东路
342	李席余	本校	343	何友忱	昆明建设厅水利设计队
344	赵深	留英	345	任超北	中央工校
346	邱壇森	昆明建设厅水利局	347	黄汝庚	四川屏山金沙工程处
348	章权中	本校	349	孙维椿	昆明环成东路
350	庄鹏	复旦大学	351	朱书鳞	云南昭通资委会

医学院　医本科

352	姜东明	成都公立医院	353	孙星灼	昆明第二空军医院

医学院　医本科

354	陈光璧	成都公立医院	355	吴孝感	兰州工会医务所
356	袁明忻	成都公立医院	357	黄夏	成都中央军校医院
358	陶国泰	贵阳红十字会	359	富婳寿	成都公立医院
360	宋少章	本校	361	王再思	成都中央军校
362	刘载生	不详	363	李赋萧	滇缅路任卫生工作
364	杜淑昭	重庆卫生署防病处	365	孙传兴	成都公立医院
366	陈滓漫	成都中央军校	367	姜元川	本校
368	周鲸渊	本校	369	洪民	不详
370	李代鹄	浙省卫处校	371	张涤生	红十字会总队
372	王静仪	本校	373	丁鸿才	本校
374	孙禄增	歌乐山中央医院	375	周维林	不详

二　国立中央大学三〇级毕业同学调查（1942 年 7 月）[①]

序号	姓名	工作单位	序号	姓名	工作单位
文学院　中国文学系					
1	宋树屏	不详	2	潘学山	不详
3	范文经	不详	4	郭银田	不详
5	李茂仁	食糖专卖局广安分局	6	陈守礼	中央党部
7	杨白华	国立音乐院	8	周钟灵	本校
9	张恕	本校	10	刘珉英	南开中学
11	姚松年	不详	12	朱景仁	小温泉侍从室第三处
13	陈琼英	不详	14	朱开均	中央团部社会服务处
外国文学系					
15	蔡文凤	南开中学	16	李峻岳	不详
17	潘佛彬	不详	18	李云珍	不详
19	管傅棎	不详	20	孙家新	时与潮社编辑
21	严晋	资源委员会	22	柳典南	国立师范学院

---

① 《国立中央大学三〇级（1942 年 7 月）毕业同学调查》，《国立中央大学校刊》1944 年第
5—6 期。

续表

序号	姓名	工作单位	序号	姓名	工作单位
历史学系					
23	王聿均	北碚兼善中学	24	李毓澍	不详
25	李绍定	不详	26	朱光庭	不详
27	庞会濂	不详	28	王禹卿	不详
29	杜正德	不详	30	孙家山	不详
31	陈思定	洛碛国立女子师范学校	32	曹定一	不详
33	罗成琨	不详	34	杨宗珍	不详
35	王家祥	不详	36	钟武雄	外交部情报司
哲学系					
37	王家纯	南开中学			
理学院　数学系					
38	魏德馨	浙江大学	39	李孝傅	兵工学校
40	姚文华	本校	41	谢联棻	本校
物理系					
42	邢照东	航空委员会无线电修造厂	43	吴椿	本校
44	敬清泉	本校	45	汤定元	本校
化学系					
46	周念圣	二十三兵工厂	47	梁其硕	合川永发化学制造厂
48	赵芬如	中国植物油料厂	49	萧庆谷	军政部陆军制药研究所
50	方振声	本校	51	唐维瑶	国立医药专科学校
52	黄含英	本校	53	梁守渠	长寿中国火柴原料厂
生物系					
54	刁承坤	中央组织部	55	张德瑞	本校
56	张汝亭	本校	57	耿伯介	本校
58	杨毓德	南开	59	夏炎蕃	本校附中
60	林学俭	不详	61	王畹兰	本校
地质系					
62	杨庆如	资源委员会矿产测勘处	63	余伯良	资源委员会矿产测勘处
64	丁传谱	本校	65	罗蛰潭	重庆大学
66	李铭德	资源委员会锡矿管理处	67	张锡龄	甘肃油矿局
地理系					

续表

序号	姓名	工作单位	序号	姓名	工作单位
68	葛以德	本校	69	唐必威	本校
70	陈其恭	中央气象局测候科	71	何敏求	本校
72	柳长勋	嘉定专员公署	73	顾震潮	昆明西南联合大学
74	范文纪	北碚兼善中学	75	鲍鹤龄	灌县荫堂中学
76	陈正祥	本校	77	陶诗言	本校
78	黄仕松	北碚气象研究所	79	宋家泰	本校
80	杨玉莲	北碚电化教育训练班	81	严重敏	独立出版社
心理系					
82	周甯一	自贡蜀光中学	83	姚秀华	中央卫生实验院
84	何国祥	川北联立师范	85	胡荣度	内政部警察智力测验室
86	罗希贤	国立贵阳师范学院附中	87	黎光荣	本校
88	沈孟昭	自贡蜀光中学	89	鲁执清	华美女中
法学院　法律系					
90	李盛祥	不详	91	易劲秋	中央训练团
92	高廷彬	铨叙部	93	黄嘉言	不详
94	王孙卿	考试员考选委员会	95	徐延凯	不详
96	林凤骙	不详	97	王学富	司法行政部
98	刘佩纷	重庆地方法院	99	梅玉明	本校
100	文咸忠	中央团部组织处	101	曹桂森	司法行政部
政治学系					
102	杜钺	不详	103	周斌汉	中央组织部
104	李福祥	本校	105	李学禧	不详
106	郑士镕	不详	107	陈祥达	不详
108	朱本源	本校	109	邓继康	不详
110	王桂生	外交部	111	王贡猷	不详
112	刘达人	不详	113	陶成龙	不详
114	张国勋	外交部			
经济系					
115	甘懋邺	本市大田湾一二一号夔园	116	陈汝乾	渝民国路小较较场二十六号
117	邢慕寰	渝牛角沱资源委员会	118	许祖岷	本校
119	徐狱瑞	本校	120	陈观烈	花纱布管制局

序号	姓名	工作单位	序号	姓名	工作单位
121	佟哲晖	南溪李庄中央研究院	123	刘儒林	育才高级职业学校
124	杨光璧	首都中学	125	曾祥文	交通银行总管理处
126	徐卜五	渝中正路中信大厦三〇三号	127	曾居让	合川海兰东渡口分卡
128	周旭	康定毛织厂	129	许仲华	中央银行分行
130	叶曾亮	渝化龙桥天然淡化厂	131	徐之河	渝林森路三一六号
132	李瑞芳	四川省政府统计室	133	郭统孝	不详
教育学院　教育系					
134	张铨念	不详	135	周人会	不详
136	周溯	不详	137	韩忠祥	不详
138	李碧英	不详	139	丁靖宇	本校附中
140	胡荫瑗	教育部	141	刘佩珍	不详
142	陶若才	不详			
艺术专修科					
143	徐枋	不详	144	谭勇	不详
童子军专修科					
145	黄德荣	江津国立九中	146	×映光	甘肃省立兰州女子师范
147	李治国	四川永川县立中学	148	孙毓坤	安徽旅鄂中学
149	辛昌明	兰州志果中学	150	黄治贞	小龙坎树人中学
151	赵萱	井研中学	152	许存恭	成都县立中学
153	赵素雲	成都华美女子中学	154	陈忠信	南开中学
155	席焰	国立贵阳师范学校	156	王克定	湘省立零陵中学
157	吴肇鹣	童子军甘肃理事会筹备处	158	孙樸芳	江津兴仁职业学校
159	李恭义	本校附属中学沙校	160	邵鸿章	本校
161	马镇淮	宿县县立中学	162	谭傅敏	国立女子中学
163	侯文铦	贵阳市社会局			
农学院　农艺系					
164	刘式乔	不详	165	刘承志	物资局物价委员会
166	马世均	北碚复旦大学	167	姚一夔	空军学校
168	陈叠雲	綦江资源委员会	169	周承恕	不详
170	马昌宗	本校	171	荀积余	粮食部
172	关懿娉	北碚重庆师范学院	173	黄山	不详

续表

序号	姓名	工作单位	序号	姓名	工作单位
174	王钟玟	粮食部	175	常福民	财政部菸类专卖局渝办事处
176	屠元鑫	粮食部	177	彭惠兴	永川中学
178	张驹	不详	179	吴兆苏	财政部菸专卖局
180	黄得禊	不详	181	吴仕雄	不详
182	吴秉权	粮食部调查处	183	卫文起	不详
184	徐鹏翔	峨眉县政府	185	赖祖兰	四川省政府建设厅
186	范胜兰	不详	187	马藩文	不详
188	王健	不详			

森林系

序号	姓名	工作单位	序号	姓名	工作单位
189	任玮	不详	190	杨世瑺	贵州省遵义师范
191	刘玉壶	本校	192	李毓华	农林部
193	蒙仁让	本校	194	梁世镇	中央林业实验所林产利用组
195	邓肇华	农林部			

园艺系

序号	姓名	工作单位	序号	姓名	工作单位
196	姚锋	农林部福建推广站	197	杨守时	不详
198	袁国钢	贵阳河滨公园	199	陈圃农	荣昌仁义镇亲仁中学
200	邓禄增	白沙新本女子中学	201	何国萱	军政部药用植物苗圃
202	郑中桂	贵阳高等农业学校	203	周开隆	江津柑桔试验场
204	陈丽文	国立艺术专科学校	205	彭少波	贵阳大学生农场
206	温所×	贵阳高等农业学校			

农化系

序号	姓名	工作单位	序号	姓名	工作单位
207	王淮洲	歌乐山中央卫生实验院	208	程淑珊	内江中国炼糖公司
209	任芳钟	江北寸滩中华职校	210	马孝骥	本校
211	刘有成	本校（中科院院士）	212	刘子美	荣昌安富镇
213	赵俊田	云南大学农学院	214	沈在阶	歌乐山农林部
215	周载平	美国芝加哥总领事馆	216	任广善	四川简阳资委会酒精厂
217	周光宇	北碚陆军制药研究所			

畜牧兽医系

序号	姓名	工作单位	序号	姓名	工作单位
218	陈寿余	不详	219	许宗岱	不详
220	黄伟业	不详	221	杨湘平	不详
222	罗仲强	不详	223	恽肇权	不详

序号	姓名	工作单位	序号	姓名	工作单位
224	张立教	不详	225	钱定宽	不详
226	方国玺	不详	227	黄恒生	不详
228	俞渭江	成都本校畜牧兽医系			

工学院　土木工程系

序号	姓名	工作单位	序号	姓名	工作单位
229	刘经文	不详	230	杨安民	白沙女子师范学院附中
231	罗飞池	綦江铁路工程处	232	邓沐熙	滇南铁路工程处
233	朱光汉	沙坪坝中央工校	234	李雲鸿	公路总局
235	陶发寄	渝华西工商专科学校	236	黄震严	宝天路工程处
237	王铎	渝磁器口莘文中学	238	邱学礼	内江
239	连璨	山洞	240	高法俤	中央大学
241	张报先	中央卫生实验院	242	张兆明	湖南
243	唐嘉衣	广西	244	蒋毓龙	歌乐山卫生实验院
245	沙家治	綦江	246	李景诗	不详
247	李诗言	成都	248	邓启宇	不详
249	易家训	不详	250	戴永康	不详
251	艾忠泉	武汉大学	252	彭瑞豸	中央大学
253	许保玖	天水	254	袁荣庆	贵州大学
255	朱益	兰州水利林牧公司	256	王启环	本校
257	胡文鸿	广西黔桂铁路工程处	258	张慕良	天水

电机工程系

序号	姓名	工作单位	序号	姓名	工作单位
259	归绍升	中央工业实验所	260	陈桂芳	航委会无线电机厂
261	田炳耕	不详	262	袁旦庆	本校
263	冯子来	不详	264	曾宝蒙	本校
265	林启荣	不详	266	裘益钟	本校
267	朱燿衣	四川宜宾中央电机厂	268	郭美中	宜宾电厂
269	陈翔龙	中央工业试验所	270	孙家炘	渝中央无线电器材厂
271	王祥华	渝中央无线电器材厂	272	梁礽焕	昆明中央机器厂
273	施复言	渝中央无线电器材厂	274	吴鸿适	本校
275	洪瑞楫	昆明中央无线电器材厂			

机械工程系

序号	姓名	工作单位	序号	姓名	工作单位
276	刁绍纯	中央工业试验所	277	汪锡麒	本校

序号	姓名	工作单位	序号	姓名	工作单位
278	丁龙岩	资委会炼钢厂	279	毛畏三	第十兵工厂
280	管敦信	中央工业试验所	281	曹家冶	印度加尔各答中航公司
282	高豫	资源委员会炼钢厂	283	缪淦生	本校
284	万嘉鑛	昆明中央机器厂	285	钱振新	昆明中央机器厂
286	××	不详	287	方崇智	昆明中央机器厂
288	翟为霖	渝运输处机件厂	289	水新元	兵工署第五十兵工厂
290	张树清	本校	291	杜品秀	印度中国驻印远征军
292	黄嵩生	成都航空委员会	293	龙碧×	中央工业试验所
294	刘裕瓒	中央工业试验所	295	王万钧	本校
296	曾德超	兵工署第五十兵工厂	297	黄德清	四川机械公司
298	章鑫昌	第十兵工厂	299	杨立铭	本校
300	沈潜	第十兵工厂	301	邓世玉	本校
302	焦联星	本校	303	张荣禧	本校
304	黄震中	宁夏省政府			

建筑工程系

序号	姓名	工作单位	序号	姓名	工作单位
305	张雲尧	桂林中一机械厂	306	王申祐	重庆中国工程公司
307	叶仲玑	本校	308	戴念慈	本校
309	郑孝燮	粮食部	310	黄明高	上清寺交通部总务司
311	卢绳	南溪李庄中国营造学校			

化学工程系

序号	姓名	工作单位	序号	姓名	工作单位
312	徐贤良	资源委员会动力油厂	313	金法宝	资源委员会
314	徐樑	重庆动力油厂	315	刘联宝	本校
316	郭昌达	贵阳火柴原料厂	317	杨文藻	昆明化工器材厂
318	潘锡五	简阳酒精厂	319	张洪仁	重庆动力油厂
320	萧伯山	航空研究所	321	刘树楷	重庆动力油厂
322	张嘉生	重庆大渡口中国造酸厂	323	徐英煊	不详

航空工程系

序号	姓名	工作单位	序号	姓名	工作单位
324	朱寿祺	贵州大定发动厂	325	周盛才	成都××学校
326	汪盛典	不详	327	马明理	本校
328	骆雍	成都第四机械制造厂	329	何步明	南川第二飞机制造厂
330	张赓统	中航公司	331	胡昌寿	南川第二飞机制造厂

续表

序号	姓名	工作单位	序号	姓名	工作单位
332	吴礼义	九龙坡交通大学	333	张其相	成都航空研究院
334	徐友庶	机械学校	335	丁光宙	成都航空研究院
336	陆孝同	美国麻省理工大学	337	胡志真	滑翔总会
338	胡维羣	本校	339	沈永忠	綦江渝南师管区司令部
340	祁延煦	中航公司	341	罗德伟	成都航空研究所
342	邹志楷	成都第三飞机厂	343	王裕平	成都航空研究院
344	林同骥	南川第二飞机制造厂	345	周坤容	成都航空研究院
346	韩元佐	渝中央滑翔机厂	347	韩志华	成都第三制造厂
348	康振黄	渝中央滑翔机厂	349	凌雲沛	中航公司
350	朱祖隆	桂林滑翔机厂	351	钟晋	机械学校
352	燕树杞	成都航空机械学校	353	吴忠葵	贵州大定发动机厂
354	史超礼	青木关滑翔总会	355	姜际陞	中央滑翔厂
356	袁文忠	成都航空研究院	357	田万杰	青木关滑翔总会
358	黄笃松	青木关滑翔总会	359	徐宗华	铜梁机械学校
360	鲍恩济	铜梁机械学校			

水利工程系

序号	姓名	工作单位	序号	姓名	工作单位
361	王恒铎	不详	362	李葆鉴	中央水利实验处
363	姚榜义	西宁水力发电厂	364	叶永毅	本校
365	张宝田	资源委员会水力发电厂	366	曹素滨	歌乐山农村水力公司
367	易克俊	衡阳	368	华国祥	中央水利实验处
369	黄胜	中央水利实验处	370	区昌	长寿龙溪河水电厂
371	郑东先	綦江导淮委员会	372	吴明远	不详
373	邹思棽	导淮委员会	374	李荫余	龙溪河水电厂
375	蒋先济	水利委员会	376	钱光宗	长寿龙溪河
377	何家濂	水利委员会	378	顾淦臣	林牧公司

医学院　医本科

序号	姓名	工作单位	序号	姓名	工作单位
379	何光侃	本校医学院	380	富仁寿	本校医学院
381	陈定一	本校医学院	382	汪良能	本校医学院
383	刘乾初	本校医学院	384	孙榘	本校医学院
385	江海寿	不详	386	乐汝珍	本校医学院
387	陆裕模	本校医学院			

续表

序号	姓名	工作单位	序号	姓名	工作单位
牙本科					
388	张亦若	不详	389	王汝熊	本校医学院
390	钱泽鉴	本校医学院	391	叶同	本交医学院
392	曲慎文	不详	393	朱光润	牙病防治所
394	徐君伍	不详	395	王佩瑚	牙病防治所
396	史文瑞	牙病防治所	397	汤素琴	湖北省立医院

三　中央大学三十一级毕业校友服务调查表（1943 年）①

序号	姓名	工作单产	序号	姓名	工作单产
文学院　中国文学系					
1	吴子力	渝美专校街中央训练委员会	2	王秉涛	成都黄浦中学
3	刘锐	本校中文系助教	4	谢树德	渝中三路组织部
5	张钜鸿	本校	6	贺克钧	綦江永新场
外国文学系					
7	陈秀	沙坪坝南开中学	8	朱家恢	北碚兼善中学
9	袁孝愚	渝中三路中宣部			
史学系					
10	李念孔	冷水场巴县县立女中学	11	甘南斗	冷水场巴县县立女中学
12	刘保三	江津兴仁职业学校	13	周齐祐	白沙国立女师附属中学
14	李毓培	本校历史研究部	15	陈祺庞	中央组织部
16	罗诗瑆	江北茨竹场	17	段婉兰	北碚编译馆
18	黄彰健	北碚兼善中学			
哲学系					
19	路傅楷	本校哲学系助教	20	余敷顺	本校
21	费大经	自贡旭川中学			
理学院　物理系					
22	高联佩	本校物理研究部	23	黄继坚	本校物理研究部

① 《三一级同学毕业服务调查》，《国立中央大学校刊》1944 年第 1—2 期。

续表

序号	姓名	工作单产	序号	姓名	工作单产
24	黄树勋	歌乐山药专	25	严范滋	军令部技术室
26	靳显岑	沙坪坝南开中学	27	陈咸埠	中央物理研究部
化学系					
28	傅献彩	歌乐山国立药科专校	29	李启基	歌乐山国立药科专校
30	童登琳	歌乐山国立药科专校	31	谢傅钧	泸县应用化学研究部
32	谢庆鐘	綦江渝南中学	33	吴菊亭	冷水场巴县女中
34	李法西	本校化学系	35	马玉珪	本校化学系
36	高鸿	本校化学系	37	赵华明	灌县荫唐中学
地理系					
38	吴伯雄	本校地理系	39	林国恩	自贡自流井剑南中学
40	萧前春	北碚复旦中学	41	陶永昕	渝经济部工矿调整处
42	顾传源	金堂铭义中学	43	徐应璟	渝航空委员会气象总台
44	程潞	本校地理研究部	45	宋秀圻	上清寺邮政储金汇业局
46	邓静中	本校地理研究部	47	蒋幼齐	渝弹子石文德女子中学
48	吴和赓	红槽房军令部技术室	49	侯来福	歌乐山行政院水利委员会
50	牛天任	成都四川省测候所	51	汪永泽	宝鸡陇海路车站
52	张健	江津白沙聚奎中学	53	盛承禹	合川国立二中
54	萧华	迪化新疆建设厅			
地质系					
55	姜达权	小龙坎四川地质调查所	56	楚旭春	小龙坎四川地质调查所
57	秦矞	北碚中央地质调查所	58	谌义睿	北碚中央地质调查所
59	马以思	北碚中央地质调查所	60	胡敏	兰州中央地质调查所
61	马子骥	贵阳矿产测勘处	62	沙光文	贵阳矿产测勘处
63	姜国杰	上清寺交通部公路总局	64	阎繡章	湘郴县湖南矿务局
心理系					
65	朱家树	本校心理系	66	余维楷	本校心理系
法学院　法律系					
67	严在宽	中央组织部	68	陈涛	渝中央组织部
69	冒鎣	渝中央组织部	70	刘逢运	渝中央组织部
71	戴声贤	渝中央组织部	72	彭耀昆	渝中央组织部
73	曾昭森	渝南泉政治学校	74	黄鑫生	渝歌乐山铨叙部

序号	姓名	工作单产	序号	姓名	工作单产
75	范馨香	本校	76	王继纯	歇马场司法行政部
77	吴培之	渝市党部	78	张承书	成都华西坝省立师范

政治系

序号	姓名	工作单产	序号	姓名	工作单产
79	郭中柱	湖南株洲	80	王选长	本校法科研究所
81	李方衡	本校法科研究所	82	朱继荣	本校法科研究所
83	张泽后	渝两浮支路中央团部	84	胡有尊	上清寺储汇局
85	楚松秋	渝中央组织部	86	冷绍烓	牛角沱特园
87	刘明章	化龙桥新蜀报	88	徐忠稷	成都四川省政府人事室
89	陶雲	渝海外部	90	夏书章	渝永兴场治平中学
91	刘沃泉	本校李方衡转	92	王淑钧	江北治平中学
93	顾凤翔	本校社会系助教			

经济系

序号	姓名	工作单产	序号	姓名	工作单产
94	王文靖	渝财政部	95	王作荣	渝财政部
96	王贤时	渝财政部	97	刘察争	渝财政部
98	叶锦章	渝财政部	99	杨代利	渝财政部
100	彭权胤	渝财政部	101	连醴安	渝财政部
102	吴伯文	安徽国立第二十一中学	103	孙翼华	渝上清寺中央银行
104	杨秀民	渝上清寺中央银行	105	王宏儒	化龙桥交通银行总处
106	王福杰	化龙桥交通银行总处	107	施锡光	贵阳交通银行
108	周作新	渝上海银行	109	杨秉衡	渝牛角沱资源委员会
110	张文华	渝牛角沱资源委员会	111	蔡汉敦	渝南岸储汇局保险处
112	解楚馨	张家花园劝储分室	113	杜度	本校法科研究所
114	赵振嵩	沙坪坝南开经济研究所	115	雍文远	沙坪坝南开经济研究所
116	陈名楚	本校	117	欧阳维铸	本校
118	萧敬恒	万县直接税局	119	秦承志	磁器口直接税征收所
120	杨宗诚	渝海棠溪直接征收所	121	王哲	内江食糖专卖局

农学院 农艺系

序号	姓名	工作单产	序号	姓名	工作单产
122	曹玉琨	本校艺系助教	123	谢成章	本校艺系助教
124	张学琴	本校艺系助教	125	殷彭福	本校艺系助教
126	韩焕章	桂林中国物产公司	127	林祥祯	资中伍隍场寿民中学
128	邓煜生	资中伍隍场寿民中学	129	杜孟庸	成都四川省农业改进所

序号	姓名	工作单产	序号	姓名	工作单产
130	孟宗鲁	成都四川省农业改进所	131	胡可俊	广安敬溪乡寿民中学
132	许寄春	渝李子坝花纱管制局	133	夏宏世	兰州甘肃机械厂
134	江善湘	江北人和场首都中学	135	涂韩生	泰和江西省农业院
园艺系					
136	顾瀛生	渝洛碛国立女子师范学校	137	鸿汉瑛	巴县高级农业职业学校
138	王加恩	中国农业银行农贷处	139	吕秀成	岳池县立女中
140	王业遴	军政部药用植物场	141	曹寿椿	本校园艺系助教
142	赵纯城	居家自办农场			
农经系					
143	黄陞泉	渝财政部贸易委员会	144	刘崧生	渝财政部花纱布管制局
145	胡式如	渝财政部花纱布管制局	146	覃思永	贵州省荔波县立中学
147	郑鸿	渝粮食部调查处	148	谢森中	本校农科研究所
149	吴麟鑫	中国农民银行渝分行	150	马志柏	渝财政部花纱布管制局
151	黄立本	渝农林部农经司	152	王怀辅	渝农林部农场经管改进处
153	王俊初	李子坝花纱布管制局	154	姚彬	泰和江西农业院
155	贾文林	渝中央银行经济研究处	156	姜达德	渝粮食部分配局
157	刘伯岑	本校农科研究所	158	蒋楠生	渝财政部花纱布管制局
159	陈钦模	中国银行内江分行	160	张建文	渝交通银行
161	刘公集	渝粮食部	162	谢国勋	渝粮食部
163	沈达尊	渝粮食部			
森林系					
164	程剑光	本校森林系助教	165	区炽南	中央农业试验所
166	王伯心	高滩岩中央滑翔机厂	167	彭兴皋	中国粮食工业公司
168	陈其斌	中国粮食工业公司	169	周学中	北碚乾洞中粮工业公司
170	徐智广	简阳资委会简阳酒精厂	171	罗钟毓	江西吉安农业院
工学院　土木系					
172	李树勋	四川自流井川中学	173	许永嘉	歌乐山儿童保育院疗养院
174	卢历生	四川荣昌仁义镇亲仁中学	175	钱宁	本校
176	朱可善	重庆民生银行	177	陆陶	贵阳富水街桥梁设计工程处
178	王秉均	重庆中三路中国桥梁公司	179	陈守敬	重庆中三路中国桥梁公司
180	段君谷	重庆中三路中国桥梁公司	181	严庆萱	重庆中三路中国桥梁公司

续表

序号	姓名	工作单产	序号	姓名	工作单产
182	李振俊	广西湘桂路工务段	183	贺光梁	桂林湘桂路公务总段
184	张祖翰	柳州湘桂路工务总段	185	姚理	广西湘桂路工务总段
186	赵世莹	粮食部仓库工务处	187	王书馨	河南南阳工工程处
188	侯振塈	河南南阳工工程处	189	陈方荣	天水保天路第四段分段
190	孙叔兴	重庆市工务局	191	卢子俊	重庆市工务局
192	周明敏	重庆市工务局	193	孔德埴	重庆中央银行
194	李圭敏	宝鸡　宝天路第三总段	195	徐昌衡	兰州甘肃水利林牧公司
196	贾广祐	四川三台老西街	197	张怀仁	天水宝天路工务第总段
198	张锡碬	天水宝天路第五总段	199	李万英	重庆歌乐山卫生实验院
200	王仁韬	陕西华阴陇海路公务段	201	杨兴沛	河南三河尖水文站
202	薛叔牲	宝鸡宝天路工务第三总段	203	陈式	湖北
204	拓国柱	重庆交通部路政司	205	叶安伦	康定
206	郑必义	本校			

电机系

序号	姓名	工作单产	序号	姓名	工作单产
207	高植祖	本校电机系	208	成众志	资委会工业处
209	曾昭明	资委会电机处	210	熊睿远	渝交通部电台
211	涂兆祥	昆明中央电工器材厂	212	王德	四川万县水电厂
213	王启寿	昆明中央电工器材厂	214	张工颖	渝中央无线电器材厂
215	瞿伯虎	昆明中央电工器材厂			

机械系

序号	姓名	工作单产	序号	姓名	工作单产
216	沈康一	本校	217	王延九	本校
218	孙志信	江北人和首都中学	219	孙树初	沙坪坝中央工校
220	李子杰	沙坪坝中同工业实验所	221	甘方中	沙坪坝中同工业实验所
222	陈肖南	沙坪坝中同工业实验所	223	陈烈	沙坪坝中同工业实验所
224	陈幼君	渝北龙桥第十兵工厂	225	省龙宗	重庆小龙坎动力油料厂
226	张德荫	渝资委会工业处	227	蒋达	渝资委会工业处
228	邓福康	渝资委会材料处	229	任康生	甘肃油矿局汽车配件制造厂
230	张宝中	甘肃油矿局汽车配件制造厂	231	韩荣鑫	甘肃油矿局汽车配件制造厂
232	孙时中	甘肃油矿局汽车配件制造厂	233	侯镇闽	大渡口炼钢厂

续表

序号	姓名	工作单产	序号	姓名	工作单产
234	谢迎秋	大渡口炼钢厂	235	何荷生	大渡口炼钢厂
236	陆元章	大渡口炼钢厂	237	孙贻直	渝中国制币公司
238	丁宝泽	璧山正谊中学	239	章纪川	昆明中央银行机器厂
240	胡令闻	昆明中央银行机器厂	241	贾遵庚	昆明中央银行机器厂
242	陶定诚	昆明中央银行机器厂	243	厉声树	昆明中央银行机器厂
244	张桂文	贵阳交通部	245	陆漱逸	贵州大定飞机发动制造厂
246	陈国杰	贵州大定飞机发动制造厂	247	陈树霖	贵阳资源委员会运务处
248	邵和高	渝　资源委员会	249	时学朱	渝　资源委员会
250	郑友雍	渝　资源委员会	251	陈谦	重庆南开中学
252	李绍荃	衡阳交通部	253	孟悬钧	衡阳交通部
254	胡家桢	桂林交通部存车整理委员会	255	蒋怀英	桂林交通部存车整理委员会
256	李鸿钧	桂林交通部存车整理委员会	257	任允文	桂林交通部存车整理委员会
258	李德黔	桂林交通部存车整理委员会	259	王和光	綦江迁建委员会
260	蒋洪志	宝鸡雍兴公司机器厂	261	刘祥民	宝鸡陆海铁路机务号
262	刘祥兴	渝豫丰纱厂机器厂			

水利系

序号	姓名	工作单产	序号	姓名	工作单产
263	盛楚杰	歌乐山中政院水利委员会	264	余存操	歌乐山中政院水利委员会
265	麦乔威	歌乐山中政院水利委员会	266	王安是	北碚水利示范工程处
267	费功陈	北碚水利示范工程处	268	刘文乐	重庆新桥资源委员会
269	张克健	重庆新桥资源委员会	270	俞乐群	綦江导淮委员会
271	冯世京	綦江导淮委员会	272	何子锋	綦江导淮委员会
273	程孟直	綦江导淮委员会	274	汪闻韶	兰州水利林牧公司
275	章昌五	兰州水利林牧公司	276	骆鸣狱	兰州水利林牧公司
277	王鼎元	兰州资委会水电厂	278	余美森	兰州资委会水电厂
279	戴泽蕲	贵州资源委员会勘察队	280	王鸿新	本校
281	朱维新	北碚　歌马水电厂	282	詹道江	重庆九龙坡交通大学

序号	姓名	工作单产	序号	姓名	工作单产
283	申之莹	灌县中央水工实验分处	284	苏运璧	本校

化工系

序号	姓名	工作单产	序号	姓名	工作单产
285	武宝琛	小龙坎资委会动力油料厂	286	徐学超	小龙坎资委会动力油料厂
287	马式复	化龙桥资委会电池厂	288	文和阳	昆明化工材料厂
289	×××	昆明化工材料厂	290	陈家铺	柏溪分校
291	陈家光	唐家沱第二兵工厂	292	董仲	唐家沱第二兵工厂
293	邓行文	渝寸滩耐火材料厂	294	方天翰	渝寸滩中孚炼油厂
295	李载柔	渝三圣宫八号	296	谭文	杨家坝气象局

航空系

序号	姓名	工作单产	序号	姓名	工作单产
297	萧慈	贵州大定发动机制造厂	298	吴兴琪	贵州大定发动机制造厂
299	陈世德	贵州大定发动机制造厂	300	束锦吾	航空委员会机械处
301	李扬	航空委员会机械处	302	孙葆柯	昆明第一飞机制造厂
303	雷怀信	昆明第一飞机制造厂	304	杨袠	桂林第四飞机制造厂
305	阳含和	桂林第四飞机制造厂	306	胡文光	桂林第四飞机制造厂
307	钟日超	成都第三舰机制造厂	308	余泽生	成都第三舰机制造厂
309	樊同康	成都第三舰机制造厂	310	何家宝	成都第三舰机制造厂
311	蒋君宏	成都第三舰机制造厂	312	彭清仁	机校受训
313	齐志焜	成都航空研究院	314	吴武龙	印度加尔各答中航公司
315	陈方樑	成都航空研究院	316	朱声铎	印度加尔各答中航公司
317	沈尔康	印度加尔各答中航公司	318	卢恺慈	成都航空研究院
319	尹盛志	成都航空研究院	320	王永浩	成都航空研究院
321	刘玉麟	南川第二飞机制造厂	322	沈保和	南川第二飞机制造厂
323	陈亦霖	南川第二飞机制造厂			

四 中央大学教育系三二级毕业调查表（1943 年）[1]

序号	姓名	服务处所	所在省市
1	朱映兰	四川省达梁师范	四川
2	李正道	四川省达梁师范	四川

---

[1] 《教育系三二级毕业同学近讯》，《国立中央大学校刊》1944 年第 11 期。

序号	姓名	服务处所	所在省市
3	余文祥	自贡私立旭川中学	四川
4	袁有华	自贡私立旭川中学	四川
5	伏健均	自贡私立旭川中学	四川
6	龙治黄	自贡私立旭川中学	四川
7	李宗泌	自贡私立旭川中学	四川
8	张士焜	四川省立资中中学	四川
9	杨麟逵	四川广安县立女子中学	四川
10	李长河	璧山江苏私立正则中学	重庆
11	张志善	重庆兼善中学	重庆
12	周之南	青木关教育部	重庆
13	司马融编	青木关教育部	重庆
14	杨志今	青木关教育部	重庆
15	刘之员	木洞重庆私立中国中学	重庆
16	刘中全	冷水场重庆私立赣江中学	重庆
17	宋玉英	冷水场重庆私立赣江中学	重庆
18	马秀文	柏溪东北儿童教养院	重庆
19	吴廷迈	柏溪东北儿童教养院	重庆
20	李德阳	柏溪东北儿童教养院	重庆

附录5　部分中大师生在重庆期间的诗作

渝中杂诗十二首[①]

朱偰[②]

一　总说形胜

山带乌蛮阔，江连白帝长。雨多滋橘柚，地暖事蚕桑。

西道通邛僰，南趋指夜郎。由来天府国，青史著光芒。

二　纪风土

深秋常有雾，冬蚕未凝霜。南国山川异，西陲风土良。

梯田穷谷里，隍石水中央。卒岁无衣褐，农夫耕未遑。

三　纪人文

西南形胜地，自古著声名。扬马波澜阔，文翁教化成。

眉山岁月邈，夔府峡江清。慷慨追前哲，萧萧异代情。

四　涂山禹后祠

千古涂山祠，登临有所思。松杉翳日月，星象动灵旗。

禹域何寥阔，偏安今在兹。江流声太苦，日夕向东驰。

五　蔓子墓

蔓子城西墓，荒烟问有无。死生酬故国，惨澹闭阴符。

慷慨忠贞志，风规达士模。千秋江上月，独照古城隅。

---

① 《民族诗坛》1939 年第 3 卷第 6 辑（总 18 辑）。

② 朱偰（1907—1968），字伯商，浙江海盐人，著名财经专家、国学大师、文物保护专家，国立中央大学经济系教授兼国立编译馆编审。

六 缙云山

缙岭云霞为巴渝十二景之一

缙云山里寺，水号北温泉。漠漠寒云重，萧萧碧水涟。
流离关塞后，小住浣花前。忍见霓裳舞，愁来百虑煎。

七 海棠溪

海棠烟雨为巴渝十二景之一

海棠烟雨后，春涨满江湾。窈窕凝云鬓。参差著雾鬟，
苍山翠滴滴，流水碧潺潺。仕女寻春去，冶情未肯还。

八 纪城郭

字水宵灯为巴渝十二景之一

曲折真成字，巴江此地回。峥嵘连雉堞。高下起楼台。
百战沧桑改，千家画壁摧。凄怆五四事，峰火挟奔雷。

九 佛图关

佛图夜雨为巴渝十二景之一

闻道招提寺，深藏绿玉湾。秋风黄葛渡，夜雨佛图关。
想像寒山里，运筹帷幄间。济时赖有此，夷狄漫为患。

十 沙坪坝

中央大学迁此学子三千半为无家之客

江水东流去，平沙此地开。两崖相对出，一叶日边来。
弦诵声犹作，飘零事可哀。不堪回首望，肠断孝陵梅。

十一 石门

嘉陵江上水，水落色弥清。飞瀑岩间泻，石门渡口横。
中原无净土，天地满刀兵。偕隐荒村内，今宵月自明。

十二　渝郊寄寓并总结全篇

孤月当窗满，清江绕阁还。烟云连远树，灯火近廛环。

野旷银河迥，星稀列宿闲。故园长怅望，衰飒凋朱颜。

汪辟疆教授送同学从军诗[①]

其一

日日从军势若狂，无人不道送行忙；

遥知富士山前月，待照中华儿女行

其二

闻君已恨从军迟，欲把樱花踏作泥；

我亦有怀征万里，送君先过石门西

金缕曲·为抗战时期中大作

金启华

校傍嘉陵风水好，喜图书仪器有藏处。各院系，妥分布。

沙坪坝上松坡路，看往来莘莘学子、盈盈笑语。

讲舍滔滔宏论出，立命立心知数，究天人各争驰骛[②]

轰炸与炸后[③]

常任侠[④]

轰炸与炸后

---

①　王成圣：《五十年前：战时大学生活》，宏生、丁帆主编：《走近南大》，四川人民出版社2000年版，第39页。

②　《古典文学知识》2005年第3期。

③　郭淑芬、常法锟、沈宁编：《常任侠文集5》，安徽教育出版社2002年版，第449—451页。

④　常任侠（1904—1996），著名艺术考古学家、东方艺术史研究专家、诗人、中国艺术史学会创办人之一。主要从事中国以及中亚、东亚、东南亚诸国美术史以及音乐、舞蹈史的研究，对中国与印度、日本的文艺交流史研究作出了开拓性贡献。抗战期间任教于重庆中央大学与国立艺专。

有一天正午，

一大群恶苍蝇，

沿着嘉陵江嗡嗡的飞着，

从我们的上空飞过，

遗下它的罪恶的粪便。

于是我们的房子起了火，

多数倒塌了。

人们从瓦砾中走着，

辨不出自己常坐卧的地方，

电线像乱了的蛛丝网，

书籍与画幅，有的只剩下零碎的断片。

建设多破坏了，

但人全健康的活着。

只有墙根下懒卧的几条狗，

惯趁黑夜偷我们养的雏鸡吃食，

那些贪残的家伙从此该跑了，从此永远永远不见了。

之后，我们又辛苦的经营起来，

新平的土地上又生出各种青草，

茅屋竹篱，又攀上丝瓜与南瓜的藤，

争着开放黄花，还垂着膨胀的果实。

今夜，坐在微湿的雾气中，

休息我工作后疲倦的身体，

又能听到我爱听的虫鸣乐队。

纺车娘兴奋的独唱，蛙，蚯蚓与蟋蟀

及其他不知名的鼓吹手，

在暗中正悠扬的伴奏。

银河闪灼星群的眼睛，

蝙蝠在追逐着蚊虫飞过。

我冥想着我们光明远大的工作，

并将来创造的更美丽世界。

啊，为了这不独人是倔强的努力着，

便是这些微小的动物与植物，

也是不能征服的啊。

像苍蝇与蚊蚋般的帝国主义者啊，

你们只会使用残暴与毒害。

但在炸后的瓦砾上，我们一切都迅速的恢复了。

这荒芜的隙地，还种起凤仙，番茄，丝瓜与南瓜，

今夜篱上孕着无数黄色花朵，

黎明便呈出可爱的果实。

在临睡前我默诵我的晚祷，

造物者你假使能辨别丑与美，

罪恶与良善，

所有丑恶，都给全消灭了吧，

不看小草还遮没了这被炸的丑恶的坑陷。

　　　　　　　一九四○年七月三十一日夜，重庆中央大学

抗战十二月　小调①

常任侠

一月

正月里来是新春，大家抗战一条心。

壮丁前方去打仗，优待的财物送家庭。

莫忘了一二八受的辱，上海开战杀敌人。

我们去把日本强盗打，杀尽了强盗好安生。

---

① 《阵中文艺》1939 年第 1 卷第 2—3 期。

二月

二月里来龙抬头，抗战必胜不须愁。

我们不把日本强盗打，子子孙孙变马牛。

我们去把日本强盗打，收回失地得自由。

鬼子奸杀焚掠恶贯满，我们要洗去这大究仇。

三月

三月里来三月三，丈夫当兵妻守家园。

当兵为的是保国土，耕耘做事妻来担。

种下了稻子收白米，种下了瓜子结瓜甜。

日本强盗他种下罪恶种，把他赶尽杀绝理当然。

四月

四月里来暖风吹，野花满地战马肥。

青山绿水处处好，处处天空任鸟飞。

自从日本强盗来做乱，杀人放火任胡为。

人人要把江山保，不杀尽强盗不回归。

五月

五月里来午端阳，艾旗蒲剑粽子香。

尚武的精神人人有，保国也就是保家乡。

古来有一个屈大夫，一生忠义把名扬。

一心来把楚国保，至今人念汨罗江。

六月

六月里来热难当，夜间行军上战场。

自从练就了游击队，进到敌人的最后方。

飞机大炮没有用，行踪不让敌人知详。

打得敌人团团转，夺得了枪械拾来了粮。

七月

七月里来七月七日，日本强盗动杀机。

在卢沟桥边动了手，我们抗战不迟疑。

他原想三月把我们打败，哪知道愈入深陷烂泥。

日本鬼子死了百十万，只落得日本女人哭悽悽。

八月

八月里来中秋天，我们要记得八一三。

自同日本强盗来交手，在上海大战开了端。

上海大战三月久，日本鬼有来没有还。

英美法苏都助我，都说胜利在我边。

九月

九月里来菊花黄，想起九一八恼人肠。

廿年日本强占东四省，东北的同胞不得还。

财物夺去还不算，奸杀人命逞疯狂。

义勇军天把鬼子打，要打鬼子出沈阳。

十月

十月里来北风寒，军人抗战觉衣单。

我们要把寒衣做，做成寒衣送阵前。

打退鬼子家家好，家家儿女得团圆。

耕田的都有好田地，工厂商店都得保全。

十一月

十一月里来雪花飘，军民抗敌杀气高。

我们要把汉奸来打死，划尽劣绅并土豪。

勾结鬼子的都是败类，查出虽饶命一条。

我们要领成自卫队，包围住鬼子不能逃。

十二月

十二月里来又一年，年年度岁倍新欢。

今年受了日寇强盗的害，闹得鸡犬不得安。

大家齐心来奋勇，保国保家要承担。

今年要收汉口与京沪，收回了北平收奉天。

闻青木关暴雨成灾（1941 年）①

顾毓琇②

乡人惜咫尺，栖集水之湾。喜雨还游寺，狂流欲避山。

安贫惊宅泛，济困叹缘悭，室罄真无地，如何挽世艰。

送中央大学女青年从军（1944 年）

顾毓琇

好男谁说不当兵，好女今朝亦请缨。

红玉临戎振士气，木兰报国逞豪英。

不辞石硪中流砥，宁别沙坪万里征。

冬月处圆聊袂去，来年共祝早收京。

沙坪坝喜闻日寇投降

（1945 年 8 月 15 日）

顾毓琇

抛却诗囊曾几时，惊人消息耐人思。

八年涕泪愁何在，万里江乡梦亦疑。

---

① 　以下首诗均选自《顾琇毓诗集》，清华大学出版社 1996 年版。

② 　顾毓琇（1902—2002），江苏无锡人，科学家、教育家、诗人、戏剧家、音乐家和佛学家。1915 年进入清华学堂，1923 年赴麻省理工学院专攻电机工程，回国历任浙江大学、中央大学、清华大学等校教授、电机系主任、工学院院长。抗日战争时任国民政府教育部政务次长、中央大学校长。

金毓黻诗六首①

中央大学三十周年校庆诗效鲍明远数诗体

一角军兴薝篲摧，两方多难战场开。

三巴庠序聊翩集，四海英杰陆续来。

五柳先生恣啸傲，六千君子入镕裁。

七贤酬唱依修竹，八俊纵横居上台。

九有重光新气象，十分潇洒出群才。

中央大学三十周年校庆献诗祝之

自娱迁蜀避胡尘，万里扬帆接翠岷。

继长增高三十载，达才成德六千人。

居中作范泱泱大，象外多方簇簇新。

还校还都无几日，草茅献颂有精神。

重睹承平　喜成四绝句

（1945 年 9 月 5 日）

一

夜半惊传日寇降，人声如沸动秋江。

不教亿兆终沦劫，最后成功弹一双。

二

钜业空前自足矜，少康光武亦何曾。

江东睿构真无济，史笔虚劳纪中兴。

三

客里惊心岁月深，俄传颉利已成擒。

得尝结伴还乡愿，一掷何妨十万金。

---

① 以下诗均选自金毓黻日记《静晤室日记》，辽沈书社 1993 年版。

四

大难初平路渐通，收京赋罢气如虹。

江南烟景应无恙，待趁轻舟下峡东。

嘉陵江畔①

缪凤林

嘉陵江畔，松林坡上，我听见了新民族的呼声。

江上起着涟漪，松枝飘着微风，春天的朝霞，照入我的诗心。

我回忆着过去的史乘。我想念着未来的光明。

你看，这新民族的历史背景啊：——

羲农之子孙，神明的华胄。

轩辕师兵营卫，宅居中土；

大禹奠定山川，九州攸同。

文周孔孟，圣哲继统，文物万国宗。

秦皇汉武，唐宗明祖，开疆拓土世界雄。

化育异种，北狄东夷复西戎。

泱泱大国风，有三千五百万方里之土地，

有六千岁之年祀，有四百五十兆之民众。

人类史上的古国，有谁能比踪。

你看，这新民族的自然环境啊：——

昆仑天柱西极来，蜿蜒海水环其东。

江河浩浩，横贯中流，

五岳突兀，气象峥嵘。

你可曾见过黄海的波涛，

---

① 《新民族》周刊第十三期。

黑水洋的怒浪？

你可曾经过三峡的天险，剑阁的栈道？

你可曾听过天目的飞瀑，黄山的松涛？

你可曾流连过西湖的烟霞，阳朔的山水？

你可曾眺望过五台的佛雪，峨眉的云海？

你可曾在八达岭上顾盼，在山海关外徘徊？

阴山的敕勒，塞北的和林；

昆明的滇池，思南的梵净；

任你天南地北的走遍了罢，

又哪一处不是我们的国境。

我寒时，曾披过长白的貂皮，西宁的羊裘。

我渴时，曾饮过龙井的清茶，鉴湖的黄酒。

我饥时，吃过汶山下的蹲鸱，辽海的高粱。

我病时，曾服过黄河涯的甘草，西藏的大黄。

我曾骑过蒙古的橐驼，北口的骏马。

我曾佩过和田的碧玉，大理的云石。

我曾剖过肥城的桃，哈密的瓜。

我曾烹过松花江的鱼，阳澄湖的蟹。

黑龙江的金，班洪的银。

湖南的锑，江西的锌。

大冶的铁，个旧的锡。

西康的油池，抚顺的煤层。

哦，伟大的中华民族哟，你有了这样无尽的宝藏，又何用而不臧？

我想起商周的鼎彝，我想起岐阳的石碣。

我想起鸣沙的遗编，我想起天水的典籍。

我想起阙里的孔庙，我想起西安的碑林。

我想起北平的天坛，我想起昌平的明陵。

思想家啊！儒道名墨，蠡出并作；关闽濂洛，远绝尘俗。

政治家啊！伊管贾董，笼罩百代；范马葛陆，后先媲美。

武将啊！卫霍英卫，威震遐荒。开平中山，旂常炳耀。

史家啊！左丘马班，宏识孤怀；欧宋杜马，经纬万汇。

文学家啊！周代雅伯，楚国骚豪；汉魏文宗，唐宋诗曹。

艺术家啊！右军道昭，欧虞褚颜；荆关董巨，营邱华原。

哦，伟大的中华民族哟！

这都是你过去遗留下来的光辉，你今后当照耀着你的子孙永远存在。

我读非亚欧三洲古国的历史，也想起各民族的遗迹。

那尼罗河畔矗立的高邱，不是埃及第四王朝的金字塔？

那底格里斯河边发现的泥砖，不是迦拉底亚书册？

那苏萨的巨碣，不是汉谟拉比时代的法律？

哪五天竺的古刻，不是阿育王纪功的铭石？

那亚哥玻璃山上（Acropolis）的神殿，不是菲狄亚斯（Pheidias）设计的建筑？

那第巴斯（Tiberis）河旁的古城，不是罗慕路斯（Romulus）经营的杰作？

腓尼基人的文字哟，亚雅利安人的宗教哟！

鲍立侯斯（Polyclitus）的雕刻哟！

泰迦拉斯的肖像哟！

这些人文史上的奇迹，我都知道。

但是他们的国家存在哪里？

他们的子孙又在何处？

研究非亚古迹的是皙种的学者，

承继希罗文明的是新兴的国家，

而保存印度历史文物的，又是我们祖先的伟业。

你看，瞿昙的教典，有哪一国比得上摩诃震旦的完密？

身毒的记载，有那一书比得上佛国西域两纪的真实？

犍陀罗的艺术，有那一处比得上云冈的石窟，龙门的大佛？

五印度的佛寺，有那一所比得上四明的天童，幽州的檀柘？

哦，伟大的中华民族哟！

你过去不但能创造文明，并且能继续地吸收着保存着文明，

你今后当永负这种神圣的使命。

当我咏叹着过去的光辉，我并不忘记当前的血腥。

一世纪来，我们受尽了帝国主义者的凭陵，

经了十数年国民革命的奋斗，牺牲。

统一尚未完成，国力犹未充盈。

倭人却在这时间疯狂似的进侵，如蚕食，如鲸吞。

六年来，我们忍辱蒙垢，饮泣吞声。

到了最后忍无可忍，遂展开了八一三的神圣战争。

你看，东战场上，我们的将士尸积如邱，西战场上，我们的健儿血如河流。

你听，轰轰的炮声，轰到了临潼，嗡嗡的铁鸟，飞过了巴州。

你看，至圣陵前，汾水祠前，驰骋着敌骑，

首阳山上，紫金山上，飘扬着倭旗。

你听，被屠杀的同胞，在钱塘江边鬼泣神凄。

被污辱的姊妹，在石头城畔宛转哀啼。

唉！甲午以还我们忍受了倭奴多少的耻辱不数，

现在又结下这样的血海深仇！现在又结下这样的血海深仇！

我们知道国仇百世可复，但我们必须现在将仇来报。

国际的助战，敌人的内溃，我们都不希望。

我们只凭藉自己的力量，以力抗力，以直报暴。

八个月壮烈的抗战，敌人的凶焰挫折了不少；

在汉皋的天空，在鲁南的台庄，我们都打了空前的胜仗。

再过八月，最后的胜利，我们一定可以得到。

我们要驱尽敌人，收复失土，并拯救东北的同胞。

奈良平安的倭都，吹上御苑，赤坂离宫。我们虽不必去轰炸；

伊势神庙，韩柜御宝，我们亦不必去投弹命中。

但三宅坂的军部与长荫的丑党，霞之浦的机场与所泽的航校，

我们一定要用全力去扫荡。我们已炸沉了陆奥；

我们还要炸沉长门与扶桑，并炸平横须贺的军港。

哦，伟大的中华民族哟！你今日正踏着兴与亡的关头；

你当拼全民族的命，报全民族的仇，

争取全民族的自由；不达目的，誓死也不肯罢休。

我们的抗战，要涮洗倭奴所加的耻辱，

我们还要扫除列强一切不平等的待遇。

恢复独立国家的主权，与世界各国讲信修睦，共同携手。

再进一步，我们要领导着亚洲的弱小民族，同走自由的路。

你可知道大同江畔的平壤，有箕子的陵墓？

台南的安平，台北的基隆，有我曾我祖开辟的沃土？

你可知道九真象郡，秦汉前已入我们的版图？

缅甸与赤土，马来与婆罗，今日尚有千万的华胄。

你可曾横渡中亚西亚的大陆，考两汉使者的征途？

纵游五印度的胜地，寻晋唐高僧的遗踪？

你可曾到过黑龙江北的特林，在永宁寺碑文上摩挲？

经过琉球的那霸，在迎恩亭故址下停留？

这些我们昔年的属藩属土啊！

现在都归了西道主，东道主，北道主，役使如马牛！

哦，伟大的中华民族哟！

你如不回复他们的自由，如何对得起你的祖宗？

我们想念着将来，我们要检点着过去，痛定思痛；

我们更须知道建国在抗战的时候。

我们要广设轻重工业，扩大兵工制造，实施普及教育，励行民兵

制度。

我们要开辟天然富源，增进农事生产，改善国民生活，革新政治机构。

尤其要紧的，是整个民族体格的锻炼与学术的进修。

你看，这中华民族的将来啊：——

在体育场运动角逐，在山野间射击竞走；

在天空驾机翱翔，在海滨沐浴沉浮。

个个有强健的体魄，不是三屡不满隅的病夫。

在自然界格物穷理，在图书室考索寻求；

在工场内实习致知，在科学馆试验研究。

个个有丰富的知能，不是四体不勤，五谷不分的腐儒。

保存固有的文物，发扬光大；

吸收世界的新知，迎头赶去。

建设民治民享民有的社会，选贤与能，天下为公。

壮有所用，老有所终，鳏寡孤独者皆有所养。

没有残酷的阶级斗争。

春秋的升平太平，礼运的小康大同，指示着这伟大民族的前途。

嘉陵江畔，松林坡上，我听见了新民族的呼声。

江上起着涟漪，松枝飘着微风，春天的朝霞，照入我的诗心。

我回忆着过去的史乘，我想念着未来的光明。

（1938 年 4 月 8 日，闻台儿庄捷后作于重庆）

渝州诗存[①]

马騄程[②]

述怀

投荒中夜看吴钩，空有蟠胸射斗牛。

肯信陈平能济事，敢云李广不封侯。

仙桥旧誓犹飘泊，巫峡新诗自倡酬。

青史几人动业在，固因看我共千秋。

七夕与诸乡兄小饮柏溪

洮滨一别各天涯，失喜嘉陵笑语哗。

乱后难倾金谷酒，客中更煮赵州茶。

秦声嘹亮惊山寂，陇事蹉跎恨日斜。

漫道鹊桥今月夜，何人翘首不思家。

赠安兆恩

未识之无已识君，寻常嬉戏总相寻。

那堪十载西窗烛，犹照千秋管鲍心。

迎燕

渝州三月百花开，喜见江南燕子来。

劫后高楼谁是主，他年应筑避风台。

呈方湖师

渝州春物好，花底覆深怀。

---

① 马騄程：《蚕丛鸿爪》，中国文学社 1948 年版。

② 马騄程，字北空，甘肃省民勤县人。生于 1920 年 6 月，1944 年毕业于国立中央大学文学院中文系，在校期间，曾与汪辟疆主编《中国文学月刊》，并主编《国立中央大学概况》一书与《陇铎》杂志。毕业后留校任教。

自信江山美，谁疑岁月催。
鼓鼙终有息，笔砚会当陪。
差幸程门立，春风一快哉。

春兴二首

独步山城外，终朝兴颇随。
林深莺恰恰，野阔草离离。
小艇过滩急，闲云出岫迟。
了无尘俗念，俯仰一轩眉。

为爱新晴日，悠然任所之。
野棠千树雪，高柳万条丝。
情共花枝发，心随江水驰。
松坡吟望地，端可覆琼扈。

柏溪道中

春到嘉陵岸，江边树树花。
微风香十里，曲水绿千家。
渔唱苍波远，人归夕阳斜。
三年辛苦地，来往不辞赊。

初夏即景

一年春事了，浅夏日初长。
晴拥千山卒，风传十里香。
稻针翻水绿，麦浪倚云黄。
村妇饶佳趣，提笼行采桑。

读方胡师夏日松林坡杂诗

午阴乍转路逶迤，石磴摊书此最宜。

读罢山经观穆传，神游谁得似陶诗。

夏日松林坡杂诗示文系诸生　　汪辟疆

乳桐过雨碧参差，石磴穿云日影移。

为爱松林坡下路，绿阴摊卷胜花时。

此地松风六月寒，眼中青碧泻千湍。

岂知水石因依处，累我终朝袖手看。

神韵歊玉万山颠，奇绝平生忆铁船。

今日磐溪看倒海，不知身已落东川。

（庐山铁船峰下神龙宫瀑布，最为伟观。余喜听水于此。

今日雨后，偕慈光骤程步坡下，望磐溪。不胜羁旅之感。）

下视嘉陵水万寻，恐君东望亦伤心。（荆公句）

我今东望无穷思，翻怪临川感慨深。

兰州花事异成都，闻道朱明粲万株。

为语马（骤程）潘（兹光）留后约，过门有酒更相呼。

（阅报闻兰州花会，五月犹盛。马生陇人。潘者成都籍也。）

无言桃李自成蹊，时复相过策杖藜。

他日重来辛苦地，欲寻陈迹恐烟迷。

诸子英英尽少年，起时挟册静时眠。

要收万象归胸次，试展江湖万里天。

不居城郭不山林，此境临川句里寻。

我似放翁惊退笔，钟山抛却负高吟。

（陆游诗退笔负高吟）

学诗有感

力学陈王七步诗，眼前有景总矜持。

惜无谢朓惊人句，始信江郎才尽时。

送刘兴业从军

闻君已恨从军迟，欲把樱花踏作泥。
我亦有怀征万里，送君先过石门西。
日日从军势欲狂，无人不道送行忙。
遥知富士山前月，待照中华儿女行。

咏李太白

孤篷万里欲何之，终日颠狂酒气随。
醉卧长安人不识，满怀新月写新诗。

上石任丈

高怀如月付秋空，万姓心香朝至公。
已与张颠称二圣。更堪酬倡大江东。

对梅

冰肌玉骨不须疑，疏影横斜自入时。
伫立孤山谁解意，春心惟有老逋知。

参观画展

自谢渔郎懒问津，画堂如入武陵春。
无端勾起闲情绪，壁上花枝亦可人。

嘉陵夜泊

万盏银灯绕四邻，陪都不减上京春。
嘉陵肯作秦淮碧，我亦当为夜泊人。

春夜

午夜推敲句未工，且将闲意寄东风。
遥怜驿路梅争放，寂寞寒灯亦自雄。

游南开中学校园

津南村外一池明，水面风洄百媚生。
云覆微波齐上下，雨余残照半阴晴。
小桃初发空牵恨，弱柳新垂自有情。
立尽黄错谁与语，惟闻林鸟两三声。

甲申上巳经农教育长招饮农庄

见说磐溪景不殊，夙期禊饮必相呼。
何当上巳风兼雨，且尽农庄斗与壶。
劫后被灾宁有地，阶前许步尚全躯。
歌余袖手临窗立，醉看巴山水墨图。

春尽日

静听啼鹃未了悲，料知春云已难追。
林花无计随风落，懊恼心情欲恨谁。

无题

十年未就避风台，空把金茎承露杯。
红叶何因秋后落，黄花犹在雨中开。
平临湘渚眉难展，枉解高唐志欲灰。
试问瑶池谁作客，穆王终古有余哀。

柬萧月高

秋来雁阵每相呼，为问萧郎忆我无。
月夕联吟成影事，江楼日日酒怀孤。

白题红豆集

漫将红豆寄闲情，小技何曾以自鸣。
抛却千金藏敝帚，已知得失不须评。

步藏云师示同学原韵

继武兰台更有谁，千秋只许草堂时。

大篇何止传三吏，元气真堪薄两仪。

投老万言皆涕泪，异乡终日见旌旗。

屈君史笔归辞笔，百代犹闻宋玉悲。

三十四年春讲杜诗与其时代将毕示诸同学

贺昌群

读史才情付与谁，为君苦说杜陵诗。

兰台词调亲风雅，庾信高文重典仪。

三蜀烟花劳想像，一川梦雨点灵旗。

萧条异代哀时泪，洒向江头只自悲。

校庆三十周年献辞

蜀吴一水地相连，不见钟山已八年。

域外烽烟犹未靖，座中弦诵尚依然。

艰危造士劳先进，多难兴邦视后贤。

人世卅年为一世，真成快醉倚江天。

闻道屠鲸海上喧，今年重与整乾坤。

民权为治昭千载，科学图存不二门。

提挈美欧开世界，发皇孔墨究真源。

从前种种犹方死，要为南雍开纪元。

惜别

嘉陵江水碧千寻，忍取西窗别意深。

遥想天涯花发日，定劳春梦绕松林。

初至歌乐山

十里松冈好策筇，当前奇胜喜初逢。

放怀四野群山小，回首千家一径封。

鸟语嘤嘤如见欵，泉声细细若为容。

此间着我原无负，况有层云一荡胸。

乙酉中秋玩月歌乐山

偶然来此听松涛，万里秋光写郁陶。

幽性看山常不厌，孤怀对月两相高。

了无旨酒酬良夜，略有吟情托素毫。

莫问世间圆缺事，既工心计亦徒劳。

登高

歌乐横天地，登临意不穷。

行藏虽自适，俯仰竟谁同。

短笛飞声远，孤峰耸势雄。

醉吟云顶寺，舞袖起松风。

兴来

兴来便出户，携杖任西东。

自识游鱼乐，谁悲去路穷。

水田千顷碧，霜叶万山红。

长啸无人觉，余音动草虫。

夜兴

晚来天气宿云收，独倚危栏望九州。

落日自无残照力，寒星难共启明谋。

遥怜银汉仙桥断，终惜蟾宫玉斧愁。

慢道世人甘寂寞，此生长恐夜悠悠。

溥泉公出示辑圆诗次均一首即呈

鸟道岁寒一笑逢，追陪杖履不知冬。

早闻势若殿中虎，今见气犹柱下龙。

大笔信挥胸更阔，残经量守兴何浓。

相期无负众星拱，光夺匡庐五老峰。

辑园冬望二首张继

二月风光十月逢，巴山醉倒在初冬。

青青田畔滋蚕豆，隐隐竹林解箨龙。

宾客不来天地静，诗怀长对画图浓。

阴晴屡把秋客改，闲数中梁第几峰。

向阴苍翠向阳红，变化全凭夕照功。

高下菜畦长浥露，蔽亏梅圃莫愁风。

捷书早到蜀先定，羽檄频传辽未通。

今日征帆天际远，他年应复忆蚕丛。

奉酬贾部长煜如

曾闻无已事南丰，一瓣心香梦寐通。

愧我樗材怜薄植，诵公大句启颛蒙。

艰虞世局抒长策，杨榷人才有至公。

许借阶前盈迟地，定随籍湜振宗风。

挽梅迪生

早闻清誉许追寻。解后巴山喜共斟。

投老未销年少志，花时犹见岁寒心。

一门桃李分中外，（先生曾执教美洲卅多年），三绝韦编贯古今。

（先生早年尝与胡先骕等主办学衡杂志）

奈此南归成永诀，黔江日暮碧云深。

丙戌人日室中忽来一越日不去持送门外感而鼓此

重扉竟日未曾开，怪汝翩跹何处来。

斗室了无花可恋，书画岂有风堪陪。

自非久客怜幽独，欲对轻身愧薄才。

闻道东园梅正放，暂时相别莫相猜。

登云顶寺

兹晨不负少年会，百仞云山一笑登。

遥望松林青未了，微闻溪水冷难胜。

高怀自共川原放，佳兴远随旭日升。

顾影婆娑聊寄傲，陶然物外更谁能。

和骙程登云顶寺　李证刚

载诵新诗得未会，豪怀那复数系登。

松岑清晓意何极，白马吴门目讵胜。

绝顶云来天外侣，游心兴正日初升。

定知下悯尘思乱，谈笑澄平哲匠能。

山居即事二首

负手田园兴倍长，可能百虑渐相忘。

临轩春草依人绿，照座繁花隔水香。

怀抱玉壶常落落，梦回金阙自堂堂。

此生始识渔樵乐，每向林泉送夕阳。

悠然送日白云间，负手微吟意自闲。

洗耳松声回万壑。沁心云色荡千山。

归舟天际遥相识，宿鸟疏林信往还。

且喜江山相厚意，别开天地在人寰。

月夜

俯仰千山月，往来一径风。

情通天地外，心在有无中。

月望

无复春心绕玉栏，满天星斗好谁看。

邻儿不解幽人意，一笛飞声落月寒。

夜阑

夜阑风定鸟声休，孤影徘徊夜更幽。

云海茫茫天不极，心随明月向西浮。

寄成都潘慈光

顾影自怜志未申，只宜负手作闲人。

每因酒后心无累，偶到花前泪更新。

多难万方谁见义，久远千里我怀仁。

临风遥向锦城间，近日草堂孰与邻。

遣兴

松风来我室，六月生晚凉。揽衣起徘徊，明月照幽篁。

夜清鸟不语，石径花木香。悠然临止水，微云淡方塘。

新荷一一举，孰辨深浅妆。伫立久忘怀，物我两茫茫。

赴京不果邮呈方湖师

孤帆将下石头城，万里长江不可行。

闻到风波今更恶，图南无计待潮平。

六月巴山夜色清，坐看南极一星明。

片帆未挂心先到，遥想高吟动治城。

参考文献

一　档案类（按照英文字母顺序排列）

（一）南京中国第二历史档案馆所藏档案：教育部—全宗 5—1980 卷：

国立中央大学柏溪分校校舍一览

国立中央大学财务部份之视察报告

国立中央大学二十五、二十九、三十三年度教员数比较

国立中央大学个别谈话记录表

国立中央大学工警人数表

国立中央大学各系各年级人数表

国立中央大学各院普通考室号数地点容量一览

国立中央大学航工专刊

国立中央大学汉渝公路旁新校舍地盘图

国立中央大学分校教职员及工警人数

国立中央大学分校每日必需物品用费一览

国立中央大学分校学生伙食团概况

国立中央大学分校三十年年级人数表

国立中央大学教职员人数统计清册

国立中央大学教职员花名册（三十一年十月份）

国立中央大学教职员异动名册（三十一年十一、十二月份）

国立中央大学三十年度班级统计表

国立中央大学三十学年度第二学期学生数简表

国立中央大学三十年度各系所开课目统计表

国立中央大学三十年度教员、学生、班级数统计表

国立中央大学三十年度课程统计表

国立中央大学三十年度新生编组试验结果

国立中央大学三十年度下学期各系学生人数统计

国立中央大学三十年度学生分区统计简表

国立中央大学三十年度学生年龄籍贯统计表

国立中央大学三十年度上学期各项学生人数统计表

国立中央大学三十年度上学期教员人数统计表

国立中央大学三十年度研究院教员学生统计表

国立中央大学三十一学年度第一学期各院系课目一览

国立中央大学三十一年十二月份经费累计表

国立中央大学三十一年度临时经费说明书

国立中央大学三十一年度临时经一览

国立中央大学十四届毕业生统计表

国立中央大学训导概况

国立中央大学学生分系分年实到人数表

国立中央大学学生生活调查表

国立中央大学学生生活指导参改表

国立中央大学学生、毕业生、课目研究生比较

国立中央大学校本部校舍图

国立中央大学校本部房屋建筑检查总表

国立中央大学校本部校舍统计

国立中央大学校本部房屋应修理改善各点说明

国立中央大学校卫生之实施

国立中央大学训导部份之视察报告

视察国立中央大学医学院报告

国立中央大学一年级各院系科学生人数统计表

国立中央大学院系科研究所简表

教育部视察中大报告

教育部三十二年春视察中央大学报告附件

(二) 重庆市档案馆所藏档案

重庆大学中央大学关于校址界线养路协约与签订互助合同办法的来往文
    件 (档案号: 0120－1－596)。

重庆婴儿保育院与中央大学畜牧场签订合同 (档案号: 0104－1－12)。

《国立中央大学公函》1942 年 9 月 18 日 (档案号: 0120－1－596)。

《国立中央大学师范学院附属中学分校招生简章》 (档案号: 023－1－
    249)。

《国立中央大学化学系制药部出品价目表》 (档案号: 0178－1－4160)。

《国立中央大学农学院借重庆大学土地一百四十亩致重庆大学的函》
    (档案号: 0120－1－593)。

《国立中央大学与丝厂来文》 (档案号: 023－3－114)。

《关于报送国立中央大学机械系对防空洞意见书的来往公函 (国立中央大学
    公函渝字第 1061 号)》 (1940 年 7 月 17 日) (档案号: 0053－0012－
    00148)。

《关于抄送青年体检资料的函》 (档案号: 0053－0002－00697)。

《关于检送沙磁区各学校分团部正式成立日期及举办成立典礼致重庆市
    政府的函 (1941 年)》 (档案号: 0053－0001－00024)。

《关于检送重庆市政府各种规程办事细则大纲等资料及请求赠送主管现
    行各种单行的来往函 (1939 年)》 (档案号: 0053－0011－00071)。

《关于检送中央大学工学院毕业生朱宏隆履历及成绩表并请录用致陪都
    建设计划委员会的函 (1941 年 7 月 12 日)》 (档案号: 0075－0001－
    00009 附履历及成绩表)。

《关于举行第四届运动大会赠送锦旗致重庆市第四届运动大会的函
    (1945 年)》 (档案号: 0053－0014－00120)。

《关于检送国立中央大学赶建校舍施工说明的公函、训令 (1942 年 8

月）》，《档案号：0053 - 0020 - 00370》。

《关于领取展览会书画的函（1941 年）》（档案号：0053 - 0013 - 00188）。

《关于派员前往重庆电力厂督导中央大学大学生驻厂调查燃料消费及发电
　　的签呈、报告，公函（1941 年）》（档案号：0075 - 0001 - 00038）。

《关于陪都建设计划委员会借国立中央大学陆地摄影测量仪器的往来公
　　函（1941 年）》（档案号：0075 - 0001 - 00077）。

《关于陪都建设计划委员会借国立中央大学陆地录影测量仪器致中央大
　　学的往来公函（1941 年）》（档案号：0075 - 0001 - 00077）。

《关于任用国立中央大学工学院毕业生的函（1945 年）》（档案号：0053 -
　　0032 - 00099）。

《关于推荐中央大学工学院建筑工程毕业生并抄送毕业生姓名及成绩等
　　的往来函（1941 年）》（档案号：0075 - 0001 - 00009）。

《关于组织重庆市党部妇女运动委员会发动中大女生暑期服务队的函》
　　（档案号：0051 - 0003 - 00090）。

《中央大学　重庆大学合同养路协订》（档案号：0120 - 1 - 596）。

《中央大学工学院机械航空两系赠送公物清单》（档案号：0126 - 2 -
　　710）。

《中央大学器材租借》（档案号：0196 - 1 - 350）

《中央大学等与渝鑫钢铁厂的来往信函》（档案号：0194 - 2 - 309）。

《中央农学院与本厂合作组织小麦菸草系繁殖场》（档案号：0178 - 1 -
　　3627）。

二　文献、文史资料类（以出版的大致年代先后为序）

国立中央大学编：《国立中央大学一览》，1930 年，国立中央大学教务
　　处出版组，藏于重庆市图书馆。

国立中央大学秘书处编纂组编：《国立中央大学沿革史》1930 年，藏于
　　重庆市图书馆。

国立中央大学农学院编：《国立中央大学农学院二二级纪念刊》，1933
　　年，国立中央大学农学院，藏于重庆市图书馆。

艾伟：《国立中央大学教育学院过去现在与将来》，《教育杂志》1935 年第 25 卷第 7 期。

国立中央大学农学院编：《国立中央大学农学院概况》，1936 年。

罗家伦：《这是沦陷区青年渴望不到的》，载《文化教育与青年》1937 年 11 月 29 日，于重庆沙坪坝国立中央大学。

朱谦之：《我与中大》，《宇宙风》1937 年第 142 期。

《中大医科移蓉》，《华西协合大学校刊》1937 年第 27 卷第 2 期。

《中大教授抵区研究》，《农村服务通讯》1937 年第 18 期。

丁宏：《中大学生乘民来轮来川杂记》，《新世界》1937 年第 11 卷第 6 期。

许恪士：《国立中央大学实验学校廿周年纪念辞》，《实验教育》1937 年纪念本校立校 2 周年。

《中央大学地质系消息》，《地质论评》1937 年第 2 卷第 2 期。

《中央大学地质系近訊》，《地质论评》1938 年第 3 卷第 3 期。

谢国栋、潘新陆：《介绍中大机械工程系》，《机工》1938 年第 3 卷第 3 期。

贾文献：《乔迁后的中央大学》，《大风》1938 年第 20 期。

邹仪新：《战云下之中大天文台》，《宇宙》1938 年第 9 卷第 3 期。

宗涛：《中大迁渝的前后》，《青年月刊》1938 年第 6 卷第 4 期。

咏铿：《国难期间的中央大学》，《民国公报》1938 年 2 月 27 日星期增刊第一版。

海音：《中大歌咏在蓬勃发展中》，《战歌》1939 年第 2 卷第 2 期。

徐世：《中央大学工学院概况》，《战时青年》1939 年第 2 卷第 4 期。

《中央大学近讯》，《航空机械》1939 年第 3 卷第 4 期。

罗陀：《柏溪中大分校浮雕》，《黄埔周刊》1939 年第 1 卷第 21 期。

金启华：《柏溪的中央大学》，《青年月刊》1939 年第 8 卷第 2 期。

《国立中央大学学额倍增》，《中央日报》1939 年 11 月 15 日。

《炸后中大：全校精神仍极振奋 统一招生照常举行》，《中央日报》1940 年 7 月 1 日第三版。

《中大农场实习区一瞥》，《平民学生之友》1940 年第 1 卷第 4 期。

《中大助教发明全能秤将呈请政府检定施行》，《军事杂志》1940 年第
　　126 期。

黎玄：《中大轮廓》，《新青年》1940 年第 4 卷第 1 期。

石蟆：《对中央大学补习课程制之商榷》，《战时青年》1940 年第 3 卷第
　　4、5 期。

邱枟森：《中央大学水利系概况》，《青年月刊》1940 年第 9 卷第 6 期。

《国立中央大学历史学会会务纪要》，《史学述林》1940 年第 1 期。

分明：《劳动服务运动在中大》，《沙磁文化》1940 年第 1 卷第 1 期。

常任侠：《国立中央大学发见嘉陵江岸汉代墓阙之研究〔转载〕》，《史
　　学述林》1940 年第 1 期。

《读作编三者之间：中央大学唐君毅教授来书》，《狮子吼月刊》1941 年
　　第 1 卷第 5—7 期。

金毓黻：《中大历史学会试掘史迹纪事》，《说文月刊》1941 年第 3 卷第
　　4 期。

《中大国防科学协会概况》，《满地红》1941 年第 3 卷第 7 期。

《欢迎中央大学球队大会》，《中央政治学校校刊》1941 年第 181 期。

萧孝嵘：《国立中央大学心理学系概况》，《教育心理研究》1941 年第 1
　　卷第 3 期。

罗家伦：《中央大学之回顾与前瞻》，《文化教育与青年》1941 年。

罗家伦：《七七与中大青年》，1941 年 7 月 7 日，于重庆国立中央大学
　　毕业典礼。

潘菽：《因纪念中央大学心理学第二十周年而起的感想》，《教育心理研
　　究》1941 年第 1 卷第 3 期。

邹树文：《中大农学院改良棉作之经过》，《农业推广通讯》1941 年第 3
　　卷第 12 期。

胡生静：《中大轶闻》，《新青年》1941 年第 5 卷第 9、10 期。

马洗繁：《论改进部颁大学科目表之原则并试拟中大法学院各系科目
　　表》，《高等教育季刊》1941 年第 1 卷第 3 期。

陈此生：《中大风潮与近年的大学教育》，《大众生活》1941 年第 13 期。

一鸣：《中大学潮》，《大众生活》1941 年第 14 期。

缪端生：《中央大学生物学系研究报告摘要》，《真知学报》1942 年第 1 卷第 3 期。

周之南：《我怎样考入中大》，《中央周刊》1942 年第 4 卷第 48 期。

《中大通讯》，《复苏》1942 年第 3、4 期。

李维真：《中央大学柏溪分校生活》，《读书通讯》1942 年第 40 期。

郭范：《中央大学之军训》，《中央训练团团刊》1942 年第 120 期。

邘：《暑期服务在中大》，《沙磁文化》1942 年第 2 卷第 6、7 期。

何开钰：《中大分团鸟瞰》，《沙磁文化》1942 年第 2 卷第 8 期。

平沙：《蒋校长在中大》，《国风》1942 年第 5 期。

文靖珍：《韩国学生在中大》，《沙磁文化》1942 年第 2 卷第 9 期。

楚松秋：《素描抗战中的中央大学》，《中国青年》1943 年第 8 卷第 1 期。

海潮：《中央大学教授来书》1943 年第 24 卷第 1 期。

陶姚：《抗战中的中央大学》，《战士月刊》1943 年第 1 卷第 1 期。

《中央大学社会科学季刊征稿简则》，《国立中央大学社会科学季刊》1943 年第 1 卷第 1 期。

《从中大教授辞受美国救济金谈到中国儒家的传统精神》，《青年学报》1943 年第 1 卷第 1 期。

定一正谊：《蒋校长初莅中大纪盛》1943 年第 1 卷第 1 期。

《黄金时代的少女们——中大女生生活》，《妇女共鸣》1943 年第 12 卷第 4 期。

缪肇新：《战时中大》，《中国青年》1943 年第 8 卷第 6 期。

黄德瑞：《中大各院系一瞥》，《赣学》1944 年第 1 期。

《学府介绍——国立中央大学概况》，《升学与就业季刊》1944 年第 1 卷第 2 期。

期姚刊：《沙坪坝·中大·我》，《渝讯特刊》1944 年。

马骙程：《国立中央大学校史》，《中国文学》1944 年第 1 卷第 3 期。

梦君：《壁报在中央大学》，《中国青年》1944 年第 10 卷第 6 期。

津人：《中大指南》，重庆北斗书店 1944 年版。

周牧人：《中央大学》，《中央周刊》1944 年第 6 卷第 36 期。

《国立中央大学》，《社会建设》1944 年第 1 卷第 1 期。

《中大分校在柏溪》，《学生之友》1944 年第 9 卷第 4 期。

潘慈光：《国立中央大学中国文学系三十二年度常年大会记》，《中国文学》1944 年第 1 卷第 1 期。

《如此县长不知中大》，《知之小时报》1945 年第 2 卷第 35 期。

《中大南渝公用汽车》，《南开》1945 年。

《国立中央大学》，《中国学生导报》1945 年第 22 期。

《中大零讯》，《中国学生》1945 年第 24 期。

《中大毕业生反对入军校见习》，《中国学生导报》1945 年第 31 期。

《中大分区停电》，《万象周刊》1945 年第 104 期。

《重庆国立中央大学沿革与近况》，《学生杂志》1945 年第 22 卷第 8 期。

罗家伦：《炸弹下长大的中央大学——从迁校到发展，（1941 年 6 月 16 日于重庆警报声中）》第二十八卷第八期《升学指导号》，1945 年 7 月 15 日，初版，商务印书馆。

《再会吧，朋友！C·K·H·N！ra 中大印度研究生告别书》，《大学新闻》1945 年 3 月 18 日。

国立中央大学法律系编：《国立中央大学法律系师生通讯录》，1945 年，国立中央大学法律系。

《中大分区停电》，《万象周刊》1945 年第 104 期。

皆：《中大女生拉壮丁商开人约黄昏后》，《万象周刊》1945 年第 101 期。

《中大苏医同学胜利》，《中国学生导报》1945 年第 27 期。

《中大壁联会流产》，《中国学生导报》1945 年第 29 期。

《中大自由会已着逻缉成》，《中国学生导报》1945 年第 33 期。

《中大零讯》，《中国学生导报》1945 年第 24 期。

《国立中央大学》1946 年第 1 卷第 3 期。

曾正权：《记中大民主墙》，《中央周刊》1946 年第 8 卷第 9 期。

曾正权：《生活在中央大学》，《读书通讯》1946 年第 121 期。

欧阳官:《国立中央大学牙医教育概况》,《华大牙医党杂志》1946 年第 1 卷第 1 期。

《中大今非昔比!设备不齐开学无期名教授多人被解聘》,《中学生导报》1946 年第 41 期。

思粤:《沉静中的中大》,《观察》1946 年第 1 卷第 4 期。

邬夫:《中大剪影》,《学生杂志》1946 年第 1 卷第 2 期。

牧惠:《除夕话中大》,《学生杂志》1946 年第 23 卷第 11、12 期。

力扬:《歌颂中央大学的姐妹们》,《民主生活》1946 年第 9 期。

《复员中的中央大学》,《中国青年》1946 年第 15 卷第 1—2 期。

朱谦之:《我与中大》,《宇宙风》1946 年第 142 期。

曾正权:《中大迁校声中》,《中央周刊》1946 年第 8 卷第 14 期。

韵霓:《从中大学生自杀说起》,《新声》1946 年第 7、8 期。

程邦德:《寄语「中大土木」》,《中大土木通讯》1947 年第 3 期。

文森:《国立中央大学小写》,《读书通讯》1947 年第 128 期。

文森:《生活在中央大学》,《读书通讯》1947 年第 146 期。

晋启生:《介绍国立中央大学》,《新妇女》1947 年第 1 卷第 7 期。

汶宜:《中央大学的民众学校》,《活教育》1947 年第 4 卷第 5、6 期。

国立中央大学农学院院友会编:《国立中央大学农学院院友录》,1947 年,国立中央大学农学院院友会。

国立中央大学三五级同学会编:《国立中央大学三五级毕业纪念册》,1947 年。

中大四川同学会第二届理事会编:《国立中央大学四川同学会会员通讯录》,1947 年。

吕斯百:《中央大学艺术系课程概况》,《学识》1947 年第 1 卷第 5、6 期。

赵伦彝:《教学·研究·推广国立中央大学之棉作改进事业》,《中国棉讯》1947 年第 1 卷第 6 期。

《中央大学设社会学研究所》,《教育通讯》1947 年第 3 卷第 8 期。

南宫遥:《中央大学概观》,《中央周刊》1947 年第 9 卷第 32 期。

刘显东:《中央大学社会学系半年来的社会服务》,《社会建设》1948 年

第 1 卷第 3 期。

《中央大学易长侧闻》，《中国新闻》1948 年第 2 卷第 10 期。

亚西：《完备的中央大学》，《南京中央日报周刊》1948 年第 5 卷第 2 期。

杜肇敬：《中央大学的边政学系》，《西北通讯半月刊》1948 年第 3 卷第
　　3 期。

《中大花絮》，《西点》1948 年第 27 期。

《中央大学社会学系近况》，《社会建设》1948 年第 1 卷第 2 期。

李世容：《首都最高学府——中央大学》，《读书通讯》1948 年第 158 期。

《中大航空工程系》，《柏溪中国的空军》1948 年第 119 期。

《罗家伦传记资料》，台北天一出版社 1979 年版。

南京大学校庆办公室校史资料编辑组编：《南京大学校史资料选集》，南
　　京大学出版社 1982 年版。

陈春生：《新文化的旗手—罗家伦传》，台北近代中国出版社 1985 年版。

罗家伦先生文存编辑委员会编：《罗家伦先生文存》（第一至第十二册），
　　台北"国史馆"，（台湾）中国国民党中央委员会党史委员会 1989
　　年版。

熊明安：《中国高等教育史》，重庆出版社 1988 年版。

南京大学高教研究所编：《南京大学大事记（1902—1988）》，南京大学
　　出版社 1989 年版。

朱裴主编：《东南大学史》第一卷，东南大学出版社 1991 年版。

王德兹主编：《南京大学史》，南京大学出版社 1992 年版。

金毓黻：《静晤社日记》，辽沈书社 1993 年版。

刘维开：《罗家伦先生年谱》，（台湾）中国国民党中央委员会党史委员
　　会 1996 年版，近代中国出版社发行。

《历史的先见——罗家伦文化随笔》，学林出版社 1997 年版。

张宏生、丁帆主编：《走近南大》，四川人民出版社 2000 年版。

龚放、王运来、袁李来：《南大逸事》，辽海出版社 2000 年版。

王德兹主编：《南京大学百年史》，南京大学出版社 2002 年版。

《南大百年实录——中央大学史料选》（上），南京大学出版社 2002 年版。

陈元晖：《中国近代教育史料汇编/高等教育》，上海教育出版社 2007 年版。

张建中：《抗战时期重庆沙磁文化区档案史料选编（教育文化）》上下册，民国档案杂志社 2011 年版。

朱希祖：《朱希祖日记》（上中下），中华书局 2012 年版。

张建中、罗玲：《中国战时首都档案文献》（战时教育），西南师范大学出版社 2017 年版。

三　专著类与论文集（以出版的大致年代先后为序）

中国人民政府政治协商会议、西南地区文史资料协作会议：《抗战时期内迁西南的高等院校》，贵州民族出版社 1988 年版。

重庆市沙坪坝地方志办公室：《抗战时期的陪都沙磁文化区》，科学技术文献出版社重庆分社 1989 年版。

张宏生、丁帆：《走近南大》，四川人民出版社 2000 年版。

金以林：《近代中国大学研究（1895—1949）》，中央文献出版社 2000 年版。

黄俊杰：《大学通识教育的理念与实践》，华中师范大学出版社 2001 年版。

楚崧秋：《楚崧秋先生访问记录》，台北南港："中央研究院" 近代史研究所 2001 年版。

张宏生：《南大，南大》，南京大学出版社 2002 年版。

中央大学南京校友会、中央大学校友文选编纂委员会编：《南雍骊珠——中央大学名师传略》，南京大学出版社 2002 年版。

冒荣、王运来：《南京大学办学理念治校方略》，南京大学出版社 2002 年版。

罗家伦：《写给青年北京》，中国人民大学出版社 2005 年版。

张建中：《重庆沙磁文化区创建史》，四川出版集团四川人民出版社 2005 年版。

陈明珠：《五四健将——罗家伦传》，浙江人民出版社 2006 年版。

中央大学南京校友会、中央大学校友文选编纂委员会编：《南雍骊珠——中央大学名师传略续》，南京大学出版社 2006 年版。

韩子渝：《重庆旧闻录（1937—1945）·学界拾遗》，重庆出版社 2006 年版。

陈明珠：《五四健将：罗家伦传》，浙江人民出版社 2006 年版。

罗久芳：《追念我的父亲》，百花文艺出版社 2006 年版。

吴忠良：《传统与现代之间——南高史地学派研究》，华龄出版社 2006 年版。

郭廷以：《郭廷以口述自传》，中国大百科全书出版社 2009 年版。

许小青：《政局与学府从东南大学到中央大学》（1919—1937），中国社会科学出版社 2009 年版。

罗珍：《中国知识精英外交思想研究——以抗战时期为考察中心》，上海大学出版社 2010 年版。

蒋宝麟：《民国时期中央大学的学术与政治（1927—1949）》，南京大学出版社 2016 年版。

四　期刊类

陶怀仲：《沙坪三载见沧桑》，《台北中外杂志》1974 年第 16 卷第 4 期。

姚秀彦：《松林坡忆往》，载《中央大学七十年》1975 年。

牟少玉：《忆黄正铭师》，载《中央大学七十年》1975 年。

王聿均：《宗白华先生的思想和诗》，载《中央大学七十年》1975 年。

曾祥和：《四八年前新鲜人》，载《中央大学七十年》1975 年。

王作荣：《沙坪之恋（上）》，载《中外杂志》第 19 卷第 2 期，台北中外杂志社 1976 年版。

王作荣：《沙坪之恋（续完）》，载《中外杂志》第 19 卷第 3 期，台北中外杂志社 1976 年版。

丁维栋：《旧事依稀忆沙坪》，《中外杂志》第 20 卷第 1 期，台北中外杂志 1976 年版。

赵维昌：《沙坪忆旧》，《中外杂志》第 38 卷第 2 期，台北中外杂志 1985

年版。

谢森中:《我歌我恋沙坪坝》,《中外杂志》第 38 卷第 1 期,台北中外
　　杂志 1985 年版。

丁维栋:《回首沙坪四十年》,《中外杂志》第 39 卷第 2 期,台北中外
　　杂志社 1986 年版。

黎东方:《忆沙坪坝》,《中外杂志》第 41 卷第 2 期,台北中外杂志 1987
　　年版。

赵瑞蕻:《梦回柏溪——怀念范存忠先生并忆中央大学柏溪分校》,《新
　　文学史料》1998 年第 3 期。

吴仁:《中央大学的易长风潮》,《民国春》1999 年第 3 期。

邓朝伦:《"沙坪学灯"里的中央大学》,《重庆与世界》2000 年第 4 期。

袁李来:《九三学社与中央大学》,《重庆文史资料》第 4 辑,重庆出版
　　社 2000 年版。

郑体思:《抗战时期的中央大学白雪国乐社》,《音乐探索》2001 年第
　　1 期。

季为群:《蒋介石在中央大学轶事》,《江苏地方志》2001 年第 5 期。

经盛鸿:《罗家伦与"鸡犬不留"的南京中央大学》,《百年潮》2001
　　年第 11 期。

刘敬坤:《八年抗战中的中央大学》,《炎黄春秋》2002 年第 5 期。

邱从强:《试论抗战期间日本在华东沦陷区的奴化教育——以伪中央大
　　学为个案研究》,《南京中医药大学学报》(社会科学版)2002 年
　　第 3 期。

邱从强:《铁蹄下的抗争——记抗战中的南京中央大学学生》,《江苏地
　　方志》2003 年第 2 期。

张增泰:《中央大学为何解聘名教授唐圭璋》,《世纪》2004 年第 4 期。

沈志忠:《美国作物品种改良技术在近代中国的引进与利用——以金陵
　　大学农学院、中央大学农学院为中心的研究》,《中国农史》2004
　　年第 4 期。

曹济平:《毛泽东〈沁园春、雪〉的发表与唐圭璋遭"中央大学"解

聘》，《华中科技大学学报》（社会科学版）2005 年第 1 期。

李来：《抗日战争时期的中央大学》，《鼓楼文史》第 7 辑，南京市鼓楼区政协文史资料委员会 1996 年版。

郑体思：《国立中央大学搬迁记》，《沙坪文史资料》总第 11 辑，《烽火集》纪念抗日战争胜利 50 周年，1995 年。

陈华北：《忆中央大学"五·二〇"学运与吴有训老校长的一个进步口号》，《大理州文史资料》1994 年第 8 辑。

李永刚：《怀念母校中央大学》，《中华文史资料文库　文化教育编》第 17 卷（20—17）。

张熙瑾：《中央大学迁渝记略》，《江苏文史资料》第 124 辑，《海门文史资料》第 16 辑。

刘建祥、蒋流兵：《国民党中央大学 1935 年在铁心筹建农场》，《雨花文史》第 7 集。

谢润民：《汪伪时期的国立中央大学》，《文史资料存稿选编　第 24 辑》。

郑体思、陆云荪：《抗战时期迁川的国立中央大学》，《四川文史资料集粹　第 4 卷　文化教育科学编》。

魏铁铮：《毛主席在重庆"中央大学"访友》，《长宁文史资料　第 9 辑》。

陈祖湘：《曾涤非忆抗战时期周恩来副主席在中央大学的一次讲话》，《成都文史资料选辑》第 11 辑《纪念抗日战争胜利 40 周年专辑之三》。

陈敦川：《中央大学乳牛场在重庆沙坪坝的概况》，《怀沙坪忆当年》。

李永刚：《歌声琴韵话梅庵——怀念母校中央大学》，《江苏文史资料选辑》第 21 辑"西安事变"和抗日战争专辑。

冯若愚：《中央大学区立东海中学的回忆》，《连云港市文史资料》第 1 辑。

李文宽、何兆熊：《记中央大学昆山稻作试验场》，《昆山文史》第 6 辑。

项建英：《民国时期综合性大学教育学科论略——以中央大学、北京大学为个案》，《高教探索》2006 年第 5 期。

许茳华：《中央大学教授会与五二〇运动——亲历者郑集和许茳华对话

录》，《中共党史资料》2007 年第 2 期。

许小青：《南京国民政府初期中央大学区试验及其困境》，《历史教学》
（高校版）2007 年第 8 期。

梁启政：《金毓黻执教中央大学和东北大学经过——为纪念金毓黻先生
诞辰 120 周年而作》，《通化师范学院学报》2007 年第 5 期。

刘鹏：《国立中央大学体育教育之研究》，《中国体育科技》2008 年第
3 期。

祝寿康：《〈畜牧与兽医〉追忆溯源——中央大学畜牧兽医系的编辑出
版工作纪要》，《畜牧与兽医》2008 年第 1 期。

陈博：《罗家伦与中央大学》，《聊城大学学报》（社会科学版）2008 年
第 2 期。

朱守云：《南京中央大学的驱樊运动》，《钟山风雨》2008 年第 3 期。

沈卫威：《文学的古典主义的复活——以中央大学为中心的文人禊集雅
聚》，《文艺争鸣》2008 年第 5 期。

姚群民：《试论二三十年代南京高校教授的选聘及其特点——以中央大
学、金陵大学为中心的考察》，《南京社会科学》2008 年第 12 期。

刁理白：《蒋介石视察中央大学》，《文史月刊》2008 年第 12 期。

李连清：《从校训校歌探索高校办学的理念与启示——以西南联大、中
央大学为例》，《临沧师范高等专科学校学报》2009 年第 4 期。

李雅娟：《罗家伦与中央大学》，《云梦学刊》2009 年第 5 期。

蒋宝麟：《抗战时期的国家与大学政治化：中央大学"易长"研究》，
《史林》2009 年第 3 期。

沈卫威：《现代大学的两大学统——以民国时期的北京大学、东南大学—
中央大学为主线的考察》，《学术月刊》2010 年第 19 期。

罗玲、李禹阶：《民国时期国立中央大学的历史教学与历史研究刍议》，
《历史教学》2010 年第 7 期。

罗玲：《抗战时期国立中央大学的抗战建国运动刍议》，《重庆师范大学
学报》（哲学社会科学版）2011 年第 4 期。

万新华：《也谈民国时期国立中央大学师范学院艺术学系的中国画教

学》，载《文化艺术研究》2011 年第 10 期。

蒋宝麟：《财政格局与大学"再国立化"——以抗战前中央大学经费问题为例》，《历史研究》2012 年第 2 期。

蒋宝麟：《文学·国学·旧学：民国时期的南方学术与学派建构——以东南大学、中央大学中文系为中心》，《社会科学》2012 年第 3 期。

蒋宝麟：《抗战时期中央大学的内迁与重建》，《抗日战争研究》2012 年第 3 期。

蒋宝麟：《中央大学建校与"后革命"氛围中的校园政治》，《中山大学学报》（社会科学版）2012 年第 1 期。

袁曦临、顾建新：《中央大学建筑系与民国时期的建筑师群体》，《南京林业大学学报》（人文社会科学版）2012 年第 4 期。

尚莲霞：《民国时期中央大学美术教学特色及其影响》，《学海》2012 年第 6 期。

朱庆葆：《国家意志与近代中国的大学治理——以罗家伦时期中央大学的发展为例》，《学海》2012 年第 9 期。

罗玲：《抗战时期国立中央大学与国立西南联大之比较刍议》，载《重庆师范大学学报》（哲学社会科学版）2013 年第 2 期。

杨涛：《抗战时期的中央大学》，《文史天地》2013 年第 1 期。

李方来、李霞：《中日战争与中央大学知识分子群体的国史研究——以学衡派、南高史地学派缪凤林为例》，《江西师范大学学报》（哲学社会科学版）2013 年第 3 期。

蒋宝麟：《"党国元老"、学界派系与校园政治——中央大学首任校长张乃燕辞职事件述论（1928—1930）》，《社会科学研究》2013 年第 3 期。

蒋宝麟：《1949 年中央大学的"应变"与抉择》，《近代史研究》2013 年第 5 期。

蒋宝麟：《"史学南派"：民国时期中央大学历史学科的学术认同与"学派"分际》，载《史学史研究》2014 年第 2 期。

钱宗梅：《民国时期国立中央大学对江苏体育发展的影响》，《南通大学学报》（社会科学版）2014 年第 2 期。

尚莲霞：《徐悲鸿与近代中国美术人才培养》，《求索》2014 年第 9 期。

张守涛、孟克：《九一八事变后中央大学学潮》，《档案与建设》2014 年
　　第 10 期。

蒋宝麟：《大学、城市与集体记忆：1930 年代南京中央大学"大学城"
　　计划始末》，《近代史学刊》2015 年辑刊。

蒋宝麟：《战后中国的大学校长与大学困境：吴有训在中央大学之进退
　　（1945—1948）》，《民国档案》2015 年第 2 期。

崔光辉、郭本禹：《国立中央大学心理学学科发展史略》，《苏州大学学
　　报》（教育科学版）2015 年第 3 期。

张守涛：《民国中央大学党化教育研究》，《档案与建设》2015 年第
　　3 期。

赵丽华：《从学人刊物看学人谱系——以民国中央大学为中心》，《现代
　　出版》2015 年第 3 期。

齐春风、仲祈岳：《1932 年中央大学教授索薪事件研究》，《社会科学研
　　究》2016 年第 5 期。

曲铁华、王丽娟：《民国国立中央大学学科变革的历史考察（1928—
　　1937）》，《现代大学教育》2016 年第 5 期。

倪蛟：《抗战时期大后方大学生的日常生活——以重庆时期国立中央大
　　学为例》，《江苏社会科学》2016 年第 1 期。

许小青：《中国现代文化史上的北大派与南高派》，《近代史学刊》2016
　　年第 2 期。

肖菊梅、李如密：《民国时期大学教学论学科发展透视——以国立中央
　　大学为个案》，《江苏高教》2018 年第 2 期。

五　硕博论文

王燕：《抗战时期国立中央大学在渝办学研究》，硕士学位论文，西南
　　大学，2012 年。

崔晓蕾：《国立中央大学教育学院艺术专修科的西画教学研究（1928—

1937）》，硕士学位论文，中国艺术研究院，2013 年。

李妍：《国立中央大学畜牧兽医系史研究（1928—1949）》，硕士学位论文，南京农业大学，2013 年。

李燕燕：《国立中央大学音乐教育研究（1928—1949）》，硕士学位论文，南京艺术学院，2017 年。

张珂：《民国公立大学与政府关系研究（1912—1937）》，博士学位论文，西南大学，2016 年。

高慧敏：《中央大学内部治理结构研究》，硕士学位论文，南京大学，2015 年。

王文娟：《中央大学旧址的历史沿革研究（1902 年—至今）》，硕士学位论文，东南大学，2017 年。

王丽娟：《民国国立大学学科价值取向流变研究（1912—1937）》，博士学位论文，东北师范大学，2016 年。

刘静：《抗战期间国立中央大学师范学院研究》，硕士学位论文，南京大学，2017 年。

朱鲜峰：《中国近代高等教育史上的"学衡派"——以其人文教育思想和实践为研究中心》，博士学位论文，浙江大学，2016 年。

后　记

　　本书稿的写作源于 10 余年前，2006 年笔者于四川大学专门史专业攻读博士研究生学位，在李禹阶教授的悉心指导下于 2011 年完成了博士学位论文《抗战时期内迁重庆的国立中央大学文学院研究》。继后在对中央大学深入研究的基础上，先后申请到了教育部青年项目：国难中的大学与社会——抗战时期内迁重庆的中央大学研究（11XJCZH005）与国家社科基金西部项目：抗战时期国立中央大学的学术研究（13XZS018），从而展开了对抗战时期内迁重庆的国立中央大学的系统而全面的研究。

　　期间笔者参与了《抗战时期重庆沙磁文化区史料集》《中国战时首都档案文献＊战时教育》两套巨型教育文献史料的选编工作。前者于民国档案杂志社 2011 年 3 月出版，是一部系统汇集抗战期间重庆沙磁文化区及大后方教育的重要史料。后者为"十二五"国家重点图书项目，西南师范大学出版社于 2017 年 6 月出版，系统收集了战时陪都教育机构及其活动、教育法规政策、各级教育发展情况与学术团体、教育统计表等重要史料。这两套文献为本书稿的进一步完成提供了丰富而又翔实的研究史料。

　　在抗战时期的教育文化机关西迁运动中，60 余所专科以上学校先后迁至陪都重庆，奠定了战时陪都高等教育的格局，以及重庆成为中国高等教育中心的地位。国立中央大学是 60 余所迁渝专科以上学校中最具代表性和典型性的一所，国难中的中央大学在重庆办学的 9 年（1937—1946）期间，是其发展史上最为辉煌和最值得研究的重要时期，这是中国教育史上的一个奇迹。因此，对战时中央大学的研究，不仅是中国近代史、抗战史、教育史、学术史、思想史、地方史的重要课题，也是我们观察当时政治与学术、政治与教育、学校与社会关系的重要载体。

本书稿在深入发掘利用中央大学档案的基础上，以中央大学内迁重庆的办学史为研究个案来探讨政治变迁与学术文化及政治与教育、学校与社会的关系。具体内容包括：日本侵华与高校西迁——中央大学内迁陪都重庆的时局背景；中央大学的西迁过程——内迁高校的先驱与典范；中央大学在重庆期间的艰难办学场景——非常时期的教学与管理；中央大学的师资及人才培养——特定历史条件下形成的教育图景；国难视阈下的学术活动——国难中的大学与学术、教育、政治的关系；学术特征与学术影响——学术与教育互动对 20 世纪三四十年代时局的影响；中央大学师生的抗战救亡运动——国难中的大学学术研究对战时社会的深刻影响；中央大学对西部及重庆地方经济文化事业的贡献——国难中的大学与地方的关系；国难中内迁高校学术研究"求真"与"致用"的博弈。在新时期，研究中央大学实际上对中国高等教育改革与发展提供许多借鉴意义。中央大学在坚持民族文化主体地位的前提下，致力于民族文化的传承与创造，保持民族文化创造活力的实践，无疑为中国大学如何坚持突出民族文化的主体地位、体现中国文化特色，提供了一个弥足珍贵的成功范本，并在实现高等教育本土化、实施通识教育、维护大学独立与学术自由等方面为我们提供了丰富而深厚的思想资源。

在本书稿的撰写过程中，得到了各位师友的鼎力支持与帮助。李禹阶教授全程参与指导了博士论文选题与论文的写作及书稿的修改，并对书稿的完善提出了较多有建设性的建议。重庆师范大学学报刘力老师也对书稿的完善给予了诸多帮助。

重庆市档案馆、重庆市图书馆、沙坪区地方志办公室为本书稿的写作提供了丰富的资料。重庆市档案馆唐润明副馆长、重庆市图书馆袁佳红女士、沙坪坝区地方志办公室张建中主任除了提供了资料查阅的便利外，还对书稿提出了很多中肯的建议。

云南广播电台戴美政教授对本书的撰写十分关注与鼓励，除了慷慨分享了大量珍稀的史料外，还参与了中央大学在战时重庆期间的学术团体部分内容的写作。

本书稿的最后出版受重庆师范大学学术专著基金资助。在此，对长期以来关心、支持帮助本书稿的所有师友表示深深的谢意！

承蒙中国社会科学出版社安排本书稿出版，对并书稿的修改完善提出了诸多建议，经其专业精心编辑校核，使书稿尽可能消除差误，成书质量得以保证。谨对中国社会科学出版社深表感谢！

本书是对战时国立中央大学在重庆办学期间的一部著述，不足之处在所难免，还望专学学者惠于指出，以利这方面的研究更加全面深入。

罗　玲

2021 年 12 月 27 日